"婚姻"

中世纪的男男女女与两性结合

[美]露丝·马佐·卡拉斯 著
孙洁 译

上海社会科学院出版社
SHANGHAI ACADEMY OF SOCIAL SCIENCES PRESS

献给尼古拉·卡拉斯和威尔·威尔逊。

目录 Contents

引言　婚姻与婚外情　001
有关中世纪对男女结合的理解的《圣经》溯源　012
罗马法传统　020
有"日耳曼"婚姻法吗？　022

第1章　教会与男女结合法则　037
古代晚期的基督教　038
"我习惯了和她一起睡觉"：阿德奥达图斯（Adeodatus）
　　无名的母亲　041
法兰克教会　044
"母狼"：瓦尔德拉达　054
同意理论　063
"'朋友'永远是更动听的名称"：埃洛伊兹　065
"糟糕的法国！罗马，罗马！"丹麦的英格博格　080

第 2 章 不平等的结合 — 102

贵族及其他精英 — 107
"一位深谙荣誉的女士":凯瑟琳·斯温福德(Katherine Swynford) — 108

主人、奴隶与仆人 — 117
"他从未给过她除了言语外的其他东西":贝内温塔(Beneventa) — 143

北欧的婚姻与奴役 — 144
沉默不语:梅尔廓卡(Melkorka) — 145

不平等的宗教信仰 — 154

第 3 章 神父与他们的伴侣 — 174

中世纪中期改革时代的神父婚姻 — 178

中世纪晚期/改革时期的神父婚姻 — 184
"如果牧师有妻子":卡塔琳娜·舒兹·策尔(Katharina Schütz Zell) — 187

贴标签:神父的娼妇 — 198

神父的孩子们 — 205
"她可能不再是姘妇了":安东尼娅 — 209

神父的伴侣的日常生活 — 215

第 4 章 边缘化的婚姻 — 250

教会法及其执行 — 252
"不了解法律":玛丽安·拉·皮埃尔塞,让·勒罗伊的遗孀让娜,以及吉耶梅特·多朗热 — 258

有争议的婚姻还是事后起诉? — 264

独立的子女和父母的参与 — 277

同　居 *286*

　　失败的婚姻 *295*

结　语 *315*

参考文献 *321*

致　谢 *338*

引言　婚姻与婚外情

Introduction: Marriage and Other Unions

　　婚姻的历史不可避免地具有一种目的论色彩：人们把我们所熟知的"婚姻"置于中心位置，并且根据这个模式来评价所有其他形式的结合。当然，人们想知道一种在当今社会如此重要的制度是如何形成的，这是可以理解的。鉴于此，追溯历史，看看我们是如何走到今天这一步的是非常有用的。当然，历史对那些根据"传统"提出主张的人，比对那些认为婚姻制度也必须根据文化变革而变革的人更有意义。然而，即使是那些不希望看到"传统婚姻"回归的人，哪怕只是为了能辨明历史真相的种种主张是在哪些方面被曲解或产生偏见的，也可以从了解这一制度及其替代品的历史中获益。只有从历史角度认识婚姻，我们才能明白只有一种"正宗"形式这种说法内在的不合逻辑之处。

　　斯蒂芬妮·孔茨（Stephanie Coontz）的《一部婚姻史》（*Marriage,*

A History）一书就是个很好的例子，这本书不是着眼于"传统"中一成不变的元素，而是着眼于几个世纪以来发生的变化及其原因。[1] 不过它仍然关注当前，用过去来阐明当今婚姻的独特之处。其他关于中世纪婚姻的作品，确切地说，则主要将婚姻视为一种法律契约或圣礼。现在对许多人来说，婚姻仍然是这两样东西，既然婚姻中的许多神学和契约性的因素都可以追溯到中世纪时期，那么研究它就是有意义的，对那些认为以中世纪作为先例是重要且具有约束力的人来说尤其如此。[2]

但是，如果婚姻史讲的是我们如何走到今天这一步的历史，并且把重点放在那些今天被视为构成婚姻的重要因素——约束性誓言的交换、神职人员的祝福、两性的结合上——那我们就会忽略了那些被搁置一边的元素。没有延续下来的习俗和惯例，或者延续下来但未被视为主流的习俗和惯例，这些历史的死胡同都是中世纪经验的一部分，与那些成为当代制度根源的习俗和惯例如出一辙。我们可能沿着四种轨迹来追溯婚姻的历史：第一种是将其视为一种法律契约，第二种是将其视为一种圣礼，第三种是将其视为一种个人承诺，第四种是将其视为展开性行为的渠道。可是，即使我们能够在如今的婚姻是什么这个问题上达成一致，在追寻这项制度的根源时，也会将那些在其社群中至关重要但与现代西方婚姻截然不同的关系排除在外。

如今，人们正以一种前所未有的方式提出"婚姻是什么？"这个问题。作为基督教和犹太教传统规范的《圣经》文本将婚姻视为理所当然的，并没有明确地给它下定义。中世纪的人们曾在某些语境中讨论过什么是婚姻的问题，但在大多数情况下，婚姻与非婚姻之间并没有明确的界限。我并不想让两者变得界限分明，给中世纪社会强加它本没有的分类，而是想说明它的模糊性，以及不同群体对各种性结合方式各异的理解,还有这些性结合方式在不同论述中的定义。但我们需要记住,即使中世纪的人们并不总会明确划分婚姻与非婚姻的界限,他们也坚信这种界限确实存在。确实存在各种各样的情感状况。科迪莉亚·贝蒂(Cordelia Beattie)认为,我们应该把与婚姻相近的各种情感状况设想为单身状态的连续体。[3]也可将其视为各种类型配对的连续体。然而,无论在哪种看法中,连续体都意味着会存在两个端点,在这个案例中,两个端点就是婚姻和单身,而其他类型的安排都在一条直线上,会更接近其中某一端。用更精准的数学图像来表示应该是一个多维度的坐标图,其中会包括正式手续、性关系的排他性、资源共享、情感参与、可解除性等坐标轴。尽管人们可能一直很满足于让特定的结合形式在各种选项中处于模棱两可的地位,但法律和文化预期的构建使人们有时不得不做出坚定的判断。

一些研究婚姻史和婚姻人类学的学者对婚姻进行了宽泛的定义,以便使这一定义具有跨文化的效力。这意味着远远超越当代范围的定义。在现代美国,婚姻与非婚姻的划分是非常清楚的:每个州都规定了可授予哪些人缔结有效婚姻的权利,以及这些人需要怎样做才能使婚姻生效。当然,即便如此,也有可能产生分歧:在一个州得到承认的婚姻可能并不被另一个州承认,而 50 个州都认为有效的婚姻可能却被特定的宗教机构视为无效(比如信仰犹太教的男子和信仰天主教的女子之间的婚姻)。各州的法律都没有形成有效的跨文化婚姻的定义,甚至在所有文化中,都没有规定一个人必须经过某种特定的仪式,或者满足某些州或教会的既定要求,婚姻才会生效。从另一方面来看,如果我们定义得过于宽泛,以至于涵盖了多种文化传统,正如人类学家凯瑟琳·高夫(Kathleen Gough)的经典定义,"一个女人与一个或多个其他人之间确立的关系,在这种关系的规则没有禁止的情况下,这个女人所生子女会被授予其所处社会或社会阶层一般成员普遍享有的完全的出生身份权利",那么这样的定义可能就宽泛得没什么帮助了。[4] 许多社会并不会根据父母的身份来将其子女划分成三六九等:这是否意味着,根据高夫的定义,任何能够生育后代的性关系都是婚姻?

在其他方面,基于子女身份的定义可能约束太多:这样的定义通过一种可能无法反映所有社会情况的方式给予繁衍特权,并且可能掩盖了这样一种情况,即有的女性和缔结另一种婚姻的女性相比,尽管她们的子女可能享有同样的权利,但其本身比后者享有的权利更少。想要得到一个有效的跨文化定义,更有用的方法可能是将其理解为,在特定的社会中,任何享有诸多特权的配对关系就是这一社会事实认定的婚姻。不过在特定的文化中,学者们可能会选择把几种不同类型的结合方式都称作"婚姻"。这些结合方式中的大多数可能是性结合,但性也不是必需的:在中世纪,至少根据12世纪的教会法,婚姻不一定非得通过圆房才能生效。[5] 然而,在中世纪的欧洲,性行为、生育与长期结合三者之间的关系像在其他社会中一样紧密。在缺乏避孕措施的情况下,性行为的开始往往紧跟着生育的启动,而一对伴侣对永久性亲密关系的承认往往是由后代的到来促成的。即使是与耶稣象征性结合的属灵婚姻,也被描述为能结出属灵果实的有生育力的婚姻。从实际的角度来看,留下后代有助于历史学家确定一段性关系可以被视为长期结合,而非风流韵事:尽管后者也可能导致怀孕,但如果男方承认孩子是他的,那就意味着他对自己的父亲身份的肯定,暗示了伴侣之间存在有意义的亲密关系。

研究中世纪欧洲伴侣亲密关系的问题,无论如何都比研究距我们更遥远的文化中的这类关系的问题更加复杂。我们可以理解一些特定的措辞，将其解读为"婚姻"也未尝不可，因为中世纪欧洲规范婚姻的法律体系仿佛是我们现在法律体系的前身，其中有很多似曾相识的内容。而这恰恰是目的论的危险所在：我们只关注导致当今状况的方面，就有可能被困在我们今天称作"婚姻"的这种关系的历史中，而无法纵览多种多样的配对关系的历史。

本书重点关注男女之间的性结合，因此省略了最近学术研究中已有大量论述的两类关系，以及女性选择保持贞洁，与另一人或耶稣形成精神上的结合的情形。[6]中世纪有相当多的人以这两种结合方式中的一种来取代婚姻，或维持婚外关系。然而，我们在此探讨的是以眷侣形式生活的大多数人，即有性关系的一男一女。为了全面了解男女结合的历史——僵局以及延续至今的特征——我们需要考察各种各样的结合，其中有些被视作婚姻，有些不被视作婚姻，还有些疑点重重。在中世纪婚姻的各个方面，都不乏出色的学术研究——法律方面有詹姆斯·布伦戴奇（James Brundage），神学方面有戴安·艾略特（Dyan Elliott）、戴维·达夫雷（David d'Avray）和克里斯托弗·布鲁克（Christopher Brooke），在特定时空背景下充满争议的婚姻定义方面有乔治·杜比（Georges Duby）——但其中大部分都没有考察各种伴侣关系的背景。[7]本书的出发点是这样一个假设，即在中世纪欧洲，男女之间的性伴侣关系是中世纪欧洲的主流社交形态。与同性结合或孤独终老相比，男女结合在生活经验中无疑更为普遍，在文化想象中也可以说更为重要。即使避免只垂青那些引向现代婚姻的结合类型，中世纪伴侣关系的历史也不可避免地绕了一圈又回到了中世纪婚姻这一问题上。我们要问的重要问题不是"现代学者和社会分析人士会把什么样的结合视为婚姻"，而是"中世纪的人们在哪里划分婚姻与非婚姻的界限，以及为何要划分界限"。这一界限往往很重要，因为它决定了家庭之间和家庭内部的财产传承。我的目标是在不偏向婚姻的情况下分析伴侣关系，同时仍承认，中世纪的人们实际上确实更看重婚姻。

在此，我们将探讨欧洲中世纪的一系列性结合，其中有些在当时被视为正式婚姻，有些显然不是，还有些则处于边缘位置。尽管有些性结合的正式性遭受了争议或否定，或者根本就没被提出来，但它们仍是配对关系历史的一部分。在这篇导论后面的部分，本书将考察中世纪欧洲从《圣经》传统、古典传统和"日耳曼式"传统中习得的模式。在随后的第1章中，我们将转而探讨教会有效地向婚姻施加控制的过程：中世纪早期各种类型的结合方式，包括（当时学者间和现代学者间）对这些结合是否算得上婚姻的争论、同意理论[①]的阐述以及教皇在集中监管婚姻方面的胜利。第2章涉及的是教会在阐明并执行了一套相当一致的异性结合定义后，审视了不能算是合法结婚的群体，比如基督徒与犹太人，或自由人与被奴役的人，或因双方地位差距过于悬殊，其性关系无法被社会接受为婚姻的人，还有那些在政治联姻中搞婚外情的群体。有一个特殊的群体，自中世纪中期以来就不能结婚，即高级神职人员，这就构成了第3章的主题。第4章考察了15世纪巴黎人的日常生活，深入剖析了伴侣不能结婚的各种原因——包括那些深陷不幸婚姻但无法离婚的人——以及那些本可以结婚但选择不结婚的伴侣。本书没有提供时间和空间上完整的描述，而是探讨了中世纪历史上的一系列重要时刻。

[①] 同意理论（consent theory），社会哲学中的一种观点，即个人作为自由人与其他自由人建立同意关系后作出决定，这是政治治理的基础。约翰·洛克是这一理论的早期阐述者。在中世纪，婚姻中的"同意"是指结婚时必须获得另一半及其家长的同意。——译者注（如无特别说明，本书脚注皆为译者注）

在本书所考察的西欧中世纪不同时间和地点的各种不同案例中，我们发现了一些共同点。其一，某种结合被赋予的法律和社会地位——包括这是否被视为婚姻——首先不是由做出了什么法律或契约上的安排决定的，而是由双方的（社会或法律）地位决定的。这对与21世纪婚姻模式打交道的人来说有点刺耳，在现今的模式中，只要双方在年龄和心智上达到能够结婚的程度，并且尚未与他人结婚，他们就可以结成一桩民事婚姻（当然，不同宗教还有各自的规则）。但是，我们仍然沿袭了这样一项制度的残留，即婚姻的法律地位取决于双方是谁：例如，写本书时，在大多数欧美司法管辖的区域，有效婚姻的双方都必须是一男一女。在中世纪，重要的不仅仅是双方的性别，还有他们的宗教信仰、神职身份、人身自由、家世背景以及过往的性行为。因为由伴侣自己而非教会神职人员主持的秘密婚姻是有效的，尽管没有教区记录，但无论是当时还是现在，认为某种特定的结合因缺乏正式仪式而不是婚姻都是不合理的。就算一桩结合没有彩礼或其他的财富转移，也不能说这不是婚姻。当然，大多数被视为婚姻的结合都是公开进行的，并且确实涉及财富的转移，因此，任何不涉及这些要素的关系都可能被视为不同类型的结合。不过，导致双方选择不举行公开仪式、不准备彩礼的原因却是他们的社会地位。如果双方都很穷，可能就没有彩礼了。如果女方的社会地位低于男方，嫁妆可能就不够了（尽管一大笔嫁妆可以让商人的女儿嫁给贵族或士绅）。如果双方宗教信仰不同，或者其中一方已许下宗教誓言，就不可能举行仪式，因为唯一可行的仪式就是宗教仪式。当然，如果一方已婚，即使举行了仪式、准备了彩礼，也不被看作婚姻。

将结合中的地位与伴侣的相对社会地位挂钩对女性的影响尤为触目惊心。在地位不同的两人的伴侣关系中，地位较低的通常是女性，不过在正式结合的情况下,这种情况就没那么明显了,正式结合时,精英阶层的女儿可能嫁给有前途的年轻人。然而,卷入一段不被视为婚姻的性关系可能会损害女性的声誉(比对男性声誉造成的损害更严重),从而形成恶性循环。在中世纪,一个男人的声誉可能取决于很多方面——他的诚信,他的体能和军事才能,他对家庭的管理——但一个女人的声誉只取决于或者说主要取决于她在性关系中的名声,这不足为奇。然而,由于一桩结合的状况取决于双方相对的社会地位,地位较低的女性很可能被视为情妇或妓女,而不是妻子。因此,社会的耻辱与性关系中的耻辱紧密相连。换言之,情妇的身份是不光彩的,不仅因为它在性方面不是名正言顺的,还因为它暗示着这个女人的地位低下。在社会的任何阶层都是如此:从与奴隶发生关系的普通劳动者到拥有下层士绅阶层情妇的大领主,他们都认为地位低的女人不值得娶。这两种耻辱互相滋长,很难说是性方面不名正言顺先出现,还是社会上的劣势地位先出现。即便非婚结合在社会的许多阶层中被视为稀松平常,这种态度也与认为卷入这种关系的女性是不光彩的看法并行不悖。(在名誉问题上,未婚男性往往可以全身而退。)由于地位较高的女性很少嫁给地位较低的男性,结果就是女性唯一体面的婚姻状况就是与社会地位平等的男性建立关系。

地位较高的男性与地位较低的女性建立各种各样的性关系,但主要不是婚姻关系,这种模式绝不仅局限于中世纪的欧洲。研究其他历史时期的学者,可能对本书中描述的许多结合方式都无比熟悉。实际上,中世纪某一地区的模式与19世纪模式间的相似之处,可能比中世纪不同阶段或地区间的相似之处还要多。我所描述的中世纪重要时刻的重要性在于,它们出现在基督教婚姻兴起并渐趋完备的时代,因此,这些关系是与婚姻相反相成的,而不仅仅是婚姻之外的。对于那些认为教会在中世纪始终占主导地位(并整齐划一)的人来说,这些结合的广泛和多样都让人吃惊。在每个特定的瞬间,局部环境都至关重要。在许多社会中,男性都与为他们工作的女性发生过关系,但只有在某些社会中,女性才被当作没有自己意愿的财产来对待;在许多社会中,未婚伴侣都有持续不断的性关系,但只有在某些社会中,这些结合无需任何正式仪式就可被判定为终身关系。[8]

中世纪的人们如果看到本书,会认为书中讨论的性结合与婚姻类似,因为这两个概念或排他,或持久,或涉及共同家庭的形成。考虑到案例来源的性质,我们并不总能判断出某种结合是随意的还是坚定不移的,但仍有各种各样的安排被归为婚姻,或与婚姻进行类比,或在不同程度上与婚姻形成对比。很难找到合适的语言来描述我在这里谈到的形形色色的结合。我先是尝试用了"准婚姻结合"一词,但它将婚姻假设为其他结合仅仅能够接近的模式,我不希望做这样的假设。"家庭伴侣关系"一词则排除了那些有长期关系但没有住在一起的人。"姘居"一词在中世纪的不同时期有着非常具体的含义,因此不能用作一个通用术语。如果我们将"异性恋的"当作"异性的"或"涉及一男一女的"这样的同义词,那么"异性恋结合"这个词就是合适的表述了,但如果我们认为"异性恋的"是用来描述参与一段关系的人的,那这个词就不合适了。"异性恋"的概念与"同性恋"的一样,在中世纪是不合时宜的。[9] "异性结合"则描述了我想要谈论的内容,它与约翰·博斯韦尔的"同性结合"是平行的概念,但因为它让人尴尬,我已尽量少用。

中世纪的许多伴侣不能结婚,或者说在可以结婚的情况下选择不结婚。"许多"是一个模糊的词,但就像中世纪人口统计中的许多信息一样，没有史料可以提供准确的数字。学者们一直认为当时正式结婚的人占大多数，没有证据能够反驳这一点。但对许多人来说，婚姻可能是社会的期望，而不是唯一的选择，甚至都算不上一种选择。独身和守贞被视为社会美德和崇高目标，但现实中的社会并不希望大家都去这样做，正式的婚姻可能也是类似的情况。社会中较贫穷阶层的结合，因为没有像较富裕阶层创立新家庭时那样伴随着财产交换，我们往往不知道它有多正式。本书在一定程度上是对这个问题的探索，但它不能定量地解答这个问题。

本书还表明，作为婚姻替代品的不同类型的配对关系并不是在20世纪六七十年代才遍地开花的。我并不是说中世纪人形成的各种结合是沿着一条直线发展到当代的结合的，而是说中世纪的配对结合过程比单纯的婚姻史所揭示的要复杂得多。拉丁中世纪通常被视为早期基督教教义编纂和制度化的时期——其效果是好是坏，取决于一个人的宗教观。当人们谈到"传统婚姻"时，他们指的并不是希伯来《圣经》中那种普遍存在的一夫多妻情况；也不是像古罗马那种离婚很容易的情况；更不是《新约》中那种认为婚姻只适合不能节制性欲的人，而上帝的国度即将降临，信徒并不需要婚姻的情况。他们指的是一夫一妻制、稳定持久的婚姻这一普遍存在的情况，是他们想象中在中世纪就已存在的情况。本书将证明，虽然这些确实是婚姻的常态和人们对其怀有的期望，但真实的体验却要不堪得多。

当代争取同性婚姻平等的运动让我开始思考婚姻和其他配对关系的历史，以及它们在几个世纪以来改头换面的方式，而具有讽刺意味的是，本书并没有太多关于两个男人或两个女人间结合的内容。我们可以举出很多两男或两女同居的例子。我们不知道他们的肉体关系是怎样的，但是不需要性关系的证据就能认定同居的两名异性实际上是一对伴侣，那么为什么在同性中认定伴侣关系就需要这种证据呢？尽管如此，我们并没有找到很多关于这些同性伴侣的家庭生活的证据。不管有多少被现代文学评论家"赋予同性色彩"的中世纪文本，不管有多少关于异装的传说故事，不管有多少同性仪式与婚姻有一些相似之处，中世纪作家都很少提到两男或两女结婚的可能性，甚至排斥这种可能性。即便他们提到了，也只是为了保持中世纪系统的完整性，而不是因为他们真的在考虑这个问题。15世纪的巴黎神学家让·热尔松（Jean Gerson）写道，两男或两女间可以结婚的论点只是对（他那个时代人们普遍接受的）婚姻是双方自愿缔结的这一理论的一种轻佻无聊的反对。[10] 同性伴侣没有处在像异性伴侣那样的界限上：人们不会把他们的结合与法定婚姻混淆。他们很少因为他们的关系被拖到教会法庭上罚款，实际上，都没有什么地方提到他们。但无论如何，我们都不应把本书局限在异性结合这一点上视为否认同性伴侣缔结的许多相同类型的家庭关系，如果有其他学者能证明我对这方面的论述过于悲观，没有人会比我更高兴了。

史料中对同性结合几乎只字未提，而对异性结合中女性的情况也着墨不多。了解这些结合对男性及其家庭的意义要比了解它们对女性伴侣的意义容易得多。本书中零散穿插着对参与各种家庭伴侣关系的女性个案的描述，有些是众所周知的历史人物，有些是虚构的，有些是真实存在但对我们来说只是一个名字的。这些描述与本书其他部分一样，都是基于现有的史料，但它们又因为更容易让人浮想联翩而有所不同：鉴于我们所掌握的信息的多寡，确定女性在不同情形中的想法和感受可能是一项艰巨的任务。通过这些描写，我希望在某种程度上平衡一下史料中男性相关内容过多的倾向。然而，就有些方面而言，我们确实无法恢复事情的原貌。在

10 处描写中呈现的 12 位女性中，只有埃洛伊兹（Heloise）表达了我们认为是爱的感情。这并不意味着大多数中世纪的结合中都没有爱情，但我们必须记住，爱情和婚姻一样，并不是人类恒定不变的东西。人们对不同类型爱情的期望和体验是由他们所生活的社会塑造的，而爱情是伴侣选择组成家庭结合的主要原因这种当代观念并不一定适用。

对于中世纪女性的爱情，我们所掌握佐证最多的内容就是她们对神的爱。在过去的几十年里，大量关于中世纪女性的学术研究都是聚焦于这样一类女性的，她们出于精神原因而拒绝结婚、将生活重心放在与耶稣的结合或与圣人的关系上。上述两种结合，都可以用婚姻的语言来讨论。[11] 这些女性彰显了婚姻作为女性生活的结构化图景或象征的重要性，即使那些选择不踏入婚姻的女性也证明了这种重要性。然而，本书关注的是那些性生活活跃的结合，这些结合不仅填补了本来可能由婚姻占据的精神和情感空间，也填补了其社会和经济空间。女性通常选择精神纽带作为对婚姻的抵制。本书所讨论的女性在大多数情况下并不是抵制婚姻，而是处于与婚姻并存的状态。

有关中世纪对男女结合的理解的《圣经》溯源

宗教和世俗传统塑造了中世纪对性结合的态度。最早从 12 世纪起，教会就对基督徒的婚姻拥有管辖权，而且在更早的时候就曾宣称有这项权力。犹太教和伊斯兰教法庭对各自社群内的婚姻拥有管辖权。教父①们和中世纪的教会权威都认为《圣经》是有权威性的。然而，被中

---

① 教父（father），基督教早期阶段的宗教作家及宣教师。

世纪基督徒称为《旧约》的《希伯来圣经》中关于婚姻和其他结合的内容却少得令人吃惊。它只是假设了我们可以翻译为"婚姻"的关系的存在，但没有定义，也没有在详细的立法过程中给出如何形成婚姻关系的指导。其中的故事描述了一个男人把他的女儿许配给另一个男人而形成的亲密关系，这种结合本质上不是宗教性的，也不是促成婚姻的神的献祭。¹² 中世纪的作家们把《路得记》4∶11中众人为路得和波阿斯婚姻祝福的场景作为先例。¹³ 但《圣经》从来没有要求这样做，其中对什么样的仪式才可以形成有效的结合一直都漠不关心。在《圣经》的法典部分，提到婚姻的次数远少于同时期的契约或两河流域的法典，中世纪的人们主要从《圣经》叙述性的部分获取信息，而这些部分又只在婚姻对故事十分重要时才会讨论它，并不是以理论或规定的方式来探讨的。

翻译中世纪广泛使用的拉丁文通行本《圣经》的4世纪翻译家圣杰罗姆（St. Jerome）把"ishah"①（意为"给男人做他孩子未来母亲的女人"）一词译为"uxor"②。就像现代德语中的"Frau"或古英语中的"wif"一样，"ishah"的语义场③不仅包括"女人"，也包括"已婚妇女"。在某些语境中，杰罗姆将"ishah"译为"妻子"而非"女人"（mulier），是经过一番选择的，他将一个可能模棱两可的词语阐释为一个含义更为明确的词语。赤身裸体并不觉得羞耻（《创世记》2∶25）的是"亚当和他的妻子"，而不是"那个男人和他的女人"（希伯来语"ha-adam v'ishto"的另一种合理译法）。按杰罗姆那个时代的教士和拉比理

---

① "ishah"为希伯来语。
② "uxor"在拉丁文中意味着"妻子"。
③ 语义场（semantic field），指语义的类聚，通常包含一组具有相关主题或意义的词汇。

解这个词的方式，他的选择可能是正确的，古希伯来语中更宽泛的含义在这里并不重要。《希伯来圣经》的通用希腊语译本，即七十士译本用了"gyne"一词，也有"女人"或"妻子"的意思。

中世纪的人们从这些男性祖先和女性祖先的故事中找到了有关自己的结合行为的指导。在《旧约》故事中，这种关系不能轻易被基督教关于男女间性结合的观念同化，它们是寻找中世纪对婚姻及其替代品的阐释和理解的关键所在。对中世纪的人们来说，受人尊敬的男性祖先的传奇故事不仅是有文字可考的真实历史，也是约定俗成的描述适当行为的史料，还是指向更深层次的隐喻或道德意义的线索。这些男性祖先的妻子不止一个。学者们现在可能会怀疑一夫多妻制是否像《希伯来圣经》中描述的那样普遍，但在中世纪的基督教世界，《圣经》是完美的史料，同时也提供了标准的指导和精神内涵。

在中世纪，亚伯拉罕①通常被理解为一个一夫多妻者，也就是说，他不止有一个妻子，而不仅仅是不止一个性伴侣。《创世记》第16章描述了亚伯兰的妻子撒莱不能生育的情况。她把自己的婢女（ancilla，希伯来语 *shifḥah*）夏甲给丈夫做妻子，为他生孩子。这两个女人显然地位不同：撒莱可以让夏甲成为亚伯兰的性伴侣，夏甲怀孕后，对撒莱表现出不敬，撒莱能够虐待她逃跑。尽管夏甲作为婢女从属于亚伯兰的妻子，也像撒莱一样作为妻子从属于亚伯兰，并且她的孩子就是他的孩子，但事实上，在撒拉（改名后的撒莱）自己生了一个孩子后，她请求亚伯拉罕不要让夏甲的儿子以实玛利和撒拉的儿子以撒一起继承遗产。

---

① 亚伯拉罕（Abraham），即下文的"亚伯兰"（Abram），在《创世记》第17章中，耶和华向他显现，与他立约，给他改名为"亚伯拉罕"。

言下之意是，虽然作为长子且不是第一顺序继承人，但以实玛利本来还是会和以撒一起继承遗产的。尽管在大多数的中世纪法律体系下，已婚男子和他的奴仆所生的儿子不能继承遗产，但这个故事却假定他们本可以继承。在犹太教和后来的穆斯林传说中，夏甲的儿子以实玛利成为阿拉伯人的祖先。他是易卜拉辛（亚伯拉罕）的后代这一点对穆斯林来说非常重要（《古兰经》2：127）。在穆斯林传统信仰中，夏甲不仅仅是一个婢女：虽然《古兰经》中没有提到她的名字，但她在后《古兰经》时代的传说中作为一个被奴役的公主出现，有的地方也说她是被许配给易卜拉辛做妻子的自由王室女性。[14]

古代以色列人一夫多妻的故事，特别是亚伯拉罕、撒拉和夏甲的故事，给早期和中世纪的基督徒提出了一个难题。现代学者长期以来一直根据巴比伦的《汉谟拉比法典》来解释亚伯拉罕/撒拉/夏甲故事的近东背景，根据这部法典，一个男人的妻子如果不能生育，只有在妻子不给他一个奴隶的情况下才能娶第二个妻子。为主人生下孩子的奴隶不能被卖掉，但她也不能和妻子平起平坐。不过，他的儿子如果得到父亲的承认，则享有与第一任妻子的儿子同等的继承权。[15]这两个女人之间的区别在于她们的社会境况，而不是她们参加的特定形式的仪式。中世纪的译者尽管对两个女人进行了区分，却认为她们都是妻子。他们不愿把一夫多妻作为行为建议，因为这样的话，就不得不解释为什么《圣经》描述了男性祖先违背上帝的意愿行事。现代的历史学家可能会简单地说一句，他们生活的时代有不同的习俗和标准。实际上，从12世纪开始就在整个欧洲广为流传并使用的《标准注释》（*Glossa Ordinaria*）提供了最接近中世纪神学标准的内容，其中的说法与此非常接近。"亚伯拉罕若在妻子还活着的时候与奴婢结合，也不算通奸者，因为福音书中还没有颁布关于一夫一妻的律法。"[16] 圣奥古斯丁（St. Augustine）在他的《论基督教教义》（*On Christian Doctrine*）中也写过类似的话，"出于繁衍众多子孙的需要，一个男人有几个妻子的习俗在当时是无可指责的"，而男性祖先们播撒这些孩子的种子时并没有淫欲。[17]

不过《标准注释》还从寓言的角度来看待经文，沿袭了始于塔苏斯的保罗（Paul of Tarsus）的悠久传统，他在给加拉太人（《加拉太书》4：21—31）的信中写道，夏甲的儿子是按着肉体生的，而撒拉的儿子是凭着应许生的。夏甲是指着地上的耶路撒冷，撒拉是指着天上的耶路撒冷。到了 3 世纪，基督教作家们追随保罗的脚步，将夏甲解释为属肉体的犹太会堂，将撒拉解释为属灵的基督教堂，还沿袭了这个故事的其他内涵。[18]《标准注释》在此的解释和前面的经文一样被认为是出自 9 世纪神学家赫拉班·莫鲁斯（Hrabanus Maurus）之手，他认为，被父亲逐出家门的以实玛利，代表了被更受青睐的同源宗教基督教所取代的犹太教。[19] 然而，寓意并未抹杀字面含义：在整个中世纪，男性奉行祖先一夫多妻的观念并未被遗忘。

事实上，尽管撒拉和夏甲不是平起平坐的，但据《创世记》的描述，亚伯拉罕的孙子雅各与两个地位相同的女人——实际上是姐妹——结合。杰罗姆再次引入了希伯来原典中没有的专门用语：雅各想要娶妹妹拉结，但拉结的父亲说"先把小女儿给人，在我们这地方没有这规矩"（《创世记》29：26），希伯来原文是"大女儿还没有给人，先把小女儿给人"，并没有特指婚姻的词。雅各十二子是以色列十二支派的创建者，他们分别由四个不同的女人所生。除了拉结和利亚，还有悉帕和辟拉，杰罗姆称后两者为"安西拉"（*ancilla*）和"法穆拉"（*famula*），这两个名字都是译自"shifḥah"。这个希伯来语词汇在其他地方被用作奴隶（eved）的女性对应词，但学者们认为，它尤指与主人或主人的丈夫发生过关系的女人。[20] 杰罗姆在将它译成拉丁文时选择了两个不同的词，前者（至少在杰罗姆的时代）表示不自由的身份，后者表示仆从的身份，但不一定是不自由的。事实上，女仆总是容易受到其主人或雇主的性挑逗，除此之外，这两个词都没有隐含特别的性意味。希伯来原文中说这两个女人分别是拉结和利亚的奴婢，被送给雅各作"nashim"（ishah 的复数形式）（《创世记》30∶4 & 30∶9），但杰罗姆把前一处译为"dedeit in coniugium"［即"gave in marriage"（"嫁给"）］，而第二处则只是译为"gave to her husband"（"给了她的丈夫"）。[21] 因此，杰罗姆将"婚姻"（coniugium）与"法穆拉"联系起来，而没有用"安西拉"来为这种结合命名。我们不应在此过多地讨论他对不同词的选择。他选了不同的词来翻译相同的用语，但由于"nashim"一词的模棱两可，我们很难判断他是否真的试图进行过区分。

杰罗姆还有另一个关键的词需要翻译："流便去与他父亲的妾辟拉同寝"（《创世记》35∶22）。他把"pilegesh"这个词译为"妾"。千百年来，无论是古代、中世纪还是现代的学者，都认为《希伯来圣经》中的每一个词都有其深思熟虑的特定含义，而现代学者则发挥聪明才智，根据这个故事以及类似的故事，创设了详尽的婚姻类型学：奴隶妻子的地位低于妾，但因为辟拉是拉结的奴隶，而拉结已经死了，所以辟拉自动获得自由，从而晋升为妾。[22] 然而，同一个女人既可被称为妾，又可被称为女奴，这一问题似乎并未对中世纪的释经学造成困扰。[23] 如我们所见，尽管在罗马法中，妾必须是自由女性，但这个词强烈地暗示着地位低下。在杰罗姆所翻译的关于所罗门王的伴侣的篇章（《列王记》11∶3）

中，七百公主（nashim sarot）成了像王后一样的妻子（uxores quasi reginae），但其实还是妾。杰罗姆显然认为，所罗门像雅各一样，实行多重婚姻，而不仅仅是一夫多妻制，但并不是所有的伴侣都被看作妻子。尽管近东社会有各种各样的结合，有的被视为婚姻，有的不被视为婚姻，但作为译者，杰罗姆要面对的种类更少。

　　杰罗姆和后来的作家可能已经知道，犹太人的多重婚姻并不仅仅停留在圣经时代。在巴勒斯坦的第二圣殿时期，尽管多重婚姻没有被正式禁止，而且在古巴比伦更常见，但似乎不像以前那般普遍。在《塔木德》①中还能见到它的踪迹，在中世纪早期的欧洲也偶有出现。11世纪的德国拉比"流散的犹太人之光"格尔绍姆（Gershom Me'or ha-Golah）可能受到了基督教的影响，最终禁止了多重婚姻。[24] 据我们所知，纳妾的情况也变得比族长时代少了很多：在《希伯来圣经》后期的典籍中，或现存的零星关于习俗的文献中，已经很少提到纳妾了。《塔木德》中提到的妾的地位反映了作者所生活的社会，但这类记载非常少。[25] 至少在巴勒斯坦的《塔木德》中很少提及，这可能反映了这样一个事实，即妾几乎没有法律地位或得到援助的机会，因此几乎不需要法律方面的评论；但鉴于拉比对许多其他话题的详尽评论，这类缺乏表明这可能不是一个主要的关注点（参见第2章对中世纪犹太人纳妾的进一步讨论）。犹太社会中发展起来的关于婚姻过程不同阶段的详细规则有时会令人感到困惑——订婚、新娘的移交和圆房，这在更大程度上与拉比相关，而非与《圣经》相关。[26] 中世纪基督徒从那些仪式和法律程序发挥更小作

---

① 《塔木德》（Talmud），由犹太教口传律法汇编而成，主体部分成书于2世纪末至6世纪初。

用的故事中获得了可供援引的《圣经》先例。

《圣经》关于男女结合的描述中缺乏的一项法定程序是支付任何形式的彩礼，显然如此，因为许多学者都将其视为《圣经》和中世纪婚姻的关键因素。研究古希伯来婚姻的学者通常解释说，新郎向新娘的父亲支付聘礼（mohar），婚姻才有效。然而，"聘礼"这个词在《希伯来圣经》中只出现了三次（《创世记》34∶12,《出埃及记》22∶16,《撒母耳记》18∶25），其中两次指的是男人因先前强奸或引诱女人而支付罚金的情况。[27] 根据其他闪米特语族的同源词（阿拉伯语"mahr"），并与古巴比伦《汉谟拉比法典》（公元前 2 世纪初）以及古代近东史料中的其他款项类比，它似乎被解释为聘礼。[28] 在后来犹太人的用法中——例如在犹太人象岛①军事殖民地的阿拉米语②文献中——它是支付给新娘一方代表的钱，会成为她嫁妆的一部分。[29] 杰罗姆两次将"mohar"译为"dos"（这个罗马词汇最初的意思是女方家庭支付的嫁妆），一次译为"sponsalia"，即订婚的礼物，因此他显然将它理解为结婚时发生的，而不是聘礼。[30]《圣经》中最著名的例子不是和聘礼有关的，而是和娶妻劳役有关的：雅各服侍③他的母舅拉班七年，结果得到的却是他没有要的姐姐，他不得不为了得到妹妹再服侍七年（《创世记》29∶15—28）。实际上，财产转移在中世纪结合形成的过程中所起的惯常作用，并非如许多人所认为的那样来自《圣经》或日耳曼人的先例，而是来自罗马法和习俗。

---

① 象岛（Elephantine），位于尼罗河中央的一个小岛，是古埃及南部边境的一座可供防守的军事要塞。
② 阿拉米语（Aramaic），古代中东的通用语言，属闪米特语族，是《旧约》在后期书写时所用的语言，通常认为它是耶稣基督时代犹太人的日常用语。
③ 在和合本《圣经》中，此处所用为"服事"一词。

罗马法传统

中世纪西欧的婚姻观念从古罗马和《圣经》中汲取了很多内容。就像影响它的希腊文化一样，罗马社会的特点是资源型一夫多妻制（富有的男人可以与许多女人发生关系），其中只有一个女人拥有妻子的正式头衔。其他女人可以依附于富有男人的家庭，作为奴隶的情况尤其多。[31] 出于强强联合的考虑，显赫的家族希望结成正式的婚姻，但在社会最底层，人们并不希望——事实上，也不可能——迈入正式的婚姻。罗马人的婚姻是相关家庭间的私事，不需要国家或宗教官员采取任何行动使其生效。[32] 理论上，尽管财产交换非常普遍，并且逐渐成了婚姻关系的一种证明，最终成为必需，但早期的婚姻不需要任何特定的财产交换。虽然婚姻关系不是公开建立的，但它在法律上得到了承认，并在子女的合法性和双方对财产的控制方面产生了非常具体而细致的法律影响。[33] 虽然国家并不会确认个人婚姻的有效性，但它关心婚姻和公民的生育，从奥古斯都（Augustus）时代（公元前27年—公元14年）开始，国家在规范婚姻方面就发挥了重要的立法作用。

罗马只承认公民间的"matrimonium"，我们可以将其翻译为"婚姻"，这些公民彼此间（或与其他拉丁城市公民间，视时期而定）有结婚权（*conubium*）。如果因为其中一方不是公民或非自由人而无法结婚，姘居是一种可以接受的选择。[34] 没有结婚权的结合在法律上是不被承认的：丈夫无权得到妻子的嫁妆，如果嫁妆确实到了丈夫手上，妻子也无权要求丈夫归还，妻子也不能因不忠而被起诉。然而，尽管法学家没有正式承认这种结合（*matrimonia iniusta*），但直到公元197年，法学家们仍然用婚姻的措辞来谈论它，其中也包括士兵的结合。奴隶只能形成一种叫作"奴隶同居"(contubernium)的结合,而女奴的子女,无论孩子的父亲是谁,都是其主人的奴隶,因为这种结合没有赋予孩子父亲或其主人任何权利。不同类型结合的区别不在于是否持久——在前基督教时代的罗马,通过离婚来解除正式婚姻并不困难——而在于它们所传递的法律权利,尤其是关于后代的权利。

中世纪的法律体系通常不遵循《旧约》中一个男人的所有儿子都可以继承遗产这种模式,而是遵循罗马的习俗,即她是否正式结婚对子女继承的可能性有很大影响。情妇的儿子不能成为父亲的继承人。在罗马,姘居与其他地方姘居的一个根本区别是,它并不是与婚姻并存的次要的结合方式:它只适用于未婚男子。一个与已婚男人有关系的女人,即使是他一直喜爱的女人,严格来说也不是他的妾。[35] 地位较高的年轻男子在娶妻之前与人姘居,或者丧偶的年长男子不想要更多的婚生子女来与他的继承者争夺遗产而姘居,都是很典型的。但正如圣奥古斯丁的著作所表明的,已婚男子也可以把他的奴隶称为妾,这种情况下的纳妾行为是要受到谴责的,但未婚男子纳妾却不受谴责。[36]

在罗马法中,结婚意图——尤其是男方的意图——在法律上区分了纳妾与婚姻。罗马法称结婚意图为"婚姻感情"(maritalis affectio),但这并不是当代意义上的"感情",而是指男性伴侣对结合的态度。妾的社会地位通常低于其男性伴侣,据推测,这种地位在某种程度上决定了结婚意图。实际上,罗马法认为,一个自由出身的女人应该被视为妻子,除非有证据证明并非如此,但对于一个后来获得自由的妇女而言,她一开始就被判断为妾。这种情况一直持续到基督教皇帝查士丁尼(Justinian,约527—565年在位)时期,他允许地位高的男性与地位低的女性结婚,即使是在先前禁止这种结合的地方也可以,但需要提供书面文件说明是要结婚而非纳妾。[37] 这些文件并没有创造婚姻，而是证明了感情（affectio）。随着罗马文化中旧的社会壁垒的瓦解，肯定会有越来越多人对意图提出质疑，因为与地位低下的女性结合不再是不可想象的或极其不妥的了。在大多数情况下，从双方对待彼此的方式可以看清结婚意图，但当其因继承问题而让人生疑时，财产安排或正式仪式的证据也可以证实这种意图。

虽然罗马法理论上适用于整个帝国，在公元 212 年罗马公民权扩展到帝国所有自由居民之后更是如此，但在男女可选择的结合方式上，各地仍有差异。比如说，罗马关于亲属间结合的法律比帝国的许多地方法律都要严格，罗马人对于忠诚的看法尽管非常符合正在兴起的基督教道德框架，但并没有被普遍接受。再比如说，罗马帝国分裂后，就相对不正式的结合（没有财产交换或这类记录的结合）中出生的子女的继承权而言，相比于西罗马的皇帝，东罗马皇帝颁布的法律于他们更为有利。[38] 在留存了大量文献的埃及，"白纸黑字"和"空口无凭"的结合都被视为婚姻。[39] 然而，正如布伦特·肖（Brent Shaw）所指出的，"由于对早期的婚姻仪式知之甚少，因此很难衡量从帝国早期到后期伴随婚姻而来的仪式和惯常做法的发展差异"。[40] 他认为，我们对下层阶级的婚姻没有多少了解，我想补充一点，我们不知道的一件事是，他们中有多少人选择举行正式的仪式，或者关心他们的结合是否被视为婚姻。

有"日耳曼"婚姻法吗？

随着罗马人的做法和法规在西欧的传播，它们遇到了另一组法律体系，人们通常认为这些法律体系为中世纪对结合形式的理解做出了很大的贡献：在前基督教时期，讲日耳曼语的群体居住在欧洲西北部和地中海地区的大部分区域。与古希伯来人和罗马人一样，在这些群体中，一个有钱或有权的男人在一个家中或不同的家中有几个女人并与她们保持着持续性关系的情况并不罕见。但是，因为我们所获取的史料的性质——这些史料几乎全是通过罗马化和基督教化的文化筛选过的——所以要了解不同女性的地位，无论是举行仪式是否重要，还是财产转移是否是形成公认结合的必要条件，都是非常困难的。问题还是在于，只有在财产转移算得上是问题的社会阶层，才有文献留存下来。尽管如此，学者们还是对前基督教时代日耳曼婚姻的构成提出了重要的主张。学者们"知道"什么是"婚姻"，于是他们考察中世纪早期，在这个时期找到了婚姻，以及他们认为不是婚姻或属于不同类型婚姻的其他关系。然而，这少得可怜的证据再次表明，创造出不同类型结合的不是仪式和契约的性质之间的区别，而是不同地位的伴侣（主要是女性）之间的区别。

19世纪以来的现代学者已经认识到，中世纪早期的大部分史料来源都是带有特定视角的教会资料。对于那些认为自己是妻子并且被家人和伴侣视为妻子的女性，这些史料的作者却希望给她们打上妾的标签。学者们试图通过构思一段他们认为的教会影响之前的原始日耳曼婚姻习俗史话，来解决这一史料的问题。为此，他们求助于所谓的野蛮人法典，人们认为这些是基督教和罗马人出现之前的习俗汇编而成的法典，这些习俗可以追溯到古老的日耳曼文化。他们还使用了斯堪的纳维亚的史料（萨迦[①]和法典），这些史料虽然在时间上晚于大

[①] 萨迦（sagas），北欧讲述冒险经历和英雄业绩的长篇故事，13世纪前后被冰岛人和挪威人用文字记录下来。

陆法①，却被视为蕴含着日耳曼发展早期阶段的内容。这两种假设都不再成立了，因为事实证明，欧洲大陆和斯堪的纳维亚的法律史料都深受罗马法或教会法的影响。

人们普遍接受的观念是：早期的日耳曼民族有两种截然不同的婚姻，即监护婚姻（*Muntehe*）和和平婚姻（*Friedelehe*）。前者涉及将女性的监护权从她的亲属群体转移到她的丈夫身上。这种监护权被称为"Munt"，这个词的意思是"手"，拉丁文为"mundium"。在过去的某个初始的时间点上，这种转移是为了换取彩礼，而彩礼逐渐被称为"dos"的款项取代，这笔钱是给女方的，而不是给她的亲戚的。"dos"可以翻译成"嫁妆"，但在这种情况下算是一种彩礼，是男方给女方的。第二种婚姻形式和平婚姻不涉及监护权的转移，监护权仍属于女方的原生家庭。缔结了和平婚姻的女性被视为妻子，她会得到晨间礼物（*Morgengabe*），即新郎在完婚后直接支付的一笔钱（有时被解释为对她的童贞的认可），在监护婚姻中也会支付这笔钱。然而，和平婚姻不涉及彩礼，更容易解体。根据这段史话，在教会开始要求管控婚姻后，其并不认可和平婚姻，只愿承认那些有正式仪式和彩礼的婚姻。到了加洛林王朝时代②，在教会的影响下，和平婚姻中的妻子（*Friedelfrau*）降级为妾。因此，教会对婚姻的管控使女性处于被贬低的地位。

这段史话的奇怪之处在于，无论是监护婚姻，还是和平婚姻，都没有出现在任何现存的史料中。通过回溯过去来重建一种普遍的前基督教

---

① 大陆法（the continental laws），一种起源于欧洲大陆的法律体系，主要基于法典、法规等成文法而成。

② 加洛林王朝时代（Carolingian era），8世纪中叶—10世纪。加洛林王朝是法兰克王国的一个王朝，于8世纪中叶取代了墨洛温王朝（Merovingian Dynasty）。

时期的日耳曼文化和一套制度，这一尝试——7世纪伦巴第（Lombard）法律中的一个术语，13世纪冰岛传奇中的一个事件，6世纪法兰克教会编年史中的一个故事，1世纪一个从未到过日耳曼的罗马人的民族志记录（他这么做只是为了批判自家的罗马文化）——已经备受质疑。今日的许多学者否定了从日耳曼的文化后裔中重建其共有的过去的观点。尽管他们不接受催生这种日耳曼婚姻形式理论的方法，尽管他们质疑纳粹时期将这些婚姻形式作为日耳曼种族优越性证据的学术研究（这种研究假设在这段历史前存在一种制度，而这种制度是基于爱情的婚配），但很少有人质疑监护婚姻与和平婚姻的存在。对证据的重新审视表明，它们应该是存在的。[41] 苏珊娜·温普尔（Suzanne Wemple）在她的开创之作《法兰克社会中的女性》（*Women in Frankish Society*）一书中将和平婚姻称为"准婚姻"（quasi-marriage），而不是将其视为一种不同的婚姻形式，并指出，那些为证明其存在而经常被引用的证据"实际上纠正了德国历史学家通常对和平婚姻的浪漫描绘"，因为这些证据表明，在没有家庭参与和彩礼的情况下，自己安排结合的女性，相对于其伴侣而言，法律权利大大减少了。[42] 然而，近期的其他详细的研究已经放弃了寻找日耳曼普遍的婚姻习俗的想法，比如，把和平婚姻作为墨洛温王朝和加洛林王朝社会的一种现象来关注，但仍然承认它作为一种制度的存在。[43]

1986年关于《日耳曼古代百科全书》（*Reallexikon der Germanischen Altertumskunde*）中《婚姻法》（*Eherecht*）的文章可以看作20世纪末颇具影响力的学术代表。当时，赖纳·舒尔茨（Rainer Schulze）已经认识到，"和平婚姻"一词被用来涵盖了许多不同的内容，不能仅仅被视为一种历史悠久的制度："形式迥异的婚姻关系都被归为（狭义的）和平婚姻。这个问题通常必须考虑到双方社会地位不平等的情况。在这种背景下发展起来的多种法律形式是否可以追溯到共同的日耳曼起源似乎值得怀疑。"[44] 尽管如此，舒尔茨还是列举出了产生和平婚姻的几种不同情况（或者换句话说是几种他认为便于称为和平婚姻的情况）：1）新娘的家庭在社会地位或经济地位上比新郎优越，因此，新郎并没有获得通常婚后丈夫对新娘及其财产所享有的权利；2）女性下嫁，但就法律上而言，仍能保持其地位；3）寡妇再婚，但仍能掌控她从第一次婚姻中获得的财产和地位；4）新娘没有亲属或不是自由人，因此丈夫不付彩礼就获得了对新娘完全的婚姻权利；5）统治家族或贵族家庭的男人想要娶多个妻子，但给彩礼的只能有一个。在舒尔茨看来，和平婚姻是一个便利的术语，涵盖了各种各样的情况；但它仍有一定的现实意义，因为将这些案例联系在一起的是，婚姻的结成没有伴随中世纪早期婚姻的财产交换，也没有将妻子的权利转移给丈夫，而前面这两点正是舒尔茨认为的定义"标准"婚姻的特征。当代人是否会认为这 5 种情况属于同一制度的一部分，是值得怀疑的。尽管如此，历史学家还是将它们混为一谈，把和平婚姻浪漫化了。因为无须付钱给女方的家庭，也无须征得女方的同意，是夫妻双方自己选择进入这段关系的。由于对妻子的监护权没有转移给丈夫（仍在她的父亲、兄弟或其他以前掌控这一权利之人手中），因此她比处于监护婚姻中的女性拥有更独立的地位。因为丈夫对妻子没有法律上的控制权，如果妻子受到虐待或出于任何其他原因希望结束婚姻，她都可以脱身。这种对于和平婚姻赋予女性权利的理解，与那些希望把"日耳曼人"描述成开明的、道德上优于堕落的罗马人的学者的观点不谋而合。[45] 对一些女权主义者来说，过去（在戴着教会的天鹅绒手套的父权铁腕夺走女性的自由和地位之前）那个更加不稳定的时代对女性更加有利这个观点也十分有吸引力。

作为一个便利的现代术语，和平婚姻是不便利的。它带来了太多的成见：对原始的日耳曼共同文化的假设，对妇女地位的错误看法，以及对一种被正式认可但并不存在的制度的暗示。把它作为指代未经批准的、非一夫一妻制的或其他"不同"长期关系的总称，可能忽略了中世纪人们所做的各种安排，也会模糊一些人在光彩和不光彩或者说不自由结合之间所做的区分。正如中世纪盛期的领主偶尔甚至频繁地与农奴发生关系并不意味着存在一种初夜权（*droit de cuissage*），中世纪早期的一些结合在没有经济交换和亲属同意的情况下出现也不意味着存在一种独特的婚姻形式。

但如果说和平婚姻不是一种独特的婚姻形式，就引出了一个问题：与什么相比不独特？与之相比，监护婚姻虽然较少受到学者们的质疑，但也存在问题。这个术语在很大程度上是基于伦巴第法的，其中使用的"监护"一词既指对女性的监护权，也指因这种监护权获得的报酬。在此基础上，人们假定所有的日耳曼民族在结婚时也移交了这种监护权，并将彩礼转移给新娘的家庭，最后再将彩礼转移给新娘本人，这就是对这种监护权支付的报酬。[46] 然而，这两种假设都站不住脚。如果我们排除"日耳曼"法典中的一切都必须源于原始的日耳曼共同文化这一不由自主的假设，我们就完全不清楚为什么伦巴第法律却为法兰克、西哥特、盎格鲁-撒克逊人或斯堪的纳维亚的社会安排提供了依据。[47]

因为监护婚姻——一种将特定权利从父亲或亲属移交给丈夫的特定结合形式——与和平婚姻一样，并不是日耳曼人的常见概念，所以由此断然得出彩礼或任何其他特定的财产转移是这种特定形式的标志的结论是十分不可靠的，不过这种妄下的结论很常见。例如，汉斯-维尔纳·戈茨（Hans-Werner Goetz）在指出嫁妆和晨间礼物通常是日耳曼各王国监护婚姻的必要条件时，引用了一批伪造的中世纪法规的早期汇集者本尼迪克特·莱维塔（Benedictus Levita）的观点来支撑自己的说法，即"有监护权的婚姻（监护婚姻）是有嫁妆的婚姻"。但本尼迪克特·莱维塔实际上说的是西哥特法律："没有嫁妆就没有婚姻；也没有人敢不举行公开婚礼就结婚。"（*Nullum sine dote fiat coniugium; nec sine publicis nuptiis quisquam nubere audeant.*）[48] 这里并没有提到任何关于监护婚姻或监护权的事情。我无法证明，除了伦巴第人，"日耳曼式"婚姻中没有任何监护权的转移；但我们当然也没有足够的理由证明有监护权的转移。[49]

如果伦巴第法律中的监护权不是来自更早的泛日耳曼法律体系，那又是来自哪里呢？"监护"在罗马共和国时期的法律中占有一席之地，这个词也有"手"的意思，指的是在结婚时对女性的监护权由父亲转交给丈夫。监护婚姻在奥古斯都时代就已经被废弃了。[50] 其最引人注目的清晰表述出现在罗马法律教科书，也就是盖尤斯（Gaius）的《法学阶梯》（*Institutes*）中。[51]《亚拉里克法律要略》（Breviary of Alaric，506年为西哥特王国的罗马臣民编写的一部罗马法汇编）中发现的《法学阶梯》缩减版省略了这一部分，而以盖尤斯版本为基础的查士丁尼版《法学阶梯》也省略了。[52] 然而，完整版的盖尤斯的《法学阶梯》在东哥特王国的意大利流传，伦巴第人可能已有所耳闻，因为现存手稿来自5世纪或6世纪初的维罗纳（Verona）。[53] 这种监护权的源头很可能是罗马而非日耳曼，因此我们在由伦巴第人的法律推断所有日耳曼人的法律时，应该三思而后行。

伦巴第法律并不是唯一有问题的证据：所有蛮族或日耳曼人的法典

都是在教会的影响下成为文本,并被置于罗马法的框架内的。⁵⁴ 罗马婚姻的许多特征与法典中的相似,无疑也影响了蛮族和日耳曼人。有一点是不需要正式仪式。按照学者们的通常理解,日耳曼式婚姻包括订婚阶段、移交女方以及夫妻同房。不过,这些都不是各种法典一致规定的要求。在很大程度上,蛮族法律在将婚姻视为私事方面沿袭了罗马法。在它们规定支付彩礼时,并没有规定不支付彩礼的婚姻是无效的(这个问题将在第1章中进一步讨论)。

那么,关于前基督教时代的日耳曼结合形式,这些史料告诉了我们什么呢?这个问题基于一个错误的假设,即中世纪早期,所有蛮族王国做法背后都有一套体系。现存的史料并不能被完全套进一种进化论的模式,它们都以不同的方式受到了罗马或基督教文化的影响。唯一肯定未受到教会影响的作品是塔西佗(Tacitus,公元1世纪)的《日耳曼尼亚志》(*Germania*),该书经常被视为原始日耳曼文化的缩影,但可信度不高。塔西佗将所有日耳曼人归为一个群体,并为了与罗马人的堕落进行对比而赋予了他们一些特征。⁵⁵ 尽管如此,值得注意的是塔西佗确实说过:"在野蛮人中,除了少数人,其他人只要娶一个妻子就满足了,而这少数人结好几次婚并不是因为欲望,而是因为高贵。妻子不会带嫁妆给丈夫,而是丈夫把聘礼带给妻子。"⁵⁶ 这似乎表明,新娘带着嫁妆是婚姻的一种习俗,但为塔西佗提供消息的人特别注意到日耳曼人中的一个群体,是因为他们与罗马人的不同,而不是因为一种普遍的习俗。塔西佗并没有说彩礼是必需的,而且他说嫁妆是给女人的,这与一种理论相矛盾,该理论认为法典代表了付给男性监护人以换取监护权的原始彩礼的一种后期转变。⁵⁷ 同样值得注意的是,他没有提到任何其他形式的结合;不过,这不是一部法律专著,而是一部民族志和道德专著,他关注的是日耳曼婚姻与罗马婚姻的对比。

如果介于得到正式承认的妻子和妾之间的和平婚姻中的女人不存在，而且妻子的地位也并不取决于将监护权移交给丈夫，如果女方可以拥有一整套社会身份，而没有明确的词来区分这三种人，那么，在什么是"婚姻"和什么不是"婚姻"之间寻找一条明确的界限还有意义吗？人们是根据什么来赋予不同类型的配对关系地位的呢？学者们最常提出的标准是新郎给新娘家或晚些时候给新娘本人的彩礼。我们将在下一章看到，教会试图强加这样一条界限。

不过，我们在这里已经看到，尽管各种仪式和财产交换可能是婚姻形态中的典型方式，但西方中世纪文化所继承的传统——希伯来、罗马和"日耳曼式"——都没有用它们来正式区分婚姻和其他形式的结合。婚姻的概念本身罕有明确的定义。史料中出现的有关伴随财产交换的两个上层成员间的结合，只是管中窥豹，由于地位较低之人的结合不需要严格的特别流程，我们不知道他们是如何结成长期伴侣关系的。我们可能会将常见的流程误认为必要的流程。

通过对比对中世纪性结合理解的几种不同传统，这篇引言表明，女性除非相对于其伴侣而言足够重要，否则就不会获得某些法律权利。特定结合的情况与女性的地位以一种非常复杂的方式交织在一起。结合的性质取决于她是谁，与此同时，她的声誉——以及她的幸福（可能取决于她的孩子是否继承了他们父亲的遗产）——可能仰赖于他人对这种结合的看法。男性在生活中的地位通常不像女性那样取决于伴侣是谁。正如后面的章节所展示的，尽管中世纪结合的定义已经大大收紧，但结合的各种类型仍然模棱两可，将结合归于一种类型还是另一种类型往往还是基于女性的地位，而不是基于特定的实现流程。

注释

1 Stephanie Coontz, *Marriage, A History: From Obedience to Intimacy or How Love Conquered Marriage* (New York: Viking, 2005).

2 例如，Charles J. Reid, Jr., *Power over the Body, Equality in the Family: Rights and Domestic Relations in Medieval Canon Law* (Grand Rapids, Mich.: Wm. B. Eerdmans, 2004); 参见我在《性史杂志》(*Journal of the History of Sexuality* 14 [2005]: 474–479) 中的评论。

3 Cordelia Beattie, "Living as a Single Person."

4 E. Kathleen Gough, "The Nayars and the Definition of Marriage," *Journal of the Royal Anthropological Institute of Great Britain and Ireland* 89 (1959): 33–34.

5 Dyan Elliott, *Spiritual Marriage*.

6 John Boswell, *Same-Sex Unions in Premodern Europe* (New York: Vintage, 1995); 关于评论的例子，参见 Elizabeth A. R. Brown, "Introduction" and "Ritual Brotherhood in Western Medieval Europe," Brent Shaw, "Ritual Brotherhood in Roman and Post-Roman Societies," and Claudia Rapp, "Ritual Brotherhood in Byzantium," all in *Traditio* 52 (1997): 261–382。参见 Dyan Elliott, *The Bride of Christ Goes to Hell*。

7 James Brundage, *Sex, Law, and Marriage in the Middle Ages*; Elliott, *Spiritual Marriage*; Christopher Brooke, *The Medieval Idea of Marriage* (Oxford: Oxford University Press, 1989), and Georges Duby, *The Knight, the Lady, and the Priest*.

8 Ginger Frost, *Living in Sin: Cohabiting as Husband and Wife in Nineteenth-Century England* (Manchester: Manchester University Press, 2008) 提供了对于另一个时期的类似研究。她认为有三类人：不能结婚的人、没有结婚的人以及因为反对这种制度而不愿结婚的人。埃洛伊兹是我所能举出的唯一属于最后一类的中世纪女性的例子。弗罗斯特描述的许多伴侣之所以同居，是因为一些因素使他们的仪式无效，在这种情况下，仪式对于建立关系至关重要。迄今，因为之前的婚姻或血缘关系而不能结婚的群体是人数最多的。

9 参见 James A. Schultz, "Heterosexuality as a Threat to Medieval Studies," *Journal of the History of Sexuality* 15 (2006): 14–29, and Karma Lochrie, *Heterosyncrasies*, xix–xxii。

10 D. Catherine Brown, *Pastor and Laity in the Theology of Jean Gerson* (Cambridge: Cambridge University Press, 1987), 217. 热尔松引用了圣维克多的于格（Hugh of St. Victor）的观点；圣文德（Bonaventure）也说了同样的话。在这一点上，我非常感谢萨拉·麦克杜格尔（Sara McDougall）。

11 参见 Elliott, *The Bride of Christ Goes to Hell*; Megan McLaughlin, *Sex, Gender, and Episcopal Authority in an Age of Reform*, 51–91。

12 在古代近东的其他地方，婚姻似乎也不是一种宗教制度。Karel van der Toorn, *From Her Cradle to Her Grave: The Role of Religion in the Life of the Israelite and the*

Babylonian Woman, trans. Sara J. Denning-Bolle (Sheffield: Sheffield Academic Press, 1994), 59–76 认为它实际上是一种宗教制度；尽管他指出了一些宗教方面的问题，但总体而言，他的论点并不令人信服。

13 Simon B. Parker, "The Marriage Blessing in Israelite and Ugaritic Literature," *Journal of Biblical Literature* 95 (1976): 23–30.

14 Riffat Hassan, "Islamic Hagar and Her Family," in *Hagar, Sarah, and Their Children: Jewish, Christian, and Muslim Perspectives*, ed. Phyllis Trible and Letty M. Russell (Louisville, Ky.: Westminster John Knox, 2006), 149–167, and Rudi Paret, "'Ismāʿīl," *Encyclopedia of Islam*, 2nd ed., ed. P. Berman et al. (Leiden: Brill, 2009).

15 "The Laws of Hammurabi," trans. Martha Roth, 144–146, 170–171, in *The Context of Scripture*, vol. 2, *Monumental Inscriptions from the Biblical World*, ed. William W. Hallo et al. (Leiden: Brill, 2000), 344–346; Raymond Westbrook, "Old Babylonian Period," 381.

16 *Glossa Ordinaria* to Gen. 16:1, in *PL* 113:121d. 这种荣光要归功于赫拉班·莫鲁斯。亦可参见 Marcia Colish, *Peter Lombard*, 2:663–664, 该书叙述了其他神学家对这个问题的阐述。

17 Augustine, *De doctrina Christiana*, 3:12:20, Select Library of Nicene and Post-Nicene Fathers, 1st series, vol. 2, ed. Philip Schaff, http://www9.georgetown.edu/faculty/jod/augustine/ddc3.html.

18 Elizabeth Clark, "Interpretive Fate and the Church Fathers," in *Hagar, Sarah, and Their Children*, ed. Trible and Russell, 127–147, 此处引用了第 128 页的内容。

19 *Glossa Ordinaria*, 122b. 参见 McLaughlin, *Sex, Gender, and Episcopal Authority*, 127–128。

20 Corinna Friedl, *Polygynie in Mesopotamien und Israel*, 140.

21 Louis Epstein, *Marriage Laws*, 54, 这表明辟拉和悉帕的儿子处于次要地位，因为在《创世记》33∶2 中，雅各将他们排在了危险的队伍第一行。然而，他也把利亚和她的儿子放在了拉结和她的儿子前面，这表明他更喜欢拉结，但不一定说明拉结的社会或法律地位更高。完全有可能的是，奴隶的儿子的社会地位更低，更容易被牺牲掉，但仍被视为完全的儿子，与除长子外的其他兄弟享有同等权利。

22 同上，第 50 页。爱泼斯坦从《汉谟拉比法典》而非《圣经》中得出了奴隶在其主人死后获得自由的观点，《圣经》中没有提到这一点。

23 The *Glossa Ordinaria*, *PL* 113:163 并未评价其对词语的选择，只是指出妾代表了《旧约》，而妻子代表了《新约》。犹太人主要的《圣经》注解《创世记注》(*Genesis Rabbah*) 也没有对此做出评论。*Midrash Rabbah*, vol. 2, trans. H. Freedman (London: Soncino, 1983).

24 Avraham Grossman, "The Historical Background to the Ordinances on Family Affairs Attributed to Rabbenu Gershom Me'or ha-Golah."

25 L. Epstein, 62–63, and Michael L. Satlow, *Jewish Marriage in Antiquity*, 193.

26 Satlow, 75.

27 Friedl, 151. Deut. 22:29, 这有时也被视为有关聘礼的证据, 在同样涉及未经女性父亲允许就与女性发生关系的情况时没有使用这个词。Millar Burrows, *The Basis of Israelite Marriage* (New Haven, Conn.: American Oriental Society, 1938) 指出聘礼是迦南人 (Canaanite) 的一种习俗, 主要功能是树立丈夫及其家庭的威信。

28 "Laws of Hammurabi," 128–184, pp. 344–347. 目前学术界一致认为巴比伦的"terhatum"指的是彩礼, 但更早之前的学者强调, 应将其理解为购买价格。Paul Koschaker, *Rechtsvergleichende Studien zur Gesetzgebung Hammurapis, Königs von Babylon* (Leipzig: Veit, 1917) 认为"terhatum"(他是这样转写的)来自更古老的"Kaufehe"。鉴于本引言的最后一部分证明了关于日耳曼文化理论的不可靠性, 利用日耳曼模式来类比解释近东模式的做法形成了一种循环论证 (circular argument)。M. Stol, "Women in Mesopotamia," *Journal of the Economic and Social History of the Orient* 38 (1995): 126–127 接受了科沙克尔 (Koschaker) 所认为的婚姻总的来说是一种买卖的观点。参见 Martha T. Roth, "Marriage and Matrimonial Prestations in First Millennium B.C. Babylonia," in *Women's Earliest Records*, ed. Barbara S. Lesko (Atlanta: Scholars Press, 1989), 245–248, 其中论述了在翻译各种社会习俗时遇到的问题。有效婚姻是否需要彩礼是一个复杂的问题。《汉谟拉比法典》, 以及更早的《埃什奴纳法典》(Code of Eshnunna) 确实规定, "如果一个男人娶了一个女人为妻, 但没有婚约, 这个女人就不是他的妻子", 但这里的"婚约"一词并不是"彩礼"(*terhatum*), 如韦斯特布鲁克 (Westbrook) 在《古巴比伦时代》("Old Babylonian Period") 第 386 页所指出的, 后者并不是法律要求的。参见 Samuel Greengus, "The Old Babylonian Marriage Contract," 75–77。

29 Bezalel Porten, "Elephantine," in *A History of Ancient Near Eastern Law*, ed. Raymond Westbrook, vol. 2, Handbook of Oriental Studies, section one, The Near and Middle East, 72:2 (Leiden: Brill, 2003), 875.

30 女方家庭支付的嫁妆也出现在《圣经》中, 有人认为, 这样做的目的是在女人年老时能得到赡养, 如果家庭负担不起这样的嫁妆, 他们就会把她当作奴隶卖掉。不过, 《圣经》并没有挑明这一点, 也没有把嫁妆作为结婚的必要条件。Allen Guenther, "A Typology of Israelite Marriage: Kinship, Socio-Economic, and Religious Factors," *Journal for the Study of the Old Testament* 29 (2005): 387–407, 此处引用了第 389 页的内容。

31 在希腊, 至少在有证据证明的较高社会阶层中, 财产交易和公开仪式对正式婚姻的建立非常重要。然而, 雅典的法律与《圣经》一样, 并没有明确规定什么构成了有效婚姻, 什么不构成有效婚姻, 婚约也不是公共法律的必要步骤。很明显, 妾的子女拥有的权利比妻子的子女更少,他们的母亲也没什么权利。雅典女性公民不会做妾。Cynthia B. Patterson, "Marriage and the Married Woman in Athenian Law," in *Women's History and Ancient History*, ed. Sarah B. Pomeroy (Chapel Hill: University of North Carolina Press, 1991), 48–72 认为婚姻不用法律标准来定义,而是"随着时间的推移而发生的,并会通过适当的行为在社会中表现出来"(第59页)。

32 有一种古老的婚姻形式——共食婚(*confarreatio*)——包括向神献祭,但在帝国时代已经不再使用了。

33 Susan Treggiari, *Roman Marriage: Iusti Coniuges from the Time of Cicero to the Time of Ulpian* (Oxford: Oxford University Press, 1991), 13.

34 Reynolds, *Marriage in the Western Church*, 21.

35 关于罗马的纳妾法律及其在西欧的接受情况,参见 Andrea Esmyol, *Geliebte oder Ehefrau?*, 37–43。

36 Brent Shaw, "The Family in Late Antiquity," 16, and Adolar Zumkeller, "Die geplante Eheschließung Augustins und die Entlassung seiner Konkubine," 34.

37 Judith Evans-Grubbs, "Marrying and Its Documentation in Later Roman Law," 92–94.

38 Judith Evans-Grubbs, *Law and Family in Late Antiquity: The Emperor Constantine's Marriage Legislation* (Oxford: Oxford University Press, 1995), 302–303.

39 Evans-Grubbs, "Marrying and Its Documentation," 79.

40 Shaw, "The Family in Late Antiquity," 33.

41 我在《婚姻的历史与和平婚姻的神话》("The History of Marriage and the Myth of Friedelehe")一文中已详细讨论过这个问题。在写这篇文章的时候,我还没有读过艾斯米约尔(Esmyol)的《情人还是妻子?》(*Geliebte oder Ehefrau?*)的第1—36页,其中详细探讨了和平婚姻的史料编纂问题。在此书的其余部分,艾斯米约尔试图不受和平婚姻条条框框的影响,以一种全新的视角来看待妾的地位。

42 Suzanne Wemple, *Women in Frankish Society*, 34.

43 例如,勒扬(Le Jan)就承认和平婚姻的这一事实,不过,在8世纪教会宣布结婚必须有嫁妆后,和平婚姻中的妻子的地位仍接近于妾。在此之前,她引用了保罗·米卡特(Paul Mikat)在《捐赠的婚姻——正式的婚姻》(*Dotierte Ehe—Rechte Ehe*)中的话,认为和平婚姻中的妻子尽管处于次一等的地位,但已经接受了晨间礼物,是真正的妻子。Régine Le Jan, *Famille et pouvoir dans le monde franc*, 271. 勒扬对加洛林王朝时期合法的有嫁妆的妻子和妾之间的区别进行了详细的论述,论据充分,但其之前关于和平婚姻与监护婚姻间有明显区别的观点,以及关于和平婚姻中的妻子被重塑为妾的观点,是基于前辈学者的研究,而不是对资料的重新考证。

44 Rainer Schulze, "Eherecht," in *Reallexikon der Germanischen Altertumskunde*, ed. Johannes Hoops (Berlin, 1986), 491. 参见 W. Ogris, "Friedelehe," in *Handwörterbuch*

zur deutschen Rechtsgeschichte, ed. Adalbert Erler and Ekkehard Kaufmann (Berlin: Erich Schmidt, 1971), 1:1293–1296，其中支持更传统的观点，将和平婚姻视为一种现存的制度，而不是一种便利的措辞。

45 影响深远的文章《自由与屠杀》("Friedelehe und Mutterrecht")的作者赫伯特·迈耶（Herbert Meyer）不是纳粹分子，但他对古代日耳曼人的看法与纳粹党人的意识形态一致，并支持日耳曼有值得称颂的共同历史的观点。关于他的政治观点，参见 Hans Hattenhauer, Rechtswissenschaft im NS-Staat: Der Fall Eugen Wohlhaupter (Heidelberg: C. F. Müller, 1987), 16, and Friedrich Ebel, Rechtsgeschichte: Ein Lehrbuch (Heidelberg: C. F. Müller, 1993), 2:222。迈耶对日耳曼史前婚姻的描述在很大程度上依赖于氏族（Sippe）或家族的存在，这又是另一个受到质疑的架构。参见 Alexander Callendar Murray, Germanic Kinship Structure: Studies in Law and Society in Antiquity and the Early Middle Ages (Toronto: Pontifical Institute of Medieval Studies, 1983)。迈耶的学生卡尔·奥古斯特·埃克哈特（Karl August Eckhardt）在运用史料时更为谨慎。他关于日耳曼法律的标准教科书没有讨论和平婚姻，而是提出了"类似婚姻的关系"，并假定这种关系在基本的一夫一妻制中替代了他所谓的"婚姻"。Karl August Eckhardt, ed., Germanisches Recht, von Karl von Amira, 4th ed., 2 vols., Grundriss der germanischen Philologie 5 (Berlin, 1967), 2:75.

46 正如雷吉娜·勒扬所指出的，"日耳曼婚姻的构成要素是监护权的转移，这种转移最初是通过向拥有监护权之人支付彩礼而获得的，无需书面凭证"（第 268 页）。参见 Emmanuelle Santinelli, "Ni 'Morgengabe' ni tertia mais dos et dispositions en faveur du dernier vivant: Les échanges patrimoniaux entre époux dans la Loire moyenne (VIIe–XIe siècle)," in Dots et douaires dans le haut moyen âge, ed. François Bougard, Laurent Feller, and Régine Le Jan (Rome: École française de Rome, 2002), 246–253, and Régine Le Jan, "Aux origins du douaire médiévale," in Le Jan, Femmes, pouvoir et société dans le haut Moyen Age (Paris: Picard, 2001), 53–67，其中论述了从彩礼到嫁妆的转变。想要很好地概括中世纪的"捐赠经济学"，参见 Reynolds, "Marrying and Its Documentation in Pre-Modern Europe," 30–37。

47 许多学者声称，一切有彩礼的婚姻都包括监护权的转移；例如，Le Jan, "Aux origines du douaire médiévale," 56。然而，除了伦巴第法外，没有人引用过任何能证明彩礼可以购买对新娘的监护权的文本，更不要说支付给新娘的彩礼了。

48 Hans-Werner Goetz, "La dos en Alémanie (du milieu du VIIIe au début du Xe siècle)," in Dots et douaires, ed. Bougard, Feller, and Le Jan, 308. Benedictus Levita, Capitula, 2:133, ed. Georg Heinrich Pertz (Hannover: Hahn, 1837), Capitularia Spuria, MGH, Legum 2:2, p. 80. 许多其他学者认为"法定婚姻需要嫁妆"意味着"只有监护婚姻才是法定婚姻"，也就是说，即使没有任何关于监护婚姻的讨论，嫁妆的存在也象征着

监护婚姻。例如，Stefan Chr. Saar, *Ehe-Scheidung-Wiederheirat*, 176。关于这一论断，参见 Philip L. Reynolds, "Dotal Charters in the Frankish Tradition," in *Marriage and its Documentation*, ed. by Reynolds and Witte, 125。埃尔维格国王（King Ervig）校订本中的西哥特法律标题为"没有嫁妆就不能结婚"（"Ne sine dote coniugium fiat"），其中还规定，如果没有嫁妆的书面凭证，就没有婚姻的凭证，但并没有说它是无效的。*Lex Visigothorum*, 3:1.9, in *Leges Visigothorum*, ed. Karl Zeumer, MGH, *Leges Nationum Germanicarum* (Hannover: Hahn, 1902), 1:131–132。因此，它要求了嫁妆，但没有规定没有嫁妆的婚姻无效。Reynolds, *Marriage in the Western Church*, 90, 113, 405。

49 施密特-维冈（Schmidt-Wiegand）认为，尽管所有关于监护权的证据都来自伦巴第法，"但从这一事实中，有些人就得出法兰克人缺乏婚姻或基于性别的监护权之类的结论是错误的"。Ruth Schmidt-Wiegand, "Der Lebenskreis der Frau im Spiegel der volkssprachigen Bezeichungen der Leges barbarorum," in *Frauen in Spätantike und Frühmittelalter: Lebensbedingungen—Lebensnormen—Lebensformen*, ed. Werner Affeldt (Sigmaringen: Jan Thorbecke, 1990), 202–203。我非常感谢菲利斯·利弗希茨（Felice Lifshitz）提醒我注意施密特-维冈的观点。

50 Reynolds, *Marriage in the Western Church* 也发现这种制度"与古罗马的监护婚姻极为相似"，见第 93 页。

51 Gaius, *Institutiones*, 1:108–115, ed. Johannes Baviera, in *Fontes iuris Romani antejustiniani*, ed. S. Riccobono et al. (Florence: G. Barbera, 1940), 2:29–31.

52 *Lex Romana Visigothorum*, ed. Gustav Haenel (Leipzig: B. G. Teubner, 1849), 314–337.

53 Francis de Zulueta, ed., *The Institutes of Gaius* (Oxford: Clarendon, 1946), 2:3–5, and Tomasz Giaro, "Gaius," in *Der neue Pauly*, ed. Hubert Cancik and Helmuth Schneider (Stuttgart: J. B. Metzler, 1998), 4:738.

54 参见 Ian N. Wood, "The Code in Merovingian Gaul," in *The Theodosian Code*, ed. Jill Harries and Ian Wood (Ithaca, N.Y.: Cornell University Press, 1993), 161–177。

55 关于这一点，参见 Steven Fanning, "Tacitus, *Beowulf*, and the *Comitatus*," *Haskins Society Journal* 9 (1997): 17–38, 尤见第 33—35 页。

56 Tacitus, *Germania*, 18, in *Opera Minora*, ed. M. Winterbottom and R. M. Ogilvie (Oxford: Clarendon, 1975), 46.

57 休斯（Hughes）声称"塔西佗没有提到彩礼，这可能表明，即使到 1 世纪末，彩礼在那些生活在帝国边缘的部落中也已不再重要"，而"到这些西日耳曼部落颁布他们的法典时，彩礼基本上已经消失了"，这就引出一个问题，即在书面资料出现之前，有什么证据证明彩礼存在。她在东日耳曼法律中发现了它的痕迹。Diane Owen Hughes, "From Brideprice to Dowry in Mediterranean Europe," *Journal of Family History* 3 (1978): 262–296, quotations at 266–267.

第1章

教会与男女结合法则

The Church and the Regulation of Unions between Women and Men

引言中讨论的传统随着西方教会对婚姻的控制而呈现出新的形态。《希伯来圣经》允许一个男人有几个固定伴侣：可以是几个具有完整妻子地位的女人，或者一个女人为主，其他女人为辅，但所有的子女都有继承权。然而，古罗马的法律却不允许这样：罗马婚姻是一夫一妻制的，只有妻子的子女才能继承遗产。正如我们所见，史前的日耳曼结合形式很难被记录下来，但有证据表明，它更像罗马的模式，在罗马，一个女人和她的子女享有特权。有一种想法认为，曾经存在过一种独立的完整婚姻形式，允许双方而不是他们的家人自由选择，但后来被教会贬低了，这多半是谬论。

关于教会对合法性结合形成的影响，学者们讲述的标准说法在某种程度上是真实的：为了维护婚姻排他的合法性，并以此要求对婚姻的控制权，新生的教会法律体系试图划定一条明确的界限，维护自己的权威，宣布某些结合是有效婚姻，而所有其他类型的结合都是无效的，从而也将后者混为一谈。教会的声音并不统一，在每一次关于婚姻有效性的争论中，双方都不乏教会内外人士。然而，无论他们在个案中站在哪一边，教会中人都倾向于贬低一切形式的婚外性结合，不管对男性还是女性都是如此，不过在传统和执行方面都给女性施加了更大的压力。这一过程始于基督教罗马帝国，但其背后的动机在整个中世纪的千年中并不相同，婚姻之外的其他可供选择的结合类型也不尽相同。因为许多其他学者已对基督教婚姻的历史做过详尽而有说服力的论述，所以本章不打算全面概述这一主题，而是聚焦于那些不被视为婚姻的结合以及教会在婚内外结合间划清界限的尝试。

古代晚期①的基督教

在古代晚期，批准哪类结合，不批准哪类结合，发展中的基督教对这个问题的看法在很大程度上借鉴了《圣经》律法、罗马法和传统，但也带来了一些创新。或许最出乎我们意料的一点是，与后来的基督教律法相比，罗马人和犹太人离婚相对容易，婚姻与其他结合的不同之处在于有关其永久性的观点并不算主要的变化。基督教皇帝确实使男人无缘无故与妻子离婚变得更加困难了，尽管希波的奥古斯丁②（他后来对婚姻

---

① 古代晚期（Late Antique），也可译为"晚期古代"，一般指古典时代后期到中世纪早期（3—8世纪之间）。
② 希波的奥古斯丁（Augustine of Hippo），即前文出现过的"圣奥古斯丁"。

的看法可能受到他早年与其孩子母亲过往的影响,下文会讨论这一点)极力主张,即使是有正当理由的离婚,双方也不能再婚,但直到加洛林王朝时期,教会才完全接受这一观点。[1] 基督教的重要创见其实是对男女双方忠贞不贰的期望(这并不是说所有男女基督徒都能达到这一期望),以及婚姻在当时是一种宗教制度的观念,尽管它还不是一项正式的圣礼。这两项因素都有助于婚姻而非其他类型结合的地位稳步上升。婚姻不再主要是一种为了联结家庭和繁衍子嗣的制度,不过这仍是其中的一部分;它也是发泄性欲的唯一合法途径,是夫妻共同向上帝献身的一种方式。

约束欲望的禁欲主义念头并非基督教所独有,许多罗马异教徒思想家也有这类观点。[2] 基督教特别强调的是,两个俗世之人间的关系决定了他们与上帝的关系,只有一种形式是可以接受的。采用新婚祝福或伴随婚姻而出现的其他专门的基督教仪式是对婚姻新认识的一部分,不过这些祝福并不是有效婚姻所必需的。[3] 然而,在子女继承权方面,婚姻保留了一个重要的世俗内容,通常涉及正式的书面文件,并且在这是否是必要的构成因素的问题上仍存在矛盾。普罗布斯(Probus,276—278年在位)认为,如果人们都认为一对夫妇已婚,那么缺乏文件证明并不会使婚姻无效。罗马皇帝瓦伦提尼安三世(Valentinian,419—455)和马约里安(约457—461年在位)立法规定,如果没有庄严的婚礼或没有提供彩礼,那么婚姻就是无效的,子女也不合法,不过狄奥多西二世(Theodosius II,401—450)在东罗马帝国摒弃了这一观点,坚持传统的立场。[4]

在基督教习俗的推动下,这一系列的婚姻立法使婚姻与其他类型结合间的界限变得更加清晰。正如下文引用的奥古斯丁的叙述所表明的,在罗马帝国晚期的异教徒和基督教圈子里,无论是男人还是女人,除婚姻以外的一切形式的性行为都会受到谴责,结婚与有情妇间的区别已不仅是社会阶层上的,也是道德上的。[5] 但是,古代晚期的基督徒并没有大肆谴责找情妇。公元 400 年的托莱多公会议(Council of Toledo)规定,有情妇而无妻的男人,只要对这个女人忠诚,仍可以在教会中领受圣餐。米兰的安布罗斯(Ambrose of Milan,约 340—397 年)谴责已婚男子找情妇的行为,以及有情妇的未婚男子在结婚后就抛弃了情妇,但没有谴责以找情妇代替婚姻的男子。[6] 换言之,找情妇作为高地位男性和低地位女性之间的排他性结合,是古代晚期基督教领袖认可的一种合法制度。然而,它的地位显然低于婚姻。5 世纪时,教皇利奥一世(Pope Leo I,440—461 年在位)明确表示,婚姻应在平等的自由人间缔结,神父可以把自己的女儿嫁给一个有情妇的男人,而不必担心人们认为新郎已经结婚,除非这个情妇是"生而自由、合法许配、公开结婚的"。[7] 正如朱迪斯·埃文斯-格拉布斯(Judith Evans-Grubbs)所指出的,这种观点是基于"罗马人关于地位和社会荣誉的观念",而不是基于基督教的观点。[8]

基督教欧洲从罗马人那里继承的观念是,一个人在同一时间只能有一种可以产生合法继承人的性结合,而且这种关系必须是社会地位相当的伴侣之间的结合。婚姻是唯一有效的结合形式的观念并不属于这种遗产的一部分(至少对男人来说不是。女人如果进入婚姻以外的关系,除非和一个地位比她高的男人在一起,否则可能会失去他人的尊重和自己的地位)。正如我们将要看到的,一些基督徒与这些观念进行了些许斗争,希望把婚姻理解为一种精神结合,而非财产关系,从而试图把其他形式的结合同化为婚姻。现在我们来看看,这对罗马帝国晚期的一位特别的女性可能意味着什么,我们不知道她的名字,但她的伴侣的作品使她在历史上留下了印记。希波的奥古斯丁是一位教父,他的作品极大地影响了中世纪探讨婚姻与性的作家,尤其重要的一点是他强调结婚是一件好事(尽管不如守贞那么好),对那些除此之外只能通奸的人而言也不是一种较小的罪恶。奥古斯丁在他的《忏悔录》(*Confessions*)中的叙述表明,在他年轻的时候,人们并不指望婚姻是精英男性与他人结合的唯一方式。书中还向我们展示了,在他成熟之时,他是如何试图把一位充满爱与忠诚的伴侣同化为妻子,从而赋予她一种他认为她本来不会拥有的体面。

"我习惯了和她一起睡觉":阿德奥达图斯(Adeodatus)无名的母亲

370—372年之间的某个时候,未来的希波主教奥古斯丁当时只有16—18岁,还在迦太基求学,他与一个女人发生了关系,但他在《忏悔录》中从未提过这个女人的名字。[9] 大多数译者在奥古斯丁第一次提到她时都加上了"情妇"或"妾"的字眼,但事实上,他说的只是"我有过一个女人"(unam habebam):"不是在所谓的合法婚姻中为人所知的,而是我漫无目的、有失谨慎的激情寻到了她;不过只有她一人,我忠于她的床。"[10] 他后来称她为"我习惯一起睡觉的女人"。[11] 他们生了一个儿子,名叫阿德奥达图斯,两人一直处到385年,那年奥古斯丁的母亲莫妮卡(Monnica)为他挑了一个女孩结婚。阿德奥达图斯的母亲从他们此前一直居住的米兰回到北非。奥古斯丁提到,她在那里宣誓守贞。[12] 奥古斯丁一生未婚。莫妮卡为他挑选的未婚妻还未成年,在未婚妻达到结婚年龄前,奥古斯丁就皈依宗教,选择了独身。

我们从奥古斯丁的作品中才知道了这个无名的女人是他的长期伴侣,而那时他已到暮年,这个女人早已逝去,他也已经皈依。学者们不怎么看重这个女人和这段关系。他们认为,她不是妓女就是演员,这两种行当的从业者在性方面的名声恐怕让她们很难结婚,或者她的社会地位较低,像奥古斯丁这个阶层的人不能合法地娶她。[13]奥古斯丁在上文引用的段落中,以及在这个女人回到非洲后他对自己行为的描写中,都将这段关系描述为基于情欲的关系,把自己形容为拥有一个情妇的"情欲的奴隶"。菲利普·L.雷诺兹(Philip L. Reynolds)仅从表面上理解了这一描述,他说:"在奥古斯丁的眼中,与其说她是一个人,还不如说她是一个发泄肉欲的对象。"[14]但没有理由说她不能同时具备这两种属性。正如奥古斯丁在《忏悔录》中所解释的那样,在他看来,婚姻是为了后代而订立的条约(foederatum),而另一种关系,虽然仍是一种契约(pactum),或者说协议,但却是为了情欲。在后一种关系中,孩子是不受欢迎的,尽管一旦他们出生,父母就会学着爱他们。[15]这个男人(在写作时)认为所有肉体之爱都是罪恶的欲望,只有为了建立一个合法的家庭才情有可原,他会对自己卷入的任何非婚结合都抱有负面的看法,但这并不意味着他不关心这个女人。奥古斯丁写道,实际上,当她被"从他身边逼走"时,他"心如刀割、伤心欲绝",他从未从分离的痛苦中走出来,不过最近的一些学术研究怀疑"逼走"的责任是否全要归咎于莫妮卡。[16]他说分手后无法像女伴一样贞洁,这种口吻表明了他对她的尊重。[17]

实际上,达努塔·尚泽(Danuta Shanzer)认为奥古斯丁可能已经把她视为妻子了,即使不是法律上,也是从精神上这么看待的,他明确区分了涉及忠诚的长期姘居关系和后来更随意的伴侣关系。[18]他后来在

《论婚姻的益处》(*On the Good of Marriage*)一书中写道，如果两个人彼此忠诚，即使生儿育女不是他们结合的目的，"毫无疑问，给这打上婚姻的标签也不荒谬"。接着他表示，一个男人如果在找到另一个"与他地位或财富相称"的女人前把这样的女人作为情妇，那么在他心里这种男人就是一个通奸者——与情妇通奸，而不是与未来可能的妻子通奸——但这个女人，"如果她与他在性上保持忠贞，在他娶妻之后自己也不考虑结婚，并且十分坚定地完全克制这种交合，我也许不能贸然称她为通奸者"。即使她在没有结婚的情况下与他发生关系是有罪的，但如果她是因为想要孩子才这样做的，"她的地位就要高于许多妇人"。他这里描述的假设情况似乎与他和他那无名的伴侣的处境非常相似。[19]

奥古斯丁这位无名的情人被迫离开她多年的伴侣和青春期的儿子，儿子仍与父亲在一起，她不可能感到高兴。她（向奥古斯丁在《忏悔录》中提到的上帝）起誓永远不再结识其他男人，这一事实表明她是一名基督徒。尚泽认为她一直都是基督徒，甚至在奥古斯丁还信仰摩尼教的阶段就已经是了，他们儿子的教名可能暗示了这一点。一名女基督徒进入这种性质的结合并不奇怪，她应该不是奴隶或妓女。尚泽认为，奥古斯丁的伴侣可能是与他社会地位相当的人，他本可以与她结婚，但这没有达到他母亲对他的期望。莫妮卡想等一等，直到他能娶到一个能帮助他超越他地方小贵族出身的妻子。[20] 作为一名基督徒，莫妮卡可能对儿子有情妇一事感到困扰，但这在当时对于未婚男子来说稀松平常，因此她不赞同儿子有情妇不可能完全出于对缺乏正式性的顾虑。[21] 奥古斯丁可以合法地娶她，甚至也能得到社会认可，在这一点上，尚泽或许是对的。但如果奥古斯丁在征得母亲同意与自己的伴侣结婚时遇到了麻烦，那么他所处社会阶层的女子在征得父母同意与"所谓合法婚姻"之外的男子同居时，肯定也会遇到同样甚至更多的困难，因为她的子女没有继承权，如果他们家信基督教则更是如此。最有可能的是，她所处的阶层介于奴隶或妓女和奥古斯丁家庭的阶层之间：体面但并非大富大贵。她的家人可能认为，与其让女儿嫁给一个前途渺茫的人，还不如做这个有钱年轻人的情妇。

当然，她的家庭越体面，她的选择可能就越少，如果奥古斯丁当时只有16岁，她的年龄应该也差不多。也许他们邂逅并相爱了，但如果没有家庭的参与，她不可能搬去与他同居。从蛛丝马迹来看，这段关系里，他这一方似乎是深情的，我们希望她那一方也是如此——至少他希望表现得深情，这向我们透露了一些关于期望的信息。尽管奥古斯丁谈到的这种"我的生活方式的乐趣"与一位朋友滥交的习性形成了鲜明对比，但他仍然认识到，他这段关系缺乏"婚姻的体面名分"，而这是一个很大的缺憾。15年左右的时间只有一个孩子活下来，这一事实可能表明他们采取了节育措施，而这反过来又表明他们缺乏结婚的意愿。[22] 这对伴侣很可能彼此尊重，但她会被"从他身边逼走"这一事实强调了她在这种情况下没得选，奥古斯丁讨论这桩结合的方式表明，人们一直都意识到，这和婚姻有着天壤之别。一桩有实无名的婚姻，如果社会意识到它缺乏名分，它可能是友善的，甚至是充满爱意的，但其中的女人是可以被抛弃的。

法兰克教会

教会控制性伴侣关系的努力——以及世俗权贵利用教会控制他人伴侣关系的尝试——可以在文献记载相对完备的法兰克人的地盘（后

来大致演变为法国和德国的部分地区）上清楚地看到。"教会"是一个模糊的概念，当然也不是所有教士都达成了一致，就法兰克王国的婚姻模式而言，"教会"主要是指法兰克主教。这些主教强调婚姻的公共属性，努力界定哪些结合是合法的，哪些不是，他们的观点建立在传统权威基础上，不过我们将看到，也不是所有的法兰克主教都达成了一致。人们广泛援引的一个重要文本并非源于法兰克人，那就是利奥一世教皇在458—459年写给纳尔博纳（Narbonne）主教卢斯提库斯（Rusticus）的一封信，现代学者往往认为这封信表明彩礼的支付将结婚与姘居区分开来了。[23] 中世纪的作者经常断章取义地引用这个段落。卢斯提库斯问利奥，如果神职人员或执事想把自己的女儿嫁给一个有情妇的男人，而且情妇还为这个男人生过孩子，该怎么办。利奥回复道：

> 并不是每个与男人结合的女人都是那个男人的妻子（uxor），这就像并不是每个儿子都是他父亲的继承人一样。婚姻是生而自由并平等的人之间的合法协议……妻子是一码事，而情妇就是另一码事了；正如女奴是一码事，而自由的女人就是另一码事了。因为使徒为这些人之间的明确区别做了见证，他对亚伯拉罕说："把使女和她儿子赶出去！因为使女的儿子不可与我儿子以撒一同承受产业。"……因此，无论什么地方的教士，如果他把女儿嫁给一个有情妇的男人，都不能被看作把她许配给了已婚男人；除非那个女人变得生而自由，得到了合法的彩礼（dotata），并且通过公开的婚礼坦诚地表现出来。[24]

如果把这段话理解为有意宣称所有没有彩礼的结合都算不上婚姻，会有几个问题。首先，利奥是在奴隶制的背景下写下这段话的。他假定情妇是不自由的［我们将看到，图尔的格雷戈里（Gregory of Tours）在6世纪后期写作时就用了这个词］，尽管卢斯提库斯的询问并没有指明这一点。他没有提到身份自由的情妇的事，实际上，他也不承认有这种可能。同样，他也不认为奴隶可以成为妻子，这表明他仍在延续罗马人关于奴隶婚姻无效的传统，而教会逐渐摒弃了这种立场。其次，利奥拿保罗在《加拉太书》4∶30中撒拉／夏甲的故事作比，与对《创世记》21∶10中叙述的字面解读相互呼应。保罗想强调的是基督徒对上帝的国度的继承，但利奥认为他是在说奴隶的继承权。再次，他在陈述男子与娶他的情妇所需的条件时，并没有表明这些是对所有婚姻的要求。我们不清楚他所说的那个女人"变得生而自由"（ingenua facta）是什么意思。奴隶可以获得自由，但人们通常不会把后来获得自由称为"生而自由"。无论如何，他都认为自由身份、彩礼和公开仪式会提升前一种结合的地位，使其成为新结合的阻碍。他没有探讨在没有彩礼的情况下与自由女人公开结合这种可能。

罗马帝国后继者的法律，是在罗马和教会的影响下修订的，如引言中所探讨的那样，不能作为史前日耳曼文化的证据。在此，我们回过头来将它们作为证据，是要证明在其撰写的时代，彩礼在确定结合的地位方面所起的作用。对于给彩礼，在不同的法律中用词各异。法兰克人的萨利克法（Salic Law）常被视为法律（Leges）中最"原始"的，部分原因是它保留了许多日耳曼的法律术语［"马尔贝格注解"（Malberg glosses）］，其中使用拉丁文"dos"，而没有用日耳曼语中的词来表示给新娘或她的家庭的钱财。[25] 尽管萨利克法假定婚姻中存在财产转移,但它并没有系统地规定合法婚姻在财产交换或准许方面的要求。就继承而言,它和法兰克的《利普里安法典》(Lex Ripuaria)都谈到了儿子和女儿,但没有提出他们父母关系的法律地位问题。《利普里安法典》假定通常会有一笔彩礼,但也考虑到了没有彩礼的情况。如果妻子没有得到通过一系列特别许可(per series scripturorum)的任何东西,那么一旦她比丈夫活得长,就应该得到50苏勒德斯①。[26]这并不是说这样的女人不是妻子,也没有提供任何方法来确定谁是妻子,该法典只是针对一种情况做出了规定,即对寡妇的赡养被忽略的情况。法兰克法典中没有强调父母的准许,这可能表明世俗权威并不像教会那样关心这一点,但也可能是这些法律单纯没有解决是什么构成了有效婚姻这个问题。7世纪末或8世纪以来,一些法律条文展现了在基督教完全站稳脚跟后的一段时间里萨利克法是如何付诸实施的,它们表明彩礼是婚礼期望之中的一部分,但并不能证明没有彩礼的婚姻是有效的。[27]

《萨克森法典》(Lex Saxonum)是在西欧大部分地区基督教化后编纂的,但据说其中包含了一些在9世纪才皈依基督教的民族的法律,它也没有根据父母关系的地位来区分子女的继承权,但确实规定了要有彩礼。如果一名男子没有向新娘的父母支付300苏勒德斯的彩礼,他将被处以相同数额的罚款。[28]无论是这部法律,还是萨利克法或利普里安法,都没有将付给家庭的彩礼与对女性权利的转让联系起来,也没有表明彩礼是婚姻的构成要素(而非其习俗和证明性的因素),更没有区分不同

---

① 苏勒德斯(solidi),罗马后期的金币,可能曾被用于购买土地、大宗货物等大型交易。

类型的结合。[29]

不管在哪个时期，法典与实践的关系都是容易出现问题的。法兰克王国的叙述性史料可能有助于填补空白，了解结合究竟是如何形成的。早在墨洛温王朝时期，拉丁文（教会）史料就已将女性伴侣分为妻和情妇，但一个男人可以有多个妻子，而情妇是地位较低的女性（包括奴隶）。如果说墨洛温王朝不是整个统治阶级，那么至少统治者是实行一夫多妻制的，教会有时也承认不止一个女人是妻子。[30]对于女性自己选择的结合以及她父亲把她许配给她的伴侣的结合，也使用了同样一套话语。法兰克人的叙述性史料中没有任何例子表明一个女人无论地位如何，都不受男性伴侣的控制，我们无法根据男性伴侣所掌控的权利来区分不同类型的结合。[31]墨洛温王朝最著名的法兰克作家图尔的格雷戈里可能只告诉了我们最高级别贵族的情况，而且只讲了都兰（Touraine）这一地的情况，但我们对墨洛温王朝国王的结合的了解大多来自他。[32]格雷戈里使用术语的方式表明，他没有区分不同类型的结合，只要涉及自由的女性，就都把它们称为"婚姻"，有时甚至对不自由的女性也使用相同的词。

根据格雷戈里的记载，图林根（Thuringia）国王的妻子巴西娜（Basina）离开了她的丈夫，跟了流放归来的希尔德里克（Childeric，457—481年在位），他娶了她（*eam in coniugio copulavit*）。当克洛维（Clovis，481—511年在位）娶克洛蒂尔德（Clotild）时，他向她的父亲提出让她结婚（*matrimonio*），并"将她与自己结合在一起（*coniugio*）"。[33]尽管这两桩结合中，一桩得到了女方家庭的准许，一桩没有，但是格雷戈里对两者都使用了"coniugio"一词。在拉德贡德（Radegund，约520—586年）身上也发上了同样的事情，尽管她是被强掳而不是被父

亲许配成婚的，但对她的描述的用词与对克洛蒂尔德的一样。³⁴

如格雷戈里所述，提乌德贝尔特（Theudebert，533—548年在位）也曾有过一段不那么正式的结合，这既是他自己的选择，也是出于外交原因而安排的正式婚姻。在一个名叫德乌特里亚（Deuteria）的女人安排他以和平的方式占领贝济耶城（Béziers）后，他与她结婚（*eamque sibi in matrimonio sociavit*）。然而，他还与一位国王的女儿维西加德（Visigard）订了婚，法兰克议会坚持要求他离开德乌特里亚［这里被称为他的婚约对象（*sponsa*）］，与维西加德成婚（*uxorem ducere*）。³⁵ 我们很容易认为，"成婚"意味着正式的婚礼，而"娶"则更不正式，但在其他例子中（比如克洛维和克洛蒂尔德）似乎并非如此。编年史家弗雷德加（Fredegar）记载了同样的事件，他对德乌特里亚和维西加德都使用了"成婚"一词。³⁶ 实际上，根据格雷戈里的说法，希尔佩里克（Chilperic，561—584年在位）要求娶加尔斯温特（Galswinth），因为她的社会地位配得上他，并主动提出为此可以离开他的其他妻子，而被他抛弃的妻子则被称为"uxores"。³⁷ 加尔斯温特的家庭更有权势，因此她没有其他女人那么容易受到伤害，但没有迹象表明，在她出场之前，希尔佩里克和他所抛弃的妻子的结合被视为地位更低的，也不知道是否举行了仪式。其他被称为"uxores"的女人也可以随意被抛弃，比如克洛塔尔（Clothar，511—561年在位）的妻子瓦尔德拉达（Waldrada）和查理伯特（Charibert，561—567年在位）的妻子英戈贝尔格（Ingoberg）。³⁸ 西吉贝尔特（561—575年在位）对他的兄弟们"娶了配不上他们的妻子［*uxores aciperent*］，因为他们自己的卑劣甚至娶了奴隶［*ancillas in matrimonio sociarent*］"而大失所望。³⁹ 我们不清楚这只是为了表示"他们娶了配不上他们的妻子，甚至奴隶"

的求雅换词①，还是格雷戈里做出了区分，说"他们娶了配不上他们的妻子，甚至与女奴结合"，但格雷戈里使用的"matrimonium"可能与"uxorem accipere"意思相同，既可以用于自由伴侣，也可以用于奴隶伴侣。

在格雷戈里的描述中，有些结合在政治上比其他结合更重要，但通常情况下，由女性选择的结合并不比父亲安排的结合更弱势，除非父亲安排的结合可能涉及更强势的家庭，因此试图解除婚约更加危险。所有贵族女性，即便一个男人与她们中的不止一个结合，她们也都是妻子，而"情妇"就是奴隶了。弗雷德加将嫁给提乌德贝尔特的前奴隶布利西尔德（Bilichild）称为妻子（*uxor*）和女王（*regina*）。⁴⁰ 在法兰克王国后期，一些教会立法依旧质疑奴隶结婚的可能性（见第 2 章的讨论），但在圣日耳曼德佩教堂（St-Germain des Près）的土地登记簿（9 世纪初巴黎附近的一个修道院的清册）中，奴隶身份的人（*servi*，就当时而言，有些人可能会想把它译为"农奴"）可能是妻子，或者拥有妻子，不过，没有支付彩礼的迹象。⁴¹

法兰克教会非常关注信众在受到认可的结合方式内外的性行为，而墨洛温王朝和加洛林王朝的议会则尤其关注禁止结婚的等级关系间的嫁娶、诱拐已订婚或立过宗教誓约的妇女，以及允许离婚的问题。⁴² 议会不怎么关注什么是有效婚姻这个问题，除非考虑特殊情况，如（下文将讨论的）洛泰尔二世（Lothar II）、杜特贝加（Theutberga）和瓦尔德拉达（Waldrada）。墨洛温王朝的教会议会惩罚未经女方家庭准许的婚

---

① 求雅换词（Elegant variation），指写作时为避免重复而刻意使用不同方法指代同一事物。

姻，不是宣布无效，而是直接将其逐出教会。[43] 740—750 年间在巴伐利亚（Bavaria）召开的一次公会议明确提出了限制：任何人都不得在未通知当地教士、亲戚和邻居的情况下结婚，"这些人可以调查他们关系的程度，并得到他们的建议和认可"。[44] 公开是识别和避免婚姻限制的关键。755 年的维尔公会议（Council of Ver）颁布了一项只有一句话的法令："让所有的普通人公开结婚，无论是不是贵族。"[45] 然而，不公开并没有构成婚姻与非婚姻之间的界限：两次公会议都没有宣布未公开进行或没有彩礼的婚姻无效。852 年，美因茨公会议（Council of Mainz）宣布，没有正式订婚的结合可以按照男子的意愿解除："如果有人有一个没有合法订婚的情妇，后来又娶了一个按照仪式订婚的女孩，那就把情妇搁置一旁，让他拥有和他合法订婚的女孩。"[46] 但它并没有禁止未婚男子的这种结合，也没有明确规定合法订婚的条件。

加洛林王朝时期的其他作品也没有表明，人们普遍认为彩礼构成了有效婚姻与其他形式结合间的区别。在一位法兰克作者于 9 世纪中期撰写的"伪圣伊西多法令"中，包含了一项被认为是出自 2 世纪教皇埃瓦里斯图斯（Evaristus）之手的法令，这项法令指出，除非男方向女方的监护人提出结婚的请求，并且有正式的订婚仪式和神父的婚礼祝福（以及付给神父的一笔钱），否则婚姻无效。[47] 但这只是一厢情愿的想法，并没有反映实际情况。实际上，尽管在加洛林王朝时期，贵族婚姻中普遍采用这种祝福，但没有任何规定强制要求神父的祝福。[48] 伪造的《本笃敕令集》（Benedictus Levita）中收录了一条摘自西哥特律法的教规，规定未经神父的祝福，任何人不得结婚。伪造者将其改为适用于所有基督徒，但在最初的语境中，它只适用于皈依的犹太人。[49]

在 9 世纪上半叶的阿基坦（Aquitaine），与皇帝"虔诚者"路易

（Louis the Pious）关系密切的奥尔良的约纳斯（Jonas of Orleans）指出，结合的地位不取决于仪式，而取决于社会地位。在他为贵族信众写《论世俗人士》（*De institutione laicali*）时，他并不是想要他们的结合都有神父的祝福，或者任何其他形式的祝福。他反倒建议他的（男性）读者婚前禁欲，理由是如果他们想要洁身自好的妻子，他们自己也应该洁身自好。他引用安布罗斯的话，告诉他们不能与地位较低的女人生育继承人，而继承人是结婚的目的，他简单粗暴地假设与地位较低的女人结合是姘居而不是结婚。[50] 然而，他主要关注的不是反对婚前或替代婚姻的其他结合，而是反对与婚姻并存的其他结合。他把精力更多地花在了劝阻已婚男性找情妇上，而不是劝阻未婚男性这样做，他主要引用了奥古斯丁、安布罗斯和拉克坦提乌斯（Lactantius）的文字。男人不应该指望妻子会接受他与自己的奴隶一起睡，就像他不会接受妻子与自己的奴隶一起睡一样。[51] 康布雷的哈利特加（Halitgar of Cambrai）的悔罪规则书（9世纪初）同样试图限制男人只能有一个伴侣："让男人满足于与一个女人结合，无论是妻子还是情妇，他高兴就好。"[52] 对男女忠贞的单一标准的拥护凸显了与之背道而驰的做法是多么普遍。同样值得注意的是，这种忠贞不一定要在婚姻中实现。

如果说法兰克教会并没有全体一致地试图为其称为婚姻的、得到有效认可的结合提出有关彩礼和公开性方面的要求，那么罗马教会就更不会这样做了。[53] 教皇尼古拉斯一世（Pope Nicholas I）在866年给保加利亚使节的回信中回答了他们关于罗马基督教的一些问题。他明确表示，结婚只需双方同意：不需要父母的同意，也不需要祝福。正规程序应该包括经家庭同意的订婚、交换戒指、用书面文件将彩礼从男方名下转到女方名下，然后在神父的祝福下举行婚礼并戴上头纱。可是，结婚没有这些并不是罪过，对穷人来说更是如此："这些是婚姻的法则，这些，再加上其他还没想到的东西，都是庄严的婚礼的约定；然而，如果在婚约中没有这些东西，我们并不认为这是一种罪过……尤其是在有些人因为实在太穷，准备这些东西得不到任何帮助的情况下。"[54] 862年，"秃头"查理（Charles the Bald）的女儿朱迪斯（Judith）未经父亲准许就嫁给了佛兰德斯的鲍德温（Baldwin of Flanders），查理下令将鲍德温逐出法兰克教会；但教皇尼古拉斯裁定驱逐令无效，这对新人获得了婚礼祝福。罗马教会试图将法兰克教会认为算不上婚姻的东西吸纳为婚姻。

与图尔的格雷戈里不同，加洛林王朝的作家们对显然不是奴隶的女性也使用了"情妇"一词。[55] 给自由妇女贴上"情妇"的标签可能并不取决于是否举行了仪式。西尔维亚·科内奇尼（Silvia Konecny）指出，法兰克作家和现代历史学家通常会根据一个女人的儿子的成功来判断她是妻还是情妇。国王或其他权贵的母亲可能被归入更体面的类别。如果女人的儿子继承了遗产，这位母亲将被视作儿子有继承权的这类妇女。[56] 查理曼（Charlemagne）之子"驼背"丕平（Pippin the Hunchback）的母亲希米尔特鲁德（Himiltrud）虽然出身贵族，但通常被视为情妇；但她儿子沿用父系祖辈的名字这一事实表明，他可能在出生时就被视为潜在的继承人。查理曼最终与希米尔特鲁德正式结婚，而不那么正式的结合可能是结婚的前奏。[57]

查理曼的女儿们也为含混不清的结合提供了例证。史料告诉我们，这些女儿没有结婚，也没有成为修女，她们的父亲也不反对她们有情人。根据查理曼的传记作者艾因哈德（Einhard）的说法，他假装没有注意到关于她们的流言蜚语。[58] 这些结合似乎持续了很长时间。有学者称，查理曼的儿子和继任者"虔诚者"路易拆散了她们的结合，因为没有彩礼，所以不把这看作婚姻，但史料中并没有这样说。尼特哈德（Nithard）只是记载了路易"立即命令她们离开宫殿到修道院去"，《皇帝路易的一生》（*Vita Hludowici Imperatoris*）告诉我们"他把他每个姐妹从她们父亲那里得到的土地都让给了她们，那些没得到土地的姐妹则由皇帝赐予土地"。[59] 无论这些女儿们卷入了什么样的关系，她们都不会是基于伴侣选择的纯粹的爱情配对，而是政治安排的结合。[60] 或许查理曼不想让他的女儿们建立有彩礼的正式联姻，因为他不想和其他家族建立起某种约束，或者因为他希望她们在婚姻上仍能保持灵活性，尽管教会已开始否认这种灵活性。这些结合可以被视为 9 世纪早期存在婚姻灰色地带的证据，但查理曼的女儿们并不能代表整个社会的典型情况。

有人一直用加洛林王朝后期的一个著名案例来说明，对于婚姻不正式的而且不是建立在地位大致平等基础上的女性，教会都试图将其归为情妇。这是一个复杂的案例，这种复杂性可能让牵涉其中的女性迷失方向。

"母狼"：瓦尔德拉达

瓦尔德拉达大致出生于 9 世纪 30 年代中后期，是一名法兰克贵族。[61] 公元 855 年前的某个时候，她与洛泰尔尼亚（Lotharingia）的统治者洛泰尔一世（Lothar I）的儿子洛泰尔二世结合，洛泰尔尼亚王国是"虔诚者"路易死后建立的三个法兰克王国中位于中心的一个。我们没有关于瓦尔德拉达和洛泰尔的结合是如何形成的信息。可能是这对情侣主动提出的,但我们猜测她的家庭也参与其中。[62] 即便根据教会法开始认可的程序,这种结合不是婚姻,让女儿与王位继承人结成某种形式的伴侣关系对他们来说也是桩不错的买卖。[63] 与许多王室配偶的家世比起来,瓦尔德拉达家的社会地位更低。后来的法庭诉讼表明,洛泰尔对瓦尔德拉达有很深的感情,但这并不意味着这是爱情的结合,在一个由家庭包办的体系中,伴侣之间的爱情往往是结合的结果,而非原因。这对伴侣的儿子于戈(Hugo)的名字并不是加洛林王室常用的名字,一些学者认为这表明他从未被视为合法的。[64] 这桩结合还带来了三个女儿。[65]

洛泰尔二世在父亲于 855 年去世后成为洛泰尔尼亚的国王。然而,他的统治受到了统治另外两个法兰克王国的强大叔叔的威胁。他需要支持,而获得支持的一种方法就是迎娶一个强大的洛泰尔尼亚贵族家庭的女儿,同年他就这么做了。[66] 杜特贝加家族的成员比瓦尔德拉达家的更有影响力,以至于后者被驱逐时都没法理直气壮地抱怨。她可能没有被完全抛弃,因为洛泰尔和瓦尔德拉达尽管不生活在一起了,但可能还继续保持着性关系。到 857 年,洛泰尔对杜特贝加感到不满,想让瓦尔德拉达回到他身边,这也许是出于个人原因,也许因为瓦尔德拉达已经证明了自己的生育能力而杜特贝加却没有(不过如果生育能力是唯一的考虑因素,他无疑可以再找到一个地位高的女人结婚)。到 858 年,他想要与杜特贝加离婚一事已经成为轰动一时的事件。兰斯大主教安克马尔(Bishop Hincmar of Reims)关于此事的作品在两方面产生了很大的影响,即教会的婚姻不可解除性的教义,以及后来关于控制婚姻的是教会还是世俗权力的争论。[67] 学者关于此事的论述大多聚焦于洛泰尔,对杜特贝加的关注相对较少。

如果我们想了解瓦尔德拉达的立场,我们需要知道她是否指望这种结合是永久的,或者她是否一直知道自己可能被取代。雷吉娜·勒扬指出,从9世纪下半叶开始,加洛林王朝男性的结婚年龄急剧提高,但他们的父亲通常会给他们安排一个这位学者称为"年轻配偶"(*épouse de jeunesse*)的贵族女子,当他们要缔结王朝认可的正式婚姻时,可以和这些女子解除关系。她认为,瓦尔德拉达就是一个这样的女子,她称其为"和平婚姻中的配偶"(Friedelfrauen)。[68] 温普尔认为,像瓦尔德拉达和洛泰尔这样的结合是由女性家庭安排的"试婚",抱着这种关系能够持续下去并变成得到认可的真正婚姻的希望。她反对用"和平婚姻"来指代他们这种关系,并强调这些女性几乎没有选择的余地。[69] 基于引言中探讨过的原因,我同意温普尔的观点,即我们不应该使用"和平婚姻"这个词,但温普尔和勒扬可能都没错:从男方的角度来看,这种结合可能是暂时的,但女方的家庭可能希望它不是。最近,卡尔·海德克(Karl Heidecker)也反对使用"和平婚姻"一词,干脆把瓦尔德拉达称为洛泰尔"少年时代的情妇",不过他也承认他们的结合可能更为正式。[70] 安德里亚·伊斯梅耶尔(Andrea Esmyol)称,这个例子表明,妻与情人之间有明确的界限,而"和平婚姻"发挥不了什么作用;另外,这种说法的后半部分是正确的,但在9世纪,这条界限可能并不像她希望的那样清晰。[71]

或许洛泰尔认为与瓦尔德拉达的结合是暂时的,但这并不意味着这种结合的地位低。他认为他与杜特贝加的结合也是暂时的,因为他可以为了找回瓦尔德拉达而解除与她的关系。事实上,如果不是政治局势所迫,他本来可以这样做。[72] 换言之,在瓦尔德拉达与洛泰尔眼中,与她不具约束力的结合可能与婚姻没什么区别。教会不同意解除杜特贝加的婚姻关系,是因为它是通过正式的、教会认可的方式缔结的,还是因为它顺应了杜特贝加家族(迅速衰落)的势力和洛泰尔叔叔"秃头"查理的野心(他可能更愿意看到洛泰尔和一个明显不能生育的女人在一起),仍是个悬而未决的问题。

许多教会作家都把瓦尔德拉达称为情妇,这么做的不止安克马尔,还有其他人。[73] 在同辈中,她的地位可能比这个词所暗示的要高得多。她是洛泰尔可能会娶的女人,而且显然不是不自由的——她可是一位贵族。[74] 珍妮特·纳尔逊(Janet Nelson)认为,"或许这对伴侣是按照习俗结婚的:在加洛林时代的法兰克王国,教会法学家仍在想办法阐明他们认为什么样的流程才能构成有效的婚姻"。[75] 无疑,洛泰尔在抛弃杜特贝加后确实把瓦尔德拉达当成了自己的妻子。[76] 但持不同观点的双方,至少是双方的教会人士都认为洛泰尔只能有一个妻子,根据获胜一方的说法,杜特贝加才是那个妻子。教会人士——无论是反对与瓦尔德拉达的这种结合的,还是梅茨主教阿德温提乌斯(Bishop Adventius of Metz)这类支持的——到9世纪下半叶,一直坚持教会在婚姻有效性中的作用,并将有彩礼的婚姻与姘居区分开来。[77] 同样由安克马尔撰写的《圣伯丁年代记》(Annals of St. Bertin)在869年称"秃头"查理的第二任妻子里希尔蒂(Richilde)为情妇,直到他举行了订婚仪式并给了彩礼才改变看法。[78] 关于普通信众的看法就几乎没留下什么证据了,因为书面材料都是由双方的教会人士撰写的。

洛泰尔的支持者,包括阿德温提乌斯在内,都认为他与瓦尔德拉达的结合是有效婚姻,经过了公开庆祝,并且涉及财产交换。但同样重要的是,他们显然直到863年才提出这一论点。[79] 在争论开始的时候,这显然并不是问题的关键,瓦尔德拉达和洛泰尔的支持者也是很晚才意识到，如果既说杜特贝加没有资格结婚，还强调瓦尔德拉达得到了彩礼，就能更有力地支持她的这种情况。这种迟来的论据多少有点站不住脚。在两人结合时，洛泰尔可能本来不愿意按照教会当时要求或至少是敦促的那样承诺公开，但洛泰尔和瓦尔德拉达可能仍然认为他们已经结婚了。毫无疑问，他与杜特贝加的婚姻履行了所有手续。洛泰尔责怪她是基于她与她哥哥乱伦（随后堕胎）的指控，而不是因为她婚礼的情况。斯图尔特·艾尔利（Stuart Airlie）认为，实际上，洛泰尔本人并不是教会新兴婚礼法的受害者，反倒是他自己试图利用它，利用关于乱伦的规定来证明他抛弃杜特贝加的正当性。[80] 也可能像蕾切尔·斯通（Rachel Stone）认为的那样，乱伦的指控对洛泰尔特别有用，因为如果杜特贝加有罪，她就会被处死，这样不管洛泰尔与杜特贝加的婚姻是否有效，他都可以自由再婚。[81]

瓦尔德拉达最初被抛弃可能并没有让她和她的家人感到意外。他们应该已经意识到，由于她和洛泰尔的社会地位存在差距，就算他出于政治原因而不得不改变自己在性上的专一，对一国之君来说也显然没什么不寻常的。她不会得到什么保护。她的家庭很可能看到了一个为女儿牵线搭桥的绝佳机会，即便这么做风险重重。这种情况就像阿德奥达图斯的母亲一样。我们不知道瓦尔德拉达对自己的男人有多深的感情，以及这种感情是什么样的。洛泰尔一定认为她是个好伴侣，因为他试图抛弃杜特贝加是为了回到瓦尔德拉达的身边，而不是为了再找个新妻子。尽管洛泰尔与瓦尔德拉达彼此喜欢只是一种猜测，史料中没有提及她的看法，但我们不能从这一点就得出结论认为她只不过是政治游戏中的一颗棋子，没有任何主观能动性（实际上，我们也不能对杜特贝加下这样的结论）。瓦尔德拉达可能出于个人名声的原因，或者因为孩子，又或者因为她爱洛泰尔，希望维持这段结合。在这一点上，女方的意图和愿望对婚姻的法律效力没多大影响。但是安克马尔关于她用巫术使洛泰尔离开杜特贝加的推测一定刺痛了她，而且可能会让她面临真正的人身危险。在《圣伯丁年代记》中，安克马尔声称，"据说"洛泰尔是"被巫术扰乱了心神"才抛弃了杜特贝加，让瓦尔德拉达回来的。[82] 写于10世纪的圣德科卢斯（St. Deicolus）的生平记录表明，这个谣言有一定的影响力。这部作品的作者充满敌意，因为洛泰尔把他的修道院送给了"妓女"瓦尔德拉达，他记录了洛泰尔为娶一个"用各种巫术迷惑国王灵魂"的"母狼"而抛弃妻子的故事。[83] 瓦尔德拉达最终被逐出教会，但即便她不在宫廷中生活，这段结合仍然维持了下去。她保留了政治影响力。869年，洛泰尔在从罗马回家的途中去世，而他在罗马见了新教皇，他希望这位教皇解除将瓦尔德拉达逐出教会的命令，并宣布瓦尔德拉达是他的妻子。[84]

在我们对瓦尔德拉达在这种情况下的个人角色和感受感到好奇时，我们不妨也来挖掘一下杜特贝加这个人物。她守住了自己的王室丈夫，但就是这个丈夫曾对她和她哥哥的风流韵事大加痛斥。在丈夫被迫带她回去但仍把瓦尔德拉达留在身边后，她试图离开，去修道院。她没有圆满的结局。卢浮宫中有一块巨大的水晶，即"洛泰尔水晶"，上面刻着苏撒拿和长老的故事（《但以理书》第13章）。一些学者认为，这块水晶是在洛泰尔和杜特贝加和解时制造的，他承认自己曾诬陷过她。但吉纳夫拉·考恩布鲁斯（Genevra Kornbluth）认为，加洛林王朝的作家（包括安克马尔）借用苏撒拿的故事通常不是为了说明苏撒拿的贞洁，而是为了说明公正判决的重要性。水晶是为了强调洛泰尔的王室美德，而不是为了向杜特贝加道歉。[85] 洛泰尔的早逝可能并没有让她倍感失落。

这个案例，尤其是安克马尔针对此事所写的内容，标志着教会在结合是否有效这一问题上的立场的转折。在关于这个案例的不同观点中，安克马尔的观点颇具影响力。到 10 世纪，教会尝试维护基督教婚姻的唯一合法性，使后者与其他形式的结合区分开来，比如 10 世纪、11 世纪诺曼底的更加丹麦式（Danico）的婚姻，一些编年史称其"遵循丹麦的方式"。例如，"征服者威廉"（William the Conqueror）的母亲埃尔蕾瓦（Herleve）就不是一个公爵完全接受的妻子，但作为一位宫廷官员的女儿，她不可能在父亲不知情、不允许的情况下结婚。[86] 或许她的家人想从她与一个有权势的男人的关系中获益。更加丹麦式的婚姻并不一定是一些古老日耳曼习俗的延续，我们也不能假定"丹麦"模式和基督教模式在根本上是对立的。最常被引用的例子是诺曼底公爵理查一世（Richard I of Normandy，942—996）的妻子冈诺（Gunnor）。11 世纪的作家瑞米耶日的威廉（William of Jumièges）描述道，理查以"基督教的方式"娶了他的妻子，她为理查生了五个儿子和三个女儿。然而，12 世纪，托里尼的罗伯特（Robert of Torigni）却说，她只是在晚年公爵想让他的一个儿子成为大主教时，才以更为基督教的方式嫁给了他。[87] 两段文字都没有暗示这两种婚姻除了仪式之外还有什么不同。理查在以更为基督教的方式迎娶冈诺时并没有另外付钱，也没有获得对她更多的权利。区别可能在于，第二次的基督教婚姻得到了主教的祝福。[88] 然而，我们并不清楚编年史作者是否认为另一种形式更松散或更随意。看来，普通信众并没有像教会希望的那样改变他们的性依恋模式。

中世纪早期的史料显示，人们对男女结合的理解一直在变化。结合的地位更多地取决于参与者的地位，而不是加入结合的过程（不过前者会影响后者）。女人相对于男人来说地位越低，就越不可能有财产交换和祝福，教会和其他人就越不可能将这种结合视为婚姻，而这种结合也就越容易受到质疑。伯纳黛特·菲洛塔斯（Bernadette Filotas）提出了一种耐人寻味的推测，在忏悔书中发现的禁止女人对丈夫使用爱情魔法的限制，可能正是针对这种不稳定而脆弱的结合的："对一个处于这种地位的女人来说，千方百计地强化伴侣对她的感情的诱惑一定非常强烈。"[89]

在这些叙述性史料没有涉及的社会阶层中，结合类型的多变表现得更加明显。其实，人们可能会怀疑，财产交换在较低的社会阶层中是否常见。一则关于圣埃默拉姆（St. Emmeram，卒于652年）的神迹故事说明了8世纪日耳曼下层社会对婚姻的期望，当时他的生平故事是弗莱辛的阿尔贝奥（Arbeo of Freising）写的。这些事应该发生在739年埃默拉姆的遗物被移到雷根斯堡（Regensburg）之后。一位在巴伐利亚（Bavaria）被俘的旅行者被卖到日耳曼中部的图林根做奴隶，那里靠近异教徒萨克森人的领地。他的新主人想让他和自己庄园里的一个寡妇结婚，这大概是为了让他能够耕种这个寡妇的亡夫耕种过的土地。这个男人抗议说他已经有一个妻子了，因此作为基督徒不能再结婚。主人威胁他说，如果他拒绝，就把他卖给萨克森人。他就和那个女人举行了婚礼。在只有他们两个人的时候，他拒绝圆房，并说服她禁欲三个晚上〔就像基督徒被建议的那样，即所谓的"托拜厄斯（Tobias）之夜"〕。在这几夜里，新郎向圣埃默拉姆祈祷，而圣埃默拉姆则帮助他逃脱并回到了自己的家园。[90]

奴隶与寡妇（寡妇可能是奴隶，也可能不是奴隶，但显然是一名农业劳动者）结婚时所用的措辞完全是中世纪早期婚姻中的措辞："in matrimonio sociare"显然是"结婚"的意思，她是一位"coniunx"，或者说"spouse"("配偶"),主人"tradidit"或者说"gave",即"把"她嫁"给"了他。他们的右手并在一起,"按照婚礼的习俗"用一块布包住。然后,他们"按照婚礼的习俗"上床用餐。正如卡尔·哈默(Carl Hammer)指出的那样,在这个故事中,重要的是没有讲述的内容。一定要把主人理解为基督徒,这样他要把奴隶卖给异教徒的威胁才有意义。尽管故事讲得很详细,却没有提到婚礼祝福,[91] 其中也没有提到财产交换。奴隶可能接管妻子亡夫的土地的想法是合乎逻辑的,但没有挑明,甚至没有明确暗示。根据作者的说法,使圣人为之行神迹的这个男人认为自己被要求做的事情是重婚,而不是通奸。这种结合无疑是冲着结婚去的。显而易见,与此相关的是一种仪式,尽管作者两次指出他们所做的与婚礼上的惯常做法一致,但这一事实却表明,人们对这种结合是否符合法律或习俗可能存在一些疑问。或许这种怀疑恰恰是因为奴隶正式结婚是不常见的。

这场婚礼也没有涉及彩礼。只有在有财富转移、公众感兴趣的情况下,彩礼和将结合公之于众的仪式才是重要的。正式的婚姻可能确实是一件奢侈之事。我并不是说下层阶级从基于爱情的非正式结合中获益,而精英阶层却受到与王朝相关因素的限制,我要说的是,在财产和继承权受到威胁的情况下,确定真正的婚姻是什么的意愿对普通信众来说是最重要的。在 12 世纪之前,即便在权贵中也没有一套公认的成文的婚姻法体系。在中世纪早期的欧洲,就像在古代社会一样,决定婚姻地位的往往是双方的地位,尤其是女方的地位,而不是流程。在整个中世纪早期,教会都声称有能力对合适的性结合进行立法,但这既不是专门的,也没有连贯性。到了 9 世纪,教会又声称其主办的仪式是必要的。最终,这些说法开始逐渐被人们接受。到了 12 世纪,这发展成了把婚姻视为一种圣礼的观念，但奇怪的是，能否成为妻子是由地位而非仪式决定的观念却始终存在。

同意理论

正如我们在中世纪早期以及中世纪盛期和晚期看到的那样，我们需要了解教会是如何在关于婚姻形成的相互冲突的观点中做出决定的，以便理解人们缔结的各种结合以及它们之间的区别。教会处理合法结合这个问题的转折点出现在12世纪，实际上也可以把这视为现在婚姻观念的起源。教会规则的细化、将婚姻视为圣礼的看法以及对双方同意的重视，这些都不新鲜，但都重新得到了强调，而这并不是出于对配对关系状况最基本的关注。教会不是在抽象的原则下运作的，这种原则从负面来讲是监督和控制普通信众的生活，从正面来讲则是婚姻的神圣性。确切地说，教会对婚姻立场的发掘源于11世纪到12世纪初的改革运动。这场运动关注的是广义上的教会改革：不仅要改进神职人员的行为（在第3章有更详细的讨论），还要修正教会与世俗世界的总体关系。一连串的几位教皇成功确立了自己选择主教和在没有世俗领主干涉的情况下管理教会的权力。教会独立的要求部分依赖于教会法律体系的发展，而这一法律体系的一部分就是对婚姻拥有管辖权的要求。如我们所见，这种要求以前也曾被提出或暗示过，但没有这么清楚和直接。乔治·杜比特别指出，在法国西北部，"公元1100年前后，两种婚姻观念在基督教世界发生了冲突，而这场冲突的高潮带来了几乎一直延续至今的习俗"。[92] 与其说这是两种不同的婚姻观念的冲突，不如说它是一场权威之争：谁来决定哪些特定的结合是有效的，哪些是无效的。这使得教会标榜为"婚姻"的结合比其他用类似措辞描述但缺乏某些特征（通常是教会认可的）的结合形式拥有更多特权。当然，让一群神职人员认可某种特定的结合，并不意味着作为一个整体的"教会"就对此表示支持，但一旦教会是婚姻问题的权威这一原则得以确立，教皇和普遍化的教会法体系就更容易执行特定的规则了。

沙特尔的伊沃（Ivo of Chartres，卒于 1115 年）很好地描绘了细化教会法的伟大时代前关于婚姻的教会法。伊沃非常重视婚姻双方的同意，而不是其家庭的同意；在这一点上，他借鉴了罗马法和上文提到的教皇尼古拉斯写给保加利亚人的信。他在自己汇编的资料中收录了一些要求婚姻公开的加洛林王朝的文本和伪作，但他本人并不认为神父在场或祝福是婚姻有效的必要条件。他还认为，像姘居这样的非正式结合可以作为婚姻合法化，但前提是双方都未婚。[93] 伊沃对婚姻的不可解除性特别感兴趣。事实上，伊沃等人最关心的个案是有权势的男教徒在自己是否仍与某个女人有婚姻关系这一点上与教会的争论——例如，腓力一世（Philip I）抛弃了他的妻子荷兰的伯莎（Bertha of Holland），试图娶蒙特福特的贝尔特拉德（Bertrada de Montfort），伊沃是反对这样做的。[94]

在 12 世纪或者更早的时候，很少有人在原则上公开反对婚姻的神圣化，当然也没有人反对作为一种制度的婚姻，除非他们要在守贞上提要求。正因如此，埃洛伊兹和阿伯拉尔（Abelard）的故事才如此引人入胜、不同寻常：一个 12 世纪的女人明确表示，比起婚姻，更喜欢一种性结合的方式。就杜比提出的两种模式而言，他们的结合都不符合：既不是为了家庭财产而安排的，也不是神圣化的。实际上，埃洛伊兹极力主张，婚姻并不是她想要的结合方式。

"'朋友'永远是更动听的名称":埃洛伊兹

1115年,埃洛伊兹还是一个20多岁的年轻女子,她和身为大教堂教士的舅舅福尔伯特(Fulbert)在巴黎生活。[95] 她受过高等教育,享有较高的学术声誉。我们可从埃洛伊兹的信件中对她的内心世界略知一二,但关于她的生平事迹的了解则主要来自彼得·阿伯拉尔(Peter Abelard)的自传体作品《劫余录》(The Calamities)。阿伯拉尔没有告诉我们埃洛伊兹是如何与她舅舅生活在一起的。在当时,孩子被送到比父母更富有、能够给他们更好的人生起点的亲戚家是很常见的事情,埃洛伊兹可能在成年后仍选择留在福尔伯特身边。她曾在阿让特伊(Argenteuil)的一所修道院接受教育,这表明她的家庭相当富裕,她想和舅舅一起住在巴黎可能是看中了那里的智识生活。后来她在圣灵修道院(Paraclete)当院长时,她在修道院的死者名册中只记录了她母亲的名字,而没有记录父亲的名字,因此学者们认为她可能是私生女,这也可以解释她为什么是由舅舅(实际上可能是她的父亲)抚养的。[96]

彼得·阿伯拉尔是一个骑士家庭的小儿子,他想以神学为志业。尽管这不需要他成为一名神父,但他需要做一名教士。从他对自己学术生涯的描述可以看出,他可能把这视为成为成功骑士的替代品:"我的主要兴趣在于辩证推理这种武器,于是我用我所有的装备换取了这些武器,放弃了战争的战利品,转而投身于唇枪舌剑的辩论中。"[97] 1115年,阿伯拉尔在巴黎的一所大学里讲课,他听说有位叫埃洛伊兹的博学女子:"现在,在仔细考虑了通常能吸引情人的所有因素后,我得出结论,她是能带到我床上的最佳人选。我确信这轻而易举:当时我自己就很有名,年轻又外貌出众,我无法想象任何一个我认为值得我爱的女人会拒绝我。但我认为这个女孩因为对学识的了解和热爱,更容易缴械投降。"[98]

他请求住在她舅舅家,福尔伯特请他辅导埃洛伊兹。阿伯拉尔在15年后写下对此事的回忆时,可能对自己的预谋增添了更多当时所没有的责任感。他可能是出于现实原因才和福尔伯特住在一起的,而且有可能埃洛伊兹在这段性关系中有点主动。

埃洛伊兹和阿伯拉尔成了恋人。阿伯拉尔称主动权在自己这边,并表示首要问题并不是赢得埃洛伊兹的同意:"当[福尔伯特]把她交给我,不仅为了教育她,也是为了训导她,他除了给我完全的自由,还能做什么呢?即使我从来没有使用过这种自由,如果用更温和的引诱不奏效,能用暴力说服她吗?[99]然而,正如阿伯拉尔所描述的那样,那种暴力并不是必要的,不过他确实打了埃洛伊兹,就像任何一个家庭教师都会打自己的学生一样:

> 我们先是同处一室,后来心心相印。在学习的幌子下,我们把所有时间都用来恋爱,而在我们的教室里,有爱情所需的与世隔绝。我们打开书本,彼此交流的爱的话语多于课程,亲吻多于概念。我的手更多是沿着她的乳房而非我们的书游走,爱使我们的目光更多地投向彼此而非停留在书页上。为了免遭怀疑,我也打过她,但那只打她的手是充满爱意的,而非愤怒的,是愉悦的,而非狂暴的——它们的甜美超越了任何香水。我们在激情中把爱情的每个阶段都尝试过了,如果爱情能找到一些新奇或不寻常的花样,我

们也会尝试。[100]

在此期间，这对情侣还互通信件。以康斯坦丁·J. 梅夫斯（Constant J. Mews）为首的一些学者认为，这些信件保存在一份15世纪的匿名手稿中，被称为《两个恋人的信》(*Epistolae Duorum Amantium*)。[101] 就目前而言，我们无需判断这些信件是否属于这对情侣。这些信激情澎湃地抒发了爱意，但并没有提到任何形式的长期家庭伴侣关系，这可能与这对情侣在知道女方怀孕之前没有制订长期计划的想法一致。然而，即便这些信确实属于他们，也不能成为他们意图的明确证据。信中所表达的爱不同于阿伯拉尔自传式的叙述，他的自传中认为那是一种充满肉欲的爱，而这是在他被阉割成为一名僧侣后回顾时写的。那些信确实表达了一种害怕被发现的恐惧，埃洛伊兹和阿伯拉尔会有这种感觉，而许多其他恋人，不管是虚构的还是真实的，都会有这种感觉。

几个月后，福尔伯特发现了这段不光彩的关系，把阿伯拉尔赶出了家门。没过几个月，埃洛伊兹就发现自己怀孕了，于是阿伯拉尔乔装打扮，把她偷偷带出家门，送到了他位于布列塔尼（Brittany）的姐姐家。他向埃洛伊兹的舅舅坦白了，借口是"爱情的伟大力量，这件女人从人类诞生之初就做的事甚至会毁掉最伟大的男人"，并提出了一个他自认为宽宏大量的建议，"给他一个不曾想过的满意方案：我承诺娶那个我伤害过的女孩，只要一切秘密进行，保持我的声望完好无损"。[102] 学者们认为，鉴于阿伯拉尔的教士身份，福尔伯特从未设想过会有这样一桩婚事，而且还需要保密，但这也可能与不同的社会地位有关。

根据阿伯拉尔后来的描述，埃洛伊兹并不想嫁给他。他回忆道，她不想因为"女人毁了我的名声，让我们俩都蒙羞"[103] 而被人记住，她还提到了教会和哲学的巨大损失。她告诉他，被称为他的"朋友"（*amica*）比被称为"妻子"更体面，这样"我将通过自由献出的爱成为她的，而不是受到某种婚姻关系的强迫和约束，而我们分开的时光只会让我们的重逢变得更加甜蜜，我们在一起的快乐珍贵又难得"。[104] 学者们经常将此处的"amica"译为"情妇"[我一直使用的利维坦（Levitan）的译本则译为"情人"]，的确，这个词在这种语境中带有这重意思。但是（假设埃洛伊兹真的这么说过），她的意思可能是，对她来说，做一个精神层面的伴侣比结婚更重要。这并不是说这种友谊中没有性的成分，而是说它不仅仅是关于性的。[105] 这篇文章中还设想了一种伴侣不住在一起的关系。阿伯拉尔称，她希望他自由地，而不是因为某种羁绊而爱她。后来，在一封流传下来的信中（与他们婚前可能互通的信件正好相反，这些后来的修道院信件的真实性倒是没什么疑问），埃洛伊兹称，她宁愿做阿伯拉尔的姘妇（*meretrix*），也不愿做罗马皇帝的妻子和皇妃（*imperatrix*）。她说："妻子的名分也许有神圣和安全的好处，但对我来说，更动听的名称永远是朋友（*amica*），或者，如果你的尊严能够承受的话，也可以是情人（*concubina*）或者姘妇（*scorta*）。"[106]

阿伯拉尔的《劫余录》还引用了埃洛伊兹根据圣杰罗姆的作品提出的反对婚姻的详尽论证。她既写到了纵情声色对学者或哲学家的危险，也写到了家庭生活让人心神涣散。"学者和保姆，写字台和摇篮，书和纺纱杆，笔和纺锤——这些东西之间哪有什么和谐可言？哪个丈夫在忍受婴儿啼哭、保姆喃喃的摇篮曲和一帮子仆人在家里胡闹的同时，还能专心研读哲学或经文？"[107]

如果阿伯拉尔是唯一见证她说这些话的人，我们可能会怀疑他把这些话硬塞进了她嘴里，但她是在信中提到了这些。无论如何，这些论述并不完全等同于"她宁愿做他的朋友或情妇"。他们针对的是性参与和家庭伴侣关系,而不是特别针对婚姻。但正是婚姻让她能够向他合法索取自己的权益,而她希望放弃这种要求,以便让他继续做一名哲学家。

埃洛伊兹和阿伯拉尔确实结婚了。人们认为,他们的婚姻是秘密的,至少在后来教会的婚姻法更完备时是这样的,不是因为她的家人不同意(据阿伯拉尔说,他们当时在场),而是因为没有在双方居住的教区公开举行,也没有发布结婚预告。尽管如此,这仍是一桩有效的婚姻。如果说阿伯拉尔有身份的话,也就是个小教士(即便他是个神父,神父是禁止结婚的,但教会尚未宣布这样的婚姻无效,第3章会讨论这一点)。我们还不清楚,在阿伯拉尔的时代,教士是否会因为结婚而失去在大学中的职位。如果他有圣俸,那么他可能会失去,但他似乎并没有。不过,他可能认为,如果有人知道他结了婚,他在道德上的权威性会受损。[108] 婚礼结束后,埃洛伊兹和福尔伯特住在一起,但后者"想方设法要恢复他在外的名声,开始散播这桩婚事的消息",这时埃洛伊兹否认了婚姻的有效性,"诅咒他,发誓说这是赤裸裸的谎言,他勃然大怒,不住地谩骂"。[109] 埃洛伊兹去了阿让特伊,但她并没有做修女。据阿伯拉尔说,福尔伯特认为阿伯拉尔让埃洛伊兹做了修女,从而背弃了他们的婚姻,于是他贿赂了一个仆人,让他的一些亲戚或追随者在晚上进入阿伯拉尔的住所,在那里抓住了熟睡的他,并阉割了他。福尔伯特可能因为阿伯拉尔(如他所想的那样)背弃婚姻、让人们认为埃洛伊兹继续生活在罪恶中而感到愤怒,但最让他愤怒的可能还是阿伯拉尔让她怀了孕。她的家人可能希望她成为一名修女,最终成为修道院院长,阿伯拉尔把这条路堵上了,这让他们非常生气。埃洛伊兹后来在信中明确表示,她并不认为这桩婚事是不光彩的:她提到,阿伯拉尔屈尊,"让我和我的家人都上了一个台阶"。¹¹⁰ 但我们还不完全清楚这两个家庭的相对社会地位。有人认为，埃洛伊兹的父亲是法兰西岛大区（Île-de-France）一个重要家族的成员吉尔伯特·德·加兰德（Gilbert de Garlande），即便她是私生女，这也给她带来了重要的关系。¹¹¹ 福尔伯特可能认为，埃洛伊兹无论在宗教上还是在婚姻上，都可以找个比阿伯拉尔更好的人。¹¹² 几乎可以肯定的是，他认为她本可以有比给阿伯拉尔做情妇更好的出路。

埃洛伊兹对她与阿伯拉尔的结合的态度非常复杂。即使在他被阉割之后，她也不急着成为一名修女。阿伯拉尔说她是"自由地听从我的命令"这样做的 ¹¹³，但她却说，遁入教门"纯粹是你一个人决定的"："当我还是一个年轻女子时，并不是对宗教生活的任何承诺迫使我接受修道院的严格训练：那都是你一个人的命令"，不过她自愿听从了命令。¹¹⁴ 一些学者得出结论，认为她很乐意继续与阿伯拉尔作为伴侣生活在一起，而不结婚。然而，在她脱掉婚纱之后回过头来说这句话，与完全不顾礼法而愿意实际上这样做，这两者之间是有区别的。在她的另一封信中，她表示她接受婚外结合与合法结合在道德上的区别：

当我们还在追求爱情的愉悦时

还有——用一个难听但更有表现力的短语来说——

在淫欲中放纵自己，

上帝没有严厉地审判我们。

但当我们采取措施纠正我们的所作所为时，

以合法掩盖非法

并用得体的婚姻仪式（honore coniugii）来弥补我们的淫乱时，

> 主愤怒地向我们举起了手……
> 你们受苦不是因为奸淫，
> 而是因为这得体的婚姻（coniugium）
> 你以为凭借它
> 你便已经弥补了你可能犯下的任何过错。[115]

埃洛伊兹成了一些重要观点的例证，这些观点包括12世纪的家庭可能不重视秘密婚姻，以及一个为自己说话的女人可能会认为婚姻不是最理想的结合形式。[116]她列举了关于女人会使男人堕落这种传统的反女性主义的宣传观点，但补充说，她自己对引诱阿伯拉尔结婚并不感到内疚，这一直都是他的主意。[117]然而，尽管双方都认为埃洛伊兹不想结婚，但婚姻确实对她产生了积极的影响，提供了她所说的"圣洁与安全"。埃洛伊兹在读过阿伯拉尔写于1132年或1133年的《劫余录》后，以修女的身份写信给阿伯拉尔，她声称自己从未想过要彩礼，并表示一个宁愿嫁给富人也不愿嫁给穷人的女人"追求的仅仅是财产，只要有机会就准备把自己卖个更富有的男人"。尽管如此，她还是提到他仍然"受婚姻圣礼的约束（nuptialis foedere sacramenti）"，以及"我一直怀着无限爱意，把你放在心里"。[118]阿伯拉尔写到了他对被圣丹尼斯（St. Denis）修道院院长逐出阿让特伊的修女团体的关怀，他这么做的理由是男人有义务关心他们妻子的物质需求，即使她们已经皈依宗教，不再与他们发生肉体关系。婚姻给了女性，甚至是保有童贞的女性一种对伴侣的要求，这是未婚女性所没有的。实际上，20世纪的重要学者把埃洛伊兹在婚姻问题上所表达的立场作为证据，来证明她不可能真写过那些修道院中的信，不过，早在13世纪就有人认为她确实写了这些信：一个受过教育的女人怎么可能支持这么荒谬的立场呢?[119] 如果我们不因为这些证据扰乱了现代人对得体的配对关系的假设而摒弃它们,那我们就会发现,埃洛伊兹的立场是有原则的,但在她的世界里,是一种非常不切实际的立场。她和阿伯拉尔一样,都是通过回溯来表达自己的观点,当时她自称是修女,没有被要求言出必行的危险,但她仍然向我们展示了,12世纪初人们可以设想另一种有伴侣的生活。

埃洛伊兹的故事是独一无二的,它描绘了一个女人对婚姻以外的性结合的偏好。它的非典型之处还在于,教会没有试图控制这种结合的形成,不过,在她所处的时代,这种尝试已经足够引人注目。伟大的人类学家杰克·古迪(Jack Goody)认为:"教会要想发展和生存,就必须积累财产,这就意味着要控制财产代代相传的方式,由于代际之间的财产分配与婚姻模式和子女的合法化有关,教会必须在这些方面获得权威,以便影响继承的策略。"然而,这些尝试并不像这位人类学家所认为的那样是为了刻意降低合法继承人继承财产的能力,从而使教会机构能够继承更多财产。[120] 随着教会法的发展,它包含了在有疑问的情况下,特别是在有孩子的情况下,有利于婚姻的推定,如果教会的目的是减少潜在继承人的数量,就不会出现这种情况。[121] 教会真正想做的(如果说这样一个庞大、分散、多元的机构还能有一致的目标的话)不是阻止普通信众结婚或宣布教外结合非法,而是要求拥有决定这些结合有效性的权威,在碰到有权势的家族时,可能将其相当一部分权力转移给教会。在埃洛伊兹的例子中,确定婚姻有效性的干预是没有必要的:双方都承认婚姻曾经存在过,但已婚人士同意停止同居并开始过宗教生活是完全符合教会法的。

并不是每个人都像埃洛伊兹和阿伯拉尔那样在他们的性结合上达成了一致。在中世纪中期，与中世纪初一样，教会与普通信众产生冲突的一个主要领域就是婚姻的终止。任何拥有财产的人都关心是否有能够继承财产的子女。在大多数地方，子女必须婚内出生才有完全的继承权，所以如果一段婚姻没有子女或者确切地说是没有儿子，富有的土地持有者可能会急于更换妻子。可能也有女性急着换丈夫的情况，但我们对此了解不多，因为这通常不是出于继承土地的原因。尽管医学理论很公平地将不孕不育的责任同时归咎于女性和男性，但正如琼·卡登（Joan Cadden）所指出的那样，即便是医学文献，无论是因为可能导致女性不孕不育的医学病状很常见，还是因为没有与妇科论述对应的同类男科研究，又或是因为生育作为女性的工作十分重要，"总体上倾向于将责任归咎于女性"。[122] 此外，精英男性比他们的妻子有更多的机会向另一个伴侣展示他们的生育能力，这使得他们更容易把"不孕"的责任归咎于妻子。我们在加洛林王朝时期就已经看到，教会认为婚姻是不可解除的（除非得到教皇的特许，这凸显了教皇的权威），这极大地影响了权贵家族保证后代繁衍的能力。

在此我们特别关注教会关于终止结合的规定，因为它们在很大程度上取决于婚姻形成的规定，需要将这些结合重新归类为婚姻以外的东西。教会不承认我们今天所说的离婚，即婚姻的解除使双方可以自由再婚，但同时承认婚姻曾经有效。教会采用的法规规定，在有通奸或虐待的情况下，可以依法分居，这看上去很像我们今天所说的离婚——可能有财产分配、子女抚养和探视权——但双方，即使其中一方被认为是无辜的，也不能自由再婚，如果他们后来再结合，也只能以其他的形式结合。要解除一段婚姻，允许再婚，唯一的办法就是我们今天所说的宣告婚姻无效，即宣布这段婚姻从一开始就无效。宣布婚姻无效的理由有很多，一般是存在阻碍因素（一对情侣是亲戚，或者其中一人以前和别人结过婚）。根据12世纪以来教会运作的法规，缺乏得体的仪式本身很少成为宣布婚姻无效的理由。

这些法规的制定和完善花费了一些时间。到了11世纪，双方的同意被视为婚姻的重要标准，甚至是定义性的标准。如果婚姻是一种圣礼——圣礼神学渐渐开始认为它是一种圣礼——那么它就很难被像交媾这样不纯洁的东西定义。尽管神学家认为女性通常会跟父亲选的人结婚，但如果她们反对，父亲也不能强迫她们。[123] 如果一方成功地宣称不同意结婚，那么这种结合就可以被视为婚姻之外的形式。

伟大的教会法编纂者格兰西（Gratian）在1140年前后完成了他的首部教会法声明的编订。后来，格兰西本人或他的追随者大大扩展了该书。[124] 他借鉴了包括沃尔姆斯的伯查德（Burchard of Worms）和沙特尔的伊沃在内的早期教会法汇编者的作品，但格兰西的作品影响更大。汇编以问答的形式呈现，每个答案都有正反两方面的论据，并引用《圣经》、教父的论述、教皇法令和其他规范性文本作为佐证。格兰西支持婚姻的两阶段模式，首先是通过一份协议启动婚姻（*matrimonium initiatum*），但直到完婚（*matrimonium ratum*）才算是完整的婚姻。[125] 虽然格兰西是他那个时代最杰出的教会法学家，但教会法作为一个学术领域尚未与神学分离（事实上，两者的重叠也从未完全消失），最重要的神学教科书四部《语录》(four books of *Sentences*) 的作者彼得·伦巴德（Peter Lombard）也探讨了婚姻的形成问题。[126] 就像格兰西的作品，以及这个时期以辩论为主要形式的许多其他作品一样，《语录》也包含了对每个观点的正反两方的论据以及佐证的引文，并提出了作者认为正确的结论。[127] 在彼得·伦巴德看来，只有同意才能促成一桩婚姻："婚姻是什么？婚礼或婚姻是合法的一男一女间的一种结合，其中维持着一种不分开的生活方式。不分开的生活指的是没有另一方的同意，任何一方都不能节欲……并且在他们活着的时候，他们之间的夫妻关系将继续存在，这样就不允许他们在别处结婚……婚姻的有效原因是同意，不是什么形式上的同意，而是用语言表达的同意，不用将来时，而是用现在时。"[128]

双方必须同意结婚，而不仅仅是同意性交或结成家庭伴侣关系。[129] 要同意的是当事人自己，而不是他们的家人。一旦满足这个条件，无论是否发生性关系，无论他们的父母是否同意或提供彩礼，婚姻就是完整而不可解除的。彼得·伦巴德还有力地阐述了婚姻是一种圣礼并且代表了耶稣与教会的结合这种观点。出于这个原因，尽管肉体结合并不是必要条件，但他把它作为婚姻的重要组成部分："因此，婚姻是一种圣礼，它也是一种神圣事物的神圣标志，即耶稣与教会的结合……因此，配偶之间有一种根据灵魂的同意和肉体的交合而产生的结合，教会也是这样根据意愿和天性与耶稣结合的。"[130]

在整个 12 世纪，针对格兰西和彼得·伦巴德的作品，出现了大量的评论，有直接的，有间接的。这一立场经过亚历山大三世（Alexander III，1159—1181 年在位）时期的法令和 13 世纪初的法律教科书的综合和编纂，成为教会公认的法律。[131] 然而，这种综合性的法规在实践中仍然没多少影响。正如小查尔斯·多纳休（Charles Donahue, Jr.）所解释的那样，亚历山大的法规并不是对当时实践的表态，而是对婚姻可以和应该是什么样子的一种设想，在随后的几个世纪里，它在很大程度上（但并非完全）付诸实施了：

这并不是说,彼得[·伦巴德]所特别强调的"同意"立场的胜利,能够解决中世纪社会中实际的婚姻与彼得那个时代及其后的中世纪世俗法规定中的婚姻不一致的问题。父母继续强迫子女缔结非自愿的婚姻,彩礼仍然是结婚的基本要求……达官贵人们继续为了自己方便而无视或操纵婚姻不可解除的原则,而依附于他人的人、穷人和半自由的人发现他们的地位和所处环境阻碍了他们自由选择婚姻伴侣。[132]

克里斯蒂安·克拉皮什-祖贝尔(Christiane Klapisch-Zuber)从中世纪晚期的角度写作,指出地方习俗在教会法律的框架下得以延续:"一对伴侣的同意因而成为基督教婚姻的基础,而这种选择往往将其他'勉强算作婚姻'的标准强加到背景中,如仅通过承认夫妻同居来确认结合,或缔结建立在法律基础上并由书面行为、礼物和捐赠保证的亲密关系……不符合婚姻法规(iura nuptiarum)——例如伴侣太穷——并不会让双方自愿同意的婚姻打上不合法的烙印。"[133]

仅凭同意就结婚导致了耐人寻味的结果。如果一对伴侣可以在任何地方结婚,而不需要司仪或婚礼祝福,那么就很难在婚姻和其他形式的结合之间划清界限。我们能够获得自中世纪晚期起的教会档案,比如我们在第 4 章中将要研究的那些,到这一时期,法院支持仅经双方同意而未正式缔结的婚姻的有效性。即使父母有强大的权力和财力反对这桩婚事,法院也会这样裁定。1469 年,有个案例因家族信件留存下来而广为人知,英格兰诺福克(Norfolk)的玛杰里·帕斯顿(Margery Paston)未经父母允许,就与家族的管家理查德·卡勒(Richard Calle)交换誓言，嫁给了他。她的父母和当地的主教很熟，就向主教投诉。主教分别审问了玛杰里和理查德，发现他们在交换誓言的措辞上完全一致，这是一种有效的婚姻形式。虽然主教拖延时间，希望能够满足这家人的愿望，使这种结合无效，但他没有找到这样做的理由。这个案例表明，12世纪的神学和宗教法观点到中世纪末期已经在很大程度上根深蒂固了。

主教直截了当地和她说，让她记住自己是什么出身，都有什么样的亲戚朋友，如果她接受他们的管教和引导，她本应拥有更多这样的亲友，而如果她不这么做，如果她没有受到他们的引导，她将会经受多么强烈的谴责、多大的耻辱和损失啊，但这种引导也是她放弃本能从他们那里得到的任何好处、帮助或安慰的原因。他说，他听说她的朋友都因为她爱上这么一个人而感到不快，因此应该有人好好劝劝她要怎么做，还说无论他们是否结婚，他希望了解她对他说过的话。她又重复了一遍她说过的话，并且大胆地说，如果这些话还不令人信服的话，在她去那里之前，她会让她的话更确信无疑，因为她说，不管这些话算什么，她都觉得她忠于自己的良心……接着，卡勒单独接受了审问，看他们两人的誓言以及关于在何时何地交换的话，是否一致。然后主教说，他认为还能发现对他不利的证据，可能影响判决，因此他说他不会太草率地对此做出判决，并说他会推迟到米迦勒节后的星期三或星期四再宣判。他们本想自行其是，但主教说除了他所说过的，不会按别的方法做事。[134]

从根本上说，教会发现，如果它想管控人们的性结合，就必须同化人们非正式的自愿结合，并宣布其合法。这种状况并不能让教会完全满意,尽管它坚持认为当事双方都同意才算同意,但并没有坚持要求他们独立于父母。在(我们拥有最丰富史料的)贵族和城市资产阶级的层面上,由于财产交换是整个过程中的重要组成部分(当他们被排除在外时,他们会非常沮丧,就像帕斯顿家一样),家庭实际上仍密切参与其中。尽管格兰西确实引用了先前没有彩礼就不能结婚的说法,但根据教会法,财产交换仍然不是婚姻的法定要求。然而,财产交换是常态,也是人们意料之中的,从证据的角度来看,是否存在财产交换对于确定性结合是否构成婚姻仍然重要。[135]

教会还尝试要求以公开的方式缔结婚姻。结婚的意向要在双方所处教区的教堂公之于众,要连续三个礼拜天发布结婚预告,以便让任何觉着有什么阻碍因素的人都有机会说出来。订婚或结婚仪式通常在发布结婚预告前就举行了,但这是双方家庭间的私下安排,并不在教堂进行,在欧洲不同地区,这种仪式也不尽相同。[136] 最终的誓言应该在教堂前面公开交换,并可以伴有婚礼弥撒和祝福。

任何没有在教堂公开缔结的婚姻都被视为秘密婚姻,但并不是人们称为"秘密婚姻"的所有结合都是我们认为的那种密不告人的。有的婚礼可能有客人、礼物和宴会,但由于没有在教堂举行(或者在错误的教堂举行——例如,不在双方教区教堂而是在无管辖权的教堂举行),仍有可能属于秘密的。秘密婚姻可能会被处以罚款,但仍是有效的。[137] 只要双方都赞同他们已经交换了结婚誓言(可以用现在时,也可以用将来时,随之而来的是性交),这种结合就是不可解除的。玛杰里·帕斯顿和理查德·卡勒的婚姻就是这样的例子。

真正的问题出现在双方无法就是否已经结婚达成一致的时候。在没有彩礼、结婚预告、目击者或祝福的情况下,双方的意图和同意与否很难证明。中世纪晚期的法庭记录中有很多这样的案例：一方（通常是女方）声称已经交换了誓言，而另一方（通常是男方）承认发生了关系，但否认许下过任何婚姻承诺。正如我们将在第 4 章中讨论的那样，毫无疑问，有时男方说的是真话，而女方在撒谎，试图诱骗他结婚；有时女方说的是实话，而男方就像骗女方上床时一样，在事后也撒了谎；有时两方都觉着自己说的是实话，因为他们故意模糊了结合的性质。

除了简单地否认承诺外，想要摆脱婚姻的一方还可以选择突然发现阻碍结婚的因素。中世纪的作者指出，贵族间的联系错综复杂，以至于任何想要摆脱婚姻的人都很容易发现自己与另一方的关系属于被禁止的范围。12 世纪末的巴黎神学家"吟诵者"彼得（Peter the Chanter）提到，他曾听到一位骑士谈到他将娶的那个女人："她和我在三代内有亲缘关系。如果她不讨我喜欢，我可以设法和她分开。"[138] 彼得不以为然地讲述了这件轶事，这表明那些想到这些事情的人认为亲缘关系（姻亲关系）造成的漏洞是一个严重的问题，不过在 1215 年第四次拉特兰公会议（Fourth Lateran Council）将禁止的亲缘关系从七代内减少至四代内后，这个问题就不那么严重了。中世纪晚期的法庭记录，尤其是英格兰的记录显示，与婚前契约方面的阻碍因素（一方之前已与其他人许下婚姻誓言）相比，血亲关系很少被视为婚姻的阻碍因素。因为这种先前的誓约，如果用的是现在时，就是有约束力、不可解除的，就不需要证明是否完婚，也不需要神父在场，假如早先结合的双方要把他们的结合称作婚姻，因此后一种结合就不是婚姻，那就很难反驳他们了。[139]

这套规则可能会导致人们不知道自己到底有没有结婚的混乱局面。这种情况可能会发生在社会下层，我们将在第 4 章 15 世纪的证据中看到这一点，但在精英社会的最高层，可能同样如此，我们从中世纪中期的证据中就能发现这一点。法国国王腓力·奥古斯都（即腓力二世，Philip II Augustus，1180—1223 年在位）的妻子们的故事表明，教会法与政治紧密结合，对相关的各方都造成了损害，带来了不快。腓力二世的第二段婚姻是否有效的问题是一个国际政治问题。它还揭示了在这样一个时代，也就是由教会定义国际教会法体系并付诸实施，教会还声称有决定结合地位的权威时，贵族男女希望建立什么样的结合。在这种情况中，就像在其他许多案例中一样，最终占上风的教会法理念是那种坚定保护婚姻关系中女性权利的。

"糟糕的法国！罗马，罗马！"丹麦的英格博格

1180 年，腓力·奥古斯都第一次结婚，娶了埃诺的伊莎贝尔 [Isabelle of Hainaut，又名伊丽莎白（Elizabeth）]。她的父亲是埃诺伯爵，她的叔叔是佛兰德斯伯爵，就战略地位而言，这两个都是低地国家极其重要的省份。他们订婚时，她只有 10 岁。1184 年，他试图以有血缘关系为由解除婚约，这显然是要摒弃佛兰德斯的影响，但也可能是因为没有继承人，不过当时并不清楚他们是否已经圆房。伊莎贝尔在桑利斯（Senlis）的街道上举行了忏悔游行，这得到了公众的支持，似乎达到了预期的效果：他们的婚姻得以延续。[140] 伊莎贝尔在 19 岁时难产而死，给腓力留下了一个 3 岁的儿子。在这个儿童死亡率高企的时代，一个年幼的儿子，尤其是一个健康状况堪忧的儿子，对国王来说是不够的，腓力需要更多的合法继承人。他与丹麦国王克努特六世（King Knud VI）的妹妹英格博格公主（Princess Ingeborg）订下了婚约。关于腓力二世的权威著作的作者约翰·鲍德温（John Baldwin）怀疑这场婚姻对腓力

的政治价值，因为他本可能由此获得的对英格兰的任何权利都不可能兑现；英格博格的嫁妆是现金，而不是战略领土。[141]1193 年 8 月 14 日，18 岁的英格博格为了婚礼来到亚眠（Amiens），编年史家对她的美丽贞洁不乏赞美之辞。编年史家给予公主正面评价并不罕见，但值得注意的是，在婚礼之前，没人对她有非议，甚至在婚礼之后，一位腓力御用的历史学家对她的描述也都是"美丽、圣洁、品德高尚"。[142]

第二天，在这对新人的加冕礼之后，腓力宣布他又重新考虑了这场婚礼，不再想和英格博格结婚了：他"一看到她就厌恶万分，浑身发抖，脸色惨白"。[143] 多年来，学者们一直在猜测他们新婚之夜发生了什么。鲍德温称之为"急性性创伤"。[144] 根据 13 世纪英诺森三世（Innocent III）的传记作者的回顾，国王试图在加冕仪式后圆房，但"当他爬上婚床时，却很快就离开了她，他对她怀有很大的恨意，甚至无法忍受别人当着他面提起她。王后坚称国王已经同她圆房。然而，国王却坚持认为自己无法圆房"。[145] 在 1196 年前后完成了自己的第一版编年史的法国修士里戈德（Rigord）认为，是巫术让腓力与妻子反目，不过他没有提到腓力这样说过："就在同一天，在魔鬼的唆使下，国王，据说被拥有某些巫术的女巫蛊惑，开始厌恶他渴望已久的妻子。"[146] 吉姆·布拉德伯里（Jim Bradbury）是这样阐释里戈德的这些话的，他说这是在指控梅拉诺的艾格尼斯（Agnes of Meran）是女巫，她阻碍了腓力与英格博格的婚姻，不过这些话不需要这样解读，而且也不清楚腓力在与英格博格结婚时是否认识艾格尼斯。[147]

我们不知道腓力为什么如此讨厌英格博格，也不知道他在新婚之夜发现了什么，让他宁愿当众陷入困境和承受屈辱。虽然英格博格可能会说一点拉丁语，但他们可能没法很好地沟通。也许发生了什么让腓力感到冒犯或反感的事，比如口臭，但考虑到人们对英格博格美貌的种种描述，再考虑到当时的卫生标准，很难理解为什么这件事会让腓力产生如此长久而严重的反感。[148] 如果说她过于不食人间烟火，而他更喜欢一个"接地气"的伴侣，那他应该能与 10 岁就嫁给他的伊莎贝尔相处得很好。[149] 简·塞耶斯（Jane Sayers）在她给英诺森三世写的传记中指出，腓力对丹麦人不愿支持他防备英格兰而感到失望。[150] 然而，他在这方面的考虑在新婚之夜完全没有改变。30 岁的腓力显然是位十足的政治家，他知道，一旦结婚，他就会失去一切讨价还价的机会，如果他和英格博格没有结婚，他未来的选择余地会大得多。

腓力在贡比涅（Compiègne）召开了一次法国教会会议，会议由他的叔叔兰斯大主教主持，宣布这桩婚姻无效，理由是英格博格与他的第一任妻子有血缘关系，所以他们不能结婚。这种说法是站不住脚的，但会议很可能会按照腓力的意愿行事。英诺森的传记作者这样描述当时的场景："王后对整个过程一无所知。在她的同胞离开后，她就被抛弃了，她完全不懂法语……当翻译向她解释（离婚判决）时，她惊讶得无法形容，她哭泣着，哀叹着，喊道'糟糕的法国！糟糕的法国！'然后又加了一句'罗马！罗马！'因为她不知道如何用法语抗议，也不知道如何就这一判决向教廷提起上诉。"[151] 这段话通常被用来表明英格博格的拉丁语不太好，但在这一决定是由法语翻译给她听的语境下，这可能是作者将她糟糕的法语回答翻译成了拉丁语。当然，英格博格也写过表达清晰的拉丁文信，不过她和当时许多其他世俗贵族一样，不太可能亲自撰写这些信件。

教皇塞莱斯廷三世（Pope Celestine III）在丹麦人的劝说下，派使节到法国调查此事。腓力没有理会他，还在 1196 年又结了婚，这次他选择了一位德国贵妇——梅拉诺的艾格尼斯。虽然女方父亲的家族原籍是巴伐利亚，但腓力被霍亨斯陶芬（Hohenstaufen）王朝的皇帝封为达尔马提亚的梅拉恩公爵（duke of Meranien in Dalmatia），所以（与丹麦王室不同），这个家族与腓力站在了帝国政治的同一战线上。腓力和艾格尼斯举行了婚礼，并育有一子一女。英格博格并没有就此罢休。虽然教皇更偏向于她这一边，但腓力不理会他，他也并没有采取什么行动。[152] 英格博格继续与她哥哥和代表她游说的丹麦教会人士保持联系，也没有断了与教皇的联络，比如说，她在1195年就写信给塞莱斯廷说，她被"扔在地上，像一根干枯、无用的棍子，得不到安慰和建议，凄凄惨惨"。[153]

1198年，新教皇塞尼的洛泰尔（Lothar di Segni）当选，他改名为英诺森三世。英诺森后来成为中世纪最有权势的教皇之一，他召集了第四次拉特兰公会议，改革并阐明了教会的教义和纪律，打击异端邪说，同意建立重要的新修会，在整个欧洲施展了巨大的政治权力和影响力。英诺森在他上任的第一年接手了英格博格的案子。[154] 从原则上讲，他可能是想帮助一位站在正义一边的女人，但他也是急于证明，即使是一位有权有势的君主，也不能通过自己决定婚姻是否有效来侵犯教皇的权力。当他直接命令腓力把艾格尼斯送出法国并接回英格博格时，他说"你不能对抗上帝，我们不能说我们在尘世行使自己的权威，我们行使的是他的权威，不管我们多么不配这么做"，如果他不顺从，"你的敌人将击败你和法兰西王国，你微不足道的世俗权力也无法对抗永恒神圣上帝的全知全能"。[155] 然而，他并没有立即将腓力和艾格尼斯逐出教会，而他本可以这么做，他称艾格尼斯为"另外带来的女人"（superinducta），这个词显然暗示两人的关系有问题，但又不像"情妇"或"妓女"那样有损人格。他没有对她使用贬损之辞无疑与她高贵的出身有关。[156] 当腓力拒不服从英诺森的命令时,英诺森就让他的使节对整个法国实施禁罚,意思就是不能举行任何圣礼。在这种压力下,腓力最终在 1200 年同意与艾格尼斯分开。她仍留在法国,并在 1201 年去世。显然,并不是所有法国人都赞成这桩结合,里戈德在她死后评论道:"五年来,他一直违背法律和上帝的旨意,与她厮守。"[157]

艾格尼斯死后,腓力要求英诺森让他与她所生的两个孩子获得合法地位。这样,腓力既能实现获得继承人的目标,又能让英诺森保留在定义结合性质这件事上的权威。由于英诺森可以在他的帝国政策中利用腓力作为后盾,他就同意了腓力的请求,给了两个孩子合法地位。他和腓力成了盟友,至少在 1216 年英诺森去世前是这样。这种结盟关系到地缘政治。腓力设法让教皇给自己的孩子合法地位,这本身就是一种屈从,但对他来说,这种合法身份很可能比他与艾格尼斯的婚姻是否有效要重要得多。

人们对艾格尼斯的生平知之甚少,甚至连她的出生年份都不知道。实际上,里戈德给她起的名字是玛丽(Marie)而不是艾格尼斯。这桩结合是包办的,而不是出于爱情的结合,安排这桩婚事的时候,即使艾格尼斯自己不知道,她的家人也肯定知道政治婚姻有多么不稳定,如果一开始就不确定两人是否要结婚的话更是如此。艾格尼斯并不是腓力第三任妻子的首选。起初,他想娶帕拉丁伯爵(Count Palatine)康拉德(Conrad)的女儿为妻,但根据英国历史学家纽堡的威廉(William of Newburgh,这个提供消息的人满怀敌意)的说法,她拒绝了:"我从很多人那里听说了国王是如何玷污和拒绝了一个十分高贵的女孩,这个女孩是丹麦国王的妹妹,这件事吓到我了。"[158] 威廉还说,腓力想娶英国国王理查一世（Richard I）寡居的妹妹乔安娜（Joanna）为妻，但"许多高贵的女人都被不久前那个丹麦女孩的事吓怕了，拒绝嫁给他，他在结婚一晚后就写了一封休书，可耻地抛弃了她，引发了天大的丑闻"。[159]他确实曾与另一位德国贵族女性订了婚，但她压根没到巴黎：在途中，她经过了一位曾向她求过婚的贵族的领地，就嫁给了他。[160]这之后，他才转而追求艾格尼斯。

威廉在对腓力主动出击这件事的描述中的反应表明，腓力面临的难题是广为人知的，艾格尼斯的父母应该也很清楚。把自己的女儿嫁给一个有权有势但却被教皇催促承认已婚的男人，这很可能是经过深思熟虑的风险之举。威廉称她的父母把她送去做情妇。即使这不是他们的本意，他们也应该知道这是有风险的。腓力和她相处得很好：英诺森的传记作者提到，腓力不仅不想接回英格博格，因为他对她恨之入骨，也不愿失去艾格尼斯。[161]我们不清楚，如果艾格尼斯没有死，腓力会在多大程度上支持她的权利。为了解除禁令，他确实把她逐出了宫廷，但他设法说服了教皇使节，让这位使节确信，因为她怀孕了，不应该被赶出王国。（也许这次怀孕导致了她的死亡："但主亲自对此案做出了判决，因为在生完孩子后，她就病重去世了。"）[162]毫无疑问，即便她对腓力没有感情，如果她的婚姻被宣布无效，她的孩子被当成私生子，单单因为这种耻辱和地位的丧失，她也会非常难过。腓力很可能爱上了他，但他更关心自己孩子的合法性。他找到一座修道院，在那里埋葬了她，还纪念了她去世的父母和妹妹。[163]

腓力还是万般不愿把英格博格接回来。他想再结婚，并继续与教皇谈判，现在他不再强调自己和英格博格有亲缘关系，而是说他们没有圆房。[164]根据公认的教会法，圆房不是有效婚姻的必要条件，但圆房的能力是。巫术导致的阳痿并不能立即证明婚姻无效,但根据神学家和教会法学家的说法,需要五年的忏悔和反复圆房的尝试。因为这种理由而解除的婚姻是否允许阳痿的一方再婚,或者如果性能力恢复是否需要恢复之前的婚姻,在这些问题上存在分歧。如果把这看成一种阻碍缔结婚姻的法律上的无行为能力,那么它就适用于受影响一方的所有婚姻。[165] 或许腓力未在更早的时候提出没有圆房这一点,是因为他的顾问们知道这并不会自动导致婚姻无效。也有可能是因为这在一定程度上有损他阳刚的形象,尽管他已经通过生一个儿子证明了自己的男子气概。但也许正如英格博格坚称的那样,这桩婚事实际已经圆房了——"按照自然法则的要求,他还清了婚姻中的这笔债"——而他只不过是要抓住最后一根救命稻草。[166] 让·高德梅(Jean Gaudemet)认为,在英诺森三世时期,人们对圆房的关注代表了教会法方向的转变,但这似乎更像是一种绝望之举,因为血缘关系的观点不好用了。[167] 腓力的律师们试图把性交(两性交合,换言之,有插入但没有射精)和传宗接代的交合区分开来。然而,教会并不承认这种区别,这不足以构成宣布婚姻无效的理由,英诺森仍坚持认为,英格博格应该享有妻子的完整权利:"他应该试着用夫妻间的感情来对待这位王后,她应得到王室的全部恩典。"[168]

腓力还和其他女人有性关系。他已知的私生子夏赫洛的皮埃尔(Pierre de Charlot)出生于1205—1209年间,其母亲是"阿拉斯(Arras)的某位女士"。皮埃尔当上了努瓦永(Noyon)主教,还担任了很多其他高级职务。腓力仍然在想方设法地摆脱英格博格,这样他就可以再婚了,但他没说自己与这位女士的结合是婚姻:可能是她地位不够高,或者是腓力因艾格尼斯与英诺森交涉的经历提醒他不要再这样说。然而,直到1213年,他才承认英格博格是王后,而与此同时还试图再娶。正如杜比所言，他的儿子路易（Louis）现在也有了一个儿子，继承权看起来更稳固了，这可能是他愿意承认与英格博格的婚姻的新原因，不过达维德松（Davidsohn）认为，在他与英格兰关系恶化时让丹麦站在他这一边可能是更重要的因素。他可能再也没有和她发生过关系。英格博格在宗教方面行了许多善事，而我们对她的生平了解不多。腓力于1223年去世，给她留下的遗产不多。他的儿子路易八世（腓力第一任妻子伊莎贝尔的儿子）似乎在封地方面对她很慷慨，她为腓力的灵魂捐了大量钱物。[169]

与艾格尼斯相比，我们更了解英格博格的感受，因为她的一些信件留存了下来。这些信透露出了羞耻和地位的丧失，还伴随着悲伤、孤独和愤怒。至少，这是她想要呈现的：她很可能让别人帮她写了信，这些信都是文采极佳的作品。她与腓力只有一面之缘，不可能爱上他，但她显然强烈意识到自己有什么样的权利，并决心维护她的王后地位，这是她通过交换誓言获得的。她还声称自己在艾格尼斯死后受到了非常粗暴的对待。尽管从1199年教皇使节写信给丹麦国王到1201年她搬到埃唐普（Étampes），她的处境可能明显变糟糕了，但情况可能并不像她的夸张说法那么差，当时教皇在给腓力的信中把她的处境比作"瓜田的茅屋"①。[170] 有一封英格博格于1203年写给英诺森的信留存了下来，信中列举了她所遭遇的粗暴对待：

> 我的领主和丈夫，杰出的法兰西国王腓力迫害我，因为他不

---

① "瓜田的茅屋"（a hut in a cucumber patch）典出自《圣经·以赛亚书》1:8 关于神责备以色列的内容，说他们的领地已荒废，仅存锡安城，就像"瓜田的茅屋"。

仅不把我当妻子看待,还试图用监禁的孤寂把我的青春变得面目可憎,他不停地用他的追随者对我的侮辱和诽谤来烦扰我,让我同意他违背婚姻法和基督的律法……圣父,你要知道,在监禁我的地方,没有任何慰藉,我忍受着无数难以承受的苦难,没有人敢来探望我,没有任何宗教人士来安慰我,我也无法从任何人的口中听到主的话语来滋养我的灵魂,更没有机会向神父忏悔。做弥撒的时候,我很少能听到,其他时候我就更是什么也听不到了。此外,不管有没有信件,来自我出生地的任何消息都不能传到我这里,来自那里的人也不能与我讲话。我的食物常常十分有限,不过我每天都能吃到苦难的面包,喝到贫乏的饮料。我不能服用对人体虚弱有用的药,也没有人照顾我的身体健康或做对我有益的事。我不能洗澡。我想放血也不能放,因此我担心我的视力,害怕重病降临到我身上。我没有足够的衣物,王后可不该是这个样子。更让我痛苦的是,那些下人奉国王的旨意和我说话,从来不对我好言好语,而是用侮辱和伤害之辞来折磨我。[171]

图尔奈的艾蒂安(Étienne of Tournai)写道,或许在1210年,当时腓力还在考虑其他婚姻计划,"因为她一贫如洗,不得不一点点卖掉她破旧的衣服和为数不多的餐具"。[172]如果这些说法属实,那么她的不幸除了自尊方面的原因,肯定还有其他理由;但不管这些说法是否属实,她都成功将自己塑造成了一个受尽委屈、耐心且虔诚地忍受虐待的女人。她知道艾格尼斯,但她在艾格尼斯死前写的一封信中,语气充满嫉妒,但这种嫉妒不是对个人的,而是对艾格尼斯所得到的特权的嫉妒:"在邪恶的煽动和一些心肠歹毒的亲王的唆使下,他另外(*superinduxit*)

娶了 S 公爵的女儿为妻。"[173]

对英格博格来说，腓力和艾格尼斯的孩子取得合法身份也不可能是令她愉快的，因为她认为给腓力生儿育女是她的一项特权。布拉德伯里（Bradbury）认为英格博格的所作所为与腓力一样难以解释：在她发现自己不受欢迎时，为什么不放手回家呢？[174] 她又为什么不接受腓力提出的每年给她一笔钱让她去修道院的提议呢？[175] 但如果这桩婚姻真的如她所说已经圆房了，那她就会对自己今后还能否结婚产生怀疑；她可能担心自己回到丹麦也不受欢迎，自尊会严重受损。而且，如果她不承认自己的婚姻圆房了，她就不能去修道院当修女，允许腓力再婚。不知是出于不想被迫选择过宗教生活的固执和不情愿，还是出于怨恨，又或是觉得在上帝面前腓力才是她的丈夫，她都拒绝这样做。实际上，她担心自己会被迫加入修道院。她在 1203 年写给英诺森的信中补充说，如果她后来同意了任何否认她婚姻有效性的事情，英诺森应该意识到她是在胁迫下才同意的："如果迫于威胁和恐吓，我因为女性的脆弱而提出任何有悖于我婚姻权利的建议，请不要破坏我的婚姻，也请您不要接受，因为您应是调查逼供一事的人。"[176] 信中提到确保供词不是胁迫下做出的，这表明是一位对教会法有一定了解的人在帮她写这封信。[177] 值得注意的是，她的反对在此案中发挥了作用。如果双方都想离婚，教会很可能会同意批准，但对于一个坚持自己立场的女人，教会也会给予相当大的支持。

在这个案子中，如果双方达成一致，没有圆房就可以成为婚姻无效的理由。即使这不是必要条件，至少也是一个在实践中使婚姻更容易变得无效的因素。腓力的案子发生在 12 世纪末，当时的婚姻法还没有发展到后来的程度,但腓力非常清楚,没有教会的批准,他不能抛弃一个妻子,又再娶另一个,他也不能宣布后者的子女有继承权,整个教会也不准备就这么轻易接受那些腓力掌控下的教会人士的意见。腓力一方援引了亚历山大三世的一项法令,即如果一方想要皈依教门,那么未圆房的婚姻可以解除。据此,他们可能会逼迫英格博格去修道院生活,这样腓力就能自由结婚了。[178] 尽管"一个受人尊敬的教会法和神学信仰团体坚持认为教皇有解除任何未圆房婚姻的权力",但英诺森并没有这样做(事实上,在 15 世纪前其他教皇也没这样做过)。[179] 很明显,教会法并不认为这样的婚姻会自动失效。

腓力与英格博格的婚事并不是当时由婚姻问题引发的唯一轰动性的事件。实际上,腓力曾向教皇援引了他父亲与阿基坦的埃莉诺(Eleanor of Aquitaine)的婚姻,这桩婚姻因有血缘关系而被解除(尽管在他们结婚时教皇已经特赦了这种血缘关系的问题,真正的原因与两人性格不合和没有儿子有关)。[180] 其他对自己妻子不满的权贵也把腓力的情况作为先例,这或许是英诺森如此热衷于在此案中维护教皇权威的一个原因。[181] 但在腓力之后,至少在英王亨利八世(Henry VIII)时代之前,人们普遍认为教皇的决定就是最终决定。

关于男女结合的法律现在已经确定了(尽管的确如此),但这并不重要,重要的是谁有权确定法律的问题现在已经解决了。双方同意就可以结婚,婚姻有效与否取决于双方是如何缔结的,而最终的裁决者是教皇,这种观点已经深入人心。结合形成的方式,以及教会是否承认它是有效的,这都在成为评估结合地位的依据。然而,正如我们将在下一章中看到的那样,伴侣的相对地位并没有失去其重要性。

注释

1. 参见 Philip Lyndon Reynolds, *Marriage in the Western Church*, 213–226 关于此教义的解释。
2. 关于禁欲主义，参见 Peter Brown, *The Body and Society: Men, Women, and Sexual Renunciation in Early Christianity* (New York: Columbia University Press, 1988), 21。
3. 参见 David G. Hunter, "Marrying and the *Tabulae Nuptiales* in Roman North Africa" 一文，关于帝国晚期不同区域新婚祝福传播的差异，以及 Reynolds, *Marriage in the Western Church*, xix。雷诺兹后来指出，现存最早的结婚仪式可以追溯到 7 世纪（323）。
4. Judith Evans-Grubbs, "Marrying and Its Documentation in Later Roman Law," 85–88.
5. 参见 Matthew Kuefler, *The Manly Eunuch: Masculinity, Gender Ambiguity, and Christian Ideology in Late Antiquity* (Chicago: University of Chicago Press, 2001), 70–102 关于罗马家庭的变化，以及 Hunter, 113。
6. 转引自 James J. O'Donnell, *Augustine, Confessions: Commentary* (Oxford: Clarendon, 1992), 2:384。这种谴责已婚男子找情妇的模式在高卢延续了下来。参见以下书中的例子，Andrea Esmyol, *Geliebte oder Ehefrau?*, 78–79。
7. *PL*, 54:1204–1205. 参见 Reynolds, *Marriage in the Western Church*, 163–169 关于这封信的论述。雷诺兹说："利奥并没有像中世纪早期的教会人士和一些现代学者假定的那样肯定没有赠与和公开婚礼的婚姻是不合法的。"（165）但是，对于处于不自由或后来获得自由状态的女性，则需要这些程序作为结婚意向的证据。亦参见伊斯梅耶尔（Esmyol）书中的讨论，82–83。
8. Evans-Grubbs, "Marrying and Its Documentation," 90.
9. 大多数学者认为这种关系始于奥古斯丁 18 岁时；考虑到这对伴侣的儿子在 387 年春天时大约 15 岁，这个时间是最晚的了。Danuta Shanzer, "Avulsa a latere meo," 168 指出这段关系可能开始得更早，而奥唐奈尔（O'Donnell, 2:207）将其追溯到 371 年，甚至可能是 370 年，也就是在他开始做研究之前。这里的叙述大量引用了尚泽的重要文章。关于不那么学术性的态度，参见 Louis Bertrand, *Celle qui fut aimée d'Augustin*, 他在用"非洲气质"（25）之类的概念点缀了自己的历史叙述后，又附上了一篇关于两人后来的会面的短篇小说，以及 Pierre Villemain, *Confessions de Numida: L'innommée de Saint Augustin*, 这是一本由女人以第一人称讲述的小说。他描绘的努米达（Numida）期望嫁给奥古斯丁（41），他对奥古斯丁的看法非常负面，认为他甚至在两人的关系刚开始时就只是把努米达当作泄欲工具，后来又把她当作他罪恶的象征。
10. *Confessions*, 4.2.2, ed. O'Donnell, 1:33.
11. 同上，6.15.25, 1:71。
12. 同上，6.15.25。
13. Adolar Zumkeller, "Die geplante Eheschließung Augustins und die Entlassung seiner

Konkubine," 27.

14 Reynolds, *Marriage in the Western Church*, 257.

15 *Confessions*, 4.2.2.

16 Zumkeller, 23.

17 *Confessions*, 6.15.25.

18 Shanzer, 160–164.

19 Augustine, *De bono coniugali*, 5, ed. and trans. P. G. Walsh (Oxford: Clarendon, 2001), 11–13. 我很感谢戴安·艾略特（Dyan Elliott）让我注意到这段话。

20 Shanzer, 169.

21 Bertrand, 114, and Villemain, 62 认为莫妮卡的宗教信仰是主要原因，不过维勒曼（Villemain）比伯特兰（Bertrand）更强调阶级差异。

22 O'Donnell, 384 n. 10; 亦参见 Brent Shaw, "The Family in Late Antiquity," 45。

23 Stefan Chr. Saar, *Ehe—Scheidung—Wiederheirat*, 165; 亦参见 Paul Mikat, *Dotierte Ehe—Rechte Ehe*, 34–47, 他将赠与和罗马的"诚实婚姻"（*honestae nuptiae*）联系在了一起，而不是明确将其与找情妇区分开来了。

24 "Ad Rusticum Narbonensum episcopum," *Sancti Leonis magni Romani pontificis epistolae*, 167:4, PL, 54:1204a–b. Reynolds, *Marriage in the Western Church*, 163–165 指出虽然利奥拥护传统的罗马教义，但他是通过引用《圣经》和罗马法权威来做到这一点的。

25 *Pactus Legis Salicae*, 44, 100, ed. Karl A. Eckhardt, MGH, *Leges Nationum Germanicarum*, 4:1 (Hannover: Hahn, 1962), 168–173, 256–257.

26 *Lex Ribuaria*, in H. F. W. D. Fischer, ed., *Leges Barbarorum in usum studiosorum*, Textus minores 3 (Leiden: Brill, 1948), 37:2, 15.

27 Régine Le Jan, *Famille et pouvoir dans le monde franc*, 268–274 认为没有彩礼的结合会沦为姘居，但请注意，即使她是对的，这也并不意味着在前基督教时代就是这样的。参见 Yitzhak Hen, *Culture and Religion in Merovingian Gaul, A.D. 471–751* (Brill: Leiden, 1995), 35–38 中讨论的这一类型的法规。

28 *Lex Saxonum*, 40, in Fischer, *Leges Barbarorum*, 39.

29 关于其他"蛮族"法律的讨论，参见 Ruth Mazo Karras, "The History of Marriage and the Myth of *Friedelehe*"。

30 关于王室中的一夫多妻制，参见 Suzanne Wemple, *Women in Frankish Society*, 38–41。

31 关于术语的不确定性，参见 Reynolds, Marriage in the Western Church, 109。

32 近年来关于格雷戈里的学术研究，参见 Kathleen Mitchell and Ian Wood, eds., *The World of Gregory of Tours* (Leiden: Brill, 2002); Martin Heinzelmann, *Gregory of Tours: History and Society in the Sixth Century*, trans. Christopher Carroll (Cambridge:

Cambridge University Press, 2001)。

33 Gregory of Tours, *Historiarum Libri Decem*, 2:12, 2:28, pp. 1:94, 1:114; 参见 Fredegar, *Die vier Bücher der Chroniken des sogennanten Fredegar*, 3:20, ed. Herwig Wolfram and Andreas Kusternig, Ausgewählte Quellen zur deutschen Geschichte des Mittelalters (Darmstadt: Wissenschaftliche Buchgesellschaft, 1982), 106。

34 Gregory of Tours, 3:7, p. 1:154.

35 同上, 3:23, 3:27, p. 1:178。

36 Fredegar, 3:39, p. 118. 关于这个案例，参见伊斯梅耶尔作品的第 48 页。

37 Gregory of Tours, 4:28, p. 1:232.

38 同上, 4:9, 4:26, pp. 1:128, 1:204; 参见 Fredegar, 3:49, 3:57, pp. 122, 128–130。

39 Gregory of Tours, 4:27, p. 1:230.

40 Fredegar, 4:35, pp. 188–190. Wemple, 56–57 称这些结合为和平婚姻，或者说"准婚姻"，但正如他所认识到的，史料中将它们视为婚姻。米卡特（Mikat, 61）认为除了外国公主的情况外，不可能分辨出墨洛温的国王们及其儿子们的婚姻是监护婚姻还是和平婚姻。我们尚不清楚为什么他认为可以在外国公主的案件中做出裁定，除非有明显的财产转移，然而，如上所述，没有迹象表明，在法兰克人中，新娘财产的转移会使丈夫对妻子拥有特别的权利。我认为这两者间没有界限；这种区别是现代人创造出来的。

41 *Polyptyque de l'abbé Irminon*, ed. M. B. Guérard (Paris: Imprimerie Royale, 1836–1844), and Emily R. Coleman, "Medieval Marriage Characteristics: A Neglected Factor in the History of Medieval Serfdom," *Journal of Interdisciplinary History* 2 (1971): 205–219.

42 关于墨洛温王朝议会，参见 Gregory Halfond, *The Archaeology of Frankish Church Councils*。

43 Council of Orleans (541), 22, in *Concilia Galliae*, ed. Charles de Clerc, Corpus Christianorum Series Latina 148A (Turnhout: Brepols, 1963), 137–138, and Council of Tours, 20 (21), p. 187. 关于墨洛温王朝教会法，参见 Karl Heidecker, *The Divorce of Lothar II*, 20。

44 Concilium Baiuwaricum, 12, *MGH, Legum sectio* 2, *Concilia*, vol. 2, *Concilia aevi Karolini*, ed. Albert Werminghoff (Hannover: Hahn, 1906), 1:1:53.

45 Concilium Vernense, in *MGH, Legum sectio* 2, *Capitularia Regum Francorum*, ed. Alfred Boretius (Hannover: Hahn, 1883), 1:36.

46 Concilium Moguntium, 12, ed. Alfred Boretius and Victor Krause, *Capitularia Regum Francorum*, vol. 2, *MGH, Leges* (Hannover: Hahn, 1890), 2:189. 参见海德克作品的第 26 页。该会议宣布，任何没有经过这种订婚的女人都是情妇，不过，它接着引用了

教皇利奥的话，规定举行秘密婚礼（*mysterium nuptiale*）的为有效婚姻。Reynolds, *Marriage in the Western Church*, 171 指出利奥所说的在双方不平等的情况下，正式订婚是想要结婚所必需的这种观点被忽视了。

47 "Decreta Evaristi Papae," in *Isidori Mercatoris Decretalium Collectio, PL*, 130:81b–81c. 参见 Heidecker, 31。

48 J. M. Wallace-Hadrill, *The Frankish Church*, 407.

49 Benedictus Levita, 2:130, p. 80, and *Lex Visigothorum*, 12:3:8, p. 436. 参见 Heidecker, 30。

50 Jonas of Orleans, *De institutione laicali*, 2:2, *PL*, 106:171a.

51 同上，2:4, 106:174c–177c。参见 Esmyol, 197–200。

52 Halitgar, *De vitiis et virtutibus et de ordine poenitentium*, 4:12, *PL*, 105:683b.

53 Reynolds, *Marriage in the Western Church*, 409–410 探讨了是否实际上是"教会"采取了公开和形式是必要的这一立场，或者说法兰克和罗马教会是否在这方面存在分歧。

54 Nicholas I, *Epistolae*, 99, in *MGH*, Epistolae 6, Epistolae Karolini Aevi 4, ed. Ernst Perels (Berlin: Weidmann, 1925), 570. 参见华莱士-哈德瑞尔（Wallace-Hadrill）作品的第 407 页。

55 Glenn W. Olsen, "Marriage in Barbarian Kingdom and Christian Court," in idem, *Christian Marriage: A Historical Study* (New York: Crossroad, 2001), 146–212, here 163–164 区分了罗马纳妾制和日耳曼纳妾制，前者中的女性地位低于伴侣，后者属于一夫多妻制。但这是一种现代的区分，并假设"纳妾"是一个现代的范畴——正如引言中讨论的那样，非教会的日耳曼文献（无论是拉丁文还是其他语言）直到很晚才使用这个或者其他类似的术语。

56 Silvia Konecny, *Die Frauen des karolingischen Königshauses*, 24–26.

57 同上，第 43、65 页，以及 Esmyol, 146–52. Le Jan, 244 认为她不是情妇，而是和平婚姻中的妻子。

58 Einhard, *Vita Karoli*, 19, ed. Georg Heinrich Perta, *MGH*, Scriptores 2 (Hannover: Hahn, 1889), 454. Wemple, 79 将她们与男人的这种关系称为"和平婚姻"，将她们的情人称为"和平婚姻中的男人"。

59 Nithard, *Historiarum libri IIII*, 1:2, ed. Ernst Müller, *MGH, SSRG* (Hannover: Hahn, 1856), 2; Astronomus, *Vita Hludowici Imperatoris*, 23, ed. and trans. (into German) Ernst Tremp, *MGH, SSRG* 64 (Hannover: Hahn, 1995), 352.

60 Wemple, 79, and Konecny, 74–77.

61 Karl Schmid, "Ein karolingische Königseintrag im Gedenkbuch von Remiremont," *Frühmittelalterliche Studien* 2 (1968): 96–134, 此处引用了第 128—134 页的内容，认为根据与瓦尔德拉达一起被列入修道院纪念册的人的证据，她是贵族，但不是最高贵

族，就像杜特贝加一样。

62 Rachel Stone, pers. comm., 1 March 2011 指出家庭参与这种结合的证据相当有限，举了几名贵族在未经父母同意的情况下结婚的例子。

63 参见 Heidecker, 125。

64 Esmyol, 161, 指出根据 862 年亚琛公会议（Council of Aachen）的记录，洛泰尔承认瓦尔德拉达是情妇而不是妻子；但这一声明在多大程度上是自愿做出的仍存在疑问。

65 Schmid, 114.

66 Konecny, 104–105.

67 Hincmar of Reims, *De Divortio Lotharii regis et Theutbergae reginae* 是此处的关键文本。现代编者称瓦尔德拉达是和平婚姻中的妻子（4）。部分英译可在线查阅：http://hincmar.blogspot.com。对这一案例最近和最彻底的研究是海德克的《洛泰尔二世离婚》（*The Divorce of Lothar II*），他的作品在本节初稿写完之后才出版，但确实让我更为了解这件事了，特别参见第 77—84 页关于安克马尔的部分。

68 Le Jan, 276–277; 亦参见 Stuart Airlie, "Private Bodies and the Body Politic in the Divorce Case of Lothar II," *Past & Present* 161 (1998): 14 n. 33; Konecny, 113, and Esmyol, 70, rejecting the *épouse de jeunesse* category。

69 Wemple, 90–94; 亦参见 Le Jan, 273。

70 Heidecker, 64, 110–119, 125.

71 Esmyol, 165.

72 Janet L. Nelson, *Charles the Bald*, 199–200, 215–217, and Eleanor Searle, *Predatory Kinship and the Creation of Norman Power*, 20–21. 海德克并没有走到这一步，但他指出，安克马尔不愿参与其中；在其他政治形势不同的情况下，他"调整教会的规则以适应相关情况"（99）。

73 关于另外一位教会人士的观点，参见 Regino, *Chronicon*, ed.Friedrich Kurze, *MGH, SSRG in usum scholarum separatim editi* (Hannover, 1890), s.a. 864 (actually 857), p. 80。参见 Heidecker, 123–128。

74 Konecny, 111–114.

75 Nelson, 198.

76 Heidecker, 45 援引了一份 863 年的宪章，以这种方式提及了瓦尔德拉达。

77 Adventius of Metz, "Epistolae ad Divortium Lotharii II Regis Pertinentes," 5, in *Epistolae Karolini Aevi*, ed. Ernst Dümmler, *MGH*, Epistolae 6 (Hannover: Hahn, 1902), 215–217.

78 Mikat, 46; Esmyol, 155–156; *Annales Bertiniani*, s.a. 869, ed. Georg Waitz, *MGH, in usum scholarum separatim editi* (Hannover: Hahn, 1883), 107: "Richildem ... in concubinam accepit"; s.a. 870, p. 108: *predictam concubinam suam Richildem*

desponsatam atque dotam in coniugem sumpsit.

79 Airlie, 14–17, and Heidecker, 110–119.
80 Airlie, 15, 26.
81 Rachel Stone, pers. comm., 1 March 2011.
82 Catherine Rider, *Magic and Impotence in the Middle Ages* (Oxford: Oxford University Press, 2006), 31–36; Hincmar, 15–17, 205–217, and *Annales Bertiniani*, s.a. 862, 60.
83 *Vita sancti Deicoli*, 13, ed. Georg Waitz, *MGH*, Scriptores 15 (Hannover: MGH, 1888), 678.
84 Heidecker, 132, 154, 169, 174–176.
85 Genevra Kornbluth, "The Susanna Crystal of Lothar II"；亦参见 Rider, 35。
86 关于丹麦式婚姻的更多内容，参见 Searle, 95；Searle relies on Elizabeth Eames, "Mariage et concubinage légal en Norvège à l'époque des Vikings," *Annales de Normandie* 2 (1952): 195–208 是关于挪威婚姻习俗的陈述，他对丹麦式婚姻的描述是基于这一点的。埃姆斯（Eames）有点过于依赖以现存的法律作为前基督教时期情况的直接证据了。亦参见 Jean-Marie Maillefer, "Le mariage en Scandinavie médiévale," in *Mariage et sexualité au Moyen Age: Accord ou crise?*, ed. Michel Rouche (Paris: Presses de l'Université de Paris-Sorbonne, 2000), 91–106, 此处引用的是 105 页的内容，他将丹麦式婚姻与罗马婚姻的无夫权婚（*sine manu*）或姘居等同起来，然而，罗马的无夫权婚并不是姘居（见下文）。The *Gesta Normannorum Ducum*, 7(4), of William of Jumièges, Orderic Vitalis and Robert of Torigni, ed. and trans. Elisabeth C. M. van Houts (Oxford: Oxford University Press, 1995), 2:96 (a section by Orderic) 是第一个提到她的名字埃尔蕾瓦，并称她为"情妇"的人，称她是"情妇……占领卧室的女人"。
87 Gesta, 4:18, pp. 1:128–129; 8:36, pp. 2:266–268.
88 参见 Reynolds, *Marriage in the Western Church*, 112 关于理查和冈诺婚姻的内容。
89 Bernadette Filotas, *Pagan Survivals, Superstitions, and Popular Cultures in Early Medieval Pastoral Literature* (Toronto: Pontifical Institute of Mediaeval Studies, 2005), 297.
90 Arbeo of Freising, *Vita vel passio Haimhramni spiscopi et martyris Ratisbonensis*, ed. Bruno Krusch, *MGH, SSRG in usum scholarum separatim editi*, 13, 89.
91 Carl Hammer, "A Slave Marriage Ceremony from Early Medieval Germany: A Note and a Document in Translation," *Slavery and Abolition* 16 (1995): 243–249.
92 Georges Duby, *The Knight, The Lady, and the Priest*, 19.
93 Christof Rolker, *Canon Law and the Letters of Ivo of Chartres*, 213–217.
94 同上，第 230—243 页。

95 M. T. Clanchy, *Abelard*, 173–174 提到了埃洛伊兹的年龄；之前的大多数学者都认为她和阿伯拉尔开始交往时还是个十几岁的孩子。"尊者"彼得在一封信中提到，他年轻时就知道她是一个博学的女人，因为他出生于 1092 年或 1094 年，克兰奇（Clanchy）等人就认为她肯定比他要年长一点。

96 Constant J. Mews, *Abelard and Heloise*, 59, and Guy Lobrichon, *Heloïse*, 119–121.

97 Peter Abelard, *Historia Calamitatum*, 63, and *The Letters and Other Writings*, trans. William Levitan, 2.

98 Abelard, 71; trans. Levitan, 11.

99 Abelard, 72; trans. Levitan, 11.

100 Abelard, 72–73; trans. Levitan, 12.

101 尽管埃洛伊兹在她后来的信件中提到他们曾经交换过情书，但这些信是阿伯拉尔和埃洛伊兹写的这一点有很大争议。支持这一点的证据参见 Constant J. Mews, *The Lost Love Letters of Heloise and Abelard: Perceptions of Dialogue in Twelfth-Century France* (New York: St. Martin's Press, 1999); 反对的证据参见 Jan Ziolkowski, "Lost and Not Yet Found: Heloise, Abelard, and the Epistolae duorum amantium," *Journal of Medieval Latin* 14 (2004): 171–202, and Peter von Moos, "Die *Epistolae duorum amantium* und die 'säkulare Religion der Liebe': Methodenkritische Vorüberlegungen zu einem einmaligen Werk mittellateinischer Briefliteratur," *Studi Medievali* 44 (2003): 1–115。亦参见 C. Stephen Jaeger, "*Epistolae duorum amantium* and the Ascription to Heloise and Abelard"; Giles Constable, "The Authorship of the *Epistolae duorum amantium*: A Reconsideration," and C. Stephen Jaeger, "A Reply to Giles Constable," in *Voices in Dialogue*, ed. Linda Olson and Kathryn Kerby-Fulton, 125–186. Lobrichon, 43–48 对这些信件的出处不置可否。

102 Abelard, 75; trans. Levitan, 13–14.

103 Abelard, 78; trans. Levitan, 14.

104 Abelard, 78; trans. Levitan, 17.

105 Mews, *Lost Love Letters*, 35.

106 Heloise, first letter, ed. J. T. Muckle, "The Personal Letters Between Abelard and Heloise," 71; trans. Levitan, 55, 只不过列维坦用"情人"代替了朋友，而我用"朋友"取代了。括号内的拉丁文词语是我插入的。

107 Abelard, 76; trans. Levitan, 15.

108 Étienne Gilson, *Abelard and Heloise*, trans. L. K. Shook (Ann Arbor: University of Michigan Press, 1960), 9–14 探讨了这一点。亦参见 Clanchy, 188, and Lobrichon, 188–192。

109 Abelard, 79; trans. Levitan, 18.

110 Heloise, third letter, ed. Muckle, 79; trans. Levitan, 76. Lobrichon, 121–122 对将阿伯拉尔被阉割和羞辱视为提高埃洛伊兹家族地位的方式表示质疑。我解读的这段话的意思是，他已经通过娶她来弥补过错，从而提高了她家族的地位（她在这里用的是过去完成时），但他还是受到了阉割的额外惩罚。

111 Lobrichon, 124–125.

112 Clanchy, 186.

113 Abelard, 81; trans. Levitan, 20.

114 Heloise, first letter, ed. Muckle, 72; trans. Levitan, 59.

115 Heloise, third letter, ed. Muckle, 79; trans. Levitan, 75. 括号里的拉丁文是我插入的。

116 关于埃洛伊兹对厌女话题的利用，以及学者们忽视同性欲望的方式，尤其体现在埃洛伊兹的第三封信中，参见 Karma Lochrie, *Heterosyncrasies*, 26–46。洛克利（Lochrie）认为，埃洛伊兹对婚姻的抗拒在一定程度上是对异性欲望的抗拒。在我看来，埃洛伊兹和阿伯拉尔对他们发生关系时感受的描述都没有指向这个方向，尽管这肯定与她在修道院中关于同性欲望的经历并不冲突。

117 Heloise, third letter, ed. Muckle, 80; trans. Levitan, 78.

118 Heloise, first letter, ed. Muckle, 70; trans. Levitan, 54. 括号里的拉丁词语是我插入的。

119 参见 Mews, *Lost Love Letters*, 48–50, 以及 John Marenbon, "Authenticity Revisited," in *Listening to Heloise: The Voice of a Twelfth-Century Woman*, ed. Bonnie Wheeler (New York: St. Martin's Press, 2000), 19–34, 关于这些后来的信件真实性的讨论［这一讨论是指马克尔（Muckle）编辑的修道院信件，而不是《失落的情书》("Lost Love Letters")］。

120 Jack Goody, *The Development of the Family and Marriage in Europe* (Cambridge: Cambridge University Press, 1983), 221. 这是对复杂论证的总结。

121 这一点可以在 Marcia Colish, *Peter Lombard*, 2:693–694 中看到。

122 Joan Cadden, *Meanings of Sex Difference in the Middle Ages: Medicine, Science, and Culture* (Cambridge: Cambridge University Press, 1993), 241–258, 此处引用了第 249 页的内容。

123 Megan McLaughlin, *Sex, Gender, and Episcopal Authority in an Age of Reform*, 24–25.

124 Anders Winroth, *The Making of Gratian's Decretum* (Cambridge: Cambridge University Press, 2000) 给出了关于这部作品创作的细节，对之前的史料进行了重大修订。温洛斯（Winroth）的分析表明，先前版本中有关婚姻的部分在第二版中得到了扩充。

125 Gratian, *Decretum*, pars 2 c. 27 q. 2 dictum ad 34, in Emil Friedberg, ed., *Corpus Juris Canonici*, 1:1073.

126 Colish, *Peter Lombard*, 2:628–298 是关于神学家和圣徒对婚姻精彩讨论的权威作品。

127 关于这种体裁的争论，参见 Alex Novikoff, *The Midieval Culture of Disputation* (Philadelphia: University of Pennsylvania Press, forthcoming)。

128 Peter Lombard, *Sententiae in IV libris distinctae*, bk. 4, dist. 27, chaps. 2–3, ed. Ignatius Brady, 2:422. 尽管这是有效原因，但最终的原因是生育子女。

129 同上，bk. 4, dist. 27, chap. 3, vol. 2:435:"因此，我们说，同意同居或肉体结合并不构成婚姻，构成婚姻的是同意以现在时态的语言表达的夫妻关系，比如当一个男人说'我娶你为妻'，不是女士，不是女仆，而是妻子。"

130 同上，bk. 4, dist. 26, vol. 2:416–17, 第六章的引文，第 419—420 页。

131 对这一综合性法规最好的总结见于 Charles Donahue, Jr., *Law, Marriage, and Society in the Later Middle Ages*, 14–45. 亚历山大三世的法令与其他教皇关于婚姻的法令被归并到 *Liber Extra*, compiled by Raymond of Penafort for Gregory IX, bk. 4, Friedberg 2:661–732。

132 Charles Donahue, Jr., "The Canon Law on the Formation of Marriage and Social Practice in the Later Middle Ages," *Journal of Family History* 8 (1983): 44–58, 此处引用了第 45 页的内容。

133 Christiane Klapisch-Zuber, *Women, Family, and Ritual in Renaissance Italy*, 179–180.

134 Margaret Paston to Sir John Paston, 1469, in *The Paston Letters*, ed. James Gairdner, 6 vols. (London: Chatto & Windus, 1904), 5:38–39. 参见 Colin Richmond, *The Paston Family in the Fifteenth Century*, 94–95。

135 C. 30, q. 5, c. 6, 引自奥尔良公会议（Council of Orleans）上的话。他这里的声明指出，问题的关键在于非公开的婚礼是被禁止的，但他没有得出这些婚礼无效的结论。

136 关于在伦敦的实践，参见 Shannon McSheffrey, *Marriage, Sex, and Civic Culture in Late Medieval London*, 尤见第 27—32 页和第 121—134 页；关于佛罗伦萨，参见 Klapisch-Zuber, 178–196。

137 秘密婚姻将在第 4 章中进一步讨论。我们会看到，这个词有很多用法；例如，在伦敦，它被用于指在教会订立契约但没有举行婚礼的婚姻。McSheffrey, *Marriage, Sex, and Civic Culture*, 31。

138 John W. Baldwin, *Masters, Princes and Merchants*, 1:335, 在 2:225 注释 179 中以拉丁文转引。

139 Donahue, *Law, Marriage, and Society* 列举了许多案例，幕后可能进行了复杂的谈判，人们即使没有撒谎，也会将自己的故事歪曲成法院想要听到的内容。例如，参见第 52—57 页。

140 Jim Bradbury, *Philip Augustus*, 58.

141 John W. Baldwin, *The Government of Philip Augustus: Foundations of French Royal Power in the Middle Ages* (Berkeley: University of California Press, 1986), 82–83.

142 Rigord, *Gesta Philippi Augusti*, 92, 1:125.

143 James M. Powell, trans., *The Deeds of Pope Innocent III by an Anonymous Author*, 48 (Washington, D.C.: Catholic University of America Press, 2004), 64.

144 John W. Baldwin, "The Many Loves of Philip Augustus," 68.

145 Powell, *Deeds of Pope Innocent III*, 48, p. 64.

146 Rigord, 92, 124–125.

147 Bradbury, 178–179.

148 关于口臭和他发现她不是处女的可能性，参见 William of Newburgh, *Historia Rerum Anglicarum Willelmi Parvi*, 4:26, ed. Hans Claude Hamilton, 2 vols. (London: English Historical Society, 1856), 2:78。

149 Bradbury, 180 暗示英格博格可能一直都太单纯了。

150 Jane Sayers, *Innocent III: Leader of Europe 1198–1216* (London: Longman, 1994), 116.

151 Powell, *Deeds of Pope Innocent III*, 49, p. 65. 我在原文的基础上修改了鲍威尔的译文。

152 Celestine III letters, *PL*, 206:1095c, 1098b.

153 *Epistolae sancti Guillelmi abbatis s. Thomae de Paracleto*, 7, in *Recueil des historiens des Gaules et de la France* 19, ed. Michel-Jean-Joseph Brial (Paris: Imprimerie Royale, 1833), 314. 英格博格与她的丹麦顾问的信件也包括在这个作品集中。

154 英诺森在这方面的行动概见 John C. Moore, *Pope Innocent III (1160/61–1216): To Root Up and to Plant* (Leiden: Brill, 2003), 58–63。

155 *Die Register Innocenz III*, vol. 1, ed. Othmar Hageneder and Anton Haidacher (Graz: Böhlau, 1964), letter 171, 243–246, 此处引文据第 246 页。

156 如 Raymonde Foreville, *Le Pape Innocent III et la France*, 301 一书中所指出的。

157 Rigord, 136, 1:150–151.

158 William of Newburgh, 4:32, vol. 2:94, Robert Davidsohn, *Philip II: August von Frankreich und Ingeborg* (Stuttgart: J. G. Cotta, 1888), 51.

159 William of Newburgh, 5:16, vol. 2:167.

160 同上，5:16, 2:167。

161 Powell, *Deeds of Innocent III*, 53, p. 68.

162 同上，54, 第 70 页。

163 Davidsohn, 172–173.

164 关于这个过程，参见 See Foreville, 300–305。

165 Baldwin, "The Many Loves of Philip Augustus," 73; Colish, 2:673–685, Adhémar Esmein, *Le marriage en droit canonique*, 1:232–267, 尤见第 256—257 页有关于这一

点的法律发展的更详细的讨论。

166 Ingeborg to Celestine I, 1196, *Epistolae sancti Guillelmi*, 17, p. 320.

167 Jean Gaudemet, "Le dossier canonique du mariage."

168 *Die Register Innocenz III*, letter 4, 1:11, and Baldwin, "The Many Loves of Philip Augustus," 75. 这是 1198 年的措辞。

169 Davidsohn, 254–270.

170 Innocent III to Philip II, *Die Register Innocenz III*, 6:180, p. 300. 参见 Gaudemet, 19–20。关于这一隐喻的含义，参见 Torben K. Nielsen and Kurt Villads Jensen, "Pope Innocent III and Denmark," in *Innocenzo III: Urbs et orbis*, ed. Andrea Sommerlechner, Istituto storico italiano per il medio evo, Nuovi studi storici 55 (Rome: Società Romana di storia patria, 2003), 1133–1168, 此处为第 1145 页。

171 Ingeborg to Innocent III, *Die Register Innocenz III*, vol. 6, no. 85, ed. Othmar Hageneder, John C. Moore, and Andrea Sommerlechner, Publikationen der Abteilung für historische Studien des Österreichishen Kulturinstituts in Rom, Abt. 1, Reihe 1, vol. 6 (Vienna: Österreichishen Akademie der Wissenschaften, 1995), 133.

172 Étienne de Tournai, *Epistolae*, 262; PL, 211:525.

173 Ingeborg to Celestine, 1196, *Epistolae sancti Guillielmi*, 17, p. 320.

174 Bradbury, 181.

175 Davidsohn, 228.

176 Ingeborg to Innocent, 6:85, p. 134.

177 参见 Gratian, C. 15, q. 6, c. 1。

178 Gaudemet, 24.

179 Donahue, *Law, Marriage, and Society*, 16–17.

180 这桩婚姻是通过法国主教会议解除的，并没有像腓力和英格博格的婚姻那样引起法国教会和罗马教会之间的争斗；这也许并没有显示出这些机构的相对权力，而更多地是因为双方意见一致。

181 参见 Brian Tierney, "Tria quippe distinguit iudicia ... : A Note on Innocent III's Decretal Per Venerabilem," Speculum 37 (1962): 48–59。

第 2 章

不平等的结合

Unequal Unions

前面章节提到的许多种结合都是不同社会地位的伴侣之间的结合。通常，精英男子在婚前或者在与出于家庭、政治或经济原因而选定的女子结婚期间，会与地位较低的女子形成婚外关系。对于王公贵族来说，尤其如此，在他们中间，这种做法一直延续到中世纪以后（今日也并非闻所未闻）。从婚姻作为财富转移中心制度的角度来看，这些婚外关系是没什么永久影响的细枝末节，但它们是如此司空见惯，甚至成为社会流动的主要途径。与此同时，它们使得阶级和性别差异相互强化，这样一来，相对富裕和强势的男性就可以通过控制群体中的女性来支配那些他们认为社会地位不如自己的人。这些女性建立两性关系和进入一段婚姻关系多出于同样的原因：经济或社会方面的利益，或者个人欲望。长期婚外关系不仅仅涉及性吸引力，往往还涉及一户家庭（a household unit，即便男性伴侣并不一直住在家里）的形成。贡献资源更多的一方——通常是男性——对这种婚外情的条条框框更有发言权。在中世纪的欧洲，男性卷入不被视为婚姻的关系在公众声誉方面的损失更小，而且由于他们的贞操通常不像女性那样受到高度重视，如果其伴侣带来的资源不能满足需要，他们就没有多少动力去建立婚姻这样的永久结合了。社会环境往往决定了这种关系会一直处于婚姻边缘的灰色地带。就算有机会，这些女性也不一定都会嫁给她们的伴侣，但这个问题是毫无实际意义的：并没有这种机会。

说这种模式普遍存在并不意味着它是一成不变的。男性接触地位较低的女性（而非女性接触地位较低的男性）的相对自由在不同的文化环境下呈现出不同的形态。本章将专门聚焦那些由于伴侣间的社会或文化差距而不被视为婚姻的关系，不过我们会考察仅有少量共同点、差异极大的案例。在一些这样的关系中，双方在法律上是不能结婚的：例如，奴隶和自由人，或者犹太人和基督徒。[1] 在另外一些关系中，例如自由仆人和她的主人结婚，在法律上是可能的，但在社会上是不可能的（实际上，在 12 世纪之前，并非所有的教会法学家都认同这种婚姻在法律上是可能的）。[2]

从最广泛的意义上讲，我们可以说，地位较高的男性搭配地位较低的女性是男性主导或父权制的结果：男性通常比女性拥有更多的性自由和更多的经济上的选项。然而，这种说法并不能解释太多问题。在一些社会中，一种更实用的模式是"资源型一夫多妻制"。对男人来说，不管孩子的母亲是谁，有更多孩子（尤其是儿子）都是一种优势——因为他们是潜在的继承人，因为他们可以成为其合法婚姻所生的手足的支持者，而且既有用又不具威胁，或者仅仅因为这可以提高他们的父亲作为男性的声誉，所以富有的男人会利用他们的资源在长期关系中包养不止一个女人。[3] 他们也可以吸引更多的女性建立短期的婚外关系，而到他们想要后代的时候，往往会涉及持续的关系。当然，教会看不惯这种关系，教会法和世俗法通常都会限制法律不认可的婚姻中女性所生子女的继承权。[4]

即使怀上孩子只是结果（无论受不受欢迎），而不是目标，资源仍然与地位不均衡关系的形成有很大的关系。自由的男性和自由的女性都是在经济需求、父母压力和社群态度的各种约束下选择伴侣的。与女性相比，无论是在贵族土地所有权还是支付佣工酬劳方面，男性都更有可能掌控资源。在女性确实拥有土地或其他资源的情形下，男性亲属通常会对她们施加某种控制，而且可能不太愿意让她们进入一种不能像婚姻那样提供法律保护的关系。家庭、身份群体和宗教团体可能不愿意放弃被视为群体共同所有物的女性。

被奴役者（其中大多数是女性）选择伴侣的机会就更少了。我们无法获知，许多成为主人的性伴侣并为其生了孩子的女奴内心是怎么想的。她们易受胁迫这一事实并不意味着她们没有行使自主权。毫无疑问，有些女性通过肢体冲突或被动不配合来反抗强迫性行为，当然也有一些女性为了避免惩罚，或者为自己或子女争取更好的生活条件，欣然默许甚至主动与主人发生关系。在家庭亲密关系存在的情况下，主人和奴隶之间可能会产生感情和相互理解。对大西洋世界的奴隶的研究表明了这种种可能，我们没有理由认为中世纪的奴隶没有这样的可能。胁迫并不意味着女性没有选择，女性做出选择也不意味着她没有受到胁迫。在某种程度上，被奴役的女性所受到的胁迫与仆人或其他雇佣工人所受的胁迫只是在程度上有所不同：任何依靠男人谋生的女性，无论她是那个男人的妻子、受雇者还是奴隶，都处于某种压力之下。(依靠女性谋生的男性遭受的压力则要小得多。)奴隶在这个问题上还要考虑更复杂的一层关系，他们往往是没有根基的：仆人可能与家人分离，但比起被绑架到海外的奴隶，他们更有可能有社群或资源作为依靠。[5]

与大多数社会相比，蓄奴社会更容易容忍已婚男子与自己的奴隶有长期婚外情。农奴制可能也是如此。从法律上讲，在奴隶和农奴之间并不总是能够划清界限，同样意思的拉丁文词语"奴隶"(servus)，以及同样的罗马或受罗马影响的法律规定适用于他们。这种区别主要是经济上的：住在自己家中、靠为领主耕种土地养活自己的非自由人是农奴，更直接地依赖主人维持生计的人是奴隶，后者是可以被交易的。[6] 在中世纪早期，奴隶制已在整个欧洲广为人知，在第一个千年之后，奴隶制逐渐成为地中海沿岸的一种现象，不过在欧洲其他地区也会发现奴隶制的存在。此处讨论的性接触主要发生在精英男子和家务劳动中的女性之间，这通常意味着女性是奴隶或自由仆人，而不是农奴。

因为中世纪的许多营生——无论是商业、手工业还是农业——都是以家庭为单位组织起来的，所以要在家务劳动和其他形式的劳动之间划清界限并不容易。受雇于主人营生的工人可以为雇主做家务，而从事家务工作的工人在必要时也可能会被指派完成商业任务。学徒可能会受到契约的保护，契约中写明了他们可以做哪些工作，奴隶当然就没有选择余地了。不过，一般来说，女奴和女仆的任务往往更多集中于家务方面——解决家庭的吃饭和穿衣问题，而不是为市场生产。这符合当时盛行的关于女性有责任"主内"的性别观念。这也意味着，尽管她们绝非局限于家庭中，但她们的大部分工作都是在家里完成的，而她们会与家中的男性频繁接触，可能更容易受到来自家庭内部而不是家庭外部的性威胁。

奴隶间也形成了长期的结合。到12世纪，教会正式承认了奴隶间的婚姻，但无论奴隶是与同一个奴隶主的奴隶结婚，还是与另一个奴隶主的奴隶结婚，奴隶主都仍然可以行使很大的控制权。[7]由于理论上奴隶没有任何可以继承的财产，而且孩子通常是母亲主人的财产，因此婚姻对奴隶在法律上的影响不如对社会上层人士那么大；然而，对于两个无法对自己的生活做出太多选择的人来说，结婚仪式可能比那些把这视为理所当然的人更有意义。不过，尽管一些奴隶的婚姻得到了正式承认，但正如本章将要讨论的那样，许多奴隶间的结合就像奴隶与自由人间的结合一样，采用了其他形式。

可以说，跨宗教结合中的伴侣地位不仅不同，而且不平等：每个宗教团体都认为其他宗教团体在真理上（如果不是在权力上）不如自己，而且每个宗教团体都试图阻止内部的女性与其他宗教团体的男性建立关系。婚姻是一种宗教现象，所以基督徒和犹太教徒理论上是不能结婚的，除非其中一方改变信仰。异教婚姻是一种自相矛盾的说法。[8]（伊斯兰教承认穆斯林男子与基督徒或犹太女子间的婚姻，但不承认穆斯林女子与基督徒或犹太男子间的婚姻。）为了结婚而改变信仰的人很可能会遭到其原本所属宗教团体的排斥，也不太可能给婚姻带来多少物质支持。尽管如此，史料还是提供了不同宗教信仰的人之间长期非婚结合的证据。这同样通常是男性属于主导群体，而女性属于从属群体。[9]

有一种观点认为，地位较低的女性之所以结成婚姻以外的结合，是因为她们没有讨价还价结成对女性更有利的婚姻的能力。但正如我们在埃洛伊兹身上看到的那样，情况并非总是如此。女性选择不结婚可能是因为她们不想在法律上受到丈夫的控制，而且在宗教和世俗世界中保持单身的女性数量惊人。[10]已婚女性受到法律保护，但也往往会对她们所拥有的资源失去控制，在遭受家庭暴力时，她们比单身女性更难寻求帮助。[11] 女性（或男性）在长期家庭伴侣关系中是否比在没有这种关系的状态下过得更好的问题是无解的，在家庭伴侣关系中地位较低的女性结婚还是不结婚才能过得更好的问题同样无解。中世纪社会相当明确地认为，这些女性结婚是一种优势，这可能意味着对她们的丈夫来说这是一种劣势。

贵族及其他精英

在我们所了解的中世纪结合中，无论是否是婚姻关系，有相当一部分（可能是大多数）都与贵族有关，他们留下的史料最多。许多贵族男性在婚前或婚内与他们没有结婚打算的女性结合，这些女性通常地位较低。我们往往对这些女性了解很少，甚至连她们的名字都不知道，我们知晓这些结合的唯一原因还是编年史中记载了贵族的私生子。贵族青年在踏入出于政治或经济原因而为他们安排的婚姻之前，可以选择与非潜在结婚对象的女性交往（比如第 1 章中瓦尔德拉达的例子）。这种模式贯穿了整个中世纪，但在时间和地域上存在相当大的差异，在此无法详述。阿德尔的兰伯特（Lambert of Ardres）引用了 12 世纪末法国／佛兰德斯的双重性标准：男人应该处处留情，女人则应忠贞不渝——乔治·杜比对此进行了重点论述。[12] 对这份史料和这一时期其他资料的仔细考察表明，这对单身汉来说是可以接受的，也是正常的，可一旦他结了婚，教会就会期待他保持忠诚。[13] 但在整个中世纪，很多贵族男子在婚后仍与其他女性保持关系。显然，如果他们的婚姻是包办的，怎么还能指望会考虑双方是否合得来呢？同样明显的是，尽管贵族女性在婚姻中同样不幸或者说更为不幸，但大多数贵族女性不会与地位较低的男性形成类似的结合：在这种结合中，她们的社会地位和子女的合法性都面临着风险。那么，那些与贵族男性结合的地位较低的女性又是怎样的呢？为什么那些没有挨饿、不需要维持生计的女性会选择这样做呢？同样，我们对她们的动机知之甚少，但有时可根据材料推断。

由于本章的重点在于鲜明的身份差异（奴隶和自由人、犹太教徒和基督徒），因此这一部分只是粗略介绍了此类结合。我只介绍了一个涉及两名贵族的案例，这很难说是一个典型案例，但或许是我能找到的信息最丰富的中世纪案例了。与别无选择的奴隶不同，来自小贵族或士绅家庭的女性通常不会被迫与贵族发生关系。就像第 1 章中的瓦尔德拉达一样，是她们或她们的家人做出了决定。14 世纪晚期英国的一个例子说明了为什么这样一位在整个社会中地位相对较高的女性会同意甚至寻求一种不能给她带来婚姻特权的关系。这个案例很罕见，因为这个女人最终嫁给了她的伴侣，在这种情况下，这对情侣的动机，以及他们同时代人对这种结合被重新归类为婚姻的反应，都向我们透露了那个时期跨等级结合的一些决定因素。

"一位深谙荣誉的女士"：凯瑟琳·斯温福德（Katherine Swynford）

鲁茨的凯瑟琳（Katherine de Roet）生于 1350 年，是一位来自埃诺的骑士的女儿，她与英王爱德华三世（Edward III）的妻子菲莉帕（Philippa）的宫廷有往来。凯瑟琳在十几岁时毫不意外地嫁给了一位社会地位相当的男士——英国骑士休·斯温福德（Hugh Swynford）。[14] 他们至少有两个孩子。她的妹妹菲莉帕嫁给了中产阶级出身的新贵杰弗里·乔叟（Geoffrey Chaucer），此人在爱德华三世的王室政府中担任过各种职务，还兼职写诗。

凯瑟琳曾做过兰开斯特的布兰奇（Blanche of Lancaster）的侍女。布兰奇是爱德华三世之子冈特的约翰（John of Gaunt）的第一任妻子（布兰奇的父亲没有留下儿子就去世了，冈特的约翰就获得了兰开斯特公爵的头衔）。凯瑟琳嫁给休·斯温福德后仍是布兰奇家的一员。[15] 这种宫廷职位对凯瑟琳这样的社会中层女性开放：虽然不是仆人，但与她待过的公爵家庭相比，仍相去甚远。她的女儿布兰奇·斯温福德（Blanche Swynford）起了和公爵夫人一样的名字，在公爵家中长大，冈特的约翰是她的教父。在布兰奇于1368年去世后，凯瑟琳帮忙照顾约翰和布兰奇的孩子。1371年，也就是布兰奇死后两三年，兰开斯特公爵又与卡斯提尔的康斯坦丝（Constance of Castile）缔结了政治婚姻，并育有一女。凯瑟琳成为康斯坦丝家的一员。

布兰奇死后的某个时候，约翰和凯瑟琳开始有了性关系，这不是在他与康斯坦丝结婚之前，就是在他们结婚后不久。目前尚不清楚这种结合是否在休·斯温福德于1371—1372年去世前的某个时候就开始了。[16] 到1380年，凯瑟琳和约翰已经有了四个孩子，凯瑟琳还成了约翰与布兰奇的两个女儿的家庭教师。康斯坦丝于1394年去世，而约翰和凯瑟琳于1396年结了婚，此时距离他们开始交往已经过去了20—25年。他们一直在一起，直到1403年约翰去世。他们的关系在康斯坦丝生前就已人尽皆知：凯瑟琳除了为自己和为照顾约翰和布兰奇的女儿从他那里得到土地和其他贵重物品，还从那些希望她对约翰施加影响的人那里收到了礼物。[17] 例如，莱斯特市长的1375—1376年的账目显示，他花了 16 先令给"兰开斯特公爵的凯瑟琳夫人"买酒，1377—1379 年花钱为"斯温福德的凯瑟琳夫人"买了一匹马和一口铁锅，"用于给凯瑟琳加速处理斯特莱顿（Stretton）的房屋交易，以及某位领主求凯瑟琳办的其他事务……如此成功，以至于那一年，上述城镇被免去了贷给国王的白银"。[18]

王室成员与女性长期保持关系并非闻所未闻。早在爱德华三世的王后于 1369 年去世之前，艾丽丝·佩瑞斯（Alice Perrers）就已公开成为爱德华三世的情妇，并一直陪伴他到 1377 年去世。但是因腐败而极不得人心的佩瑞斯很难说是一个好榜样。虽然爱德华在钱财上从未亏待过她，但他肯定不会在妻子死后娶她。对于一位公爵来说，娶骑士这个阶层的女儿或寡妇，而且她还是一个私生子的母亲（甚至是他自己的私生子！），是非常不寻常的。这件事发生在凯瑟琳身上倒是可能的，但对一名仆人来说就不可能了，因为凯瑟琳的出身和教养并不低微：她是一位王室骑士的女儿，她自己也曾在宫廷中服侍过，所以她懂得宫廷礼仪。

凯瑟琳和约翰能把他们的结合转变为婚姻可能是因为其中有浪漫爱情的成分。但就连将凯瑟琳·斯温福德的生平事迹描述成一个伟大爱情故事的小说家阿尼亚·西顿（Anya Seton）也认为，这段婚外情到两人结婚时已经明显降温，结婚主要是为了孩子。[19] 孩子们都姓博福特（Beaufort）；他们的父母结婚后，约翰成为萨默赛特（Somerset）伯爵，亨利成为林肯（Lincoln）主教，托马斯成为埃克塞特（Exeter）公爵，琼（婚后）成为威斯特摩兰（Westmorland）伯爵夫人。王室私生子获得各种头衔也不罕见，冈特的约翰作为他侄子理查二世（Richard II）王国中最有权势的人，可以为所欲为。他不仅让自己的孩子衣食无忧，还让他们跻身于最高贵族行列，这一事实可能不仅表明了他的责任感，也显示了他对孩子们真正的父爱。他也可能认为他们可以帮忙抚养他和布兰奇的儿子亨利·博林布鲁克 [Henry Bolingbroke, 1399 年成为亨利四世（Henry IV）]，事实上他们确实做到了。

在这种关系中出生的孩子获得合法身份并不容易。英国普通法不像教会法那样允许子女通过父母的后继婚姻获得合法身份，但冈特在 1397 年让议会批准了他们的合法身份。[20] 如果他没有娶他们的母亲，也许他会更难做到这一点。根据教会法，这段特殊的婚姻并不会让孩子们自动获得合法身份，因为他们是在通奸时孕育的，但康斯坦丝一死，冈特和凯瑟琳就轻松地从教皇那里获得了结婚许可，尽管他们通奸，而且冈特还是小布兰奇·斯温福德的教父。[21] 1407 年，亨利四世认可了同父异母的兄弟姐妹的合法性，但将他们排除在王位继承人之外。可这并没有阻止亨利·都铎（Henry Tudor）在 1485 年通过他的母亲玛格丽特·博福特（Margaret Beaufort，凯瑟琳的儿子约翰的孙女）成功获得继承权。

虽然与冈特的约翰结婚使凯瑟琳成为公爵夫人，但在其他公爵夫人，也就是她的妯娌眼中，她无法与她们平起平坐，正如编年史家让·傅华萨（Jean Froissart）所写的那样：

> 出于对这三个孩子的爱，兰开斯特公爵娶了他们的母亲，这让法国人和英国人大为吃惊，因为与约翰公爵之前娶的另外两位女士布兰奇公爵夫人和康斯坦丝公爵夫人相比，她出身低微。英格兰的贵妇们，如约克公爵夫人、格洛斯特公爵夫人、德比伯爵夫人、阿伦德尔伯爵夫人，以及其他英格兰有王室贵族血统的女士们，都无比惊讶，并强烈谴责这种做法，她们说兰开斯特公爵娶了他的情

妇,大大贬损了自己的身价,丢尽了脸面,而且因为事情已发展到〔凯瑟琳〕将成为王国第二夫人的地步,"王后现在都要受到指摘了"。她们还说:"她做东的场合我们不会去捧场。任何她可能出现的地方,我们都不会去;因为如果这样一位出身低微、在公爵婚姻中长期做情妇的公爵夫人来到我们面前,即便她现在已经名正言顺,我们也会被人强烈地指责。"对此议论得最多的是格洛斯特公爵和他的妻子,他们认为兰开斯特公爵娶了他的情妇是疯了,说他们不会给这门婚事面子,既不会叫她夫人,也不会叫她姐妹……她是一位深谙荣誉的女士,因为她从小就在宫廷中长大,兰开斯特公爵非常爱他和这位女士所生的孩子,无论他生前还是身后,都向他们展示了这一点。[22]

傅华萨对冈特的约翰没什么好感,他非常喜欢在他的故事里添油加醋。他很可能夸大了其他贵族女性的反应,但考虑到这桩婚姻不同寻常的性质,这似乎也是可信的。其他编年史家也同样不仅把矛头指向凯瑟琳,也对准了冈特。他因为通奸和拈花惹草(不仅与凯瑟琳保持关系)而受到批评。托马斯·加斯科因(Thomas Gascoigne,1404—1458)写道,他死于"频繁与女人交往而导致的"生殖器溃烂,"他就是个大奸夫"。[23]圣奥尔本斯(St. Albans)修道院的编年史家写道,14 世纪 70 年代末,人们对冈特的约翰不满,因为他的军队大肆劫掠,此外,"有人看到,他不顾人前的羞耻和对上帝的敬畏,和一个臭名昭著的淫妇,那个叫斯温福德的凯瑟琳的,骑着马在乡间同行,甚至当着他妻子和所有同胞的面握着她的缰绳"。[24]这位编年史家和其他人都提到,1381 年农民起义后,他的宫殿被烧毁,他对自己过去的生活后悔不已,和凯瑟琳断了联系。正如一位编年史家所言,"就像他所想的那样,上帝想惩罚他的罪行和长期以来的邪恶生活,他与斯温福德的凯瑟琳夫人——那个魔鬼和妖妇,以及他妻子身边的许多其他人,违背上帝的旨意和圣教会的律法,这种淫乱之罪让人感到无比羞耻"。[25] 亨利·奈顿(Henry Knighton)提到,"他在脑海中反复琢磨,他是如何又是多频繁地从教会人士和他仆人那里听说,长久以来,在整个王国上下,他的名誉受到了多大的损害,以及他是如何不考虑人们说他被淫欲蒙蔽了双眼,既不敬畏上帝,也不害臊的",尤其是在与凯瑟琳相关的问题上,因此"向上帝发誓,一旦有可能,他就会把这位女士从他家中赶走"。[26] 托马斯·沃尔辛厄姆(Thomas Walsingham)提到,由于幡然醒悟,"他厌恶了凯瑟琳·斯温福德的陪伴,更确切地说是发誓放弃与她交往"。[27] 这些同时代人认为,尽管贵族男性有情妇并不奇怪,但他们炫耀情妇会备受指摘。这些编年史家是忠诚的教会人士,他们有敌视冈特的理由——尤其是冈特对约翰·威克里夫①的资助,以及他对教会机构的普遍敌意——但他们把这种敌意全归在他的性道德方面。艾莉森·威尔(Alison Weir)认为,凯瑟琳在1381年前生育能力很强,之后就不行了,尽管那时她也就30岁出头,这表明编年史家关于分居的说法可能没错,但冈特的约翰不厌恶她,对她仍很慷慨,她也借过钱给他。他们在14世纪90年代初重新走到了一起。[28]

正如西顿所言,凯瑟琳可能爱过冈特。她可能看到了一个改善生活、获得财富和权力的机会,而她确实也做到了这一点,她拥有了许多

---

① 约翰·威克里夫(John Wycliffe),14—15世纪英国宗教改革人士,对当时教会中的许多不合理现象持批判态度,因此引发了教会的敌视。

土地，成了很多地方的领主；但因为他们的结合没有官方认可，她的地位多年来一直受到影响。即使在他们结婚后，冈特的约翰还要求把自己葬在第一任妻子布兰奇旁边，这可能伤了凯瑟琳的心，不过他确实给凯瑟琳留下了大量遗产。[29] 博林布鲁克的亨利（Henry of Bolingbroke）在1399年夺取王位后，认可了凯瑟琳从兰开斯特的土地中获得的可观收入，这些土地是他父亲赠与凯瑟琳的。[30] 凯瑟琳或许笑到了最后。在亨利七世（Henry VII）统治时期（1485—1509），有人为冈特的约翰立了一座新墓碑，上面列出了他的三位妻子："第三任妻子凯瑟琳，出身骑士家庭，美貌绝伦，他们俩有很多孩子，英格兰最审慎的国王亨利七世的身上就流着她的血。"[31]

如今，与冈特的约翰前两任出身更高贵但没那么多姿多彩的妻子不同，有很多关于凯瑟琳的博客和一个专门介绍她的脸书（Facebook）小组，以及至少一本小说和一本学术传记。她的魅力很大程度上来自她反常的身份：能从情妇转变为妻子的女性少之又少。在中世纪后期，如果一个女人相对于她的伴侣来说地位太低，两人以不被视为婚姻的关系结合，那么她的地位通常也不会高到让他后来娶她为妻的地步。然而，到康斯坦丝去世时，冈特的约翰就可以随心所欲了。作为理查二世的叔叔，他是王国最重要的人物之一，也可能是最富有的人之一。他几乎不需要巩固自己的社会地位。他有一个儿子可以继承他的土地和头衔（事实上，理查不愿让他的堂弟继承王位，这导致了亨利叛乱篡位）。他的地位很高，能够娶公主，而他已经娶过了：他与康斯坦丝的婚姻使他获得了卡斯提尔的王位继承权，他花费多年去争取王位。理查很可能不愿让他再娶一个会给他带来更多财富和权力的女人，而且，在这一点上，他也没什么动力这么做。虽然他与凯瑟琳的关系可能在与康斯坦丝结婚前就已经开始了，但当时他无疑还会娶康斯坦丝。在他这种级别的人中，婚姻通常是为了王朝统治，而其他目的则需通过其他形式的结合。

像冈特的约翰这样的男人可以轻轻松松挑选一个女人，向她提出一个她无法拒绝的条件。但我们还可以有一套同样看似合理的说法：无论是出于对男人的渴望，还是为了他所能提供的物质支持，像凯瑟琳这种情况的女人都会主动寻求这种关系。在英格兰，尽管编年史家用了"情妇"这个词，并描述说同时代人将其作为一种侮辱，但情妇的身份并没有得到正式承认。而贵族男性拥有地位稍低的情妇的事十分常见。在意大利的城市背景下，与情妇结婚偶尔也是可能的，就像在英国贵族中一样。卡罗尔·兰辛（Carol Lansing）记录了博洛尼亚（Bologna）的一个案例，一个名叫迪维蒂亚（Divitia）的女人指控有位叫作赞诺斯（Zannos）的人在答应娶她之后强奸了她，但赞诺斯说，他只是答应在他们有孩子之前把她当作女友或情妇。"等你有了我的孩子，我就有正当理由请求父亲允许我不用彩礼就娶你为妻，然后我就会娶你为妻。"一个男人为了让他的孩子合法而让父亲允许他娶自己的情妇，这样的设想显然是可信的，所以赞诺斯打赢了官司，不过这种情况并不常见。[32]

正如埃姆林·艾森纳赫（Emlyn Eisenach）在她关于16世纪维罗那（Verona）的作品中所指出的那样，在一场关于贵族，同样也是关于城市精英的论辩中，精英男性和他们的情妇之间的关系可能比学者们想象的要复杂得多。她指出，"姘居让精英男性有机会建立一段或多段情感上让其满意的关系。这可能发生在安定下来的合法婚姻前，是一个合法妻子之外的关系，也可能发生在贵族的家族策略要求男子保持单身时，这么做是为了限制合法继承人的数量，从而得到更多家族遗产"，事实确实如此。³³ 不过，艾森纳赫指出，姘居也可能挑战了贵族婚姻制度，因为地位较低的女性被精英家庭吸纳，并在不同社会阶层间建立了联系。实际上，他认为"我们可以设想精英男性自己也是从两个角度看待这种做法的：有情妇的男人自身的视角，以及把女儿嫁给有情妇的男子的父亲的视角"。³⁴ 情妇会威胁到妻子的权威和名誉，同时，情妇还可以攫取一些这样的权威和权力。同样的准则也适用于社会等级较低的情况。兰辛介绍了 1285 年发生在博洛尼亚的另一个案例，有人指控一名伴侣已婚的情妇回到男人的家中，把他的妻子赶了出去。恩里科和他的女友阿德拉西亚（Adelasia）有一个孩子。他结婚时，她就离开了他家。一名证人称，恩里科的妻子没有按承诺给嫁妆，他就休了她，把阿德拉西亚接了回来。无论这份证词是否属实，这个男人和他之前的伴侣间显然还有联系，而且在这种情况下，主动权似乎并不完全在恩里科手中。正如兰辛所指出的那样，由于此案是由新婚妻子的家人提起的，目的是恢复她在恩里科家的地位，因此他们有理由把错误归到阿德拉西亚而不是恩里科头上。³⁵

有钱男人即便可以娶孩子的母亲为妻，并让孩子获得合法身份，也不是都愿意这么做的。如果一个男人在之前的婚姻中已经有了孩子，又没有兰开斯特公爵那么强大的财力，他可能不想让更多的后代有继承遗产的资格，那会让遗产七零八落。当一名情妇的男伴要另娶他人时，会将她作为嫁妆丰厚的婚姻的潜在人选，这种做法并不罕见，这不仅促进了嫁妆财富（中世纪晚期意大利城镇中的一个重要因素）在下层和精英间的流通，而且给了这样的女性选择地位相同的丈夫的机会，否则她可能没得选，尤其是那种一开始就因为没有嫁妆而不得不缔结非婚结合的情况。³⁶

这几个例子代表了精英男性在婚前甚至婚后的一种相当普遍的做法。女性在经济上依赖男性，因而结合可能是强制性的模式，婚姻中也可以发现这种模式，其渗透到了社会各个层面。奴隶制和其他服务形式普遍存在，在地中海地区更是如此，这提供了一种即便称不上完全合法但也算制度化的手段，使男性与他们不能或不愿娶的女性建立起长期的结合关系。

主人、奴隶与仆人

罗马法对中世纪的奴隶制法律产生了相当显著的影响。根据罗马法，奴隶不能结婚。他们的结合带来的法律后果不值一提。奴隶生的孩子的个人地位都随母亲，他们和母亲一样都是奴隶，是主人的财产，罗马人把这种情况归入万民法（*ius gentium*），而不仅仅是他们自己的法规。[37] 罗马人一般预设伴侣双方都是奴隶，或者男方（获释的奴隶或与奴隶有孩子的自由人）地位更高。如果女方地位更高，尤其是在她身份自由、家境良好的情况下，那么与奴隶的结合，即便是与获释奴隶的合法婚姻，都会让人惊骇不已。如果一个自由的女人和别人的奴隶有了孩子，即使孩子的母亲是自由的，孩子也可被视为奴隶，而这个女人本人也可以被奴役。[38]

早期教会积极推进承认奴隶的结合是婚姻，不过也有不同的声音。在基督这里，"不分自主的、为奴的"（《加拉太书》3∶28），但《新约》并未要求在今世废除奴隶制。教会和世俗世界一样，仍然承认社会等级制度的存在。[39] 然而，古代晚期，社会状况的变化使得奴隶间的婚姻对奴隶主来说没有那么棘手了。有越来越多的奴隶"住在棚屋里"

（*casati*），这意味着他们有了自己的房屋和土地，负责养活自己，而不是住在临时集中场，也不是由他们的主人提供可能少得可怜的食物。在这种情况下，奴隶主可能希望奴隶拥有家庭，这样他们就可以像做家务一样工作。推进长期结合就是实现这一目标的一种途径。到了罗马帝国后期，自由人与奴隶间的结合变得更加普遍，朱迪斯·埃文斯-格拉布斯认为，320年君士坦丁（Constantine）的立法表明，社会地位低下的年轻自由女性很容易上当受骗，在未经父母允许的情况下与男奴结合。与自家奴隶结合的女性会受到严厉的惩罚，到了5世纪，惩罚的范围扩大到那些解放并嫁给男奴的女性。[40]后继的王国也通过了类似的法律。[41]

那些愿意让奴隶生活在家庭群体中的奴隶主使得这些结合合法化，也可能是出于宗教方面的考虑。正如第1章中提到的，在圣埃默拉姆的生平故事中，主人可能会强迫奴隶正式结婚，因为他们认为这样可以把奴隶束缚在他们所在的地方，成为可靠的劳动力。9世纪的多联画屏①表明，奴隶被视为已婚的，用"uxor"来指代妻子。[42]756年的韦尔贝里公会议（Council of Verberie）广泛地讨论了奴隶的婚姻问题：在不知情的情况下与奴隶结婚的自由男子或女子，被允许再婚，如果某个奴隶与他自己选择的奴隶姘居，他可以抛弃她，转而迎娶他主人的奴隶。[43]会上没有提到彩礼或婚姻的其他任何正式要素。895年确立东法兰克王国立法的特里布尔公会议（Council of Tribur）实际上用了利奥写给卢斯提库斯的信来支持这种说法，不是说与女奴的婚姻无效，而是说与获得自由的女人的婚姻有效："如果一个自由的男人要合法地娶一个获得自

---

① 多联画屏（polyptych），中世纪盛行的一种祭坛装饰，由三块以上嵌板组成，上面有绘画或者雕刻，通常用铰链连接，可以折叠。

由的女人，也就是娶一个因释放令和崇高的慷慨而获得自由的女奴，那他必须自结婚起就像对待贵族家庭出身的女人一样对待她，除非她与人通奸，否则只要她还活着，他就不能再娶别人。根据教皇利奥的上述法令，她获得了自由身，并通过公开的婚姻合法地获得财产和对方专一的对待，因此她现在不是情妇，而是获得合法权利的妻子。将性别倒置，这种情况的女人和获得自由的男人的婚姻也适用于同样的法律。"[44] 这条法规只要求解放奴隶这一步，但没有要求彩礼和公开婚姻。像许多教会的裁决一样，它反映了性别上的一视同仁，但实际情况可能并非如此。

813 年的查隆斯公会议（Council of Chalons）认为，即使奴隶属于不同的主人，他们的婚姻也是有效的，但这种说法加上了"根据其主人的意愿合法结合"的限定语。[45] 在拜占庭帝国，皇帝阿历克西乌斯·科穆宁（Alexius Comnenus）于 1095 年裁定，在基督教仪式中结婚的奴隶不会自动获得自由，这意味着这种婚姻是有效的，并鼓励主人允许他们结婚。尽管有这样的声明，但奴隶们仍以其他的结合方式生活在一起，这在一定程度上是因为主人把奴隶分开出售比一对对出售更容易。[46] 12 世纪格兰西的法律汇编明确指出，在他看来，与罗马法中不同，奴隶可以合法结婚。格兰西断章取义地引用了《查士丁尼法典》中的一段，对奴隶婚姻的不可解除性进行了笼统的陈述。[47] 就像他认为子女结婚不需要父母同意一样，他也没有提到两名奴隶结婚需要主人的同意，而其他史料认为是需要主人同意的。[48]

到了格兰西时代，教会法甚至承认奴隶和自由人结婚这种可能性。正如安德斯·温洛斯（Anders Winroth）所指出的，格兰西非常关注"条件不符"的问题，即自由人（多为女性）在不知情的情况下与非自由人（多为男性）结婚。这样的婚姻是无效的，因为没有真正的同意，自由的一方认为其同意是给了一个完全不同的人。格兰西把这种情况比喻为一个想买黄金的人得到的却是合金，并把这称为欺诈。[49] 然而，他似乎认为，如果自由的一方知道对方奴隶的身份，那这种婚姻就是有效的，但这种立场并没有被普遍接受。当然，为了让自由的一方（如有必要）先买下奴隶，然后再释放他或她，就需要这么想，这也是正式婚姻的通常做法。

史料告诉我们，自由人与奴隶之间的结合大多不是正式婚姻。精英男性和从属的女性有染在农业人口中并不罕见——正是这种现象催生了"初夜权"（ius primae noctis）的传统。[50] 但大多数农业奴隶和其他劳动者，至少在较大的庄园里，并不和主人住在一起。虽然有些学者认为中世纪早期的纺织作坊（gynecaea）相当于"后宫"，但几乎没有证据能证明这一点。这类作坊中的女奴可能与她们的主人发生了关系，但她们主要并不是为了性，很难把她们的生活安排称为家庭伴侣关系。[51] 不过，在主人和从属者住在同一屋檐下的地方，尤其是在城镇，这种结合会变得更加普遍。

奴隶和仆人在某些方面有很大的区别，但在其他方面则没有太大区别。在中世纪后期的城镇中，仆人通常按一年或多年契约雇佣，如果他们在契约到期前离职，雇主可能采取的唯一补救措施就是在契约到期时扣发工资，或者阻止他人雇佣他们。[52] 如果他们确实不想为某个雇主工作，就不必接受那个职位。奴隶没有选择的余地，可以违背他们的意愿，在远离家乡的地方，被人随意买卖。然而，经济状况可能会削弱仆人的自主权。实际上，如果他们找不到另一份工作，附近也没有可以求助的家人，他们就不能辞职，这种情况经常发生。（虽然仆人不像奴隶那样往往是从一群外国人中挑出来的，但他们通常是从自己工作的城镇之外的地方来的。）有些女孩在很小的时候就被家人安排长期供人使唤，因此她们的自由实际上是大大受限的。[53] 此外，一些处于中间地位的劳动者，特别是在意大利，签订做仆人的契约，得到的报酬仅仅是管吃管穿，以及契约期满时给的一笔礼金。[54] 从法律上讲，她们并非人身不自由，但她们没有行动自由。她们受父母签订的契约的限制，陷入了与那些可能被卖为奴隶的女孩十分相似的处境。尽管奴隶一般是外国人，但威尼斯这些被称为"艾尼梅"（anime）的女孩可能来自附近的农村：1388年，威尼斯的立法规定，来自比科孚岛（Corfu）更近的地方的儿童不能为奴，但可以作为签订契约的"艾尼梅"，而来自更远地方的儿童就会被视为奴隶。[55]

到了中世纪后期，人们最有可能在西欧基督教世界的边缘地区，尤其是地中海地区，见到奴隶。严格来说，基督徒不应该奴役其他基督徒；但这并不妨碍拉丁语系地区的基督徒奴役东正教基督徒，但更为常见的还是穆斯林奴隶。在北欧，斯堪的纳维亚半岛改信基督教意味着，到11世纪时这里不能再招募新的奴隶了，1335年，只有瑞典的一个省正式废除了奴隶制，但在12世纪以后，这种制度可能不再是一股重要的社会力量了。[56] 在波罗的海地区，被条顿骑士团（Teutonic Knights）及其盟友俘虏的普鲁士和立陶宛异教徒可能会受到奴役，尤其是妇女和儿童，但关于他们的人数和最终的去向，几乎没有什么确凿的证据。[57] 在日耳曼向波罗的海地区推进的过程中，大量被征服者成为不自由的农民，但没有受到奴役。

在城市化程度更高、与非基督徒接触更多的地中海地区，奴隶制在中世纪中后期最为盛行。在西班牙，在再征服运动①的战争中被俘的穆

---

① 再征服运动（Reconquista），又称为"收复失地运动"，是718—1492年间西班牙人反对阿拉伯人的占领、收复失地的运动。

斯林可能成为奴隶，但到了中世纪后期，那里的奴隶大多是通过贸易、战争和海上抢劫从北非掳来的穆斯林，还有服苦役刑的当地穆斯林。[58]在整个地中海地区，奴隶从事农业生产，但也越来越多地参与到家事中，或协助手工制品的家庭生产，或协助再生产，也就是为家庭提供衣食。大家庭拥有的奴隶数量可能和家庭成员一样多，但更普通的工匠家庭也拥有奴隶。[59]

奴隶人口中女性居多似乎是供需双方共同作用的结果。奴隶的价值尤其体现在家务劳动上，这是女性的工作。人们也觉得女性不太可能逃跑。[60]本施（Bensch）认为，许多奴隶主都是女性，而13世纪出现的女奴居多的现象与为女性划出单独领域这种观点得到清晰阐述有关。[61]但总体而言，在市场上更容易买到被奴役的女性。马克·迈耶森（Mark Meyerson）指出1479—1503年间，在巴伦西亚（Valencia）的奴隶市场上出售的583名穆斯林奴隶中，只有42%是女性，他认为，这一地区持续不断的劫掠在带来女俘虏的同时，也带来了男俘虏。[62]但通过贸易而非劫掠进入西欧的奴隶确实往往是女性。女孩比男孩更有可能被贫困家庭卖掉换钱或换物，从而成为奴隶。[63]

对女奴的性利用无疑也是奴隶制中性别失衡的一个因素。虽然在西欧，人们普遍知道，甚至接受一些男性与女奴发生关系，或者在购买做一般家务的奴隶时也注意到了其身体上的吸引力，但这种情况并没有得到公开承认，比如在伊斯兰文化中，《古兰经》（23：6）中允许这样做，或者如萨利·麦基（Sally McKee）所指出的，在意大利的海外殖民地也是如此。[64]明确以性为目的购买奴隶的男基督徒可能相对罕见。从他们的角度出发，这更像是一种偶然的安排。对于已婚男性来说，通常由妻子监督家务帮工，尽管丈夫与女奴或女仆发生关系可能让她束手无策，但她可以阻止丈夫为此而购买奴隶。有一个例子可以说明更多问题,玛丽亚(Maria)是个受过洗礼的前穆斯林,她是阿利坎特(Alicante)的一户人家的奴隶,1503年,她因主人的妻子嫉妒而被送到巴伦西亚出售。[65] 反过来,自由女性嫁给曾与奴隶或仆人发生过关系的男性,并在家中抚养这些关系中生下的孩子,这种情况并不罕见。普拉托(Prato)的弗朗西斯科·达蒂尼(Francesco Datini)的妻子玛格丽塔·达蒂尼(Margheretta Datini),没有子女,但抚养了她丈夫与一个奴隶生下的女儿吉内芙拉(Ginevra)。吉内芙拉生病时,她写信给丈夫说:"请放心,我会像对待自己的孩子一样照顾她,因为我确实把她当成自己的孩子。"[66]

未婚男性可能会购买女奴来履行妻子本应履行的各种职能——不仅是性,还有一系列的家务劳动,包括准备食物和管理家庭。尽管有些男子在结婚前一直住在父母家里,但包括商人在内的另一些男子则需在陌生的城市建立一个临时家庭。斯图尔德(Stuard)在谈到拉古萨(Ragusa)时写道:"奴隶为这些单身人口提供家政服务,促进了社会安定。大量的城市未婚男性人口可能会像四处游荡的那群男仆一样,危害治安,女奴为其中一些人提供了家政服务,很可能还与他们做伴,供他们泄欲。"[67]

学者们对地中海城市中的奴隶有了尽可能多的了解,因为查尔斯·韦尔兰登(Charles Verlinden)、雅克·希尔斯(Jacques Heers)以及晚近的黛布拉·布卢门撒尔(Debra Blumenthal)、史蒂文·爱泼斯坦(Steven Epstein)和萨利·麦基都对公证登记簿上记录的大量买卖行为进行了研究。这些文书规定了购买奴隶的价格,通常还有奴隶的名字、国籍,有时还有体貌特征和年龄。从这些信息中,我们无法确定奴隶是否被视为潜在的性伴侣。不过，从这一系列的材料中，我们可以确定奴隶的数量、所有者以及哪些年龄和种族的奴隶最值钱。

在意大利，奴隶主要分布在热那亚和威尼斯等主要港口城市，但在西西里岛和整个半岛的其他地方也发现了奴隶。他们包括来自达尔马提亚（Dalmatia）的南斯拉夫人以及俄罗斯人、切尔克斯人（Circassians）、希腊人、北非人，尤其是在1450年以后，还加入了撒哈拉以南的非洲人。购买模式因时间和空间而异。以西西里岛为例，查尔斯·韦尔兰登发现，在13世纪，这里的奴隶主要来自西班牙和北非，其中97%是穆斯林。在14世纪，希腊人、鞑靼人、阿尔巴尼亚人和俄罗斯人越来越多，大多数种族中，男性越来越多（尽管女性仍然价格更高）。到15世纪下半叶，"黑人"奴隶更多了。[68]热那亚和意大利其他地方盛行的也是类似的模式：13世纪的奴隶来自西地中海地区，13世纪晚期至15世纪中叶，则转为主要来自地中海地区，到15世纪下半叶，意大利人无法再进入黑海港口，奴隶又转为主要来自西地中海地区。[69]在意大利的"萨拉森"①奴隶中，男性往往占多数，也许是因为他们最有可能在海盗袭击中被俘。[70]

雅克·希尔斯估计，在巴塞罗那和热那亚这样的城镇，奴隶可能占25岁至30岁女性人口的10%。[71]斯蒂芬·本施（Stephen Bensch）发现，从1100年到1290年间，在巴塞罗那的263名立遗嘱的平民中，21%的人至少拥有一名奴隶。[72]1480年对巴勒莫（Palermo，位于西西里岛）一个地区进行的详尽人口普查显示，奴隶占总人口的12%：在513名奴隶中，已知有166名男性和255名女性。[73]黛布拉·布卢门撒

---

① 萨拉森（Saracen）指罗马帝国时期叙利亚和阿拉伯沙漠的游牧民族中的一员。

尔发现，1460—1480 年间，尽管巴伦西亚的大部分奴隶是海盗俘虏的穆斯林和受罚为奴者，但或许有 1/4 的奴隶是通过贸易从地中海东部来到这里的，而且绝大多数是女性；到 15 世纪末，越来越多的奴隶是通过贸易获得的非洲黑人和加那利群岛岛民。[74] 萨利·麦基的数据库收录了 1360—1499 年间地中海地区的 2000 多份奴隶买卖合同，其中大部分奴隶来自威尼斯和热那亚，从中可以发现，女性总共占了 80%。[75]

十几岁到三十岁出头的女奴价格最高，这大概是因为她们做工的能力最强。韦尔兰登在对威尼斯公证登记的研究中发现，就价格而言，女性的黄金年龄是 18 岁至 22 岁，而 30 岁以上的女性价格急剧下降。[76] 也没人指望小女孩或老女人有同样的体力和技能。18 岁至 22 岁也是女性作为伴侣最值钱的年龄，但我们无法知道价格差异（如果有的话）在多大程度上是这个原因造成的。不过，麦基有说服力地指出："在 14 世纪、15 世纪，奴隶的价格如此水涨船高，以至于根本没人认为购买女奴做家务在经济上是划算的。然而，如果将性服务纳入需求增长的解释中，那么这一时期女奴涨价就更容易理解了。"[77]

这些奴隶价格高不可能是因为她们有生育的可能。女奴在被出售时怀孕会被视为一种缺陷，人们认为这会降低工作效率，并使她的生命（也是一笔宝贵的财产）处于危险之中。把一个孩子抚养到成为有价值的劳动力的成本显然很高，完全不值得，而奴隶的孩子似乎经常被遗弃。生了孩子的奴隶可以被雇去当奶妈，这对她的主人来说是有价值的，但这需要她放弃自己的孩子，而主人显然很乐意这样做。实际上，出租奴隶当奶妈可能也成了对女奴实施性侵犯的借口。[78] 在佛罗伦萨，从 1385 年到 1485 年，被安置在育婴堂的 7584 名儿童中，至少有 1096 名是女奴与未公开承认的父亲所生的孩子。[79] 有一例中，一个女人和她的主人生了个孩子，并把孩子送到了育婴堂，后来又把孩子诱拐了回去。[80] 1458年佛罗伦萨的一份税单（*catasto*）列出了557名私生子女。其中给出了407名母亲的名字，至少有141名母亲是奴隶，还有84名是仆人。剩下的人中，很可能有些母亲也是奴隶或仆人，只是没有列出来。[81] 有时，奴隶的孩子（父亲不一定是奴隶主）是在主人家中长大的，成长过程中与婚生子女一起玩耍。[82] 然而人们通常还是不会把奴隶怀孕看成一种优势。

有记载显示，"摩尔人"或"黑人"奴隶的价格始终低于希腊人或斯拉夫人。学者们在将"种族"作为一个范畴适用于中世纪方面意见不一，因为有些人认为这个范畴本身是在19世纪科学种族主义发明之后才出现的。然而，早在中世纪（如果不是更早的话），人们就开始根据肤色把人分为三六九等，这更多的时候是为了辨识身份，而不是为了决定如何对待奴隶。[83] 或许最好把这一过程看作"种族"萌芽阶段，而非其历史的一部分。目前我们尚不清楚不同族群的奴隶在受欢迎程度上的差异与身体吸引力有多大关系。居伊·罗梅斯坦（Guy Romestan）发现，在15世纪早期，鲁西永（Rousillon）和佩皮尼昂（Perpignan）两地卖身为奴的女性大多是白人，而男性则被称为黑人或萨拉森人，当人们向商人下订单时，他们对白人奴隶有强烈的偏好。[84] 布卢门撒尔发现，在15世纪晚期的巴伦西亚，黑人女性的价格比白人女性低很多；直到这个世纪末，同样强烈的影响才在黑人男性价格上显现出来。[85] 人们对不同群体的可靠性、勤劳程度、对疾病的易感性或道德松散程度的看法，与他们对其性吸引力的看法一样，无疑都会影响价格。正如麦基所指出的，我们不能假定"性行为主要是由美貌激发的欲望驱动的"。[86]

无论被奴役的女性是否是因为其性吸引力而被购买的，法律都几乎没有保护她们免受主人色眯眯的关注。奴隶与其他类型的财产并不会得到完全同等的对待——法律确实保护他们免受一些暴力惩罚——但被迫与主人发生关系并不会被当作强奸起诉。[87]巴伦西亚的黑人女性利奥诺（Leonor）描述了她来到路易斯·阿尔梅纳拉（Luis Almenara）家的情形："他把自己看作她的主人，认为她无法反抗他，他随时都可以从她那里得到'爱'，一次又一次地与她发生肉体关系。"这种性行为是被胁迫的，但当利奥诺生下一个女儿时，路易斯举办了一场盛大的洗礼宴会，庆祝这一刻，"仿佛她是他妻子的女儿"。[88]因为她在法律上不能算是一个人，这名奴隶不能提出认亲的要求，要求主人承认她的孩子是他的；然而，利奥诺的例子以及类似的案例表明，主人确实经常会承认自己的孩子。

在基督教法律管辖的区域，即使奴隶主承认了自己是孩子的父亲，也不会像伊斯兰法律那样自动赋予孩子的母亲合法权利。不过，1283年，在巴伦西亚王国，佩德罗三世（Pedro III）立法规定，如果一个男人和他的奴隶生了孩子，那么这个女人和孩子都必须接受洗礼并获得自由。[89]1457年，俄罗斯奴隶安娜（Anna）以自己生了主人的孩子为由提起诉讼，要求获得自由，她的例子表明，这一法律的执行有多么不靠谱：在审判期间，她被送回由主人监管，遭到野蛮的殴打，然后被船运到另一个城镇，她完全不熟悉那里。[90]阿拉贡的费尔南多二世（Fernando II）裁定，如果男人发誓孩子不是他的，就应该相信他，而不是那个女人。[91]布卢门撒尔指出，人们都觉着男人会与他们的女奴发生关系，这与对那些自由仆人的看法形成了鲜明对比，自由仆人通常会签订契约，要求她们只提供"体面"的服务；这些契约可能不会完全按约执行，但它们提醒主人，有亲属关心这些女性的名誉。[92]艾里斯·欧瑞格（Iris

Origo）引用了一封关于一名从马略卡岛（Majorca）来到热那亚的怀孕奴隶的信：她声称她之前的主人让她怀孕了。有人对此事进行了调查，但写信人反馈道："他说你可以把她和她肚子里的玩意儿一起扔进海里，因为那不是他的孩子。我们相信他说的是实话，因为如果真的是他让她怀孕的，他就不会把她打发走了。"[93] 主人不会送走自己孩子这种假设并不总是合理的。不过，通常情况下，如果一个男人认为孩子是他的，就应该提供某种照顾。

布卢门撒尔指出，巴伦西亚有大量档案资料提到有的女奴被主人像情妇一般对待或"仿佛她是他的妻子"，他发现，在这些女性通过法律体系寻求自由时，主人和被奴役的女性都使用了爱和亲密的修辞。那些希望证明自己的孩子得到了父亲的认可的女性将自己描绘成家庭伴侣，而非动产，以此来为她们的主人出难题，让他们体面行事。使用复杂的法律策略并不能证明这些女人真的爱那些受到法律和共同父母关系束缚的男人，但这确实表明她们有足够的力量为自己辩护，也知道她们能够通过强调主人像对待家庭成员一样对待她们来为自己撑腰。主人的回应并不是否认与奴隶发生了关系，因为这种说法不合情理，而是暗示奴隶生活淫乱。如果法庭接受了他的说法，那么这种指控不仅让主人与奴隶及其子女的自由脱离了干系，而且还可以把奴隶描绘成因性欲而造反的人。男人们竭力否认父子（父女）关系，因为这不仅会让他们失去对奴隶的占有权，还可能破坏他们的婚姻。[94]

正如布卢门撒尔所指出的，即使其中一些被奴役的女性能够"将主人的性欲转化为自己的优势"，权力的不平等也意味着奴隶们能利用性为自己或子女争取自由所做的事情都局限在令人不快的选择范围内。[95] 研究新大陆奴隶制的学者还注意到，一些被奴役的女性（至少在白人男性撰写的资料中）能够"通过巧妙地操纵与白人的密切接触获得的特权，超越奴隶制的恐怖"。96 尽管这些资料准确地反映了牵涉其中的女性的行为和动机，尽管这个过程在中世纪是相似的——似乎确实如此——但这些女性也为了这些特权放弃了很多东西，而且她们是例外。成为主人的性伴侣为女性提供了机会，但这种机会限定在一种远非她们自己创造的环境中。

法庭案例表明，与女奴生下孩子的自由人往往不是女奴的主人，而是其他男人，要么是来过家里的朋友，要么是在外面见过女奴的陌生人。一个持家并监督家政的女人是不会乐意看到自己的丈夫与女奴有染的（她可能对自己的儿子就不那么在意了），丈夫可能会去其他人家中物色女奴。相比于男子和自己的奴隶发生关系，他们与别人家奴隶有染的情况在法律记录中更常见。1287年，威尼斯禁止了男性与其他男性的女奴发生关系（1287年还禁止了与仆人发生关系），1452年又再次下发了此类禁令。女仆如果把性伴侣带进主人家里，就会被打上烙印、鞭打、驱逐。97 对女性的惩罚表明，男性伴侣所犯罪行损害的不是奴隶或仆人本身的利益，而是她们主人的利益；让她们怀孕或冒怀孕的风险的男人会贬损她们的价值。

女奴生孩子可能会引发各种各样的官司，比如对奴隶主损失女劳力的赔偿、孩子的地位以及奴隶最终获得自由方面的官司。98 希尔斯在讨论热那亚时指出，男人会因让其他男人的女奴怀孕而支付罚款，接着，从1417年起，出现了一种寿险制度，这种制度中男人承认自己的父亲身份，同意支付分娩费用，并为女性的死亡投保。99 在佛罗伦萨，奴隶子女的父亲要负责支付女奴的分娩费用，如果这个女人有两名证人，那么她所指认的孩子父亲的身份应该是可信的。100 被奴役女性是否同意，对与她发生关系之人的惩罚并不会有什么不同。例如，1453年，在佛罗伦萨，有位名叫弗朗西斯科（Francesco）的人因闯入安德里亚·德拉·斯图法（Andrea della Stufa）的家中强奸了他的奴隶卡特琳娜（Caterina）而受到惩罚。对他的惩罚是基于女奴耽误的工作量，也就是说，是基于对她主人造成的损失，而不是基于对她本人造成的伤害。[101] 在巴伦西亚，人们认为，与他人的奴隶发生关系不仅在经济上，而且在名誉上，都会对主人造成伤害，勾引奴隶主的奴隶是暗中攻击他的一种方式。[102]

有记载显示，一些男人会为他们与其他男人的女奴所生的孩子提供食物。在威尼斯人的克里特岛（Crete），一个男人与自己的奴隶所生的孩子是自由的，但他与其他男人的女奴所生的孩子却不是这样。[103] 有时，这个小奴隶的父亲会采取措施让自己的后代获得自由，而不是由孩子母亲的主人起诉这名父亲要求赔偿损失。1430年巴勒莫的一份文件显示，孔塔·德·克拉罗蒙特（Conta de Claromonte）与尼古劳斯·德·卡塔尔多（Nicolaus de Cataldo）协商一致，她将释放她的奴隶格拉西亚（Gracia），格拉西亚是尼古劳斯与孔塔的奴隶海伦娜（Helena）生的孩子。孔塔让格拉西亚当仆人，但尼古劳斯要为她提供衣物。[104] 在主人或孩子的父亲可以成功提起此类诉讼的同时，母亲有时也会尝试这么干。1400年，在比萨（Pisa），有名曾经的奴隶当时获得了自由并结了婚，她试图让她两岁孩子的父亲（不是她之前的主人）支付抚养费。

我们并不难发现，仆人，尤其是奴隶对主人阶层的男人有什么样的吸引力。他可以对那些受雇于他或作为他的财产的女人行使权力。即使是不直接受其支配的女性也处于弱势地位，因为她们远离家人，可能不会说流利的当地语言，也没有经济资源。男人可以随便威胁或许诺，而女人别无选择，只能接受。对于一个出于年龄和小儿子的身份甚至经济原因而无法结婚的男人来说，与自己家里或朋友家里的女人建立关系可能比相对没什么感情的嫖娼更有吸引力。

这种关系对女方的吸引力倒是更成问题了。在她是在多大程度上自己做出选择而非受到胁迫这个问题上，有可能改善她的经济状况是一个非常重要的因素。爱泼斯坦提出了一个问题，即被主人或其他男人搞大肚子的策略是否符合被奴役女性的利益。他指出，许多奴隶是穆斯林，因此习惯根据一套宗教法行事，在这套法律中，为主人生下孩子的奴隶会获得权利。基督教管辖区域内的奴隶很快就会发现事实并非如此，但"即使基督教法律或宗教无法给予任何好处，在充满爱意的氛围中孕育的孩子也可能巩固自由男子与女奴之间的联系"。[105] 不过，这当然取决于奴隶主是否仁慈，他对待自己或其他自由男子的孩子不是非得比对自己的其他奴隶更好。有时，男人确实明确表示要让他们孩子的母亲获得自由，但并没有法律或社会压力要求他们这样做。[106]

在孩子父亲不是奴隶主这种情况下，奴隶怀孕不仅仅是邂逅、强迫或自愿的结果，有时这种结合是长期的，有可能结婚。在15世纪的热那亚，自由男子与被奴役的女子想要结婚被视为一个足以引起权威人士关注的问题。如果奴隶属于男方，他只要让她获得自由就行了；而如果她属于其他人，但她的主人同意，那也没有问题：主人的同意被视为等同于给她自由。然而，还有一种情况，即主人不想让他的奴隶结婚。1459年，有一项法令规定，与他人的奴隶结婚的男子有责任按她所值的价钱（不是最初买下她的价格，而是她结婚时的市场价值）付给她的主人一笔钱。[107] 这可能会导致一些结合出现悬而未决的情形。例如，1490年，贝尔纳迪诺·德·斯卡帕（Bernardino de Scarpa）娶了弗朗西斯科·帕莫里奥（Francesco Pamoleo）的奴隶安娜，而安娜的主人并不知情。这对夫妇事后回过头来要求主人同意他们的婚事。双方达成协议，安娜可"以婚姻的形式"（*in figura matrimonii*）与贝尔纳迪诺一起生活，但要支付 70 里拉①。贝尔纳迪诺一时无法全额支付，就同意每年支付 8 里拉。不过，在付清之前，安娜在法律上仍是弗朗西斯科的奴隶，他有权把她卖掉。[108] 教会法会认为这对夫妇的婚姻是不可解除的，但"以婚姻的形式"表明热那亚法律并不认为这是完全的婚姻。

在其他方面，意大利城镇和殖民地的法律实践也不符合学者法②的规定。罗马的奴隶制法律规定，女奴的子女自动继承母亲的身份，仍然是奴隶，但中世纪的意大利似乎没有遵循这项规定。萨利·麦基指出，在威尼斯人的克里特岛，许多希腊人被奴役，但根据定义，拉丁人是自由人，子女会被赋予父亲的民族身份；许多女奴的子女在此基础上获得自由，尽管有的父亲不希望这样。[109] 麦基将这种子女沿袭父亲身份的发展趋势溯源到了 14 世纪初，并证明在中世纪晚期的意大利半岛，女奴与自由男子所生的孩子，如果得到父亲的承认，就会被视为自由人。这不是明文规定的成文法，而是法学家假设的。正如麦基证明的那样，佛罗伦萨和热那亚的公证登记簿揭示了大量未获自由的奴隶子女获得合法身份的行为。一个不自由的孩子成为合法继承人，这种说法自相矛盾，因此解放这一步肯定被理解为不必要的。她援引了巴尔托洛梅奥·德·博斯科（Bartolomeo de Bosco）在 15 世纪早期卡法（Caffa）殖民地的一个热那亚人案例中的观点，其中详细讨论了奴隶所生的孩子是否会获得合法身份，但没有提到解放奴隶的必要性。[110]

---

① 里拉（lire），意大利当时的货币单位。
② 学者法（learned law），指罗马法复兴初期的普通法，主要通过学者的解释才适用。

麦基指出，承认子女自动获得自由的现象是中世纪晚期意大利城市社会中几种重要社会模式的证据。

首先，它证实了自由男子与奴隶生儿育女的现象相当普遍，因此这些孩子的地位与很多男子都有利害关系。关于这一点的法律不太可能自行改变，社会习俗必定施加了压力，使人们普遍期望这些孩子能获得自由。在威尼斯人的克里特岛，拉丁男子和希腊女奴的私生子女似乎比自由拉丁女子的私生子女更容易被接受。从法律上讲，女奴不能成为情妇，因为后者意味着自由身份，但法院倾向于将她们看作情妇，并给她们的孩子相应的待遇。[111]

其次，承认这样的孩子意味着确定了父亲的身份，因而父母之间可能存在持续的关系。如果一个男子与他朋友的女奴偶有接触，但并没有和她们中的任何一个建立关系，那么当有女奴说他是孩子的父亲时，他不可能相信她，如果这不是一种持续的、众所周知的结合，她的主人可能也不会承认她所指认的孩子父亲。如果一个男人要承认一个孩子是自己的，那他必定对孩子的母亲怀有一定程度的信任、感情和责任感。有时，这种信任和感情却并不存在。巴伦西亚货币兑换商加布里埃尔·托雷格罗萨（Gabriel Torregrossa）尽管与自己之前的奴隶玛尔塔（Marta）发生过关系，但拒绝承认是她11岁儿子的父亲："考虑到他是一个没有儿子的富人……这位托雷格罗萨如果知道或相信这个女奴怀了他的孩子，还卖掉她，这一点也说不通。"[112] 社会和个人接受对子女负责的原则并不意味着一名男子会自动接受他的奴隶性伴侣的子女是自己的子女。当然，如果一段关系中诞下了不止一个孩子，就像记载中偶尔会出现的那样，我们可以假定这是一段严肃的长期关系。如果女奴所生的主人的孩子是在家中（或许是和男性家庭成员的其他"亲生"的孩子一起）长大的，那么他们并不总能获得自由。即便如此，我们也可以把这看作某种感情和长期关系的证据。[113]

麦基举了几个来自威尼斯人的克里特岛的例子，来说明主人与下属间的亲密关系。她提到一位神父让他的仆人（不是奴隶）做他的遗嘱执行人，并让她和她的孩子做他的继承人。孩子可能是他的，也可能不是，但他肯定非常尊重她。有一个富人把他的一大笔财产留给了一个怀着他孩子的仆人，另一位则在遗嘱中吩咐他的妻子接纳他的情妇做家人，不然就给她一笔嫁妆。[114]麦基收集的一些奴隶主的遗嘱明确了这种关系："我赐予我的奴隶玛丽亚·韦西亚（Maria Vercia）自由。我赐予我与玛丽亚的私生子弗朗哥（Franco）10 赫帕派伦①。"还有人对奴隶及其亲生子女都慷慨解囊，但我们只能根据这种并列来猜测一下这一关系的确切性质："我赐予我的奴隶小玛丽亚自由。如果她想结婚，我就从我的财产中拿出 200 赫帕派伦给她作嫁妆。我还要在我的私生子加拉西奥（Galaceo）年满 18 岁时给他 200 赫帕派伦。"[115]

然而，在大多数情况下，克里特岛的女性并没有从她们的拉丁伴侣或家人的遗嘱中分得太多的遗产，不过这种结合中的孩子倒是得到了不少东西。麦基引用了一个让人心酸的案例，1348 年，玛切西娜·哈布拉莫（Marchesina Habramo）在遗嘱中把财产留给了她非婚生的孙辈，包括玛切西娜的儿子和她的奴隶赫里尼（Herini）的孩子赫曼纽尔（Hemanuel），但没有给那个奴隶留下任何东西。[116]佛罗伦萨人安东尼奥·吉尼兹·德里兹（Antonio Guinizzi de'Rizzi）给了他与奴隶卡特琳

---

① 赫帕派伦（hyperpera），东罗马帝国皇帝阿莱克修斯一世至阿莱克修斯五世时期铸造的一种金币。

娜（Caterina）所生的儿子合法身份（因为他和妻子没有孩子），但没有给卡特琳娜本人自由。[117]

许多记载暗示了主人与女奴生孩子的情况，但没有明说。阿方索·佛朗哥·席尔瓦（Alfonso Franco Silva）指出，在15世纪、16世纪塞维利亚（Sevillan）的档案中，有许多奴隶的孩子获得自由的例子，奴隶主会提到为人父母的义务或者他们自孩子降生起就感受到的对孩子的爱，但不会承认自己的父亲身份。[118] 还有一种情况，男人买下一个女人和她的孩子，只是为了给他们自由，在这种情况下，买主可能就是孩子的父亲。如果孩子的父亲已经是母亲的主人，或者即便不是，但为了解放她而买下了她，他可能会通过为她安排婚姻来为她的未来做打算。在佛罗伦萨，佛朗西斯科·达蒂尼（Francesco Datini）安排解放了他的女奴露西亚（Lucia），将她嫁给了他的另一名男仆，然后他收养了她的女儿，并给这孩子留下了一笔可观的遗产。足够丰厚的嫁妆甚至能让与未婚生子的奴隶结婚都变得充满吸引力——事实上，这样的婚姻还可以建立一种重要的庇护关系。最终与获得自由的女奴结婚的男人通常社会地位不高。更确切地说，他们往往是从偏远农村来到城镇找工作的男人。[119] 嫁妆不是致富的通行证，但确实能让人变得体面一些。在克里特岛，没有自由的希腊农家女通常在与拉丁父亲生下孩子后，会嫁给与她们社会地位相同的男人。

自由仆人的情况可能非常相似——与主人或他的同侪保持长期关系，生下一个可能得到承认和合法身份的孩子，最终嫁给另一个男人。在欧洲各地的城镇，无论是实行奴隶制的还是不实行奴隶制的，都可看到这种模式。不管对仆人还是对奴隶而言，在试图确定伴侣间的关系时，在证据上都有很大的问题，如果没有子女，就根本没有证据。在主人甚至其他男人的遗嘱中,仆人(甚至奴隶)接受遗赠是很常见的,男人和女人都会接受这样的遗赠。我们不能据此假定他们发生过关系。例如,即便有的情况下一个女人得到的遗赠远多于其他仆人,她也可能是遗嘱人的老保姆,而不是他的性伴侣。如果遗嘱人把钱留给他仆人的孩子,这个孩子可能只是住在家中,他对其有一点感情。[120] 有时,一个男人会在遗嘱中指定把遗产留给一个孩子和这孩子的母亲,偶尔会注明这位母亲是遗嘱人的仆人,但有时她只是被称为别人的妻子,他们之前是什么关系就不清楚了。当一个男人将遗产留给同一个女人所生的几个孩子时,这可能是一段持续的关系,在这种情况下,女人通常会得到财产,但并不总是如此。当一个男人把遗产留给几个不同女人所生的孩子时,就无法确定他们之间的关系了。除了在极少的案例中,女人会提出认父的要求,比如在1400年左右比萨地区的一个案例中,一个获得自由的女人做证说,她儿子的父亲是她以前的主人而不是她的丈夫,[121] 还有种情况下,法律允许或要求她说出父亲的名字并提供证人,一般来说,决定是否给孩子留下一些东西是男人的特权,而母亲的身份并未总是被提及。

只有当性关系以某种合法的形式存在时,法律文件才能告诉我们关于这种关系的信息。奴隶与主人间是一种财产关系,而仆人与主人间则是一种契约关系,但除了在姘居属于正式关系的地方,这种性关系在法律上是不被承认的。一些辖区承认罗马法中的妾,但其他地区则不承认。在佛罗伦萨,妾的身份被定义为养在家中的女人,与男人保持长期关系但不与他同居的女人在法律上不属于妾。然而,仆人即便住在主人家中并与他发生过关系,可能也不被视为妾。[122] 15世纪的法学家弗朗西斯科·阿科尔蒂(Francesco Accolti)写道,奴隶或仆人(*ancilla sive serva*）可以被视为妾，这意味着她的子女被视为亲生的，可以继承遗产。他写道，一般来说，妾这种身份的一个标志是男女双方住在同一所房子里，然而，因为男人和自己的奴隶一直都是住在一起的，所以奴隶或仆人必须被称为妾，才能被当作妾来对待。[123]

像阿科尔蒂这类人的法律意见有助于我们了解法学家是如何看待这些非婚结合的，以及他们是如何协调从罗马法中继承下来的法规和在基督教影响下构建的迥然相异的性别体系的变化情况的。由杰出的民事法学家撰写的《咨询意见》(*Consilia*)包括关于罗马法、其他法学家的内容，偶尔还有关于教会的内容，它提供了一种方法，让人们能从精英的角度在理论上了解那些与主人同居或以其他形式结合的女奴和自由女性的地位。有些咨询意见是为了假设中的案件而写的〔通常的标志是用程式化的名字；提丢斯（Titius）相当于他们的某某人〕。有些是关于抽象的法律观点的，但许多是针对实际案例而写的。有人咨询法学家的意见，这些人通常是法官，有时是案件的一方当事人，咨询意见书（*consilium*）通常不会说明作者是谁。

咨询意见是协商性的意见，即使在特定案件中具有决定性，后来的案件也不会把这当作具有约束性的先例，不过它们可能会被作为权威案例引用。[124] 普通法（*ius comune*），即包括教会法和民法的欧洲大部分地区通用的一套法律传统，不像英国普通法那样依赖先例，相反，法律编撰者的观点在一致性和历史传统上具有一定分量。每个中世纪的司法辖区都有自己的法律（*ius proprium*），但（罗马）民法及其传统对整个南欧和德语区的法律体系至关重要，在其他地区也颇具影响力。[125] 从12世纪起，婚姻就彻底属于教会法的范畴了，但关于继承的很多方面则属于民法的范畴，这里讨论的大多数案例都与继承问题有关。不过，平民在案件审理过程中并不讳言教会法的问题。这类问题经常出现，因为财产继承是人们选择合法婚姻而非其他结合形式的主要原因，也是人们质疑婚姻合法性的主要原因。

民法规定了非婚生子女的地位。根据中世纪发展起来的罗马法，非婚生子女既可以是"亲生的"，也可以是"私生的"。"亲生的"孩子是指本可以结婚的伴侣在没结婚的时候生的孩子。单身男子或鳏夫与自己的仆人（或别人的仆人）所生的孩子就属于这一类。"亲生的"孩子可以获得合法身份，不过程序因地区而异。"私生的"孩子是指父母不可能结婚的孩子：通奸、乱伦或（在一些评论家看来）奴隶与自由人间的关系中生下的孩子，因为这样的伴侣不能获准结婚。[126]"私生的"孩子获得合法身份就比较困难了，但也能做到，尤其是在一名男子没有婚生子女的情况下（不过作为其法定继承人的远房亲戚可能会反对）。[127] 然而，并不是人人都认为仆人或奴隶所生的子女可以获得合法身份。刘易斯·德·拉·普恩特［Luis de la Puente，或称卢多维库斯·庞塔努斯·罗曼努斯（Ludovicus Pontanus Romanus）］在15世纪初对一个案例发表了意见。在这个案例中，一位伯爵在不知道孩子母亲是奴隶的情况下批准了一位父亲的请求，让他的孩子获得了合法身份，回应了之前那些似乎要从中作梗的法学家的观点。普恩特认为，自由男子和女奴（尽管不是自由女子和一名或两名奴隶）的孩子应该被视为"亲生的"，而非"私生的"，因为如果父亲让母亲获得自由，这对父母就能结婚了。即使没有实际婚姻，这种可能性也能够让子女获得合法身份。[128]

法学家安吉洛·德利·乌巴尔迪（Angelo degli Ubaldi，1323—1400）写道，仆人的孩子不应该被视为其父亲的血亲，"因为他们是下流地怀上的，怀孕的要么是每天穿梭于城市和乡村的女仆，要么是我们称为佣人的卑鄙女人,这两种人都是如此,虽然不会抛头露面,但人们每天都能看到她们,接触她们,因此,这种女人所生的孩子……不能确定父亲是谁,因为有各种各样的男人有能力与这些女人打交道"。[129] 佩鲁贾(Perugia)的法学教授,也是当时最重要的法学家之一萨索费拉托的巴托洛(Bartolo de Sassoferrato,1314—1357)提出一种例外情况,他认为,任何被承认是儿子的人都应被视为合法的,除非父亲特意称他为"亲生的"仆人的孩子,"比如说,如果一位体面而高贵的公民与一个服侍他的仆人生了孩子,那么根据那些话,他就不能说孩子是合法的,因为他不能与那个女人结婚,至少不能体面地结婚"。[130] 本尼迪克特·德·本尼迪克提斯(Benedictus de Benedictis)也探讨过类似的案例,在那个案例中,有个名叫雷诺代勒斯(Renodellus)的人想把他的情妇雅各布蒂亚(Jacobutia)指定为他的继承人,"因为她的身份,雷诺代勒斯无法与她体面地缔结婚姻"。[131] 佛罗伦萨的乔瓦尼·莫雷利(Giovanni Morelli)似乎把这种想法付诸实践了,他拒绝在他的记事本(ricordanze)中提到他叔叔妻子的名字,因为她是个奴隶,他认为这样的婚姻"不正当"。[132] 法学家小弗朗西斯库斯·柯提乌斯(Franciscus Curtius the Younger,卒于1533年)解释说,为了让"出身低微的单身女子"(男子把她留在家中,后来娶了她)的后代获得合法身份,这类女子必须是"根据城市的良善风俗可以结婚的人,这样他就不会与一个可耻的、臭名昭著的、卑鄙的女人缔结婚约了"。"除非是与方便结婚的女人生的孩子",否则后来结婚了孩子也无法获得合法身份。[133] 因此,问题不在于女奴在法律上不能缔结任何合法婚姻,而在于主仆之间的差距太过悬殊,她的主人无法缔结被社会认可的婚姻。

在中世纪晚期的意大利城镇中,声誉是看重身份的资产阶级生活的核心，这些精英成员认为仆人不适合作为婚姻伴侣不足为奇。对女人来说，声誉是与性相关的，只有在婚姻中发生关系才能维护自己的声誉。然而，声誉也与等级有关。与同一社会阶层或更低社会阶层的男人发生关系的女人会遭受羞辱，但与更高社会阶层的男人发生关系可能不会，她仍然可以嫁给与她同一社会阶层的人。如巴托洛·德·萨索费拉托所指出的那样，社会阶层较高的男性娶女仆不会受到法律意义上的蔑视，但社会将轻看他。他的妻子的声誉即使没有在她自己的群体中受到质疑，也会在他的群体中受到质疑。对于奴隶来说更是如此。事实上，有人认为，奴隶制的本质是声誉的缺乏，或者说被排除在声誉体系之外。尽管如布卢门撒尔在巴伦西亚问题上所指出的那样，女奴的性行为可能会影响主人的声誉，但她自身没有什么性声誉可以失去的。[134] 娶前奴隶为妻的下层社会自由男子，尤其是在妻子有嫁妆的情况下，可能不会失去太多声誉，但上层社会男子压根不会考虑这样做。然而，这并不意味着他不会和这样的女人长期生活在一起，不会在日常生活中像对待妻子般对待她，只是她会被排除在正式的社交典礼之外。

再往社会更下层看，男性的声誉可能会以不同的方式表现出来。在1480年佛罗伦萨的税单中，托马斯·库恩（Thomas Kuehn）在财富不足400弗罗林①的家庭中发现了69个私生子。其中，46个孩子的父亲没有妻子，16个孩子的父亲已婚但没有婚生子女。[135] 可能有这种情况，精英男子在婚内（或他们希望的时候）有了私生子女，与此同时，贫穷男子却不结婚就这么做了。当然，这意味着当父亲这事在一定程度上有

---

① 弗罗林（florin），1252年起热那亚和佛罗伦萨铸造的金币，重3.5克左右，通过南欧贸易线路进入西欧和北欧，后成为大多数欧洲金币的原型。

得选。当然，在某种程度上，已知的男性唯一的避孕方式是中断性交。女性还有其他或多或少有效的方法，我们可以假设，至少有一些生孩子的女仆和女奴会选择这样做，也许是因为她们认为这样会带来更好的经济状况。此外，男人往往可以选择承认或不承认父子（父女）关系，在面临否认和诽谤时，只有非常执着的女人会提出指控。

在意大利的城镇中，人们认为妻子通奸比丈夫通奸更严重，这不足为奇（男人也会因为通奸受到惩罚，而且往往比女人受到更严厉的惩罚，但受罚的男人主要是与已婚妇女上床的男人，而不是不忠的已婚男人）。[136] 妻子与奴隶或其他地位低下的人通奸被视为特别严重的问题。这种不光彩的事不仅毁了她自己，也毁了她的整个家庭。即使以合法婚姻的形式出现，这样的结合也比把双方性别倒置后的结合更不可能出现。安吉洛·甘比格里奥尼（Angelo Gambiglioni，卒于 1461 年）讨论过这样一个案例，富人的女儿菲洛梅娜（Philomena）嫁给了一个出身低微的男人。他指出，根据民法，处于父亲权威（*patria potestas*）下的女儿未经父亲允许无权结婚，但根据教会法，她确实有这种权利：不需要父母的同意。然而，如果她没有得到父亲的允许就结婚，那她就没有权利获得嫁妆，尽管她的姐妹得到了嫁妆。当菲洛梅娜在父亲死后试图要求从他的遗产中分得一份嫁妆时，她被拒绝了，因为她丈夫身份低微，还是个私生子："由于与卑贱之人缔结了如此令人不齿的婚姻，可以剥夺她的继承权，并剥夺赠与她的嫁妆……这位菲洛梅娜和一个地位低下的男人结婚了，更糟糕的是，他还是个私生子，他别指望能得到共和国的尊严和荣誉了，因此，菲洛梅娜不仅给她自己，也给她杰出的父亲和她的家族带来了耻辱。"[137] 这段婚姻并未因为没有嫁妆或家人不同意而无效，但这份咨询意见书中使用的言辞强调了这种情况是多么令人震惊。

菲洛梅娜的婚姻虽然在社会上不被接受，但却是得到承认的。大多数与精英男子有染的女奴和女仆就不被承认了，我们对这种伴侣关系的内部运作以及女人如何理解自己的选择知之甚少。在这些情况下，她们选择了——或者说男人选择了——一种权力不平等的关系，在这种关系中，男人对伴侣的支配超出了丈夫对妻子的支配。在某些情况下，除了性之外，女人可能还履行了妻子的其他职能，尤其是操持家务。有些时候，她可能是他的伴侣，但证据很少能证明这一点。毫无疑问，就有些情侣而言，男人既与女人发生关系，又让女人做家务，当他对她不再感兴趣或者要结婚时，就抛弃她或者把她嫁出去。毫无疑问，也有些情侣间产生了真正的感情。弗朗西斯库斯·柯提乌斯在解释哪些孩子可以得到合法身份时，也区分了"与情妇因婚姻般的感情"而生下的孩子和"出于可耻的原因"而生下的孩子。[138] 对于一个不需要结婚的男人来说——例如，一个已经有孩子的鳏夫，他不需要新妻子带来的嫁妆——与他已经有了一些感情的家庭成员确立关系，可能是解决家务管理和陪伴问题的最佳办法。经常前往同一城镇并希望在那里成家的商人也认为与仆人联络很方便。

史料没有告诉我们但我们不能忽视的是，这些关系给身处其中的女性带来了什么。有些人几乎没有或根本没有选择，要么是因为男人对她们拥有合法权利，要么是因为她们没有其他更划算的选择。但是，我们也不能预设女性在考虑她们自己的事情时都是受到男性的骚扰和剥削的。毫无疑问，有些女性会积极试图引起精英男性的兴趣，希望通过更轻松的工作或者最终的嫁妆、馈赠或其他支持来提高自己在生活中的地位。就大多数中世纪社会底层女性来说，我们对她们的想法没有足够的了解，无法确定她们对自己的生活有何感受。

"他从未给过她除了言语外的其他东西"：贝内温塔（Beneventa）

有时，我们可以通过一个女人的行为来揣测她的感受。曾有人就一个案件咨询维罗纳法学家巴托洛梅奥·奇波拉（Bartolomeo Cipolla，卒于1477年），在此案中，一个名叫贝内温塔的女人——克雷莫纳的扎卡里乌斯（Zacharius of Cremona）的妻子——被指控偷了弗朗西斯科·德·马佐利斯（Francesco de Mazolis）41杜卡特①。[139] 根据巴托洛梅奥的说法，在对贝内温塔的审判中证实，她给弗朗西斯科做了12年的仆人，而弗朗西斯科还欠她一笔报酬。巴托洛梅奥用了两个不同的拉丁语词来描述贝内温塔的身份："法穆拉"（famula）和"派迪塞夸"（pedisequa），两个词都是"仆人"的意思，但在中世纪晚期，后者尤指与主人发生过关系的女性。弗朗西斯科把贝内温塔搞大了肚子，"但他从未给过她除了言语外的其他东西"。[140] 贝内温塔曾多次向他讨要他欠她的钱，因为她没给她的丈夫带来嫁妆，她丈夫都不想见她。

巴托洛梅奥指出，在这种情况下，贝内温塔认为她可以拿走弗朗西斯科的钱而不会被视为盗窃。他说，贝内温塔的律师援引了以色列人带着法老的贵重物品离开埃及的例子来说明，神学家并不认为这种行为是一种罪恶，而只是合理的劳动报酬。巴托洛梅奥主要关心的问题是盗窃的定义。他还考虑了相关法规是只适用于男性还是男女通用，考虑到语法和社会问题，最终判定可以惩罚贝内温塔。巴托洛梅奥没有讨论在这种仆人既是主人的雇工又是其性伴侣的情况下，仆人有什么样的权利。实际上，这个案例并没有告诉我们，贝内温塔的孩子是否是她还住在弗

---

① 杜卡特（ducat），中世纪威尼斯铸造的金币，一直沿用到18世纪末。

朗西斯科家中时就出生了的，也没有透露孩子是否和她住在一起，甚至连案件审理时孩子是否还活着也没有说明。

尽管贝内温塔比一般的意大利新娘年纪大（即使她从小就开始在弗朗西斯科家工作，也至少快 20 岁了），但她还是成功找到了丈夫。在女孩来当仆人时，主人通常会承诺在她们工期结束时一次性付清工资。她丈夫和她结婚显然是指望得到嫁妆。巴托洛梅奥的叙述没有告诉我们是否有人承诺给她具体数额的报酬。因为 41 杜卡特不是个规整的数额，所以这很可能是准确的被盗金额，但不一定是她认为主人欠她的金额。41 杜卡特对于一个从前的仆人来说不是最高的，也不算最低。[141] 要么是她的丈夫足够有钱，可以给她请律师；要么就是人们都同情她被雇主骗了。贝内温塔自己试图通过法律途径解决问题，表明她认为自己有权得到一些东西；显然，她那个群体中的许多人都同意这一点。

北欧的婚姻与奴役

尽管奴隶制在地中海地区最为常见，但在欧洲其他地方，我们也有所耳闻。我们可以把目光转向北欧，了解一种不同的奴隶制度，这种制度仍遵循受奴役女子与自由男子结合的基本模式。冰岛有一部文学作品描述了许多被迫结合的女奴。这些描述都是想象的。这些传奇故事是在其所描述的事件发生几个世纪后才写成的，至少是在冰岛奴隶制最新证据所指向的时间之后的一个世纪。然而，这些故事可以告诉我们 13 世纪的冰岛人是如何看待地位悬殊的伴侣之间的结合的，他们至少对这些结合对女奴的影响表现出了一些关注。

从 9 世纪起，挪威人的一支就在冰岛定居了。许多定居者并非直接来自挪威，而是来自北海区域其他地方的挪威人定居点，包括法罗群岛和苏格兰群岛。这些定居者中有很多人参与过维京人的劫掠，特别是在爱尔兰和苏格兰的劫掠，他们在那里抓获了奴隶。挪威人还与凯尔特地区当地的女性通婚，并将他们的妻子带到了冰岛。

我们不仅从文学作品中，也从 DNA 研究中了解到挪威人和凯尔特人之间的结合。由于冰岛是一个相当小的国家，在 10 世纪到 20 世纪间没有多少移民，因此它有一个相当单一而稳定的基因库，再加上冰岛人痴迷家谱，完好地保存了记录，因而，它成为 DNA 研究的一个很好的选择。[142] 我们将冰岛基因库中的线粒体 DNA（存在于所有人类细胞中，并通过母系遗传）和 Y 染色体（仅存在于男性基因的细胞中，并通过父系遗传）与挪威西部（史料告诉我们定居者来自这里）和爱尔兰的基因库进行了比较。冰岛人基因库中的线粒体 DNA 比 Y 染色体 DNA 与爱尔兰人的更相似，挪威西部的情况正好相反。换句话说，现在冰岛人口的男性祖先比女性祖先更有可能来自挪威，而女性祖先比男性祖先更有可能来自凯尔特地区。[143] 当然，DNA 证据无法告诉我们这些凯尔特女性祖先中有多少是合法妻子，但冰岛文献表明，至少有一些是奴隶。

沉默不语：梅尔廓卡（Melkorka）

对每个人物的描绘都尽可能地包含了这些女性的一段话，如果没有留下她们自己的话，就会引用其伴侣或其他男性的话。对虚构的梅尔廓卡最值得注意的呈现方式是她的沉默不语。与其他萨迦中的人物一样，梅尔廓卡也是以真实历史人物为原型创作的，不过讨论她的萨迦不能被视为对事件的准确复述，它在某些方面与其他资料相矛盾，并包含明显的夸张和文学惯用手法。

霍斯库尔德·达拉-科尔松（Hoskuld Dala-Kolsson）是10世纪冰岛一个大家族的儿子，有几部萨迦将他的血统追溯至冰岛最早的定居者。《拉克斯达尔萨迦》(*Laxdæla saga*,《拉克斯达尔人的故事》)主要聚焦于他的后代。霍斯库尔德娶了同样出身名门的约伦·比亚尔纳多蒂尔（Jorunn Bjarnardottir），两人育有子女。《拉克斯达尔萨迦》告诉我们，当霍斯库尔德随挪威王室远征队前往瑞典近海的布伦岛（Brännö）时，他曾问一位名叫"罗斯人"吉利（Gilli the Russian）的商人是否有女奴出售。吉利有12个女奴要卖，他愿意以1马克银币的价格将其中任何一个卖给他，但霍斯库尔德喜欢的那个女奴除外，吉利认为她比其他女奴更值钱，要价3马克。然后，吉利又告诉他，"这个女人有一个很大的缺陷，我希望你能知道……她不会说话。我试过很多方法和她说话，但她一个字也没说过"。[144] 霍斯库尔德还是用3马克银币买下了她，并在当晚与她同床共枕。

霍斯库尔德回到冰岛时，把这个奴隶也带回来了。他的妻子问这女奴的名字，他回答说不知道她的名字。约伦的回答净是挖苦："除非我听到的故事都是谎言，否则你一定和她说过足够多的话，至少问过她的名字。"霍斯库尔德把事情的原委告诉了妻子，"请她尊重这个女人，并说他想让她和他们一起住在家里"。[145] 约伦不愿意，萨迦告诉我们，霍斯库尔德和她睡在一起，而不是和那个女奴。回到冰岛后的那个冬天，女奴生下了一个儿子，叫奥拉夫（Olaf），后来因为他的衣物昂贵而被冠以"孔雀"的昵称。[146] 根据萨迦，到了第二年夏天，约伦因为霍斯库尔德对奥拉夫明显的好感而感到恼火，并坚持要这个女奴干她那份农活，她不干就离开。霍斯库尔德让她伺候他和约伦。

在奥拉夫两岁左右时,有一天,霍斯库尔德听到溪流附近有说话声,便走到女奴跟前——这个女奴在此之前都没有显示出说话的能力——而她却正在和自己的儿子聊天。霍斯库尔德坚持要她说出自己的名字,说"再装下去也没有意义了"。[147] 她说了自己的故事。她叫梅尔廓卡,父亲是爱尔兰的一位国王,名叫米尔克雅坦(Myrkjartan,爱尔兰语名字是 Muirchertach)。她15岁时被抓奴隶的人绑架了。霍斯库尔德把这个故事又复述给约伦听,约伦对此表示怀疑。霍斯库尔德开始对梅尔廓卡好了一点,但有一天约伦打了她,结果双方打了起来,梅尔廓卡占了上风。霍斯库尔德让梅尔廓卡和奥拉夫搬到了另一个农庄,后来又安排了一个有钱又没有子女的男人来抚养奥拉夫,虽然梅尔廓卡认为这个男人的家境不够好,但他可以给奥拉夫土地。霍斯库尔德后来还欺骗了他和约伦生的儿子,让他们允许他把更多的钱留给奥拉夫,如果没有他们的允许,他是不能合法地把如此数额的钱留给奥拉夫的。

奥拉夫长大后,霍斯库尔德"越来越不愿意操心照顾梅尔廓卡的事情,他说他觉得奥拉夫和他负有一样大的责任"。梅尔廓卡为此感到羞耻。她建议奥拉夫出国寻找娘家人。霍斯库尔德不愿意为此提供资金,而奥拉夫养父的财产是土地而不是物品。为了筹措旅费,梅尔廓卡接受了当地一位名叫"麻子脸"索比约恩(Thorbjorn Pock-Marked)的农民的求婚,并对奥拉夫说:"我已经听够别人把你说成女奴的儿子了。"[148] 她送给奥拉夫一枚金臂环、一把刀和一条腰带,她的家人会认出这些东西——很明显,这是一种文学上的美化,因为她完全不可能在被绑架和卖掉的过程中一直带着这些东西。霍斯库尔德对这种情况很不满,但显然无能为力。这部萨迦从未明确说过霍斯库尔德给了梅尔廓卡自由,但读者无疑会明白他这样做了,否则她就不会嫁给一个自由人(或根本不会结婚，尤其是在未经霍斯库尔德允许的情况下）。

奥拉夫扬帆起航，成为挪威宫廷的宠儿（许多冰岛萨迦中的英雄都是如此），国王的母亲资助他去爱尔兰寻亲。当奥拉夫用母亲教给他的爱尔兰语表明自己的身份时，米尔克雅坦国王和梅尔廓卡的老保姆都认出了他带来的信物。国王提出让奥拉夫继承王位，但奥拉夫担心剥夺米尔克雅坦儿子们的继承权，于是他带着更多的财富回到了挪威，然后又回到了冰岛。他娶了伟大的战士诗人埃吉尔·斯卡拉格里姆松（Egill Skallagrimsson）的女儿索格德（Thorgerd）为妻（这段婚姻在其他地方也得到了确证）。萨迦的后半部分讲述了奥拉夫的儿子基亚尔坦（Kjartan）、侄子博利·博拉松（Bolli Bollason，霍斯库尔德和约伦之子博利的儿子）以及冰岛第一美女古德伦·奥斯维芙斯多蒂尔（Gudrun Osvifsdottir）之间的三角恋故事。

故事有明显的童话元素：被绑架的公主的儿子带着能让自己被认出来的信物回到外祖父的王国，女奴原来是公主。这位萨迦作者之所以赋予梅尔廓卡王室血统，可能是因为她的后代是他的赞助人。在13世纪，大名鼎鼎的奥拉夫是奴隶的孩子，或者至少是一个没有和他父亲正式结婚的女人的孩子，这一点很可能已广为人知。因此，萨迦作者让索格德起初拒绝考虑以奥拉夫作为丈夫。[149] 不过，作者将梅尔廓卡塑造成一位被奴役的公主，从而在很大程度上消除了奴隶制的污名。《定居者之书》（*Landnámabók*）记录了冰岛最早的定居者、他们的定居地以及他们的家谱（并不完全准确），此书的作者明确表示，这部作品的目的是让外国人明白，冰岛人并不是"奴隶的后代"，[150] 但如果他们确实是奴隶的后代，他们的后代也必须充分利用这一点。

然而，梅尔廓卡对自己被奴役的反应并不是一个常见的主题，它可能反映了历史真相的内核，也可能反映了13世纪中叶冰岛人想象中女性被奴役并被迫发生性关系时的反应。故事中描述的梅尔廓卡并不是一个典型的奴隶，她是一位公主，因此更有可能怨恨和反抗她被奴役的命运。但这个故事也提醒人们，被奴役者在被俘之前确实有过一段过去。这部萨迦中并没有说梅尔廓卡对霍斯库尔德不满意。事实上，传奇故事中暗示他们相处得很好，但在一起那么多年，梅尔廓卡都没有表现出她有说话的能力，这表明她选择了反抗强制性的结合。生而为奴的女性由于对生活的期望不同，或许不太可能反抗。

在有中世纪法典和文献资料留存的冰岛——在某种程度上，还有只有法典没有萨迦留存的斯堪的纳维亚国家，一些学者把这些地方当作前基督教的原始日耳曼婚姻类型的发源地。事实上，"和平婚姻"一词部分是从冰岛语的"情妇"（*frilla* 或 *friðla*）一词推演而来的（见第1章）。然而，仔细研究斯堪的纳维亚的资料可以发现，姘居与奴隶制密切相关。在冰岛，也许在其他奴隶制文化中也是如此，如在意大利，女奴的非正式结合对自由妇女在类似结合中的地位产生了影响。

13世纪，当奴隶制已不再是重要问题时，"情妇"一词在冰岛仍很常用。埃尔斯·埃贝尔（Else Ebel）提供了一份47位女性的名单，她们在"当代萨迦"[《斯图尔隆加萨迦》（*Sturlunga saga*）和《主教萨迦》（*Bishops' sagas*）]中被称为情妇。[151] 这些萨迦与家族萨迦一样都写于13世纪，但所描述的事件大致都发生在其写作的时代。它们肯定受到了教会人士和名门望族成员的政治影响（或由他们撰写），但我们可以想见，它们所包含的社会学细节与当时的实际安排不会相差太远。在这些萨迦中，作为情妇出现的女性的社会地位低于与之结合的男性，与婚姻相比，这种结合的价值在社会上被贬低了。然而，这些女性并不一定是仆人或在其他方面处于劣势的人，有些人出身于大户人家。在公开的关系中，将自己的女儿作为情妇送给赞助人，可以提升一个家庭的地位。这种结合也往往是持续的一夫一妻制：男子在婚前或婚后会有一个情妇。[152]

冰岛于公元1000年正式皈依基督教，到当代萨迦成书时，教会已经能够影响冰岛的社会习俗了。更广为人知的家族萨迦描述的是维京时代的事件，也是在同一时期、同样的影响下写成的，但其中的情妇却截然不同。考虑到13世纪冰岛人对自己祖先的自豪感，描述冰岛主要家族祖先的萨迦——即使是在教会影响下写成的萨迦——也不太可能将一位身为妻子或自由情妇的祖先变成奴隶，甚至是被奴役的公主。一个无名的女奴成为国王的女儿、一个被作者知道未来会成为杰出酋长的年轻人通过诡计获得遗产，比一个地位崇高的女人被变成情妇、一个共同继承人变成私生子的可能性要大得多。女奴情妇似乎是冰岛传奇时代的真实写照。[153]

在一些萨迦中，自由男子和未被称为情妇的自由女子之间出现了长期的结合，其中包括《尼亚尔萨迦》（*Brennu-Njáls saga*）中尼亚尔之子霍斯库尔德的母亲赫罗德尼·霍斯库尔德斯多蒂尔（Hrodny Hoskuldsdottir）。[154]人们认为这个霍斯库尔德算得上尼亚尔家族的一员了，尼亚尔的婚生子找霍斯库尔德复仇，他成了血海深仇的牺牲品。赫罗德尼自立门户，但她称尼亚尔的妻子伯格索拉（Bergthora）为"爱尔雅"（*elja*），大致是"共同的妻子"的意思。[155]赫罗德尼的兄弟英雅尔德（Ingjald）谈到了他与尼亚尔及他的儿子的亲缘关系（*tengda sakir*）。但是，当赫罗德尼后来敦促她的哥哥不要参与对尼亚尔的诉讼时，她起初

第 2 章 不平等的结合

的理由并不是这种关系，而是尼亚尔过去为他提供的服务。[156] 在《沃普弗津加萨迦》(Vopnfirðinga saga) 中，海尔吉（Helgi）的妻子生病了，无法料理家务，他又娶了一个寡妇，并把她带回了家。[157] 他的第一任妻子回了自己家，但没有提到离婚，海尔吉希望她能回来。在这些案例中，女方的地位与男方接近，就没有使用"情妇"一词。尼亚尔与赫罗德尼的结合并不是完全的婚姻，因为赫罗德尼的儿子没有继承权，但她和海尔吉的伴侣关系在社会上都得到了一定的认可。

当在家族萨迦中使用"情妇"一词时，它是与奴隶制联系在一起的。在《埃吉尔萨迦》(Egils saga Skallagrímssonar) 中，埃吉尔代表他的妻子阿斯格德（Asgerd）打了一场官司，她同父异母的妹妹冈希尔德（Gunnhild）的丈夫伯格-奥农德（Berg-Onund）控制了她们父亲的财产，埃吉尔想要得到自己的那一份。伯格-奥农德声称，只有冈希尔德才是合法的继承人，因为她的母亲是"比约恩（Bjorn）明媒正娶的女人"，而阿斯格德的母亲是"被绑架的，后来在未经她亲属同意的情况下被当作情妇抓走的"。[158] 值得注意的是，伯格-奥农德称，这种"绑架"，即女人未经亲属同意就与男人离家出走，意味着她是奴隶：他称埃吉尔的妻子为女奴（ambátt），埃吉尔则将其等同于称她为生而为奴的女人（þýborna）。没有亲属的同意，没有正式的仪式和嫁妆，在法律上并不能使一个女人成为奴隶，但伯格-奥农德的旁敲侧击确实暗示了情妇的地位与奴隶制之间的根本联系。《埃吉尔萨迦》中描述的情况不太可能是对 13 世纪情况的投射，因为在 13 世纪撰写此书时，奴隶制已不复存在。[159] 它反映的也不是萨迦写作时的状况，它告诉我们的是 13 世纪的人们是如何想象 10 世纪的社会关系的。

在冰岛的家族萨迦中，阿斯格德的母亲是唯一被称为情妇的女性，她（至少在故事中）是自愿进入这段关系的，而她的对家声称，这种结合使她沦为奴隶。家族萨迦中的其他情妇要么是奴隶，要么来自相对无权势的家庭，因此她们可能是被胁迫进入这种关系的。在国王萨迦（13世纪另一种讲述早期故事的体裁）中，被卷入非婚结合也被视为等同于奴隶。斯诺里·斯图鲁松（Snorri Sturluson）在13世纪一部有关挪威国王的历史著作《挪威列王传》(Heimskringla)中提到，挪威国王哈拉尔·费尔海尔（Harald Fairhair）之子"好人"哈康（Hakon the Good）的母亲索拉·莫尔斯通（Thora Morstrstong）和圣奥拉夫（St. Olaf）之子马格努斯（Magnus）的母亲阿尔菲尔德（Alfhild）都是奴隶，尽管她们都来自名门望族。[160] 出身高贵的女性如果与国王建立了地位低下的关系，就会被贬称为奴隶。同样，这也不可能是后来基督教的解释。这种结合也可能在很多方面具有胁迫性，但同时也会给妇女带来巨大的好处。

现存最早的冰岛法典《灰雁法典》(Grágás)根本没有提到情妇，这表明在12世纪，这还不是一种正式的合法身份。《灰雁法典》确实允许自由的非婚生子女在父亲没有婚生继承人的情况下继承他的遗产。[161] 不过，它也将所有非婚生子女与奴隶所生子女画了等号。[162] 可追溯至12世纪的挪威古拉辛法（law of the Gulathing）为不同类型结合所生的子女起了特殊的名字：没有得到彩礼（mundr）但关系公开的自由妇女的儿子、地下关系中的自由妇女的儿子、奴隶的儿子。[163] 当然，公开是教会强调的婚姻的一个因素，尽管公开是区分结合类型的关键，但在挪威的这些法律中，这些结合都不被视为婚姻。[164] 所谓的"斯韦尔国王（King Sverre）的基督教法律"可能是在1269年至1273年间颁布的。

该法规定，如果一个男人有一个被他当作"自己的女人"或妻子（*eigin kona*）的情妇，他与她同吃同睡，那么如果她被别人拐走，他有权获得赔偿。[165]这项法律认为，同居伴侣关系中的情妇就像大致同一时期冰岛当代萨迦中的情妇一样。12世纪的一些情妇也是家庭伴侣。古拉辛法中的另一章节规定，如果一个男人与他的情妇公开同居20年，他们的孩子就可以获得继承权，法律也承认他们的共同财产。[166]如果不符合这些条件，情妇或她的子女可能无法获得这些法律权利。13世纪末的冰岛法律著作《乔恩法典》（*Jonsbók*）在1305年增加了一条规定，即如果一对伴侣共同生活了10年，并且女方没有被公开称为情妇或通奸、放荡的女人（*horkona*），他们的子女就可以继承财产。这里的情妇是地位较低的那一类。[167]

我曾在之前的一篇文章中指出，维京时代斯堪的纳维亚的纳妾制度源于奴隶制，而非前基督教的一夫多妻制，只是被教会重新贴上了标签。[168]我现在不会坚持用"根源"这个词，而是把它称为一种联系。当然，在前基督教时代，至少在王室和最高贵族中存在着一夫多妻制。一些卷入这些结合的女性即便在形式上是自由的，也被视同奴隶。13世纪偶尔使用奴隶制的语言来描述前几个世纪的妾，这并不意味着妾在法律上仍和奴隶一样不具备法律上的行为能力。但将妾等同于女奴不太可能是受到了教会的启发，也不代表多重婚姻在教会的影响下降格为纳妾。在这里，我们很难查明要优先考虑的因素是女性地位低还是结合地位低。当一名自由女性因为非婚结合而被用奴隶制的语言称呼时，决定性的因素是这种结合的地位，但很可能是因为男性与奴隶频繁地进行这种结合，才在提到她们时使用奴隶制的语言。

不平等的宗教信仰

宗教信仰不同的两人结合并不一定意味着经济地位的不同,但任何特定的共同体都极有可能奴役有其他宗教信仰的人,宗教少数群体具有独特的法律地位。不同基督教政体的法律都禁止奴役其他分支的基督徒,虽然这些规定并不总是很明确(东方基督徒算不算?如果奴隶受洗了怎么办?),但女穆斯林(尤其)对男基督徒的奴役和性剥削持开放态度。[169] 在中世纪欧洲的总共三个宗教团体中,即便男人与女奴的性关系没人赞成也被视为稀松平常的,但因宗教因素会变得更为复杂。[170] 即使在不涉及奴役的情况下,宗教信仰不同的伴侣间的关系也遵循一种普遍的趋势,即双方的地位决定了特定结合的地位。

在欧洲许多地方,基督徒和犹太人住得很近。基督徒在犹太人家里当仆人,不过基督教法律不允许这样做。[171] 拉比经文承认,尽管不赞成犹太男子与仆人(包括基督徒仆人)发生关系,但这是很常见的事情。开罗藏经库① 中的文献表明,地中海社会的一些男子确实在第一任妻子活着的时候娶了自己的女仆作为第二任妻子;在 12 世纪以来的婚约中,丈夫会承诺不娶第二任妻子,也不娶妻子不接受的女仆。如果丈夫违反了这一规定,妻子可以要求离婚并要求返还嫁妆。[172] 巴塞罗那的所罗门·伊本·阿德雷特[Solomon ibn Adret of Barcelona,拉什巴(Rashba,1235—1310)]探讨过这样一个案例:一个仆人怀孕了,孩子父亲是她的主人,最终主人娶她做第二任妻子。[173] 阿什肯纳兹

---

① 开罗藏经库(Cairo Geniza),位于旧开罗福斯塔特区的犹太会堂,曾存放过大量犹太古代文献,通过这些文献,我们能够更细致地了解 11—13 世纪北非犹太人的生活。

（Ashkenaz，德国/欧洲西北部）已废弃了一夫多妻制，但这一传统仍然意味着，只要仆人是犹太人，犹太法律通常将男人与仆人（甚至在男人已婚的情况下）的性关系视为可以容忍的事情。[174] 虽然《密释纳》① 禁止男子在释放非犹太仆人后与之结婚，但迈蒙尼德②（卒于 1204 年）建议，即使违反既定法律，他也可以与她结婚，因为这比继续与她保持非婚关系的危害要小。[175]

犹太法律承认非正式的结合和多重婚姻。13 世纪，德国拉比查姆·本·伊萨克·奥·扎鲁亚（Chaim ben Isaac Or Zarua）曾在作品中探讨过这样一个案例：一个有儿子的男人为了另一个女人离开了自己的妻子，但并没有再婚。儿子结了婚，后来去世了。问题是，这个儿子的遗孀是否有义务遵循娶寡嫂制③，即与她公公后来的儿子，也就是她丈夫的非婚同父异母的弟弟结婚，还是说她可以解除婚约。奥·扎鲁亚指出，由于他同父异母弟弟的母亲与公公私通，这位母亲可能还有其他伴侣。他暗示无论如何她都是个放荡的女人。不过，尽管他并没有对此案做出明确的裁决，但他的结论是，公公虽然不是这个女人的丈夫，但却是她的主要伴侣。[176] 1303 年从德国移居西班牙的拉比阿舍·本·耶希尔（Asher ben Yehiel，1250—1327）也探讨过犹太人纳妾的问题。乱伦法禁止男子娶曾是其叔叔妻子的女子。那么，又该如何对待曾为其叔叔的妾（*pilegesh*）的女子呢？他的结论是，就这些目的而言，纳妾不被视为结婚。[177] 巴塞罗那拉比尼西姆·杰龙迪（Nissim Gerondi，约卒于 1375

---

① 《密释纳》(Mishnah)，犹太教口传律法经典的核心著作。
② 迈蒙尼德（Maimonides），出生于西班牙的犹太哲学家、科学家、神学家。
③ 娶寡嫂制（levirate），古希伯来民族传统制度，男人应娶亡兄的妻子，《旧约》的律法中也有此项规定。

年）认为纳妾是一种可以接受的关系。他把被主人的儿子搞大肚子并被安排在单独住所里的女仆看作妾。与离婚的女人一样，如果她后来想和别人结婚，她必须等待三个月，以确保当时她没有因之前的结合怀孕。[178]做出这一裁决并不是出于对是否允许纳妾的考虑，而是出于对她结婚意愿的考虑。在这些情况下，这种结合中的女性并不一定是仆人。

当这些性结合涉及信仰另一种宗教的伴侣时，就会引起更大的关注，三大宗教团体都特别关注自己群体中的女性。1215年，第四次拉特兰公会议下令强迫犹太人佩戴用以区分的徽章，并给出了具体的理由，即这样做可以防止女基督徒在不知情的情况下与犹太男子发生关系。[179]一些犹太教的释疑解答（responsa，拉比对法律问题的回答）认为，如果犹太女子与非犹太男子独处一室，她的丈夫可以（但不是必须）与她离婚。[180]12世纪莱茵兰（Rhineland）的《虔诚者之书》(Sefer Hasidim) 说，犹太男子不应与非犹太女子握手，犹太女子也不应与非犹太男子握手，即使戴着手套也不行，这大概（虽然没有说明）是因为这样做有性诱惑的意味。[181]几位德国拉比裁定，男子与非犹太女子发生关系，他的妻子就有理由强迫他与她离婚。[182]

尽管拉比可能会认为犹太男子与非犹太女子的关系是不洁的——正如巴伐利亚人R. 约瑟夫·本·摩西（R. Joseph ben Moses，约卒于1490年）所写的那样，"一个想保护自己远离地狱的人应该避免不洁，以及与不洁的非犹太女子通奸，因为一个用非犹太女子玷污自己的人是很难被从地狱中拯救出来的"[183]——但实际上，未婚男子经常与女基督徒产生相当随意的关系。例如，在中世纪的翁布里亚（Umbria），阿里尔·托夫（Ariel Toaff）写道："年轻的犹太男子逐渐意识到，他的第一次性接触不会发生在犹太人的环境中，爱情和婚姻是没有交点的，通常两者之间关系不大。"这样的年轻人的性启蒙可能会通过家仆进行，这在基督徒中也很常见。[184]

虽然犹太人可能不会强烈反对犹太男子与女基督徒发生关系，但基督徒肯定会反对。1399年，犹太男子福利尼奥的梅洛提乌斯（Melutius of Foligno）之子萨拉蒙（Salamon）在罗曼迪奥拉（Romandiola）接受了方济各会宗教裁判官的审判，罪名是引诱女基督徒，告诉她们与犹太人发生性关系不是罪过："在恶魔精神的驱使下，出于对基督教的仇恨和蔑视…… 他接近一些女基督徒，要求她们同意他发泄可憎的情欲和肉欲，当她们拒绝时，这个萨拉蒙为了说服她们同意这种可恶的交合，便满口激烈之辞、异端邪说，违背慈母圣教会的决定，说基督徒与犹太人上床不是罪，借着上述言辞，他引诱了这些女性，并与她们发生了肉体关系。"[185]

很难相信有哪个女人会听信这种说辞，案件的真相肯定比记录的要复杂得多。裁判官不相信这一指控：萨拉蒙被无罪释放，教皇批准了这一决定。但教会法学家很难弄清应该如何惩罚这些人。正如基督教法学家奥尔德拉杜斯·德·彭特（Oldradus de Ponte，卒于1337年之后）在回答"犹太人与女基督徒发生肉体关系该如何惩罚？"这个问题时所写的那样，试图娶女基督徒的犹太男子可能会被当作通奸者而被处以死刑。如果不涉及婚姻，这名女子是单身并表示同意，教会法没有规定惩罚措施。"尽管如此，我并不是说这种肮脏的结合不应受到由法官酌情给予的某种民事惩罚。"事实上，在奥尔德拉杜斯探讨的案件中，这名犹太人受到了阉割的惩罚。[186]

然而，基督徒在男基督徒与犹太女子发生关系这件事上并没有遇到同样的问题，尤其是当这可能导致犹太女子改变信仰的情况下。莎士比亚笔下的杰西卡①正是不可信任的犹太人的缩影,中世纪基督教文学中也经常出现这类形象,在13世纪熙笃会②修士海斯特巴赫的凯撒里乌斯(Caesarius of Heisterbach)的作品中就有典型的例子。犹太女性可能会对男基督徒,尤其是神职人员构成威胁,她们可能会引诱他们放弃独身生活;另一方面,她们的皈依也是具有积极影响的一步,尤其是当她们能够鼓励其群体的其他人皈依时。[187]

伊比利亚也许是研究跨宗教结合现象的最佳地点,因为在这里,基督教、伊斯兰教和犹太教这三种宗教的信徒都非常多。正如大卫·尼伦伯格(David Nirenberg)所示,阿拉贡王国中的基督徒与犹太人之间令人担忧的关系(比与穆斯林的关系更紧张)导致女基督徒的身体,尤其是妓女的身体被人们用来划定界限。主流文化(以及少数族裔文化在较小程度上)对其男性与拥有其他宗教信仰女性的性行为的接受程度,与许多其他地方的情况并无二致,但这些"古老而持久的性隐喻"受到了"生活在中世纪伊比利亚半岛的基督徒对宗教分类方式的快速变化时期"的影响。尼伦伯格认为,对女基督徒身体的持久关注与教会本身被拟人化为女性不无关系,女性是男性上帝的配偶,所有女基督徒都是上帝的女儿。那些越轨腐化整个集体的女基督徒的行为对整个基督教共同体的荣誉构成了威胁。

然而,已婚女基督徒与男穆斯林之间的性关系虽然是被禁止的,但在再征服运动时代的文献中却被淡然置之。在1391年前的道德经济中,

---

① 杰西卡(Jessica),《威尼斯商人》中的角色,犹太商人夏洛克的女儿,与基督徒罗伦佐相爱私奔。
② 熙笃会(Cistercian),又译作"西多会",罗马天主教修道士修会,1098年在法国创立,主要目的是复兴严格的本笃会规范。

妓女是最常因有损基督教社群名誉的性交而受到惩罚的群体,她们"在识别(就观念上而言是拒斥)宗教差异方面扮演了专家的角色"。1391年发生在阿拉贡王国的大屠杀以及随之而来的(被视为缺乏诚意的)皈依改变了人们对基督徒与犹太人之间界限关注的性质:随着犹太人的皈依,独特的基督徒身份有消失的危险。因此,仍须强调皈依者与仍信仰犹太教之人间的界限。妓女身份不再是主要的分界线,人们需要更全面的隔离。人们主要关心的不是跨宗教结合可能生下的孩子,尽管基督徒认为他们是基督徒,但犹太人则认为他们是犹太叛教者。更确切地说,性隐喻着更广泛的隔离。[188] 穆斯林群体同样关注穆斯林妓女,不过他们更多的是出于声誉而非身份的考虑。[189] 犹太人群体严厉惩罚与男穆斯林或男基督徒发生关系的犹太女子,穆斯林群体也对其女性采取同样的措施。[190] 伊斯兰法律并未禁止男穆斯林与非穆斯林女子发生关系。

基督徒与穆斯林伴侣有时确实会结成不涉及奴役的长期结合。事实上,比起与犹太女子发生关系的男基督徒,与女穆斯林发生关系的男基督徒更可能被容忍,受到的惩罚也更轻。[191] 更成问题的是涉及女基督徒的结合。1242年,阿拉贡的海梅一世(Jaume I)颁布了一份特许状,规定与穆斯林或犹太人同居的女基督徒将被剥夺按照基督教葬礼下葬的权利,不久后这一规定被改为判处死刑。[192] 13世纪的《托尔托萨惯例》(Customs of Tortosa)规定,与男穆斯林或犹太男子发生关系的女基督徒将被烧死,该男子将被分尸。还有一些法律对与犹太女子发生关系的男基督徒给予严厉的惩罚。[193] 然而,这种死刑很少付诸实施。在阿拉贡王国,对于男基督徒和女穆斯林,最常见的惩罚是让女人成为奴隶(无论如何,她们中的许多人已经是奴隶,这让男基督徒显得更高人一等),并对男子处以经济处罚。然而,穆斯林群体的法官们主张对此类女性,尤其是已婚妇女，处以更严厉的惩罚，最高可判处死刑。王室更倾向于让女性当奴隶，特别是在涉案的男基督徒很有影响力的情况下，他的伴侣往往会被赦免。或者，她还可以选择改变宗教信仰。[194]

在基督徒统治的地方，犹太男子更有可能接触到女穆斯林；而在穆斯林的土地上，他们的伴侣更有可能是基督徒。尽管根据犹太律法，犹太男子纳的妾是或不是犹太人会产生不同的法律问题，但拉比往往倾向于以类似的方式对待他们。1236年，库西（Coucy）的拉比摩西（Moses）在西班牙讲道，认为与非犹太女子发生关系是有罪的。有消息称，许多男子响应了他的讲道，把自己的妾打发走了。有一名男子与他的女仆在皈依犹太教之前和之后各生了一个孩子，有人向拉什巴咨询这种情况，并敦促社群阻止这种做法。1281年，托莱多针对那些以犹太人或非犹太人为妾的男人下达了驱逐令（herem）。然而，拉什巴裁定，如果不是因为这项驱逐令，纳一个皈依伊斯兰教的妾是可以接受的，而且与皈依者建立正式的姘居关系尽管一般得不到认可，但也比与非犹太女子发生关系更可取。拉比摩西·本·纳赫曼·吉伦迪［Moses ben Nachman Girondi，纳赫马尼德斯（Nachmanides）或兰班（Ramban）］不赞成任何姘居行为，因为这会导致对仪式纯洁性法则的普遍漠视。[195]在与非犹太女子发生关系是否比与滥交或卖淫的犹太女子发生关系更好这个问题上，拉比们存在分歧，因为后者可能不会像非犹太人那样去净身沐浴。从整体上看，西班牙拉比的言论表明，在这个多种宗教信仰并存的社会中，这是个令人担忧的问题。[196]在中世纪晚期的阿什肯纳兹，人们对这个问题的关注似乎较少。以法莲·卡纳福格尔（Ephraim Kanarfogel）认为，阿什肯纳兹的犹太社群相对封闭，人们更有可能听从拉比的意见。[197]

在1391年犹太人大规模皈依基督教之前，阿拉贡王国的一些犹太人皈依基督教可能是由于与有其他宗教信仰的人产生了情爱关系。保拉·塔尔塔科夫（Paola Tartakoff）发现了几对伴侣为了结婚而从犹太教皈依基督教的结合：他们之间要么是根据犹太法律，关系太近，无法结婚；要么是女方之前结过婚，而她的前夫拒绝和她离婚或提供离婚证明。基督教相关机构愿意为关系密切的情侣提供结婚特许，以鼓励他们改宗。[198] 当然，这些情侣的结合是宗教内部的，而不是宗教间的。但塔尔塔科夫认为，犹太人因给信仰基督教的男童行割礼而被起诉的案例，可能是男基督徒与犹太女子结合的证据，双方都希望孩子追随自己的信仰。[199] 在意大利的一个案例中，恰好出现了这种反面情况：1485年，英诺森八世（Innocent VIII）要求佩鲁贾的副财务官起诉一名犹太人，此人"与一名女基督徒发生肉体关系，并与她生下一个孩子，他以犹太人的方式对孩子行了割礼"。[200]

基督教会为鼓励皈依，提倡与皈依基督教的人结婚；拉比则为避免仪式上的不洁，容许或提倡与皈依犹太教的人结婚。这种为结婚而皈依的情况在社会下层可能比在上层更为常见，在上层，男人可以拥有一个奴隶或其他地位较低的伴侣，同时还可以拥有一个信仰自己宗教的妻子。正是在这些较富裕的男人和他们的女奴或女仆之间，跨宗教的结合与本章前半部分所述的涉及权利不均衡的结合产生了重叠。然而，在各种不同的身份差异中，我们看到了共同点。当然，人们采用了双重标准。未婚男子与经济、法律或宗教地位较低的女子发生关系甚至生儿育女，都要比未婚女子这样做更容易被接受，已婚男子的婚外情比已婚女子的婚外情更容易被接受。由于与地位较低的伴侣交往对女性声誉的损害更大，因此很少有女性会胁迫自己的仆从与自己发生关系。男女双方都会有各种复杂的动机，但男性往往有更多的行动自由。

注释

1 关于"异教差异"的基督教法律渊源,参见 Hagith Sivan, "Why Not Marry a Jew? Jewish-Christian Marital Frontiers in Late Antiquity," in *Law, Society, and Authority in Late Antiquity*, ed. Ralph W. Mathisen (Oxford: Oxford University Press, 2001), 208–219, and "Rabbinics and Roman Law: Jewish-Christian Marriage in Late Antiquity," *Revue des études juives* 156 (1997): 59–100。

2 Megan McLaughlin, *Sex, Gender, and Episcopal Authority*, 27 指出沙特尔的伊沃宣布农奴与自由人之间的结合是无效婚姻,但我认为,在自由人婚前就知道伴侣是非自由身份的情况下,伊沃对这个问题的态度就有些模棱两可了。Ivo of Chartres, *Epistolae*, 242, PL, 162: 249–250。

3 参见 Jenny Jochens, "The Politics of Reproduction: Medieval Norwegian Kingship," *American Historical Review* 92 (1987): 327–349,可作为中世纪这一过程的例子。

4 参见 Jack Goody, *The Development of the Family and Marriage in Europe*。

5 Debra Blumenthal, *Enemies and Familiars* 一书中有力地阐述了这一观点。

6 这简化了一个复杂的问题,我对这个问题的看法与我在 *Slavery and Society in Medieval Scandinavia*,尤见第一章,"Slavery and Servitude in Medieval European Society," 5–39 中提出的观点相似。

7 James Brundage, *Law, Sex, and Christian Society in Medieval Europe* (Chicago: University of Chicago Press, 1981), 196, Anders Winroth, "Neither Slave nor Free," 97–109。关于"不自由人"或奴隶身份的人的法律,既适用于奴隶,也适用于我们所说的农奴。

8 参见 Michael L. Satlow, *Jewish Marriage in Antiquity*, 158 关于《塔木德》在这一点上的观点。

9 在关于不同宗教信仰的部分,我尤其依赖其他学者的作品,他们具有我所缺乏的语言学专业知识。

10 Judith M. Bennett and Amy M. Froide, eds., *Singlewomen in the European Past 1250–1800* (Philadelphia: University of Pennsylvania Press, 1999), Cordelia Beattie, *Medieval Single Women*。

11 如果一名单身女性与一名未结婚的男性发生关系,她将很难提出强奸或殴打的指控,但法律不会强迫她结成这类婚姻。

12 Georges Duby, *Medieval Marriage: Two Models from Twelfth-Century France* (Baltimore: Johns Hopkins University Press, 1978), 93.

13 Cameron Bradley and Ruth Mazo Karras, "Masculine Sexuality and a Double Standard in Early Thirteenth-Century Flanders?" *Leidschrift* 25 (2010): 63–77.

14 现在有一本详细的传记,即 Alison Weir: *Mistress of the Monarchy*。威尔(Weir)的

研究是详尽的；她做了很多猜测，但总是小心翼翼地给他们贴上这样的标签。亦参见 Anthony Goodman, *John of Gaunt*, 尤其是第 362—364 页中的讨论。在她的家庭地位方面，威尔讨论并驳斥了凯瑟琳家族与艾诺（Hainault）的统治家族关系密切的观点（8）。

15 威尔认为这段婚姻不迟于 1365 年，可能早于 1362 年。
16 Jean Froissart, *Oeuvres de Froissart*, ed. Kervyn de Lettenhove, 4:73 提到这是在兰开斯特的布兰奇生前，但其他资料表明情况不太可能是这样。休·斯温福德的死亡日期不详（威尔在第 110 页说是 1371 年 11 月 13 日），凯瑟琳和冈特的约翰的第一个儿子约翰·德·博福特的确切出生日期在 1371 年到 1373 年之间。理查三世在反对亨利·都铎的王位继承权时，声称亨利的祖先约翰·德·博福特是在"双重通奸"中受孕的，也就是说，凯瑟琳和约翰都有活着的配偶。参见 G. E. Cokayne, *The Complete Peerage*, rev. Geoffrey H. White (London: St. Catherine Press, 1953), 12:40 n. a, and Simon Walker, "Katherine, Duchess of Lancaster (1350?–1403)," *Oxford Dictionary of National Biography* (Oxford: Oxford University Press online ed., 2008), http://www.oxforddnb.com/view/article/26858. 休和凯瑟琳的儿子托马斯·斯温福德的出生日期也存在争议；参见 Weir, 89–90. Sydney Armitage-Smith, *John of Gaunt, King of Castile and Leon, Duke of Aquitaine and Lancaster, Earl of Derby, Lincoln, and Leicester, Seneschal of England* (1904; reprint, New York: Barnes and Noble, 1964), appendix 8, 462–463, 该书中列出了冈特的约翰送给凯瑟琳的礼物，并认为这些礼物从 1372 年开始变得意义重大。沃克（Walker）认为两人的结合是在休·斯温福德死后才开始的，威尔在第 116 页也是这么认为的，她认为 1398 年的教皇诏书说凯瑟琳在通奸时还没有结婚，这是可信的。
17 可以在如下材料中找到冈特的约翰送给凯瑟琳的礼物，*John of Gaunt's Register, 1372–1376*, ed. S. Armitage-Smith, 2 vols., Camden 3rd series, 20–21 (London: Camden Society, 1911), and *John of Gaunt's Register*, 1379–1383, ed. E. C. Lodge and R. Somerville, 2 vols., Camden 3rd series, 56–57 (London: Camden Society, 1937)。威尔也在多处详细描述了这一点。
18 *Records of the Borough of Leicester*, ed. Mary Bateson (London: C. J. Clay and Sons, 1899), 155, 171.
19 Anya Seton, *Katherine* (Boston: Houghton Mifflin, 1954).
20 *Rotuli parliamentorum; ut et petitiones, et placita in parliamento*, John Strachey, ed., 3:343.
21 *Calendar of Entries in the Papal Registers Relating to Great Britain and Ireland*, vol. 4, 1362–1404 (London: HMSO, 1902), 545.
22 Froissart, 15:239–240.

23 Thomas Gascoigne, *Loci e Libro veritatum: Passages Selected from Gascoigne's Theological Dictionary Illustrating the Condition of Church and State*, 1403–1458, ed. J. E. Thorold Rogers (Oxford: Clarendon, 1881), 137.

24 *Chronicon Angliae*, s.a. 1378, ed. E. M. Thompson, Rolls Series, 64 (London, 1874), 196.

25 *Anonimalle Chronicle* 1333–1381, ed. V. H. Galbraith (Manchester: Manchester University Press, 1927), 153.

26 Henry Knighton, *Chronicon*, ed. J. R. Lumby, Rolls Series, 92 (London, 1895), 147–148.

27 Thomas Walsingham, *Historia Anglicana*, s.a. 1381, ed. H. T. Riley, Rolls Series, 28:1 (London, 1863–1864), 2:43.

28 Weir, 201–202.

29 Testament of John of Gaunt, duke of Lancaster, in Armitage-Smith, *John of Gaunt*, appendix 1, 420–436.

30 John of Trokelowe, *Chronica et Annales*, ed. H. T. Riley, Rolls Series, 28 (London, 1866), 3:314.

31 Armitage-Smith, John of Gaunt, appendix 5, 451. 林肯大教堂里凯瑟琳墓穴的装饰没能在内战中幸存下来，但在1641年，古董商威廉·达格代尔（William Dugdale）把她坟墓的黄铜纪念碑和她女儿的坟墓的黄铜纪念碑收录在了他的书里，参见 *Book of Monuments*: BL, Add MS 71474, fol. 107. 感谢加布里埃尔·希尔（Gabriel Hill）为我检查这篇引文。

32 转引自 Carol Lansing, "Concubines, Lovers, Prostitutes," 93–94。根据教会法，如果赞诺斯在生了孩子后答应娶她，并随后与她发生关系，那么条件将无效，婚姻将具有约束力，然而，博洛尼亚法院在这里并没有运用教会法。

33 Emlyn Eisenach, *Husbands, Wives, and Concubines: Marriage, Family, and Social Order in Sixteenth-Century Verona* (Kirksville, Mo.: Truman State University Press, 2004), 135.

34 同上，第144页。

35 Lansing, 95–96.

36 参见艾森纳赫作品的第148页。

37 Alan Watson, *Roman Slave Law* (Baltimore: Johns Hopkins University Press, 1987), 10.

38 Judith Evans-Grubbs, "'Marriage More Shameful than Adultery,'" and Watson, 14–15.

39 Stefan Chr. Saar, *Ehe-Scheidung-Wiederheirat*, 128–129.

40 Evans-Grubbs, "'Marriage More Shameful than Adultery,'" 141–144.

41 Saar, 238–546, and Andrea Esmyol, *Geliebte oder Ehefrau?*, 132–133.

42 到此时，一些学者认为"servus"一词已经逐渐演变出"农奴"而非"奴隶"的意思，但拉丁语词汇仍是一样的，英语中对这两个群体的区分通常是侧重社会和经济方面的，而非法律方面的：罗马的奴隶法仍然适用，这取决于在什么地区。关于教会法，参见 John Gilchrist, "The Medieval Canon Law on Unfree Persons: Gratian and the Decretist Doctrines, c. 1141–1234," *Studia Gratiana* 19 (1976): 271–301, at 274–275；关于英国普通法，参见 Paul Vinogradoff, *Villainage in England* (Oxford: Oxford University Press, 1892), 48, 127–128, 不过，这是基于被称为《布拉克顿》(*Bracton*) 的法律文本的声明，并没有应用于实践中。

43 Decretum Vermeriense, 6–8, in *MGH, Legum sectio 2, Capitula regum Francorum*, ed. Alfred Boretius (Hannover: Hahn, 1883), 1:40. 756 年这个会议日期是根据如下文献得出的，by Gregory I. Halfond, *The Archaeology of Frankish Church Councils*, 243–244。

44 Concilium Triburense, c. 38, Additamenta ad capitularia regum Franciae orientalis, no. 252, in *MGH, Legum sectio 2, Capitularia regum Francorum*, ed. Alfred Boretius and Victor Krause (Hannover: Hahn, 1897), 2:235. 编辑给"ingenua"加了引号。

45 Concilium Cabillonense, 30, *MGH, Concilia* 2:1, Concilia Aevi Karolini (Hannover: Hahn, 1906), 279.

46 Youval Rotman, *Byzantine Slavery and the Mediterranean World*, trans. Jane Marie Todd (Cambridge, Mass.: Harvard University Press, 2009), 142–143.

47 Winroth, 106.

48 同上，第 108—109 页。

49 Gratian, *Decretum*, c. 29, 1:1091–1095, and Winroth. 并不是所有的错误都允许被欺骗的一方使婚姻无效：例如，如果男人认为这个女人是贞洁的，而她是妓女，他和她仍然是结了婚的。Gratian, c. 29, q. 1, 1:1091.

50 关于这种所谓的习俗，参见 Alain Boureau, *The Lord's First Night: The Myth of the Droit de Cuissage*, trans. Lydia G. Cochrane (Chicago: University of Chicago Press, 1998)。

51 参见 David Herlihy, *Opera Muliebria: Women and Work in Medieval Europe* (Philadelphia: Temple University Press, 1990), 77–91。

52 关于威尼斯，参见 Dennis Romano, *Housecraft and Statecraft*, 129–135。

53 Debra Blumenthal, *Enemies and Familiars*, 85–86.

54 David Herlihy and Christiane Klapisch-Zuber, *Tuscans and Their Families*, 112 n. 41, Sally McKee, "Domestic Slavery in Renaissance Italy," 320. 苏珊・莫舍・斯图亚特（Susan Mosher Stuard）认为，在拉古萨，到 14 世纪初，女性家庭奴隶已经转变为契约工，不过这并没有导致这些女工地位的提高："To Town to Serve," 48–51。

55 Jacques Heers, *Esclaves et domestiques au moyen-âge dans le monde méditerranéen*, 145–151, 154 讨论了"艾尼梅"的情况，"艾尼梅"严格来讲是免费的，她们被售出

用于服侍，无须向她们付费。

56 Karras, *Slavery and Society in Medieval Scandinavia*, 134–140.
57 参见 Sven Ekdahl, "The Treatment of Prisoners of War during the Fighting between the Teutonic Order and Lithuania," in Malcolm Barber, ed., *The Military Orders* (Aldershot: Variorum, 1994), 1:263–269。
58 Olivia Remie Constable, *Trade and Traders in Muslim Spain* (Cambridge: Cambridge University Press, 1994); 关于 15 世纪巴伦西亚穆斯林奴隶的来源，参见 Blumenthal, 10–20。
59 Heers, 129–130, and McKee, "Domestic Slavery," 319.
60 Susan Mosher Stuard, "Urban Domestic Slavery in Medieval Ragusa," *Journal of Medieval History* 9 (1983): 155–171, 此处引用了第 164 页的内容。
61 Stephen Bensch, *Barcelona and Its Rulers, 1096–1291* (Cambridge: Cambridge University Press, 1994), 85. 本施还指出，袭击和战斗可能会带来更多的男性而不是女性，并提出市场上女性的优势是由于需求而非供应带来的（79）。
62 Mark Meyerson, "Prostitution of Muslim Women in the Kingdom of Valencia: Religious and Sexual Discrimination in a Medieval Plural Society," 87–95.
63 Susan M. Stuard, "Ancillary Evidence for the Decline of Medieval Slavery," *Past & Present* 149 (November 1995): 3–28, 特别是第 17—28 页。
64 Sally McKee, "The Implications of Slave Women's Sexual Service in Late Medieval Italy," 106.
65 Mark D. Meyerson, "Slavery and Solidarity: Mudejars and Foreign Muslim Captives in the Kingdom of Valencia," *Medieval Encounters* 2 (1996): 286–343, 此处引用了第 302 页的内容。
66 Iris Origo, "The Domestic Enemy," 340, 345.
67 Stuard, "To Town to Serve," 165.
68 Charles Verlinden, *L'esclavage dans l'Europe*, 2:140–237.
69 William D. Phillips, Jr., *Slavery from Roman Times to the Early Transatlantic Trade*, 103–106.
70 Verlinden, 2:320.
71 Heers, 126.
72 Bensch, 82.
73 Verlinden, 2:263.
74 Blumenthal, 18, 40.
75 McKee, "Domestic Slavery," 307; 亦参见 Christoph Cluse, "Frauen in Sklaverei: Beobachtungen aus genuesischen Notariatsregistern des 14. und 15. Jahrhunderts,"

in *Campana pulsante convocati: Festschrift anläßlich der Emeritierung von Prof. Dr. Alfred Haverkamp*, ed. Frank G. Hirschmann and Gerd Mengten (Trier: Kliomedia, 2005), 85–123, 此处引用了第 91 页的内容。

76 Verlinden, 2:616.
77 McKee, "The Implications of Slave Women's Sexual Service," 103.
78 Idem, "Domestic Slavery," 320; Cluse, 96–104, 尤其是第 103—104 页的内容, 以及 Thomas Kuehn, *Illegitimacy in Renaissance Florence*, 111。
79 Heers, 228.
80 Steven Epstein, *Speaking of Slavery*, 132.
81 Kuehn, 143.
82 Alfonso Franco Silva, "Los negros libertos en las sociedades andaluzas entre los siglos XV al XVI," in *De l'esclavitud a la llibertat: Esclaus i lliberts a l'edat mitjana— Acts de Colloqui Internacional celebrat a Barcelona del 27 al 29 de maig de 1999,* ed. Maria Teresa Ferrer i Mallol and Josefina Mutgé i Vivés (Barcelona: CSIC, 2000), 578.
83 McKee, "Domestic Slavery," 308–314; S. Epstein, 79–81, Blumenthal, 272–277.
84 Guy Romestan, "Femmes esclaves à Perpignan aux XIVe et XVe siècles," 189.
85 Blumenthal, 56.
86 McKee, "Implications of Sexual Service," 104.
87 S. Epstein, 99–100 讨论了强奸属于其他主人的奴隶应受的惩罚。
88 转引并翻译自布卢门撒尔作品的第 88 页、第 131—132 页。
89 Meyerson, 302.
90 Blumenthal, 215–216.
91 Meyerson, 302.
92 Blumenthal, 87–88, 92–93.
93 Origo, 321–366.
94 Blumenthal, 174–189.
95 同上，第 192 页。
96 Trevor Burnard, *Mastery, Tyranny, and Desire: Thomas Thistlewood and His Slaves in the Anglo-Jamaican World* (Chapel Hill: University of North Carolina Press, 2004), 211. 托马斯·西斯尔伍德（Thomas Thistlewood）的情妇菲芭（Phibbah）积累财富和提高家庭地位的故事，参见第 228—240 页。
97 Heers, 198.
98 例如，可参见希俄斯岛（Chios）的一些案例：Laura Balletto, "Schiavi e manomessi nella chio del genovesi nel secolo XV," in *De l'esclavitud a la llibertat*, 659–694。
99 Heers, 216.

100 Verlinden, 2:380.
101 Maria Serena Mazzi, *Prostitute e lenoni nella Firenze del Quattrocento* (Milan: Il Saggiatore, 1991), 119.
102 Blumenthal, 169–172.
103 Sally McKee, "Greek Women in Latin Households of Fourteenth-Century Venetian Crete," 240–241.
104 Verlinden, 2:248.
105 S. Epstein, 130.
106 关于佛罗伦萨的例子，参见库恩作品的第 193 页。
107 G. Pistarino, "Fra liberti e schiave a Genova nel Quattrocento," *Anuario de Estudios Medievales* 1 (1964): 343–374, 此处引用了第 365 页的内容。
108 Pistarino, 373; Luigi Tria, *La Schiavitù in Liguria*, 86.
109 McKee, "Greek Women," 230, 241.
110 McKee, "Inherited Status and Slavery in Late Medieval Italy and Venetian Crete," 47–48.
111 McKee, "Greek Women," 240; "Inherited Status and Slavery," 37.
112 转引并翻译自布卢门撒尔作品的第 261 页。
113 Heers, 229. 关于巴伦西亚奴隶子女的身份，参见布卢门撒尔作品的第 260—265 页。
114 Sally McKee, "Households in Fourteenth-Century Venetian Crete," 54–55.
115 Sally McKee, ed., *Wills from Late Medieval Venetian Crete* (1312–1420), 3 vols. (Washington, D.C.: Dumbarton Oaks, 1997), 1:343, 361.
116 McKee, "Greek Women," 245–246.
117 Origo, 345.
118 Silva, 578.
119 Heers, 272; 关于拉古萨（Ragusa），参见 Stuard, "To Town to Serve," 170。
120 *Regesten der Lübecker Bürgertestamente des Mittelalters*, ed. Ahasver von Brandt, Veröffentlichungen zur Geschichte der Hansestadt Lübeck, Bd. 24 (Lübeck: M. Schmidt-Römhild, 1964), 1:172.
121 S. Epstein, 36.
122 Kuehn, 41; 亦参见 David Nicholas, *The Domestic Life of a Medieval City: Women, Children, and the Family in Fourteenth-Century Ghent* (Lincoln: University of Nebraska Press, 1985), 104。
123 Franciscus Accoltus, *Consilia domini Francisci de Aretio*, 48 (Lyon: Vincentius de Portonariis, 1536), fol. 39r–v.
124 Ingrid Baumgärtner, "Consilia: Quellen zur Familie in Krise und Kontinuität," in *Die*

Familie als sozialer und historischer Verband: Untersuchungen zum Spätmittelalter und zur frühen Neuzeit, ed. Peter-Johannes Schuler (Sigmaringen: Thorbecke, 1987), 43–66, 此处引用了第 45 页的内容。

125 关于司法辖区法律和普通法的关系，参见 Manlio Bellomo, *The Common Legal Past of Europe*, trans. Lydia G. Cochrane (Washington, D.C.: Catholic University of America Press, 1995), 78–111, 149–202。

126 Kuehn, 36.

127 参见 S. 爱泼斯坦作品的第 130 页。

128 Ludovicus Pontanus, *Consilia D. Ludovici de Ponte Romani*, 194 (Frankfurt: Sigmund Feyerabendt，1577), fols. 97v–98r. 他小心地指出，这个结论假定父亲没有合法的或亲生的子女，母亲没有嫁给另一个男人（在这种情况下，父母不可能结婚，因此这个孩子将被认为是私生的）。他没有讨论父亲的婚姻状况。

129 Trans. in Kuehn, 92.

130 Trans. in Kuehn, 254.

131 Benedictus de Benedictis, *Consilia Benedicti Caprae Perusini ac Ludovici Bolognini Bononiensis*, 127, fols. 163v–164r.

132 S. Epstein, 24. 爱泼斯坦表示，反对理由是这名女子属于不同的种族；他引用的这段话并没有挑明这一点，但他是这么感觉的。

133 Franciscus Curtius, *Reportorium de novo excusum* 136 (Lyon: Vincentius de Portonariis and Jacques de Giuntes, 1584), fol. 64v.

134 Blumenthal, 170–174.

135 Kuehn, 131.

136 Guido Ruggiero, *The Boundaries of Eros: Sex Crime and Sexuality in Renaissance Venice* (New York: Oxford University Press, 1985), 45–69.

137 Angelus de Gambilionibus, *Consiliorum siue responsorum Angeli de Gambilionibus* 74 (Venice: Apud Marcum Amadorum, 1576), 283.

138 Curtius, fol. 64r.

139 出生于 1503 年的画家帕尔米吉亚尼诺（Parmigianino）也被称为弗朗西斯科·德·马佐利斯，由于相同的名字通常是在同一个家族中流传的，所以这可能是他的一个亲戚。

140 Bartolomeo Cipolla, *Consilia Criminalis Celeberrimi D. Bartholomei Caepollae Veronensis* 26, fols. 59v–60.

141 在威尼斯（货币是杜卡特），仆人的嫁妆从 30 到 200 杜卡特不等；在后一种情况下，不清楚这是否全部是工资。Romano, 155–164.

142 这在 20 世纪 90 年代末和 21 世纪初引起了一些争议，因为一家营利性公司

deCODE 获得了所有冰岛人的医疗记录的合法访问权。它也成为一些当代冰岛侦探小说的情节转折点。

143 这简化了复杂的科学讨论。参见 Agnar Helgason et al., "Estimating Scandinavian and Gaelic Ancestry in the Male Settlers of Iceland," *American Journal of Human Genetics* 67 (2000): 697–717; Agnar Helgason et al., "mtDNA and the Origin of the Icelanders," *American Journal of Human Genetics* 66 (2000): 999–1016。

144 *Laxdæla saga*, 12, in *Íslendinga sögur*, ed. Bragi Halldórsson et al., 3:1546, trans. in *The Complete Sagas of Icelanders*, ed. Viðar Hreinsson et al. (Reykjavík: Leifur Eiríksson, 1997), 5:11.

145 *Laxdæla saga*, 13, trans. p. 12.

146 *The Book of Settlements*, Landnámabók, 105, trans. Hermann Pálsson and Paul Edwards, University of Manitoba Icelandic Studies 1 (Winnipeg: University of Manitoba Press, 1972), 54. 书里说霍斯库尔德和这个奴隶生了两个儿子，所以即使奥拉夫是在霍斯库尔德回到冰岛之前怀孕的，他们也一定已经在某个时候恢复了性关系。这个传奇故事只提到了他们的一个儿子，这里在其他方面与《殖民之书》（*Landnámabók*）观点不一，比如霍斯库尔德妻子的名字。

147 *Laxdæla saga*, 13; trans. p. 13.

148 同上，第 20 页；trans. p. 24。

149 同上，第 23 页；trans. p. 32。

150 这只出现在 17 世纪的作品手稿中，但现代编辑认为它可能可以追溯到一个非常早期的范例。Pálsson and Edwards, 6.

151 Else Ebel, *Der Konkubinat nach altwestnordischen Quellen: Philologische Studien zur sogenannten "Friedelehe"* (Berlin: Walter de Gruyter, 1993), 105.

152 Agnes S. Arnórsdóttir, "Two Models of Marriage? Canon Law and Icelandic Marriage Practice in the Late Middle Ages," in *Nordic Perspectives on Medieval Canon Law*, ed. Mia Korpiola (Helsinki: Matthias Calonius Society, 1999), 79–92, 此处引用了第 82 页的内容。

153 在瓦滕峡谷萨迦（*Vatnsdæla saga*）中有关于情妇奈莱塞（Nereiður）的类似的故事，他的儿子通过母亲成功地与奥克尼伯爵（earl of Orkney）建立了亲属关系，这可能源自《拉克斯达尔萨迦》。*Vatnsdæla saga*, 37, 42, in *Íslendinga sögur*, 3:1888, 1896–1897, and E. Ebel, 52.

154 *Brennu-Njáls saga*, 25, in Íslendinga sögur, 1:154.

155 Richard Cleasby and Gudbrand Vigfusson, *An Icelandic-English Dictionary*, 2d ed., William A. Craigie (Oxford: Clarendon, 1957), s.v. "爱尔雅"的定义为"情妇"，据说它在《尼亚尔萨迦》中被"错误地"使用了，其中赫罗德尼对伯格索拉使用了这

个词。然而，在定义中所引用的例子中，没有一个明确指的是情妇；在《圣经》中提到多重婚姻的经文中，这个词被用来翻译"妻子"，例如《利未记》18∶18，《撒母耳记》1∶6。如果现代学者断言，这个词只有一次出现在冰岛萨迦中，萨迦作者还错用了它，这似乎有点自以为是。

156 *Brennu-Njáls saga*, 116, 1:262; 124, 1:275.

157 *Vopnfirðinga saga*, 6, in *Íslendinga sögur*, 3:1992–1993.

158 *Egils saga Skallagrímssonar*, 57, in *Íslendinga sögur*, 1:444.

159 Karras, *Slavery and Society in Medieval Scandinavia*, 135–136.

160 Snorri Sturluson, *Haralds saga ins harfagra*, 37, ed. Bjarni Aðalbjarnarson, Íslensk fornrit 26 (Reykjavík: Hið Íslenzka fornritafélag, 1951), 143; *Olafs saga Helga*, 122, 同上, 27:209。参见 E. Ebel, 63–71。

161 *Grágás: Islændernes lovbog i fristatens tid*, 118, ed. Vilhjálmur Finsen (Copenhagen: Berling, 1852), 219.

162 同上，第 113、201 页。

163 Gulathing law, 104, in *Norges gamle love indtil 1387* [NGL], ed. R. Keyser and P. A. Munch, 1:48. 参见 Frostathing law, 10:47, NGL, 1:228。

164 弗洛斯塔法（Frostathing law）提到了男人"在家里和她躺在一起"，而不是在树林里发生关系的情况，这意味着公开是重要的因素。参见 Ruth Mazo Karras, "The History of Marriage and the Myth of *Friedelehe*," *Early Medieval Europe* 14 (2006): 134–135。

165 "Kong Sverres Christenret," 69, *NGL*, 1:428; Arne Boe, "Kristenretter," *Kulturhistoriskt Lexikon för Nordisk Medeltid* (Malmö: Allhems forlag, 1964), 9:301.

166 Gulathing law 125, *NGL*, 1:54; "Ældre Borgarthings-Christenret," 2:10, *NGL*, 1:357.

167 "Kong Haakon Magnussöns förste Rettebod for Island," 4, *NGL*, 4:347–348. 瑞典和丹麦的法典后来受教会法影响更明显；我在我所写的《婚姻史》("History of Marriage"，135–136）一文中讨论过。

168 Ruth Mazo Karras, "Concubinage and Slavery in the Viking Age," *Scandinavian Studies* 62 (1990): 141–162.

169 McKee, "Domestic Slavery," 313–314.

170 在这三个群体都存在的伊比利亚，这种情况尤为显著。参见 Brian Catlos, *The Victors and the Vanquished*, 305–307; David Nirenberg, *Communities of Violence*, 127–165, 从中可以全面了解三个群体对"异族通婚"的态度。

171 Elisheva Baumgarten, *Mothers and Children: Jewish Family Life in Medieval Europe* (Princeton, N.J.: Princeton University Press, 2004), 8, 136.

172 Avraham Grossman, *Pious and Rebellious: Jewish Women in Medieval Europe*

(Waltham, Mass.: Brandeis University Press, 2004), 137; S. D. Goitein, *A Mediterranean Society: The Jewish Communities of the Arab World as Portrayed in the Documents of the Cairo Geniza*, vol. 3, *The Family* (Berkeley: University of California Press; reprint, 2000), 48. 在阿什肯纳兹，没有发现这样的规定，那里的一夫多妻制要少见得多。

173 Elliott Horowitz, "The Worlds of Jewish Youth in Europe," in *Ancient and Medieval Rites of Passage*, vol. 1 of *A History of Young People in the West*, ed. Giovanni Levi and Jean-Claude Schmitt, trans. Camille Naish (Cambridge, Mass.: Harvard University Press, 1997), 83–119, 此处引用了第 110 页的内容；Isidore Epstein, *Responsa of Solomon ibn Adreth of Barcelona (1235–1310) as a Source of the History of Spain: Studies in the Communal Life of the Jews in Spain as Reflected in the "Responsa"* (London: K. Paul, Trench, Trübner, 1925; reprint, 1982), 1:610, 4:314。

174 Avraham Grossman, "The Historical Background to the Ordinances on Family Affairs Attributed to Rabbenu Gershom Me'or ha-Golah"；Ze'ev W. Falk, *Jewish Matrimonial Law in the Middle Ages* (Oxford: Oxford University Press, 1966), 1–16.

175 Grossman, *Pious and Rebellious*, 137.

176 Chaim ben Isaac Or Zarua, *Sefer she'elot u-teshuvot Maharach Or Zarua*, 50, ed. Yehuda Romberg (Leipzig: Vollrath, 1860), 14.

177 Asher ben Yehiel, *She'elot u-teshuvot*, 32:1 (Vilna: L. L. Maza, 1881), 62.

178 Horowitz, 111, and Nissim ben Reuben Gerondi, *She'elot u-teshuvot*, 68, ed. Aryeh L. Feldman (Jerusalem: Mekhon Shalom, 1968), 305.

179 Concilium Lateranense IV, 68, *Concilium Oecumenicorum Decreta*, ed. Joseph Alberigo et al. (Basel: Herder, 1962), 242.

180 Jacob b. Judah Weil, *She'elot u-teshuvot*, 8 (Jerusalem, 1959; reprint, Bar-Ilan University, http://www.responsa.co.il), and Asher b. Yehiel, *She'elot u-teshuvot le-Rabenu Asher ben Yehiel* (Jerusalem: Makhon or hamizrah, 1993), 32:7.

181 *Sefer Hasidim*, 部分在下书中译为德语，Susanne Borchers, *Jüdisches Frauenleben im Mittelalter* (Frankfurt am Main: Lang, 1998), 240。

182 Grossman, *Pious and Rebellious*, 144.

183 Joseph ben Moses, *Sefer leket yosher*, 1:121:1, ed. Yaakov Freimann (Berlin, 1903; reprint, Jerusalem: n.p., 1964), trans. David Shyovitz. 上下文不是涉及这种行为的法律案件，而是讨论"大麦"这个词的词源，这个词来源于"地狱"一词。

184 Ariel Toaff, *Love, Work, and Death: Jewish Life in Medieval Umbria*, trans. Judith Landry (London: Littman Library of Jewish Civilization, 1996), 6, 12.

185 Shlomo Simonsohn, *The Apostolic See and the Jews*, 1:527. 感谢苏珊·艾因本德（Susan Einbinder）提供的参考资料。

186 Consilium 333, trans. in Norman Zacour, *Jews and Saracens in the Consilia of Oldradus de Ponte* (Toronto: PIMS, 1990), 68, and Nirenberg, 131.
187 Caesarius of Heisterbach, *Dialogus Miraculorum*, 2:23, vol. 1:102; Ivan G. Marcus, "Jews and Christians Imagining the Other in Medieval Europe," *Prooftexts* 15 (1995): 209–226, 尤其是第 218—222 页的内容。
188 Nirenberg, 144–148; 亦参见 "Conversion, Sex, and Segregation: Jews and Christians in Medieval Spain," *American Historical Review* 107 (2002): 1065–1093（引文在第 1066、1075 页）。将血统纯洁性与生殖联系起来是直到 15 世纪三四十年代才开始的，这是个不同的过程。
189 Meyerson, 87–95.
190 Nirenberg, 136–138.
191 同上，第 140 页。
192 Catlos, 307.
193 Nirenberg, 132.
194 Maria Teresa Ferrer i Mallol, *Els Sarraïns de la Corona Catalano-Aragonesa en el segle XIV: Segregació i Discriminació* (Barcelona: CSIC, 1987), 17–39.
195 关于驱逐令，参见 Nirenberg, 130。关于拉比的观点，参见 I. Epstein, 88; Ephraim Kanarfogel, "Rabbinic Attitudes toward Nonobservance in the Medieval Period," in *Jewish Tradition and the Nontraditional Jew*, ed. Jacob J. Schachter (Northvale, N.J.: Jason Aronson, 1992), 3–36, 此处引用了第 17—23 页的内容。
196 参见 Yom Tov Assis, "Sexual Behavior in Mediaeval Hispano-Jewish Society," in Ada Rapoport-Albert and Steven J. Zipperstein, *Jewish History* (London: P. Halban, 1988), 25–59, 此处引用了第 36—37 页的内容，他在其中指出，犹太人更有可能在西班牙信奉基督教的地方娶女性穆斯林为妾，而在西班牙信奉伊斯兰教的地方娶女性基督教徒为妾。即使是穷人也有妾，她们比妻子要便宜得多。
197 Kanarfogel, 31.
198 Paola Tartakoff, *Between Christian and Jew: Conversion and Inquisition in the Medieval Crown of Aragon* (Philadelphia: University of Pennsylvania Press, forthcoming 2012). 罗马教皇一贯规定，犹太人或其他皈依基督教的人，在基督教禁止的关系范围内已婚，包括娶寡嫂制婚姻，可以继续保持已婚关系。*The Apostolic See and the Jews*, 1:65 (Clement II, 1187–1191); 1:72 (Innocent III, 11:98); 1:79 (Innocent III, 1201); 2:586 (Benedict XIII, 1415; 在托莱多，这个案例中是一对还信犹太教时就已经订婚但没有结婚的夫妇); 2:592 (Benedict XIII, 1415); 2:684 (Martin V, 1419)。
199 Tartakoff.
200 Simonsohn, 2:1337.

第 3 章

神父与他们的伴侣

Priests and Their Partners

当我告诉人们，我正在写一本关于未婚同居伴侣的书时，大多数非中世纪学者（以及许多中世纪学者）立刻说："哦，神父啊。"有些神职人员按字面意思遵守独身誓言，即不结婚，而不是更普遍意义上的禁欲，没有人会为此感到惊讶，无论我们谈论的是中世纪，还是世界上大多数基督徒所属教派中神职人员都可以结婚的今天。"独身"发展出"守贞"和"未婚状态"的含义，反映了这样一个事实，即直到 21 世纪，绝大多数基督教思想家，无论什么教派，都认为婚姻是发生性关系的唯一适当场合，因此，任何未婚意义上的独身者也应该是禁欲意义上的独身者。

对中世纪欧洲人来说，一对夫妇可不可能结婚，在对待特定结合的态度上有很大的不同。正如我所说的那样，人们对非教会人士之间特定结合的看法往往取决于女性的地位和受尊重程度。对于神父的伴侣来说，情况并非如此，因为从12世纪开始，他们无论在什么情况下都不能被视为完全结婚。有些女性可能是出于经济需要而加入这种结合，但也有些女性可能是出于其他原因而选择这种结合，包括个人感情、社会利益和教会活动参与等。尽管神父的伴侣普遍被一再打上不洁的烙印，但许多人的伴侣关系并没有受到干扰，除非当地出现改革浪潮或邻居不满而迫使相关机构注意到这一点。尽管如此，由于这些情况可能会破坏伴侣关系，对妇女及其子女缺乏法律保护，而且人人都知道这不是合法婚姻，妇女的名誉和经济地位因此岌岌可危。在平信徒中，地位大致相同的人之间的结合很有可能被承认为婚姻。从某种意义上说，任何女性都不可能拥有与神父同等的地位，因此也就不可能与他建立完全体面的关系。

但是，在中世纪，女性——事实上是平信徒——无法与神父平起平坐的观念发生了巨大变化。11世纪和12世纪初的教会改革者以仪式和道德的纯洁性为基础，论证了教会相对于世俗社会的优越性。在此之前，神职人员独身主要是禁欲主义的一种更完美的形式，对教士和平信徒来说都是一种无法实现的理想。[1] 到了改革时代，独身成为区分神职人员与平信徒、增强教会权力和优越感的整体尝试的一部分。新兴的修道运动强调禁欲主义是这种区分的一部分。到了中世纪后期，这种区分相比于其曾经的程度而言，已在实践中被打破。世俗的神职人员不是僧侣，他们与平信徒也没有太大区别。独身更多的是为了维护社会秩序：神职人员应该树立一个好榜样，不要过不检点的生活。纯洁论仍不时回响，尤见文学作品中对神父伴侣的描写；但到了中世纪末期，教会对神职人员独身的态度，无论在理论上还是在实践中，本质上都是围绕如何保持教会人员更圣洁的外表的。

在中世纪西欧的不同时期和不同地方，在特定社群内，人们对神父伴侣的接受程度也各不相同。涉及神父的结合很常见，肯定有许多人身边就有这样的伴侣，他们已经见怪不怪了，然而，与神父生活在一起的女性也可能被邻居们贴上"妓女"的标签。或许可用21世纪初美国人对同性伴侣的看法来与当时人们的态度进行类比。就像中世纪的神父和他们的伴侣一样，截至本书撰写之时，同性伴侣在美国大多数州都不能合法结婚（尽管在美国，他们不再会仅仅因为发生性关系就被送上法庭，而中世纪的神父却会）。在这类伴侣高度集中的地区，他们的存在是平常而不起眼的。在其他地区，他们可能会遭遇敌视，也可能受到欢迎。一个人能在多大程度上接受这种结合很可能要看他本人是否认识这样的伴侣。我们可以想见，在中世纪，人们对神职人员及其伴侣间关系的看法也是如此，当然，也有像彼得·达米安（Peter Damian）这样认识神职人员伴侣并强烈反对的人。如今，民意调查可以衡量同性关系在社会中被接受的程度，我们可以看到人们的接受程度正在上升。但仍然存在各种不同的意见：有接受的，也有不接受的；有容许的，也有不容许的。在中世纪神职人员的结合问题上也是如此。当然，一个主要的区别在于性别的影响。当代同性结合中的两个伴侣可能会受到同样的容许或反对。（如果其中一方比另一方更符合传统的性别形象或角色，可能会有例外。）然而，神父都是男性，而他们的伴侣（至少这里讨论的伴侣）是女性，她们可能会受到截然不同的对待。[2]

神父的伴侣遭到了大量的指责。一个简单但没什么用的解释是，在父权制下，一切问题都归咎于女性。稍微复杂一点的解释是，随着11

世纪和 12 世纪出现对圣餐的新的强调，相应的重点也放在了献祭圣餐的神父的纯洁性上。神父必须在礼仪上与平信徒有所区分，而独身则是做到这一点的一种方式。不纯洁的神父会因与女性接触而受到污染。³ 但是，对神父伴侣的谴责远不止是因为她们玷污了祭司。宣布某种结合并不是婚姻会自动降低女性伴侣的社会地位。女性陷入了一种恶性循环：如果她们不如自己的伴侣尊贵，她们就不是妻子；如果她们不是妻子，她们就会蒙受耻辱，受到为人不检点的指控（在 11 世纪的一些议会法令中，甚至会受到奴役的惩罚）。⁴ 男性伴侣也会受到这样的指控，但这些指控往往对女性伤害更大。

本章首先考察了人们激烈讨论神职人员婚姻的两个历史时期：11 世纪末至 12 世纪初的改革时代和 16 世纪的改革时代。前两部分特别关注教会领袖的著作，而接下来一部分则探讨了受众更广泛的文本：12—15 世纪的例子和充满想象力的文学作品，以此来了解中世纪的人们会接触到什么样的神父伴侣形象并如何将其内在化。然后，本章将转而探讨中世纪末期的教会法庭，尤其是巴黎的教会法庭，是如何监管神父的性活动以及他们与女性的关系的。我们需要再次牢记的是，在这些问题上寻找证据是很困难的。我们之所以知道那些被视为违法的行为，是因为它们最终出现在了法庭记录中，或以其他方式被评论过。我们对那些没有引起人们注意的行为了解不多。因此，我们不得不采用某种默证①的方法来确定哪些行为被视为正常行为。尽管这些论述往往都来自对这类关系和参与其中的男女抱有敌意的人，但教会法庭记录可能是我们了解典

---

① 默证（an argument from silence），又称"诉诸沉默"，一种逻辑学用语，指因为论点的主张者没有论证自己的论点就证明论点为假的逻辑谬误。

型的中世纪人如何看待这类结合的最佳途径。

乔·安·麦克纳马拉（Jo Ann McNamara）认为，第二个千年初的改革运动是欧洲性别体系的转折点，追随她的其他学者则将随之而来的"神职人员修士化"视为男性气质的关键转变。[5] 新教改革因其对婚姻和父权制家庭的重视也被许多学者视为性别体系的转折点。[6] 比较一下这两个历史时期围绕神职人员结合的论述就会发现，在这两个时期，神职人员的纯洁性都是存在争议的，但中世纪盛期的改革运动更强调这种纯洁性救赎方面的结果，而在中世纪晚期和 16 世纪，重点则更多地放在社会方面的结果上。16 世纪的改革时代不属于我们所说的"中世纪"，但当时人们对婚姻所持的态度和所表达的观点源于几个世纪以来欧洲中世纪关于神职人员独身生活的经验，可以说明在这种理论（如果不是实践的话）被视为理所当然的时期，人们对独身主义的思考方式发生了怎样的变化。

中世纪中期改革时代的神父婚姻

直到 11 世纪，西方教会都不鼓励神职人员结婚——从理论上讲，自 4 世纪以来，主要修会的神职人员都必须独身——但这并不意味着婚姻无效：如果神父和他的伴侣不服从要求，还是结婚了，那么婚姻仍然有效。[7] 公元 1000 年后的教会改革运动比以前更加强调神职人员要保持独身。1022 年，帕维亚宗教会议（Synod of Pavia）宣布，神职人员的妻子和子女可能会受到刑罚奴役。教会鼓励平信徒抵制由已婚神父主持的弥撒，不过由这样的神父主持的圣礼仍然有效。1123 年的第一次拉特兰公会议巩固了早在 11 世纪中叶利奥九世（Leo IX）时期颁布的各种立法规定，禁止神职人员结婚，并要求这样的夫妻分居。娶妻或有情妇的神职人员可能会被剥夺圣俸。1139年的第二次拉特兰公会议追随1135年在帕维亚召开的地区宗教会议的精神，宣布这种结合是无效的，其措辞清楚地表明，不是在性行为与禁欲之间，而是在其他结合与婚姻之间划清了界限："这种违背教会规则的结合，我们认为不是婚姻。"从那以后，所有与副执事或更高圣职男子结合的妇女都是情妇，而不是妻子。这一立场在随后几个世纪里通过教会法学者和反复的主教会议法令得到强化。[8]在中世纪早期，当我们看到神父有情妇的记载时，可能是这对情侣故意选择不结婚；12世纪中期以后，想合法结婚也没法结了。[9]神职人员与女性的长期结合是否可被视为婚姻，以及这一问题有何社会和神学影响，关于这些问题的广泛讨论直到中世纪后期才再次出现，直到16世纪二三十年代才成为焦点。

在中世纪改革运动如火如荼的时期，学术界对神职人员独身问题的共识是，它与将神职人员和平信徒区分开来的仪式纯洁性有关。[10]从政治上讲，教会主张自己独立于世俗权威，而要做到这一点，就需要有道德上高人一等的神职人员。（从更粗俗的经济意义上讲，这种独立于世俗权威的做法还要求神职人员不能有眷属和继承人，以免财产从教会手中流失，因此神职人员的婚姻与暴力和掠夺联系在一起。）[11]从神学上讲，对圣餐的日益强调提升了神父的作用，要求他以适当的状态处理上帝的躯体。让神职人员有别于平信徒的原因是多方面的，最近的学术研究强调，权力和财产因素可能比神学因素更重要，但两者都是用了纯洁和区分这类措辞。虽然禁止结婚与禁欲并不是一回事，但在教会看来，这是朝着禁欲这个目标迈出的一步。

尽管基督教和犹太教在对仪式纯洁性的理解上都非常强调禁欲（至

少在特定时间如此），但这并不是唯一可能的处理方式。在《利未记》中，祭司处理尸体会被玷污，但改革运动的重点并不是让神职人员远离尸体。在某些情况下，平信徒身上发生的流血受伤确实会使神职人员变得不洁，但这并没有像性行为那样引起改革者的关注：武器的存在或靠近并没有像妇女的存在或靠近那样构成威胁。[12] 出售教会职位或许确实构成了这样的威胁。伟大的改革派教皇格里高利七世（Gregory VII，1073—1085）反对买卖圣职（simony），他对此的反对绝不亚于对教士淫乱的反对。[13] 但这并不意味着只要处理金钱相关的事情就会造成玷污，只有像圣方济各（St. Francis）这样的激进分子才会反对。正如康拉德·莱瑟（Conrad Leyser）所指出的那样，批评淫乱往往使用与性相关的字眼。[14] 休·托马斯（Hugh Thomas）指出，对 12 世纪神职人员（尤其是他所关注的英格兰神职人员）的其他行为（如贪婪、暴食、无知等）的批评，重点放在神父为他的信众树立好榜样的责任上；然而，在性行为方面，榜样的说法就不那么重要了，重点在于纯洁性。[15]

出售职位是对金钱和教职的不当使用，但那些批评教士性行为的改革者认为，他们要反对的不仅仅是对女性身体的不当使用。女性的身体本身就是一种污染。尽管中世纪盛期神学的核心趋势是将生育视为一件好事，但许多教会改革者甚至对已婚平信徒的性行为也持矛盾的态度。[16] 用第二次拉特兰公会议的话来说，神职人员本应是"上帝的殿堂、主的器皿和圣灵的圣所"，因此，于他们而言，不仅有情妇或私通是有罪的，连结婚都是有罪的、被禁止的。所有与神父有关系的女人都是情妇或妓女。[17]

对教士性行为最知名的控诉来自彼得·达米安，他在 1059 年写给教皇尼古拉二世（Pope Nicholas II）的信中说，有妻子的神父"让自己与妓女成为一体"。他对神父们说:"你们一伸手,圣灵就降临了,你们却用它触摸妓女的生殖器。"[18] 在 1064 年写给都灵主教库尼贝尔图斯(Bishop Cunibertus)的信中,他特别提到了神父的妻子:

> 魅惑教士之人是魔鬼的食客、被从天堂驱逐者、思想的毒液、灵魂的利剑、酒徒的毒药、赴宴者的毒物、罪恶之事、毁灭之所……古老敌人的后宫、戴胜鸟、尖叫的小猫头鹰、大猫头鹰、狼、蚂蟥……荡妇、娼妓、情人、肥猪的泥淖、污灵的魔窟、仙女、海妖、女巫、黛安娜①……魔鬼通过你们吃到了如此精致的宴席,他被你们的淫欲喂得肥头大耳……储存主愤怒和暴躁的容器,积蓄等待复仇之日……不恭的老虎,它们沾满鲜血的嘴巴无法抑制对人类鲜血的渴望……鹰身女妖,四处飞舞,夺取主的祭品,残忍地吞噬献祭给主的人……怪物一般的母狮,让粗心之人命丧女妖血腥的怀抱……海妖和卡律布狄斯②,当你们唱着甜美的欺骗之歌时,却在贪婪的大海中制造了无法逃脱的海难……癫狂的毒蛇,由于你们情人急不可耐的炽热情欲,而让教士们的领头人——耶稣,遭受戕害。[19]

他指出,《旧约》中的祭司在献祭之前必须远离自己的妻子(《路加福音》1:23),由于基督教神父每天都要进行弥撒献祭,因此他们需要持续禁欲。[20] 达米安的抨击很极端,但在他的时代却有大量读者,富有

---

① 黛安娜(Dianas),罗马神话中处女的性守护神。
② 卡律布狄斯(Charybdis),海王波塞冬与大地女神盖亚之女,是希腊神话中的大漩涡怪,会吞噬所有经过的东西。

影响力，而且他并不是唯一这么想的人。[21] 教皇派往希腊教会的使节锡尔瓦坎迪达的亨伯特（Humbert of Silva Candida）写了一本叫《反对尼斯塔斯》(Contra Nicetam) 的小册子，其中也有同样的论调，他认为支持教士婚姻的希腊人不是在修道院里而是在妓院里，"想把上帝的教会变成撒旦的犹太会堂和巴兰与耶洗别①的妓院"。[22] 这铺天盖地的一系列形象化描述的主题是犯罪、污染和不洁，而不是贪婪或混乱。教皇格里高利七世自己也使用了这种措辞。[23] 一些不太出名的人物也在布道中用了类似的表述，比如英格兰传教士托马斯·阿格内卢斯（Thomas Agnellus），他抨击那些胆敢"从妓女的床上走向主的餐桌，从污秽之地走向圣洁之地……有着肮脏的手和污秽的嘴"的神父，这样说的还有其他人，如威尔士的杰拉尔德（Gerald of Wales）、乔巴姆的托马斯（Thomas of Chobham）和布洛瓦的彼得（Peter of Blois）。[24]

因此，尽管在神职人员婚姻的问题上，分散神父对精神的关注或教会的财产被用于神父的家庭中也是讨论的内容（对财产的关注可能激起了对其他问题的一些讨论），但其中的首要问题是性行为的问题。这种对纯洁性的关注并不新鲜，但却是当时才凸显出来的。[25] 如果用 R.I. 摩尔（R. I. Moore）的话来说，"在神圣与世俗之间划出一条新的界限时，独身成为首要的、不可或缺的标准"，那么，界定神职人员区别于平信徒的是没有性活动，而不仅仅是没有家庭。[26] 彼得·达米安还对鸡奸行为进行了众所周知的抨击。[27] 然而，在大多数情况下，对性的深刻怀疑转化为对女性的深刻怀疑，因为女性性征明显的身体代表着持续不断的诱惑和威胁。康拉德·莱瑟认为，这种性别化的修辞大多不是针对实际

---

① 巴兰（Balaam）和耶洗别（Jezebel）都是《圣经》中奸诈淫荡的女人。

的女性,而是利用女性"作为思考的载体",将女性作为男人们争夺的战场,争夺的内容包括占据主导地位的应该是国王还是教会人士,教会应由主教还是修士控制。莫琳·米勒(Maureen Miller)也认为,"改革运动中真正的斗争不是男人与女人的斗争,而是教士与平信徒的斗争……改革者对女性的中伤确实伤害了女性,但这并不是主要针对她们的"。改革派的教士们想要标榜自己在道德上的优越性,而指责女性污染教会则是这样做的一种便捷的方式。但被降级为情妇的,被剥夺了本来可能拥有的财产权和继承权的,也是实实在在的女性。[28] 事实上,从1022 年帕维亚的本笃八世(Benedict VIII)到 1089 年梅尔菲(Melfi)的乌尔班二世(Urban II),教皇们都曾要求神父的妻子接受奴役,以惩罚她们亵渎神明的行为。[29]

对神职人员婚姻的辩护特别注重实际论据,即由于神职人员无法保持贞洁,他们结婚总比找情妇要好。这是 11 世纪奥格斯堡的乌尔里希(Ulrich of Augsburg)所写的小册子的主旨,这本小册子流传于整个中世纪和宗教改革时期,在其他中世纪盛期的论著中也有提及。[30] 这些文本中都使用的关于保罗的经文(《哥林多前书》7:2,"但要免淫乱的事,男子当各有自己的妻子,女子也当各有自己的丈夫",《哥林多前书》7:7,"我愿意众人像我一样,只是各人领受神的恩赐,一个是这样,一个是那样",以及《提摩太前书》3:2,"作监督的,必须无可指责,只作一个妇人的丈夫")也将成为后来讨论的焦点。诺曼的一名匿名者反驳了关于女性普遍具有污染性的论点,指出所有的罪孽都可以通过洗礼得到净化,因此,情妇所生子女与婚生子女同样配得上领受圣职。他这样做就是承认这种关系确实是姘居而不是结婚。[31] 事实上,为神父子女的地位进行的辩护主要建立在忏悔和人性基础上,是改革初期的关键所在，但后来很快就不再出现在讨论中了。拜约的塞尔罗（Serlo of Bayeux）等人也抨击未婚神职人员，称其为鸡奸者。[32]

中世纪晚期/改革时期的神父婚姻

在接下来的 300 年里，关于神职人员及其性关系的讨论层出不穷，尤其是主教会议颁布的各种法令，规定了对姘居行为的酌情惩罚，但直到中世纪晚期，英国的威克里夫派和一些正统派作者都否认神职人员独身的必要性，关于神职人员的结合形式是否能够包括婚姻的讨论才再次成为焦点。[33] 康斯坦茨公会议（Councils of Constance，1414—1418）和巴塞尔公会议（Councils of Basel，1431—1445）的讨论再次聚焦于禁止姘居而不是允许结婚上，不过在康斯坦茨公会议上，一些领导人以先前的失败为由反对教士独身。[34] 法国法学家纪尧姆·塞涅（Guillaume Saignet）为康斯坦茨公会议撰写了一篇论文，不过他的作品留存下来的副本是在巴塞尔公会议上完成的。塞涅认为，大自然不允许独身，这并不意味着性许可是合适的，而是应该允许所有人结婚。[35] 神职人员用私通污染了教会，不是因为所有的性行为都是有罪的，而是因为教会错误地禁止自然结合，从而将神职人员推向非法结合。"他们想自称完美，自称贞洁，却用虚伪的面纱包裹自己。"[36] 针对纯洁论，塞涅说，婚姻是一种圣事，因此并不是不纯洁的。神学家让·热尔松（Jean Gerson）驳斥了塞涅在婚姻上的立场，但他在其他地方辩称，在某些情况下，"应该像容许公娼一样容许"神父和他人姘居，"以免发生更糟糕的事情"。[37]

15 世纪的改革小册子《西吉斯蒙德的改革》（Reformatio Sigismundi）借鉴了吕贝克（Lübeck）主教约翰·舍勒（Johann Schele）在 1433—

1434年所写的作品，控诉教会不仅在禁止教士婚姻方面误入歧途，而且在接受其他形式的结合方面也是虚伪的。主教们对有妻妾的神父提起诉讼，只是为了得到钱，但却容忍了这种罪过，这让他们及教区居民的灵魂都受到了诅咒。既然禁止神父结婚是人类而非神灵创建的规则，不适用于普世教会，那还不如允许神父结婚，因为在独身要求下，他们会引诱他人的妻女，或成为鸡奸者。[38] 罗拉德派也认为，不结婚会使神父变成鸡奸者，也会导致神父引诱平信徒的妻女。[39]《西吉斯蒙德的改革》是针对教会等级制度的一场论战，也是对改革的全面呼吁，教士婚姻只是其中一小部分内容。它强调维持社会秩序是允许教士婚姻的一个原因——这样神父就不会通过与其他男人的女儿结合而破坏他们对家庭的父权控制，也不会通过鸡奸威胁他们，从而破坏他们对自己身体的控制了。与塞涅和其他反对教士独身者一样（但与16世纪的一些改革者不同），这位作者并没有建议神父们不顾教会法律，一意孤行地结婚。这些写作者们建议教会改变规定，并不是说已经与神职人员同居的家庭伴侣就是事实上的妻子了，而是应该把她视为妻子。事实上，《西吉斯蒙德的改革》一书假定神父当时可能加入的结合并非长期伴侣关系。

随着讨论转向独身或婚姻的社会后果而非精神后果，讨论更多地将所涉及的女性视为社会中的人，而不仅仅是"值得思考的人"。但是，300年的经验并不一定会减轻讨论中的厌女情结。女人的肉体或许本质上没有那么污浊，但女人仍然是罪恶而危险的。当然，早期基于仪式纯洁性的论点并没有消失。曾在中世纪晚期的巴黎传教的让·劳林（Jean Raulin）留下了一系列关于婚姻的布道，他认为神父不应该结婚，因为他们为人们主持圣事，应该保持纯洁，因为他们应该全心全意为上帝服务，而不是照顾家庭，还因为家庭责任会导致他们挪用教会的财产。他复述了《圣经》中关于《旧约》中的祭司在圣殿侍奉时禁止发生性关系的经文。[40] 然而，这些评论只是布道中的一小部分，布道的主要内容关乎婚姻（如果得体的话）对社会和社会秩序的价值。

16 世纪宗教改革期间，在德语区和英格兰，以社会秩序为框架的教士婚姻的相关争论仍在继续。[41] 在这两个地方，神父的婚姻无论在结合形式上，还是在性行为和禁欲上，都不是简单的个人选择：它是对教会改革信仰的一种表态。一种"两害相权取其轻"的论点——禁欲是好的，但对于那些无法禁欲的人来说，婚姻要比私通好——与新教的观点非常契合，即所有人都是罪人，不能靠自己的行为得救，只能靠上帝的恩典。改革者普遍认为，贞洁对于那些受召的人来说是件好事，但他们认为对大多数神父都不是。因此，不是要在性行为和岌岌可危的贞操之间做选择，而是要在婚姻和其他形式的性行为之间做选择。正如马丁·路德（Martin Luther）所说，如果一个男人不可能既保持贞洁又不结婚，那么上帝希望他在放弃誓言的同时遵守戒律："让他娶个妻子，守贞的律法对他来说就容易多了。遵守不娶妻的誓言会导致放荡。"[42]

但争论的焦点并不在于把神父们无论如何都可能参与的行为当作婚姻来祝福，让其显得不那么污浊不堪。相反，"放荡是婚姻的替代品"这一论点暗示了两种女性之间的区别：一种是愿意结婚的女人，另一种是愿意以其他形式结合的女人。天主教神父有伴侣，但都是妓女，而改革后的神职人员则娶了体面的女人。英国《圣经》译者威廉·廷代尔（William Tyndale）写道，神职人员的独身规定（以及对妇女布道的限制）表明了教会对女性的憎恶，因为这贬损了他们的人格，神职人员只会与她们中最差劲的人交往："可怜的女人啊，你们是多么鄙视她们！越卑鄙的你们越欢迎。娼妓比忠诚的妻子更受你们欢迎。"[43] 路德在

1520年发表的文章《致德意志民族的基督教贵族书》("To the Christian Nobility of the German Nation")中也暗示,要将这类女性从姘妇重新归类为忠诚的妻子,不仅仅需要承认正式的婚姻。他非常强调意图。当一个虔诚而正直的神父希望与一个女人"按真正的婚姻信仰"生活在一起时,不管教皇怎么说,他们这样做都没什么问题,因为"你们灵魂的幸福比专制、傲慢、亵渎的法律更重要"。[44] 路德认为,在论证这样的结合是真正的婚姻时,如果双方都这么想,任何永久性的结合都可以被视为婚姻,但也有不同类型的女性愿意缔结婚姻和非婚姻关系。从社会角度来看,可能是这样,也可能不是这样。在宗教改革早期,宗教改革后牧师的妻子,可能会面临与中世纪晚期的神职人员的情妇类似的物质上的劣势,甚至可能会遭受更大的指责,但不同的是,许多嫁给新教神职人员的女性都是出于宗教承诺。当然,也有一些已经同居的伴侣借此机会结婚,但并非所有人都是如此。例如,路德就娶了一位修女,并鼓励他的追随者也这样做。

"如果牧师有妻子":卡塔琳娜·舒兹·策尔(Katharina Schütz Zell)

嫁给了牧师的路德派改革者卡塔琳娜·策尔也公开支持教士的婚姻:"如果牧师有妻子,他们就不能像对待妓女那样,用一个换另一个,抛弃一个,再娶一个。"[45] 策尔是斯特拉斯堡(Strasbourg)最早的牧师妻子之一,她对教士婚姻制度的坚决捍卫让我们更清楚地认识到对女性来说什么才是利害攸关的。对她来说,被视为婚姻的结合与不被视为婚姻的结合之间有着明显的区别。

1498 年前后，卡塔琳娜·舒兹生在斯特拉斯堡一个体面的市民家庭，她的父亲是名木工。[46] 她精通德语。1518 年，40 岁的马修·策尔（Matthew Zell）从弗莱堡大学（University of Freiburg）毕业，来到斯特拉斯堡，成为圣洛伦兹（St. Lorenz）教区的牧师。到 1521 年，斯特拉斯堡的印刷厂开始印刷改革小册子，马修在布道时使用了路德的德语福音书。到 1522 年，他开始在讲道坛上对炼狱和代祷提出质疑。卡塔琳娜后来描述了路德的教义是如何在"对上帝恩典的焦虑和担忧"这件事上给了她答案，但她并没有说这些教义是通过马修传给她的。[47] 1522 年末，主教指控马修为异端，并且整个城市陷入分裂。1523 年末，改革者、前多明我会修士马丁·布策（Martin Bucer）带着妻子来到斯特拉斯堡，他的妻子是一位修女，他也鼓励其他神职人员结婚。[48] 马修·策尔在布道时支持另一位牧师，后者宣布他将娶与他同居的女子为妻。我们不了解马修和卡塔琳娜相识的过程，考虑到她的家庭状况，他们在正式结婚前不可能同居。主持婚礼的布策写道，马修·策尔娶了"一位非常热衷传播福音的处女"。[49]

1524 年，马修和其他五位已婚牧师被逐出教会，但这座城市为他们辩护。卡塔琳娜也在一篇文章中为他们辩护，市政委员会要求马修阻止她发表这篇文章。然而，她的小册子还是在 1524 年 9 月出版了。她还出版了许多其他作品，其中包括针对女性的作品。她与马修合作开展牧灵工作，并就神学和其他问题与路德和其他改革者通信。她和马修还在德国境内旅行。他们的第一个孩子出生于 1525 年至 1527 年之间，于 1527 年 2 月夭折，第二个孩子出生于 16 世纪 20 年代末或 30 年代初，于 1532 年末或 1533 年初夭折。马修于 1548 年去世，卡塔琳娜在他的葬礼上发表了讲话。她继续与人通信和讲道，直到 1562 年去世。

卡塔琳娜·舒兹·策尔与这些描述中出现的大多数其他女性不同，她在历史记录中留下了相当多的足迹。我们能找到许多她自己的作品，同时代的人也写到过她。由于关于她的文章已经太多，我在这里只对她的生活和工作做一个非常基本的概述，不会讨论她对在新教神学、牧师工作、难民关怀以及谁在教会中拥有权威的问题上所做出的巨大贡献。确切地说，这里的重点是卡塔琳娜·策尔捍卫自己婚姻和一般神职人员婚姻的方式。

卡塔琳娜·策尔把她于1524年出版的作品《为马修·策尔先生辩护》（*Apologia for Master Matthew Zell*）作为对她的丈夫辩护，同时也是对整个教士婚姻原则的辩护。[50] 尽管与牧师发生性关系的女性，即便声称已与牧师结婚，也会被视为不道德的，但她并没有像她丈夫那样直接违反教会法或誓言，因此她希望"现在和长期以来一直被巨大谎言恶意中伤"的丈夫辩护。[51] 她声称，自己是在丈夫不知情或者说未经其同意的情况下写作的，因此可以免除对他是异端的指控，但她也为自己洗脱了不服从的指控，声称如果这些谎言是针对他自己以外的任何人，他也会提出质疑的。但她也提到了关于她自己的"无比恶毒的谎言"。[52] 她说自己"推动确立了牧师婚姻"："在上帝的帮助下，我也是斯特拉斯堡第一个为它开辟道路的女人，当时我还不想嫁给任何男人。但当我看到巨大的恐惧、愤怒的反抗和遍地的淫乱时，我自己也嫁给了一个男人，这样我就可以付出真心，为所有基督徒开辟一条道路，我希望这件事已经发生了。"[53] 事实上，卡塔琳娜并不是斯特拉斯堡第一个嫁给牧师的女人。有人认为她指的是他们的订婚，而不是他们的婚礼，因为他们的订婚早于马修写到的另一桩婚姻，但也有可能她的意思是，她是第一个以新的结合方式缔结婚姻的人，而不是嫁给一个之前与她生活在一起的男人。[54]

她还解释说，她嫁给马修是为了他的灵魂："考虑到他和其他人的生活，我敢凭借上帝的恩典和力量，试图赢得他和其他人的灵魂。"马修在婚前显然不是一个德行高尚的典范："我不想回答在我成为他妻子之前他是如何持家的这个问题。他当时的行为如教皇和主教所愿：那些上帝指示的婚姻，他们禁止；那些上帝禁止的娼妓，他们却允许。"[55]她声称自己嫁给他不仅是在拯救他的灵魂，也是在拯救其他人的灵魂，由此暗示神职人员要起到表率作用。她解释说，既然她已经嫁给了他，就有责任为他辩护，因此她否认了关于他殴打她、企图与他们的女仆或其他女人发生性关系，以及她离开他回到父母家的传言。当然，她为他辩护，驳斥这些传言，也是在捍卫自己作为已婚妇女的荣誉。讲到马修结婚的动机，她很谦虚："他之所以开始一段这样的婚姻，是因为他非常希望升华上帝的荣誉，以及他自己和所有兄弟的救赎。因为在他身上，我看不出有任何不光彩的地方，也看不出有任何追求淫欲或其他类似的癖好——因为我既没有倾国倾城的美貌，也没有富可敌国的财富，更没什么能让人动心来找我结婚的长处。"[56]

卡塔琳娜提到，她曾给斯特拉斯堡主教写过一封长信，在信中，她"根据神圣的经文教义，将婚姻和淫乱（hůrey）相互比较"。[57]她认为，尽管保罗的书信中允许，但教皇和主教们不愿意允许神职人员结婚，主要有两个原因。"如果某位神职人员有妻子，他的行为就像其他体面正直的公民一样，不需要向主教交税，因为这是上帝白白赐予他们的。如果他们有娼妓，他们就是教皇和主教自己的人（eigenleute，一种封建说法）。想要娼妓的人必须得到他们的允许，并缴纳税款。"[58]并非只有卡塔琳娜一人指责教会贪婪地希望神职人员保持未婚。马修·策尔在1523年出版的支持神职人员结婚的著作《牧师职务》（*Ein Collation*）中也提出了类似的观点。⁵⁹ 卡塔琳娜说，结果是"一个人有五六个娼妓，同时还有七个女人都怀着孕，家里还有一个漂亮的姘妇（*metzen*）"。⁶⁰

本节开头引用了卡塔琳娜·策尔提出的教会反对神职人员结婚的第二个原因：教会不希望把良好的道德品质强加给神职人员。如果神职人员有妻子，他们就必须"体面地生活"，而不是和一个又一个女人厮混。"因为在婚姻中，夫妻双方必须承担彼此的许多痛苦（因此，这些神职人员不希望受到婚姻的约束）。"⁶¹ 这是从社会秩序的角度提出的论点：如果神职人员结婚，他们的行为就会更加检点。在卡塔琳娜看来，婚姻与其他结合的区别似乎在于它的持久性。此外，如果已婚的神职人员犯了罪，他没有任何借口，必须要依法接受惩罚，而不是仅仅声称是因为自己肉体软弱。她还提到了神职人员的未婚伴侣的地位，以及婚姻如何变得更加公平："世俗之人无法忍受［教士婚姻］，因为他们中间竟有这样淫乱的神职人员。他们死后，婚生子女会继承遗产。不然，亲戚们就会拿走遗产，把私生子撵走，即使魔鬼夺走了孩子们的灵魂也不管不顾。"⁶² 如果神职人员结婚了，他们的子女就可以继承他们的财产，而不是任由神职人员的平信徒亲戚夺走他们的财产。在这里，卡塔琳娜对女性本人如何掌控财产或继承权都只字未提，但这再次表明，生育合法继承人被视为婚姻的主要目的。她还写道，那些无法忍受神职人员婚姻的平信徒自己也嫖娼，他们并不希望神职人员洁身自好。

在卡塔琳娜为马修的葬礼所做的布道（至少是印刷出来的内容）中，她仍在对神职人员的婚姻，尤其是她自己的婚姻进行辩护。⁶³ 她提到他们夫妇 24 年前结婚"没有任何邪恶的动机（上帝知道），是为了反对邪恶教皇的谎言和魔鬼制造的禁婚令"，并指出，在婚姻存续期间，"为了主耶稣，我和他受到了许多侮辱，背负了许多骂名"。⁶⁴ 如果她没有尽心尽力地服侍丈夫,那她请求上帝的宽恕,但声称"我知道(马修)爱我,在我提出请求之前,他就欣然原谅了我的一切,并尽其所能地向我展示了友好的基督徒情谊"。[65] "尽其所能"这个短语表明,当她谈到她对丈夫去世的巨大悲痛以及希望与他在幸福中重聚时,也许这段结合并不像她希望人们相信的那样顺利。不过,她确实在1553年写给卡斯帕尔·施文克菲尔德(Caspar Schwenckfeld)的信中写道:"他允许我有空间和时间阅读、聆听、祈祷、学习,并积极从事一切有益的事情,无论早晚,无论白天黑夜。事实上,他为此感到非常高兴——即使这意味着没多少心思或者说忽视照顾他的身体需要和操持家务。"[66]

神职人员的婚姻不仅对他们所娶的女性(如卡塔琳娜)有社会影响,而且对他们的会众也有影响。改革者们认为,与其奸及邻居,不如自己结婚;如果神职人员不结婚,而是与人私通,他们就会用坏榜样把其他人引入歧途。正如廷代尔所写的:"对于普通人,尤其是最弱势的人来说,他们的牧师必须具备一切美德和诚实的品质。"[67] 瑞士改革家胡尔德莱斯·慈运理(Ulrich Zwingli)写道,"如果我们结婚,我们就少得罪基督的小儿"[68](《马太福音》18:6);婚姻不仅可以防止神职人员违反上帝的律法,还可以防止他伤害他人。积极参与路德改革的德国方济会修士约翰·埃伯林(Johann Eberlin)以一位改革前神父的口吻说:"看到我在公开的罪恶中拥有荣誉和财富,也许一些在秘密罪恶中的平信徒就不会那么敬畏上帝了。"[69] 关于榜样的争论当然可以反过来用,因为独身的神职人员应该为教友树立神圣纯洁的好榜样。不过,传统派和改革派都同意,公开有情妇会让教会出丑。问题是如何才能最好地避免这种现象:是根除它,不把它公之于众,还是用婚姻取代它?改革者的一个基本假设是,对于大多数神职人员来说，守贞是不可能的，因此他们只能在婚姻和其他罪恶的长期结合形式或更随意的性行为之间做出选择。

改革者认为，由于守贞对许多人来说都是不可能的，因此有情妇的神职人员不仅是漠视法律的坏榜样，如果这种现象蔓延到平信徒身上，就会导致社会混乱；他们自己也会造成这种混乱。对神职人员在其他男性的控制下占有女性的恐惧渗透到了宗教改革中支持神职人员婚姻的争论中，不过这种恐惧在更早的时候并不鲜见。埃伯林写的一段对话表明一位神父与一位有夫之妇——他仆人的妻子——有染："他在我的谷仓里脱粒，而我却躺在他的床上。"[70] 曾以詹姆斯·索特里（James Sawtry）的笔名写作的英国路德宗信徒乔治·乔伊（George Joye）写道，牧师"勾搭别人的妻子，和她们有了孩子，还让这些女人和孩子坐在别人的火炉旁，就像他们自己靠别人的劳动生活一样，从而让别人以丈夫和父亲的名义为他们的姘妇和孩子打掩护"。[71] 正如廷代尔所写的那样，平信徒对"妻女和仆人"[72]的掌控受到了威胁，对他来说，这比妻子或牧师的道德地位更为重要。问题的关键不在于拯救教士本人或他应为之树立榜样的基督徒群体，使其免于更大的罪恶，而在于保护平信徒免受神职人员所做选择的实际后果的影响。把神职人员刻画为可能给其他男人戴绿帽子者的形象对改革者来说并不新鲜——这是中世纪常见的话题——但将其用作反对神职人员独身的论据，而不仅仅是对神职人员的讽刺，却是一种新的做法。

最后，改革者们认为，婚姻对于牧师和平信徒来说都是积极的好事。牧师需要妻子不仅仅是因为他有性需求，还因为他需要有人来操持家务；神父的伴侣已经在没有结婚的情况下这样做了几个世纪了，但却没有人提及这一点。生儿育女也是婚姻的一个积极方面，神职人员不应被剥夺这种权利。路德在《论婚姻财产》("On the Estate of Marriage")中写道，恪守誓言的修士和修女不配抱着受洗的孩子轻摇或喂养他们，哪怕是妓女的孩子。[73] 婚姻也能让牧师领会他所需要的耐心和领导力。乔治·乔伊在16世纪20年代末到30年代初写到婚姻的好处时引用保罗的话说："管理自己的家是通向更大责任的开始。他要在那里练习……学会用谨慎和爱来纠正，现在是粗暴而尖锐，其后是仁慈而柔和，这一切都要适时适度，让他们服从、敬畏和学习。"[74]

即便是宗教改革时代神职人员独身的辩护者，与11世纪、12世纪支持独身的改革者相比，他们的论点也更多地考虑到了周围的社会。问题仍然是围绕神职人员与平信徒的区分的，但重点不再是牧师在圣事中的角色。确切地说，区分是必要的，因为它是合乎体统的社会秩序的基础。不比平信徒优秀的神职人员无法在道德等级中占据适当的位置。此外，如果一些牧师结婚，就会造成分裂，导致平信徒不信任那些没有结婚的人。[75]

现代早期为神职人员独身辩护的人与中世纪为其辩护的人一样，将与改革后的神职人员缔结推定婚姻①的妇女称为姘妇。海伦·帕里什（Helen Parish）认为，从本质上讲，天主教作家将宗教改革前有关姘居神父的论战运用到了已婚神父和他们的伴侣身上。[76] 但在语言使用上与中世纪中期有了微妙的不同。他们在娼妇（包括姘妇）与平信徒的妻子间进行了明显的区分，而不是笼统地将女性视为对神职人员的威胁。例如，托马斯·莫尔（Thomas More）回避了"性行为总体上是有罪的"

---

① 推定婚姻（putative marriage），一种法律上承认的婚姻形式，尽管可能存在某些无效因素，但双方当事人都认为自己是合法夫妻。

这一观点，他认为"教会知道并承认，婚姻与神职并不相悖，两者的性质是相容的"[77]，只是教会法律要求神父宣誓。因此，神父的妻子是姘妇，并不是因为所有的肉欲都是有罪的，而是因为违背誓言会玷污神父。事实上，一位德国主教认为，神父结婚比私通更糟糕，因为私通并不违背誓言："神父因软弱而与一个可怜的妓女犯罪，总比他违反誓言和教会习俗娶妻要好。"[78]

在当时，与平信徒结婚的良家妇女和与神父有某种关系（无论是否被称为婚姻）的堕落女人是有区别的。英国天主教作家托马斯·哈丁（Thomas Harding）在1567年的一篇短文中写道："因此，鉴于修士、托钵会士和神父不能真正称他们的女人为妻子，因为她们实际上不是妻子，而是姘妇；他们明智地……给如此肮脏的东西冠以姐妹或配偶的清白之名，鉴于这样的婚姻本身就是虚无的，甚至是可憎的亵渎，因此他们自己理应被称为亵渎神明的奸夫，他们的女人理应被称为亵渎神明的娼妇；然而，在一个让人尊敬的名号的诱惑下，女人可能会满足于与他们捆绑在一起，如果按她们的真名称呼她们，她们绝不会受到引诱，在如此堂而皇之、让人憎恶的行为中被人利用。"[79]婚姻本身是种荣耀，而不仅仅是一种两害相权取其轻的选择。并不是（像中世纪中期那样）女性对神职人员构成了危险的诱惑，反倒是神职人员对女性来说是危险的，因为他们让女性把那些并不是婚姻的结合当成了婚姻。

为独身主义辩护的人还采用了神父在维护社会秩序方面树立好榜样的论点——这并不是说神父应该成为人人向往的守贞典范，而是一种为坚持规则的重要性所进行的辩护。杰罗姆·埃姆瑟（Jerome Emser）在1521年对路德的回应中写道，允许神父结婚会让其他人也逃避自己的义务。如果因为人性的弱点而允许神父结婚，那么难道不应该允许妻子欺骗丈夫，不应该允许年轻人从父亲那里偷钱给妓女吗？[80] 天主教改革者还认为，容许神职人员非婚结合为"可怜的平信徒"树立了一个坏榜样，他们认为自己的通奸行为也可以轻而易举地得到赦免，出于这个原因，有必要制定更高的标准，而且姘居也会使教会更容易受到新教改革者的指责。[81]

当然，支持或反对独身都有神学上的理由。如果不相信圣餐变体论①，主持圣餐礼需要纯洁的论点就失去了一些说服力；同理，根据路德的"信徒皆祭司"，牧师需要比其他人更纯洁或受到不同律法约束的观点就没那么有意义了。[82] 但是，如果说对神职人员独身态度的转变是由神学变革所驱动的，那就掩盖了确实存在的社会背景和性别影响。罗伯特·巴恩斯（Robert Barnes）认为，接触女性肉体不洁并不适用于妻子："教皇认为，牧师用他的圣手触摸女人的身体，并用同样的手祝圣，是肮脏而不体面的……这是何等可恶的虚伪的圣洁？就因为牧师在上帝的圣礼中亲自动手，就认为他是不纯洁、不干净的吗？……为什么你的手不会因为沾染姘妇的肉体而被玷污呢？姘妇的肉体就那么干净吗？牧师能接触吗？难道诚实良善的女人的肉体如此不洁，以至于牧师因为碰过这些肉体就必须要被烧死吗？"[83] 巴恩斯虽然是路德宗信徒，但他在这段话中没有否认圣餐变体论，而是否认了独身与圣体的相关性。有丈夫的良家妇女并不是不洁之源。

就性别体系而言，11 世纪、12 世纪对一切性活跃女性的排斥，是教会从女性扮演重要角色的伟大王朝手中夺取政治权力——当然还有财

---

① 圣餐变体论（transubstantiatior），指圣餐中的面饼和葡萄酒经祝圣后变成了基督的体血，只留下饼、酒的外形。

产控制权——尝试的一部分。因此，这当然会引起激烈的争论，如果说我们怀疑彼得·达米安的观点只是教会特有的，那就很难说是整个社会都这样认为。不过，我们可以说，中世纪盛期的改革者代表了一种趋势的一部分，这种趋势更多的是在中世纪修道院和大学这个充满男性气息的空间里发展起来的：用消极的方式来看待女性，认为她们代表所有肉体的罪恶。正如卡罗琳·拜纳姆（Caroline Bynum）等人所指出的，这种将女性等同于肉体的负面论述并不具有普遍性，也存在一种与此对立的重要论述，即将女性作为肉体的正面象征，但这并不意味着消极看法不存在。[84]

在宗教改革时期，婚姻更多地成为一种政治象征——是否结婚表明了一个人在各种教会和神学问题上的立场。这一点在英格兰尤为突出，尽管德国的改革者也写了大量关于教士婚姻的文章，但与欧洲大陆相比，英格兰改革者中结婚的比例更高。宗教改革的基本论点是削弱神职人员在圣事和调解方面的作用，这意味着他们与平信徒的区别不像天主教中那么明显。关于婚姻的争论也很大程度上是从《圣经》注释的角度展开的。[85]

尽管有这些条条框框，但与中世纪中期相比，16世纪的总体趋势是将婚姻视为有序社会的一部分，而不再更多地将其视为对罪恶的让步（对俗人来说可以容忍，但对神职人员来说不可接受）。甚至在新教徒宣布婚姻不是圣事之前，中世纪晚期的婚姻就已经更多地成为一种虔诚和规范生活的手段，而不是耶稣与教会或上帝与灵魂结合的象征了。[86] 在中世纪后期发展起来的关于自然的观念，致使人们强调性活动和生殖是上帝有序创造的一部分。婚姻可能与永恒的童贞一样是一种伟大的善，这种观念并没有随着宗教改革而突然转变，而是在15世纪被融入了新的对家庭的强调中。[87]

更积极的婚姻观并不一定意味着对女性更积极的态度，不管这意味着什么，都不意味着对一般的性伴侣关系采取更积极的态度。天主教教徒和新教教徒都把女性分为妻子和娼妇两类，并一致认为与天主教神父同居的女性属于后者。被视为一种潜在的不守规矩的力量，要通过服从丈夫来加以控制，这也没比被视为肉体的诱惑好多少。在两种性别体系中，女性都是危险的：在中世纪盛期，她们会危及灵魂；而在宗教改革时期，她们会危及社会。关于教士独身的争论也随之被刷新。但是，对神职人员婚姻的攻击和辩护的变化不仅是由于人们对婚姻的态度发生了更广泛的变化，也是由于几个世纪以来人们在神职人员的未婚伴侣这件事上有了经验。对这些女性受到的斥责进行考察，能够帮助我们了解独身精英是如何故意将自己的过失归咎于女性的。

贴标签：神父的娼妇

现在，我们将目光转向上述两个改革时代之间的时期，看看12—15世纪的教会文献和其他文献中对神父的伴侣使用了怎样的措辞。当然，在如此局限的篇幅内，我们不可能对这些文献的发展进行全面的叙述，因此我们将考察一些总体的趋势。制度化教会对神父家庭中这类女性的存在展开了持续的口水战。[88] 有时，这些女性被视同妓女或其他水性杨花的女人；在其他时候，对她们的称呼则暗示了家庭关系，但不包含什么情感。[89] 中世纪拉丁语中的"*Focaria*"通常指与雇主有性关系的女管家。[90] 这个词有时被翻译为"炉伴"，似乎既符合现代人的要求，也满足了中世纪人的需要，因为它比"伴侣"更明确地表示了长期的家庭关系。然而，它也带有服务的含义:"炉灶"的元素源于女人要负责做饭。另一种委婉的说法是"pediseca",原意是"仆人"或"侍女",也用于特定地区。[91] 这些表示服务的术语后来都有了性伴侣的意思,这表明人们预设,女仆,尤其是那些为没有妻子的男性工作的女仆,会与雇主发生性关系(不仅仅是在教士家庭中)。不过,12—15 世纪使用最广泛的术语是"姘妇"(concubina),其次是"娼妇"(meretrix),后者在非法律文本中尤为常见。"娼妇"或它在方言中的对应词的使用,指的并不一定是妓女,不过其中隐含着贪欲的意味。任何有婚外性行为的女性都可被视同妓女,这样混为一谈成了控制女性的一种手段。[92] 这种联系并不局限于特定的地区或时期。

这所有的术语只适用于关系中的女性伴侣。与这样的女人有染的神父会被称为"姘夫"(concubinarius);1435 年,巴塞尔会议曾使用过这个词,当时它裁定,这些神父将失去三个月的收入,并最终失去他们所有的圣俸。[93] 不过,这个词并没有它的女性对应词那么常见。在宗教改革时期,"嫖客"(Whoremonger)成为英语中对有伴侣的牧师的一种常见的辱骂,但这并不是任何特定拉丁语词汇的翻译。炉伴的男性对应词"focarius"和"pedisecus"分别指"厨房小工"和"男仆"或"男侍从",而不是男女关系中的男性伴侣。与女人有染的牧师被称作"有罪的牧师"或"通奸者",但并没有像女人那样被贴上侮辱性的标签。

制度化教会针对神父的娼妇的论战并非没有回应。在 1215 年第四次拉特兰公会议后不久创作的一系列英文诗歌中,许多神父表达了他们在禁欲上的无能为力以及这对邻居的妻女造成的风险。在这些诗歌中,神父们把他们希望继续与之保持关系的女性称为"女人"(foemina)、"妻子"(uxor)、"女仆"(ancillula 或 famula)、"娼妇"(meretrix 或 scorta)、"厨师"（coqua）或"姘妇"（concubina）。有一首诗问道："如果造物主希望神父们不再是女人的情人，那么他在十字架上为谁而死呢？"它的结论是，三个等级各有各的职责，"乡下人应该工作，骑士应该战斗，神父应该爱"（标准的划分是工作的人、战斗的人和祈祷的人）。教士每人应有两个姘妇，修士和咏礼司铎应有三个姘妇，执事和主教应有四个或五个姘妇："这样我们就能履行神圣的律法了。"[94] 这些诗歌意在讽刺，但它们使用的术语变化表明，教士婚姻、姘居和更随意的结合之间的界限并不明显。

我们很难知道通常的说法中用了哪些词。[95] 要了解普罗大众会听到什么（即使不知道他们会说什么），一个办法就是看看布道故事中是如何描述神父的伴侣的。这些劝喻故事（exempla）是一种跨越国界的体裁。从13世纪到15世纪，这些故事集一直在流传，起初用的是拉丁文，后来用方言，先是由托钵修会传播，后以教区神父使用的形式传播。这些故事揭示了教会在与神父伴侣的斗争中节节败退。当一处文本提到神父与人有染时，我们不能想当然地认为这个女人实际上是一位妻子。描述中神父并不总是与她同居的。但是，遣词造句没有细致区别这一事实是很重要的：任何与神父有关系的女人都会被归为同一类人，无论这种结合是否是长期的家庭伴侣关系。劝喻故事谴责这些妇女既是因为她们贪图教会的财物，也是因为她们充满淫欲，对她们的谴责超过了对神父本人的谴责。有时，这些故事是警示性的，重点不在于罪过，而在于其对伴侣双方或仅对女性（更少见的是仅对男性）造成的后果。

13世纪，英格兰多明我会的一本文集中收录了许多这样的故事：一个姘妇突然死去，因为她生了三个孩子，她的灵魂就要被魔鬼带走，只有其他的姘妇才能抬起她的尸体，魔鬼把她从棺材里拖了出来。在其中一些故事中，牧师也面临危险，他的房子被大火烧毁，或者他自己突然死亡，或者死在他的伴侣（fornicaria）怀里。⁹⁶ 另一个故事集讲述了一个神父的姘妇被雷劈死的故事。这个女人在室外，因为神父当时正在前往教会法庭宣誓，说自己没有在家里养女人，本要用模棱两可的誓言让她免遭厄运，却适得其反。⁹⁷13 世纪末在英格兰编纂的《俗人之镜》（Speculum Laicorum）在 14 世纪、15 世纪非常流行（有 18 份手稿存世），其中也有一些类似的故事，讲的是牧师的姘妇被以各种面目伪装的恶魔带走。有些不同寻常的是，其中一个故事的主角是这种结合中的儿子——一个铁匠，有人要求他给一头骡子钉蹄铁，而这头骡子竟然是他的母亲，还有一个"神父的情人"（sacerdotis fornicaria）当时被恶魔附身了。⁹⁸

12 世纪末、13 世纪初的法国布道作家雅克·德·维特里（Jacques de Vitry）对神父的伴侣的态度可能没有其他这些作品集的匿名编纂者那么苛刻。他讲述了许多教士（不一定是神父）和他所谓的姘妇的故事，并将责任归咎于双方。一个神父带着他的姘妇旅行，住在一个良家妇女家里，她坚持让他们俩都睡在茅房里。把这种事与污秽联系起来让人想到了彼得·达米安，但污秽的不仅是那个女人。在雅克的另一个故事中，有个神父被告知只能在他的姘妇和教区间二选一，他选择留下姘妇，并称她为妻子，但她后来离开了他。这个故事展现了她的卑鄙无耻，但同时也将责任归咎于神父的目光短浅和好色："那些把更多心思用来装饰姘妇的尸体而非耶稣圣坛的人有灾祸了。娼妓的袍子比圣坛的台布更华美，姘妇的亵衣比神父的白袍更金贵。他们在姘妇的衣饰上花费甚多，以至于穷人遭受委屈，衣衫褴褛。"⁹⁹ 英格兰方济各会的一本文集也更多地聚焦于对神父的警告，而非他们伴侣的罪恶。其中讲述了这样一个故事：一位教士承诺有一天会打发走他的姘妇；在这一天到来之前，他因没有放下罪孽而被食物噎住，"在地狱之火中接受了审判"。¹⁰⁰

与雅克·德·维特里相比，13世纪法国多明我会修士艾蒂安·德·波旁（Étienne de Bourbon）对神父的伴侣的看法更为尖刻。在雅克的一则故事中，一个男人对一个妓女说，他必须离开她，因为他在她身上花光了所有的钱，只剩下斗篷了。听了这话，她哭了起来。他试图安慰她，以为她是因为想到要失去他而哭泣，但她告诉他，她哭是因为他没让她把那件斗篷也拿走。雅克没有说这个人是神父，但艾蒂安和其他几个版本都说他是神父或大学学者。[101] 除了斗篷的故事，艾蒂安还讲了另一个故事，这个故事在其他地方也被用来说明女人普遍具有虚荣心，但他把它专门用在了牧师的伴侣身上。一位神父有两名伴侣，一名年轻，一名年老。年轻的伴侣为了让他显得年轻，在给他抓虱子时拔掉了他的白发，而年老的伴侣则拔掉了他的黑发，直到他秃顶。艾蒂安还补充了一个其他地方没有出现过的细节，即这个男人在得到年轻女人（被称为"炉伴"）之后，仍然留下了他的老情妇（为他生儿育女的那个姘妇），"留那个是因为爱孩子，留这个是出于爱淫欲"。这两个词都暗示了家庭状况，但两个女人都没有把她们男人的幸福放在心上。艾蒂安接着详细阐述了这些破坏上帝殿堂的"女祭司"（sacerdotissae）造成的危害。[102]

15世纪的英格兰多明我会修士布罗姆亚德的约翰（John of Bromyard）为传教士写了一本体量庞杂的综合性作品（Summa），仍延续了指责女人的论调。他认为，作为一种情欲，亵渎的罪过在于它违背了伴随圣职而来的誓言。[103] 这表明，应该指责的是接受命令的一方，而不是另外一方。但他指出，"违背这些誓言的危险不仅会影响他们自己，更会影响与他们一起犯罪的女人"，正如他用我们已经看到的例子所证明的那样。一个神父的情人（amasia）死了，她的尸体因为不洁之灵的重压而无法抬起；另一个人的尸体被恶魔锁住，恶魔给它套上缰绳，骑着它去了地狱。

布罗姆亚德强调了姘妇造成的污染以及对她们的惩罚。一个死灵法师①召唤出几个恶魔，这些恶魔无法驱除附在一个男人身上的魔鬼②，但当把这个男人放在一个神父的姘妇洗过澡的浴缸里时，魔鬼立刻逃走了。[104]《故事入门》("Alphabet of Tales")可能是由列日的阿努尔（Arnoul of Liège）撰写的文本的英文版，其中讲述了几个神父的故事：他们有情人（lemman）或短暂的性关系，却发现自己的圣餐被夺走了——有一个案例中，一只鸽子俯冲下来，从他手中夺走了圣餐。彼得·达米安阐述的观点，即摸过娼妇的手不应碰圣餐，在这里生动地通过象征手法表现出来："认识他的聪明人认为是天使从他手中夺走了圣餐，把它带回了天堂，免得他这个好色的神父因接受圣物而遭殃。"一位已婚神父拒绝碰他的妻子，甚至在临终时也不让妻子碰他，这也被作为正面的例子。[105]最后一个故事告诉我们，已婚男子只要抛弃妻子，就有可能成为神父——这在神学上是可以接受的，但并没有引起太多的讨论。

在14世纪中期的一份德国手稿中，多明我会的劝喻故事集包含了另一个关于仪式纯洁性的故事。一位教区神父"将姘妇视为合法的妻子"。当他得病时，他认为这是上帝对他的惩罚，于是送走了姘妇，病也痊愈了。然而，他后来变得一贫如洗，魔鬼暗示他，这是因为他送走了那个善于打理家务的女人（这表明"合法的妻子"的意思是她要操持他的家事）。他把她接了回来，并重新变得富裕起来。得病、驱逐、贫穷、重新接纳、富裕，这一连串的事情再次重演。后来有一天，他看到了恶魔来折磨他的异象。他的罪"像鸡奸者的罪一样被上天所知"。魔

---

① 死灵法师（necromancer），源于古欧洲的一种神秘巫师，通常为男性，能够召唤并奴役死者的灵魂，使之成为不死生物，经常出现在奇幻作品中。
② 魔鬼（devil）通常是受恶魔（demon）驱使、为其做事的。

鬼主要抱怨的一点是这名神父未能领导和保护他的会众："你堕落的生活让很多人蒙羞，也害死了很多人。"由于他的疏忽，没有接受过洗礼的孩子们受到了诅咒。然而，当神父试图穿上法衣、拿着圣物为自己辩护时，魔鬼使用了不洁的措辞："你把它穿戴在那已被娼妇的拥抱污染的脖子上不会感到羞耻吗？"这位神父通过加入熙笃会来救赎自己，彻底告别了污浊的世俗生活。这个故事可能更多是给神职人员而不是给平信徒看的。然而，从一个几乎是妻子的女人到复数的"娼妇"，其间的堕落令人震惊。[106] 神父在成为修士之前，与可以拥有合法妻子的平信徒并无太大区别；但因为他是神父，她就自动成了娼妇。

神父的伴侣之所以受到谴责，部分是因为中世纪普遍强调女性是诱惑男性的人。神父当然也难辞其咎，但大量的说教文学怂恿男人避开诱惑他们的女人，把男人的罪过归咎于任何试图表现出吸引力的女人。这些故事影响了人们对神父伴侣的看法。[107]《塔楼骑士之书》(*Book of the Knight of the Tower*)据说是一位法国骑士为给女儿们提建议而写的，书中甚至说，与神父（或已婚男人、修士、仆人或一无是处的男人）发生关系的女人比妓女还糟糕："她们比妓院里的普通女人更像妓女。因为许多妓院里的女人只是因为贫穷，或者因为被娼妓和恶妇的坏建议欺骗，才犯下了罪孽。但所有淑女和其他有足够生活费的人，不管是靠自己还是靠服侍他人或其他方式挣钱，如果她们爱上了这种男人，那一定是因为她们的肉欲和内心的邪恶让她们过得太安逸了。"[108] 英国的告解神父手册《神父镜鉴》(*Speculum Sacerdotale*)也将责任归咎于女性，规定如果神父私通或通奸是"偶然发生的，或由女人操纵的，而不是出于他自己的目的或考虑的"，那么他要忏悔的罪就没有那么严重了。[109]

14世纪英国作家布伦内的罗伯特（Robert of Brunne）所著的《应

对罪恶》(*Handlyng Synne*)一书及其所依据的法文版本表明，个人作者是如何将重点从神父的伴侣巧妙地转移到神父本人身上的；重点的变化很可能取决于个人而非地区或时段，但没有一篇文章对神父的指责多于对其伴侣的指责，尽管人们可能会认为，神父作为权威人士，应承担更多责任。法国的《罪之指南》(*Manuel des Pechiez*)中说："每个女人都必须想到，当神父想要亲吻她时，他的嘴是上帝的圣物。"布伦内的罗伯特的版本并没有把责任完全推到女人身上：神父应该是"贞洁、干净的……在圣教会自己的随从中地位崇高"，不应该与女人打交道。女人不应亲吻他们的嘴，因为这是为上帝服务的圣物，但女人并不是唯一的参与者："神父不可让女人触碰，因为触碰污秽之物，男人罪孽深重。"[110] 这两段文字都提到了"女祭司"或"神父的妻子"。法国人称她们是"扰乱圣礼尊严的女魔"，而英国人则更详细地解释道：难以置信，她们不跟其他男人在一起，反而跟神父在一起，这可是更大的罪过。文中甚至暗示，如果由有情妇的神父主持圣礼，包括为死者举行的弥撒圣餐，那么圣礼就无效了："因此，现在的一切/将来的一切，以及现在已经消失的/都会诅咒那个迷失的女人/诅咒她出生的时间。"[111] 尽管圣礼因神父的罪过而无效的观点并非正统神学，但《应对罪恶》却将此作为另一个指责神父的伴侣的理由。然而，正如我们将要看到的，实际上，至少在中世纪后期，神父的伴侣似乎并没有受到那么恶劣的对待，传教士的抨击并没有达到预期的效果。

神父的孩子们

有生育能力的结合比其他结合更有可能出现在资料中。孩子的出生是性关系存在的明证,当一个或多个孩子的父亲被确认时,这种结合往往不是随意而短暂的。孩子的出生也有可能带来继承问题,这种结合或许由此被纳入法律的管辖范围,其他情况则不会出现这个问题。[112]

从理论上讲,神父的儿子和中世纪中期以后的所有私生子一样,都不能担任圣职。[113] 然而,教义文本和实践文件都表明,情况并非总是如此。《应对罪恶》中讲过一个和人姘居的神父的故事——他把这个女人"当作妻子"养了一辈子。当他先她而去时,她的孩子们"思绪万千/他们是如何在罪恶中诞生/他们的母亲又是如何/一生都生活在弥天大罪中"。他们要求她忏悔,但她拒绝了,她说她有三个儿子,都是神父,他们会为她祈祷。她请求他们为她的身体祈祷三天,她就会得救,"尽管我过着罪恶的生活/还被称为神父的妻子"。然而,恶魔扰乱了她的孩子们的守夜祈祷,带走了她的身体。无论她的孩子们如何为救赎她而祈祷,她还是受到了诅咒。[114] 这个女人的神学观是有问题的——虔诚的祈祷对一个身处地狱的人毫无益处,除非她忏悔,否则她不可能进入炼狱①。

尽管她的三个私生子都继承了父亲的教职,这看似具有讽刺意味,却与许多家庭的实际情况相差无几。在中世纪,儿子继承父亲的手艺或职业很常见,神职人员也不例外。早在中世纪早期,就有禁止神父之子担任神职的规定,1139年神职人员婚姻失效后,制定了更加严格的规定。既然神父不能有婚生子女,那么神父的儿子就会被像其他私生子一样对待。实际上,劳拉·韦特海默(Laura Wertheimer)认为,禁

---

① 炼狱(purgatory),在但丁的《神曲》中,炼狱中关押的是生前有罪但在死前已深深悔悟的灵魂。

止非婚生子女成为神职人员是特别针对神职人员自己的儿子的。[115] 然而，对于任何因不合法（或其他原因）而被禁止担任神职的人，都有可能得到教皇的赦免。路德维希·施穆格（Ludwig Schmugge）发现，在 1449 年至 1533 年期间，共签发了 37 916 份非婚生子女的赦免书，其中 56% 的人的父亲在宗教团体中身居高位（有 19 558 名神父或主教，其余为修士、执事或副执事、咏礼司铎，或者军队或托钵修会成员）。[116]

韦特海默认为，禁止私生子接受圣职的规定虽然针对的是神职人员的儿子，但其主要目的并不是通过剥夺神职人员子女的机会来抑制他们的性行为。她可能错了，世故的中世纪高级神职人员不可能有如此天真的意图：当然，养个儿子继承家业远非神职人员与女性建立长期关系的唯一原因，但在中世纪社会，父亲身份是男性威望的有力标志，废除其特权可能会有效果。不过，她也有力地证明了神职人员子女的象征意义。尤其是当他们自己在会众面前担任神父时，他们就成了神职人员参与违反其"崇拜纯洁性"活动的具体表现。[117] 凯瑟琳·塔格利亚 (Kathryn Taglia) 探讨了法国中世纪中期的宗教会议立法，同样认为神父的子女具有污染教会的象征意义。然而，证据似乎指向的是难堪而非污染：与其说这些孩子不合时宜，"破坏了文化体系的完整性，因为他们是反常的"，[118] 不如说他们成了一种公开的提醒，表明教会没有遵守自己的规则。神父的模范作用被不洁的证据打破了，但比起对不洁的不满，教会似乎对证据本身更不满。赦免成为惯例这一事实表明，到了中世纪晚期，这类神父的孩子实际上没那么反常了，只是处理的方式必须淡化神父的违规行为，强调教会等级制度的权威。当然，如果教皇可以破例允许神职人员的儿子接受圣职，那么世俗社会的庇护人也可以。韦特海默发现，英国的世俗庇护人往往乐于让神父的儿子获得圣职，当私生子神父遭到拒绝时，往往是因为庇护上的问题，而不是因为他们不合法。[119]

神父的儿子不仅让人们想到神父曾与一名女性发生过关系：他们还提醒人们神父曾经与一名女性结合过，而且这种结合已经确凿到足以使父子关系显而易见的程度。换句话说，得到承认的神父的儿子不可能是妓女的儿子。当然，私生子的父母究竟是什么关系——长期的家庭伴侣还是偶然的邂逅——并不总能讲得清楚。父亲本人或法庭需要得到一个准话，说明他是唯一潜在的或最有可能的父亲，但这并不意味着这种关系需要持续下去。然而，在施穆格经手的3 071个赦免案例中，一个家庭中不止一个兄弟姐妹寻求赦免。（其中73%的孩子父亲是教士；70%的孩子父亲在西班牙或德语区）。[120] 这些孩子一定是长期结合所生的，而这些案例只是冰山一角。肯定还有许多家庭只有一个孩子或没有人希望成为神父。

传道者们对神职人员的姘妇的抨击主要集中在她们的贪得无厌上，她们为自己谋取教会的财产。这种观点背后的现实内核是，这些女性需要经济支持，这主要是为了她们的孩子。尽管神父和其他非婚生子女的父亲一样，可能会自愿或非自愿地支付一定的子女抚养费，但她们在法律上几乎没有权利获得这种抚养费。[121] 不过，如果这对夫妇以伴侣的身份共同生活了一段时间，即使女人在其伴侣去世后并没有合法地获得寡妇应得的1/3的遗产，但实践中的一些例子表明，她的地位可能已经得到了承认，甚至得到了法律的承认。正是因为后代的身份和继承权得到了承认，我们才有可能在世俗的法律记录中看到情妇的身影。中世纪晚期的咨询意见书合集（参见第2章中的这类史料）中的一个故事让我们了解到法学家是如何看待这些结合的，以及他们是如何协调从罗马法中继承下来的规则与基督教影响下迥然相异的性别体系的变化情况的。这也让我们了解到神父的伴侣通常所处的困境。

"她可能不再是姘妇了"：安东尼娅

安东尼娅（Antonia，像许多其他中世纪女性一样，我们只知道她的名字）找到了一位聪明的律师为她撑腰，从她的家庭伴侣——一位神父那里继承财产，尽管这违反了普通法的规定。法国法学家居伊·帕普（Gui Pape 或 Guido Papa，约 1402—1487 年）可能是受她委托撰写了一份咨询意见书，其中提出并回答了一个问题，证明了法律理论是如何根据具体情况进行延伸。我们不知道这个案件是在哪个地区审理的，但应该是在民事法庭而不是教会法庭上审理的。安东尼娅在这个案件中为自己争取到了利益，尽管她有点绕过了法律，而居伊似乎最关心的是如何让事情进展顺利，而不是严格遵守法律条文。要么是他以中立者的身份接受了咨询，出于公平而非严格的法律推论而站在她这一边；要么就是有人对她的处境抱有足够的同情，委托他发表对她有利的意见。

> 神父约翰·康贝利乌斯（John Comberius）师[①]给他的婢女兼姘妇安东尼娅留下了 100 弗罗林和许多其他遗产。他给前述的安东尼娅的儿子休（Hugh）留下了衣食，可一直供他到 25 岁。前述约翰·康贝利乌斯师的兄弟和继承人休·康贝利乌斯[②]大人声称，前述安东尼娅是前述遗嘱人的情妇，因此留给她的遗产无效。此外，

---

① 师（Dom.），对本笃会、加尔都西会和熙笃会的隐修修士的尊称。
② 这位休显然和前面所说的安东尼娅的儿子休是两个人，请不要混淆。

在前述安东尼娅的儿子这一点上,前述继承人声称此子是前述遗嘱人约翰师的私生子。对此,该继承人又说道,即使前述安东尼娅是遗嘱人约翰师的姘妇,但在他死前三年,他还是前述情妇安东尼娅孩子的教父(compater),因为他在圣池边抱过安东尼娅的儿子休。现在的问题是,留给前述安东尼娅和她儿子的遗产是否有效,是否应该生效。[122]

在民法和教会法中,如第 2 章所述,私生子女分为两种:亲生的和私生的。私生的子女,即父母没有可能结婚的子女,不能获得合法身份,因此根本没有可能继承父亲的遗产。[123] 在实践中,许多神职人员和其他私生子女的父亲确实会将遗产或生前之物留给子女;但如果其继承人对遗赠提出质疑,事情可能会变得复杂。情妇安东尼娅的儿子休·康贝利乌斯(Hugh Comberius)的情况就取决于他是否是一个私生子。从理论上讲,由于他父亲担任教职,他的父母不能结婚,他似乎是个私生子。

对案件事实的陈述称安东尼娅为婢女。居伊·帕普并不清楚这个词的确切含义。他曾在意大利的帕维亚和都灵学习法律,在那里这个词的意思应该是"奴隶"。[124] 然而,他更有可能是在 1430 年至 1487 年住在多菲内(Dauphiné)时写了这篇咨询意见书,在那里,该词更有可能是"仆人"的意思。[125] 从咨询意见中看不出双方当事人的所在地,也没有提及有关法律问题所属的具体司法辖区。根据居伊可能引用的其他一些法学家的观点,安东尼娅的身份应该很重要。正如我们在第 2 章中看到的,如果她是奴隶,那么仅凭这一点,她的儿子就可能被视为私生子。但居伊根本没有讨论安东尼娅的个人身份,而是转向了其他问题。

咨询意见还称安东尼娅为姘妇。虽然正如我们所见,这个词通常用于神父的伴侣,但民事法学家在理论上普遍采纳了罗马人的原意:"姘居准确地说应该是存在于未婚男子和未婚女子之间的行为,因为姘居的名称是法律规定的……法律禁止和惩罚的行为不能称为姘居。"[126] 姘妇所生子女一般被视为"亲生"的,可以获得合法身份。然而,法学家们也在不能结婚的夫妇中使用"姘妇"一词,指的是已婚男子或神父的姘妇,后者虽然在理论上是未婚的,但不能自由结婚。[127] 萨索费拉托的巴托洛在讨论了姘妇的子女是亲生的之后,接着讨论了下层教士的子女是否被视为亲生的。先前的一些作者否认了这一点,理由是这种关系是非法的;另一些作者则认为,根据教会法,神职人员和人姘居是一种犯罪,但根据民法则不是,因此此子女是亲生的。巴托洛赞同孩子是亲生的,如果教士不从教区领取收入,后来娶了姘妇,孩子就有了合法身份。[128] 不过,这要求在怀上孩子时就是可以结婚的,因此只适用于下层教士。神父(或任何其他高层的神职人员)永远不能结婚,因此他们永远不能通过后来的婚姻让他的孩子获得合法身份。

在这种情况下,康贝利乌斯娶安东尼娅并不是为了让自己的儿子合法化或出于其他原因,他也没有试图通过遗嘱让他获得合法身份或成为继承人;他只是给他留了一笔遗产,这对亲生的儿子来说是允许的。然而,奇怪的是,居伊在讨论中从未考虑过休是否应被视为亲生的儿子,也未提及巴托洛的讨论。他反倒指出这笔遗产只是膳食费,即足够养活休。即使承认这个孩子是私生的,民法也允许这样做,教会法甚至要求这样做。[129]

于是,居伊得出结论,休可能会得到他的遗产。那么安东尼娅呢?法学权威们在神父是否可以将遗产留给姘妇的问题上存在分歧。[130] 正如罗辛·科萨(Roisin Cossar)在关于意大利北部的研究中所指出的那样,至少在某些地方,这种遗产即使在理论上的合法性值得怀疑,在实践中也是很常见的。[131] 居伊援引了一些权威人士的观点,大致意思是神父不能留下这种遗产,但他并没有反对这些观点,而是认为这些观点并不适用于本案:"我反倒认为,在所审议的案件中,留给前述安东尼娅的遗产是有效的,尤其是因为在前述遗嘱人去世时以及在此之前的三年里,由于前述的共同教父身份,她已经不再是他的姘妇。必须调查的是死亡时和立遗嘱时的情况。因为即使她曾经是姘妇,她后来也可能不再是姘妇,正如在有人与姘妇缔结婚约时我们所看到的那样:因为缔结婚约后,以前所生的子女就合法了,母亲也就不再是姘妇了。"[132]

《教令集》(*Decretum*)明确规定,作为自己孩子教父的男子必须终止与孩子母亲的性关系,即使她是自己的妻子,因为根据教会法,这属于乱伦。[133] 居伊在此假定约翰和安东尼娅在儿子受洗后确实终止了性关系,因此她不再是姘妇。他由此裁定禁止给姘妇留遗产的法律不适用。如果是这样的话,这可能意味着他们知道并尊重教会法中有关这方面的规定,而且他是有意成为孩子的教父的。然而,约翰在遗嘱中显然称她为自己的姘妇(尽管咨询意见书中没有包含实际的文字资料),所以他似乎仍然认为她是自己的姘妇。

但居伊先是辩称安东尼娅不再是约翰的姘妇,而且即使休是私生子,约翰为他提供基本保障也是合法甚至是必需的,然后又辩称,无论如何,休都不算是约翰的儿子。他提出的这个论点非常奇怪。一开始,居伊在陈述案件事实时就说休是约翰的儿子,而且没有任何迹象表明安东尼娅不忠。对已婚妇女所生子女的父子关系推定同样适用于姘妇,正如本尼迪克特·德·本尼迪克提斯所指出的那样:"在男人家中出生的孩子被推定为他的孩子,因此,姘妇在姘居关系中所生的孩子被推定为他的孩子。"[134] 然而，居伊现在却说，安东尼娅和约翰在一起的时间只有约翰去世前的三年（他刚刚指出，正是从那时起，安东尼娅就不再是他的姘妇了！），而休已经十岁半了。把遗产留给一个没什么关系的人是合法的，既然没有说法认为约翰试图让这个男孩获得合法身份，那么在法律上把他当作儿子也没有什么好处。

安东尼娅的案例表明，法律或适用法律的人是可以灵活变通的。尽管"神父的姘妇"并不是一种法律承认或尊重的关系，但这并不妨碍神父包养他所爱的人。鉴于挥霍教会财产是禁止教士婚姻常见的理由，值得注意的是，争夺遗产的不是教会，而是遗嘱人的兄弟和一般继承人，因此问题的关键在于家庭财产而非教会财产。居伊为了让安东尼娅名正言顺地继承遗产，对案件事实进行了种种扭曲——一会说安东尼娅不是姘妇，一会说她的儿子不算是约翰的儿子。我们不禁要猜测，一个将得到相对较少遗产的仆人是如何让一位声名赫赫的法学家站在她这一边参与到案件中来的，或者说是否有当事人以外的人来向他咨询。

"姘妇"这类词语的使用并非毫无依据。在安东尼娅的案例中，她是不是姘妇会影响到她能否获得遗产，以及她的儿子能否获得遗产。被视为姘妇似乎对安东尼娅不利，因此居伊·帕普才认为她不是姘妇。在其他案例中，虽然不一定涉及神父，但这样判定也可能对女人及其子女有利。如果女人只是一个娼妇，那么她的孩子就是私生的，至少在理论上不能获得合法身份和继承权：娼妇的儿子"不能简单地说成'亲生的'，因为只有一个单身男人和一个作为姘妇的单身女人所生的孩子才是'亲生的'……而且即使受孕的那次媾合［根据民法］不受惩罚，这也仍然是非法和可耻的［improbatus］，因为根据民法，只有结婚和姘居才是合法的，或者至少不是可耻的"。[135]

不寻常的是，居伊·帕普选择了辩称安东尼娅不是姘妇的策略，因为起初正是因为她被称为姘妇，他才有可能为她辩护。尽管传教士严词谴责这种女人，尽管她们没有正式的法律权利，但这种关系还是为社会所接受的。当神父想要供养他的伴侣和他们的孩子时，法律就会高抬贵手，因为社会认为，这种伴侣关系即使并不可取或不太体面，也是正常的。在中世纪晚期的城镇里，一个女人常常用"神父的娼妇"来侮辱其他女人，但人们实际上还是承认这种伴侣关系及其后代的存在，而法律也做出了相应的反应。

这个案例除了说明法律根据事实做出调整外，还展示了罗马法在中世纪情况下适用和不适用的方面。居伊在探讨男子不能将遗产留给姘妇的立场时，引用的不是关于神父的姘妇的规定，而是关于士兵（miles）的姘妇的规定，在古典罗马法中，士兵是不能结婚的。然而，一些法学家探讨了罗马法在这一点上的规定，得出结论认为，中世纪骑士与罗马士兵有很大的不同，因此罗马法并不适用："法律中提到的士兵并不是指我们这个时代的士兵……尽管他们通常被称为士兵，但他们不是罗马士兵，因此在特权和义务方面都不符合士兵之名。"[136] 然而，菲利普·德西乌斯（Philip Decius，1454—1536）将这一规定的适用范围延伸至神父："毋庸置疑，这也适用于被称为上帝的骑士［士兵］的神父。"[137]

不过法学家们并没有以同样的方式来探讨中世纪后期神父的姘妇与罗马的妾①的不同之处。他们可以在没有真正考虑到姘居在两种文化中的不同功能的情况下，使用关于姘居的法律。法学家们很清楚罗马法

---

① 中世纪的"姘妇"与罗马的"妾"在英语中都用了"concubine"一词，所以这里提到要进行区分。

中这个词的专门含义，但同时（如果不是在同一句话中，就是在同一段中）也可以在更广泛的意义上使用它，指代任何不是妻子的女性家庭伴侣。与此同时，在中世纪文化中，选择纳妾而非结婚会带来罗马文化中所没有的道德后果。罗马士兵的婚姻不是得到法律承认的婚姻，但却非常体面，不像涉及神父的婚姻那样不道德、应受惩罚。

成为平信徒的姘妇并不能自动获得子女的合法身份和继承权之类经济上的好处。这始终取决于父亲的选择。神父甚至没有这种选择权（事实上，根据英国普通法，平信徒也没有这种选择权）。姘妇如果丧偶或被遗弃，也没有嫁妆可以依靠。不过，她并不等同于妓女。神父的家庭伴侣受到人们的唾弃，"妓女"之类的词经常被用在她们身上，但"姘妇"至少意味着一种超越随意关系的东西。

神父的伴侣的日常生活

尽管中世纪的教会作家在如何惩罚神父有姘妇的细节上可能存在分歧，但他们都认为姘居是一种不可取的选择，神父只应该在守贞和结婚之间进行选择。至于这些神父所生活的社群如何看待他们、他们的伴侣以及孩子，则是一个更为棘手的问题。有学者研究了欧洲不同地区在教士独身制开始实施后神父的结合情况，得出的结论是，有伴侣的神职人员与教区居民之间的关系是复杂的，这与实际生活中的人际关系往往是一样的。人们有时反对神父有非婚性关系，但有时又认为这种关系比更淫乱的性行为或抛弃被包养者的不负责行为更可取。

人们对神职人员家庭生活的反对，往往建立在不满而非神学的基础之上。人们担心的不是他们的神父受到污染使圣礼无效，而是他们侵犯了平信徒所认为的自己的特权。平信徒可能不如神职人员圣洁，但作为对他们离上帝更远一步这种情况的补偿，他们拥有家庭。神职人员与平信徒的明显区别在于他们的独身状态——不是道德上的区别，而是公共行为上的区别——这是他们得以保持优越感的一个原因。如果神职人员的行为不比平信徒高尚，平信徒就不可能给予他们应有的尊重。

对中世纪不同时期神职人员男子气概的研究凸显了这种不满情绪。詹妮弗·蒂博多克斯（Jennifer Thibodeaux）认为，13世纪诺曼底教区的教士们的行为被视为不妥的，他们不仅行为不端，还企图实现世俗社会的男性理想。她认为，事实上，他们的性行为应被视为性别认同的一种表达。"我们不应该把神父的性行为归结为一种越轨的不正当行为，而应该审视中世纪的神父是如何在合法性结合被禁止的情况下，以姘居、滥交、阶段性的一夫一妻制和多妾制的形式创造出其他可供替代的性行为的。神父可以通过这些结合来表现阳刚之气，并有可能通过其性能力获得公众对男子气概的认可。"[138] 许多神父风流快活，通常有长期伴侣，他们还去酒馆赌博、打猎和斗殴。他们试图建立起让街坊邻居都认可的男子汉形象，这使他们更像村里的男人，但却削弱了他们作为神父的权威。德里克·尼尔（Derek Neal）认为，在十四五世纪的英格兰，神职人员和平信徒经常会在财产和教区问题上产生互动。当围绕什一税等问题发生冲突时，人们可能会用上跟神父性行为相关的词，"嫖客"之类的骂人的话很常见。在性行为上洁身自好对神父整体的道德价值非常重要，因此人们会用与性相关的措辞来表达普遍的敌意。[139] 但尼尔发现，更令人担忧的不是那些有自己家庭伴侣的神父，而是与别人的妻子通奸（或与别人的女儿私通）的神父——这种担忧与人们认为神父会觊觎平信徒财产的看法密切相关。[140]

蒂博多克斯、尼尔、下文讨论的其他学者和我所使用的例子,都来自探视记录或法庭记录这种怀有敌意的史料。这些记录指控神父犯有各种罪行,并将神职人员的性行为视为应受惩罚的事情。对这种行为的惩罚不仅维护了教会的声誉,也为地方教会当局提供了源源不断的收入,教会法庭记录之丰富,特别是其作为信息来源的丰富,也要综合考虑这一事实。[141] 法庭记录无法让我们量化神职人员性行为的普遍程度。不过,从举报神职人员性行为、作为证人出庭做证或被指控诽谤神父的人那里,我们可以了解到在神父及其伴侣所生活的社群,人们是如何看待他们的。

教会法庭对性犯罪或一般神职人员都有管辖权。中世纪晚期各种司法管辖区的教会法庭记录——主教法庭和副主教法庭,以及主教巡视记录,这些记录不是司法诉讼记录,但听取证据和进行调查的方式大致相同——是关于平信徒对神父伴侣看法的最佳证据来源。欧洲各地的许多神父不仅性生活活跃,而且有女性与他们同居,这几乎是中世纪劳动性别分工的要求,同时又将其定为犯罪。[142] 来自不同地区的研究表明,人们熟悉的模式是日常宽容,而法庭记录则是例外。

玛丽·凯莱赫(Marie Kelleher)指出,在14世纪初的巴塞罗那教区,人们并不十分敌视教士和人姘居,例如,人们将这种伴侣描述为"就像男人和妻子一样"。[143] 这种关系中的女性不会被罚款,即使男性会被罚款,这也表明他们可能并不像传教士留下的资料和文学作品中描述的那样受人谴责。不过,这些女性中的许多人并没有与其伴侣住在同一个家庭中,这显然是为了保持某种程度的谨慎。教区居民指控少数教士的姘妇犯有其他罪行——"庸俗、爱说闲话的女人"或放高利贷——但大多数姘妇没有受人指摘,因此这些指控可能是针对特定的女性而非姘妇这一群体的。[144] 米歇尔·阿姆斯特朗-帕蒂达(Michelle Armstrong-

Partida）撇开巴塞罗那，研究了邻近的赫罗纳（Girona）教区。她强调，被控性犯罪的神职人员大多是处于"其他俱备只差婚姻之名"的关系中的男性，而不是"好色、滥交的神职人员"，并强调这种做法在加泰罗尼亚和伊比利亚其他地区不寻常的出现频率。[145] 教会针对的是那些将这种关系公之于众的人，而那些没有引起公众注意的人则得到了容许。在村庄里，教区居民对神父的生活起居并不陌生，而他们会在主教巡视时把这汇报给主教，但不会感到愤怒。处罚很轻，而且阿姆斯特朗-帕蒂达认为，教会只是试图维持惩罚姘居行为的表象。姘妇本身很少被罚款。[146]

丹尼尔·博恩斯坦（Daniel Bornstein）对科尔托纳（Cortona）教区神父的研究展现了一种类似的模式：日常容忍，一旦发生了迫使当局注意到的事情，就会进行打击。1337年，巴奇亚拉（Bacialla）的教区神父亚历山德罗（Alessandro）因被控在半夜敲响教堂大钟而受到调查。教区的证人解释说，是他的姘妇莱娜·迪·卡斯特罗（Lena di Castello）在一次争吵中敲响了钟，她还企图洗劫教堂。他们还做证说，与巴奇亚拉圣安德烈亚（Sant-Andrea）的乌戈里诺（Ugolino）神父同住的女人是他的侄女，品行端正。这些教区居民可能一直在为他们的神父的姘妇打掩护。科尔托纳镇的情况有所不同，那里的人们更喜欢抱怨他们神父的有姘妇和其他违法行为。[147] 让社群怒火中烧的可能不是性行为，而是神父玩忽职守或履行不力。圣乔治（San Giorgio）教区神父西蒙尼（Simone）似乎将忏悔室的秘密告诉了他的姘妇瓦努奇亚（Vannuccia）。[148] 博恩斯坦发现，总的来说，在14世纪早期和中期，只要神父在其他方面受欢迎，教区居民就会接受他有姘妇。但这是一种摇摇欲坠的容许，因为在主教巡视时总会有被投诉的危险。罗辛·科萨利用贝加莫（Bergamo）和特雷维索（Treviso）的文件发现，虽然神职人员的姘妇通常会受到社群的宽容甚至爱护，但她们在某些方面总是被视为不合常规的，这一点随时随地都可能被用来对付她们。[149]

凯莱赫、阿姆斯特朗-帕蒂达和博恩斯坦引用的案例使用了"姘妇"一词（或意思相同的方言）。然而，一些司法辖区回避了这个词，转而以性行为（通奸、性交）而不是描述关系性质的词来表述指控。莫妮克·弗莱斯豪韦尔-凡·麦尔克比克（Monique Vleeschouwers-Van Melkebeek）统计了图尔奈教区在1446—1462年、1470—1481年以及1511—1531年三个时段被指控没有节制的神父人数。她估计，在这几个时段，有6%到12%的教区神父被指控性生活无节制，其中1470—1481年的比例最高，但无法判断这些是短期还是长期的性关系。[150] 詹妮尔·维尔纳（Janelle Werner）根据巡视和其他记录对赫里福德（Hereford）教区进行了研究，发现了同时使用姘居和私通两词的案例，并认为那里处在准婚姻关系中的神父并不比欧洲其他地方少。[151] 在英格兰不同司法辖区的案件中，神父经常被指控包养（tenire）或供养（manutenire）女人，而不是通奸或姘居。这意味着长期的关系，也可能意味着经济上的支持。[152] 有时也会提到姘居——"作为姘妇住在他家里"的说法很常见——但并非总是如此：有时神父"让某位可疑的琼住在他家里"，但她并未被称为姘妇。[153] 在伦敦，无论职业妓女还是与神父保持长期关系的女性，都被称为"妓女"；与英格兰其他地方或欧洲其余地方相比，这里似乎更不认可长期结合。[154]

这些违法行为以各种方式引起了当局的注意，其中有些更真实可信。主教巡视时，教区居民会报告一些不正常的事情，但其中一些显然并不是真正的问题。大主教约翰·莫顿（John Morton，1486—1500）

的登记簿中记载了几起案件，有神父被指控在家中留宿"可疑女子"并声称那是他的妹妹。有一个案例中，神父能证明这是事实。[155] 或许教区居民根本不知道这对兄妹的关系，也许他们是出于恶意，也许他们说的是实话，是神父欺骗了主教。

本章主要讨论的是神父。低级神职人员（副执事以下）可以结婚。但是，如果没有教区生活，就很难确定谁是高级神职人员。在 14 世纪晚期的巴黎，有些男人声称自己没有结婚有一个重要理由：称自己享受教士豁免权。在 14 世纪 90 年代初的沙特莱（Châtelet，世俗法院）登记簿中，有几起案件中的男子试图通过声称自己是神职人员，来免受世俗司法管辖，从而逃避刑事指控。当然，要找人给他剃头也很容易，剃过头是神职人员的标志；有时，这些嫌疑人会被单独监禁，这样就没有人有机会为他们剃头了。拉乌林·杜·普雷（Raoulin du Pré）虽然剃了头，但他的教士身份仍然存疑。"当被问及他是否已与他的姘妇——住在格拉蒂尼（Glatigny）的放荡女人珍妮特·德·瓦朗谢讷（Jeannette de Valenciennes）结婚或订婚时，他发誓说，他长期以来经常光顾并追随前述的珍妮特·德·瓦朗谢讷，她是他的女朋友，他从未与她结婚或订婚，也从未答应娶她为妻或配偶。"女方做证说，他曾当着证人的面承诺"将按照她的意愿与她保持良好的关系"，她将成为"他的女朋友"（s'amie par amours）。然而，几天后，根据她的证词，她发现其他女人都在批评她，于是她拒绝再和他上床，除非他答应娶她，然后他答应了。她说，后来有一次，当有人问他，她是不是他的妻子时，他说"是"，"她说，如果他们在到过的各个城市不说他们已经结婚，留宿他们的主人家就不会让他们那样住在他们家里"。[156] 他被判定为已婚，因为他曾答应娶她，并在之后发生了关系，根据教会法，这构成了有效婚姻。这样一个处于教士地位边缘的男人，如此兴致勃勃地声称自己未婚；与女人以其他形式结合不会像婚姻那样有损教士身份。

仔细研究一下中世纪晚期的一组法庭记录，有助于我们了解人们是如何对待神父及其性伴侣的，以及在某种程度上，大型城市社群是如何看待他们的，或者至少社群中的法庭是如何看待他们的。这些巴黎副主教的刑事登记簿，从1483年到1505年的都保存完好。[157] 巴黎副主教辖区包括塞纳河右岸的城市部分，以及马恩河和瓦兹河之间的一些郊区和农村地区。除了性犯罪和婚姻犯罪（不涉及神父的犯罪将在第4章讨论），这些记录还包括神父的各种不当行为：在未获许可的地方做弥撒、穿着不当、赌博、暴力、挪用教会资金。[158] 刑事登记簿主要记录了副主教的主持法官利用职权提起的案件。在某些案件中，主持法官在告发某人或某人被指定为原告时采取行动，但大多数涉及神父的案件不属于这一类。在绝大多数案件中，根据记录可以看出，神父只是支付了违法行为的罚款（*emendavit*）。在一些有争议的婚姻或亲子关系案件中会出现冗长的证词，但在涉及神父的案件中大多不会出现这种情况。我们不知道在没有记录的调查过程中，被告人进行了多少抗争。大多数记录都指出被告被传唤出庭，但没有说明传唤的依据。在少数案件中，被告据说是自愿出庭的（*sponte veniens*），主要是因为当有人根据法院的民事（实例）管辖权提起诉讼时，原告必须承认自己的过失并支付刑事罚款。[159] 在涉及神父的案件中，这种情况并不常见。有些案件显示，被告是根据调查的结果（*per informacionem*）被传唤的，这可能意味着社群内流传着谣言。[160] 发起人或法院主持法官有责任找出不法行为，其中有些人似乎比其他人更积极。[161]

在这22年间，刑事登记簿上共有1 656起性犯罪或婚姻犯罪案件，其中 299 起涉及神父。表 1 列出了这些登记簿中对神父提出的各种指控。从对犯罪行为的描述中，我们可以很好地了解人们对神职人员性行为的理解。[162]

表 1　巴黎副主教登记簿中的神职人员性犯罪记录

被控罪行	案件数	被控罪行	案件数
通奸	5	"频繁发生肉体关系"	43
肉体关系	60	"维持肉体关系"	30
姘居	18	父子关系	6
奸污	4	丑闻	61
"频繁交往"	27	杂项	8
"维持关系"	37	总和	299

其中有些类别与长期结合的关系更为密切。在我列出的"杂项"案件中，有几起并没有直接指控神父有性行为，而是指控他与可疑的人一起吃喝，或在房间里有女人。一位修士神父显然被冒犯了，因为他造访的房子（房主是一位女性，可能是一家妓院）里的人怀疑他患有"那不勒斯病"①。他"脱光了衣服，赤身裸体地展示自己的前胸和后背"。[163] 还有一些案件则指控神父参与了他人的不轨行为：支持一名离开丈夫的妇女，主持非法婚姻。在 3 起案件中，神父被指控诽谤他人性侵犯（其中两名是其他神父）；例如，圣霍诺雷（St.-Honoré）的教区神父纪尧姆·蒙森（Guillaume Monson）因为说雅克·莱万耶（Jacques Levanye）神父与一个妓女生了两个孩子而支付了罚款。[164]

在我称作"父子关系"的 6 起案件中，有 2 起是神父因有了孩子

---

① "那不勒斯病"指梅毒，当时法国人坚信此病来自意大利的那不勒斯。

而支付罚金,有4起是女子因怀了神父的孩子而支付罚金。其中一名女子"和神父厮混"了三年。在这些案件中,只有一方被罚款。这些案件的起因可能是这些女子要求支付子女抚养费或分娩费用,但她们的说法并没有出现在这一时期教会法庭的民事登记簿中。教区长让·德·帕里斯(Jean de Paris)大师因20年前与让娜·拉·布迪丝(Jeanne la Boudisse)生了一个孩子而被罚款,布迪丝婚前与他在教区的房子里住了两三年。他最近刚把他们的女儿嫁了出去,这可能引起了法庭的注意。[165] 在这起案件中,他还因"丑闻"缴纳了罚款,在他至少为女儿的婚姻承担起部分责任时,他公开父女关系引起了当局的警觉。[166]

1488年,巴黎圣母院大教堂分会(不受副主教的管辖)的一个官方案例表明了神父如何在没有正式承认的情况下试图与他的孩子保持联系。一位名叫勒巴尔比耶(Le Barbier)的神父是圣塞普尔克雷(St.-Sepulcre)的教区神父,因为"一年半以来时不时地"与一位名叫菲利波塔(Philipota)的女子在他和她的房间里"频繁交往"而被罚款。她生了一个孩子,并声称是他的。他与她达成了和解,同意承担养孩子的经济责任,并在沙特莱的公证人面前签订了一份契约。他想把孩子从她身边带走,让孩子在一个更好的家庭中长大;但她拒绝了,理由是他没有按照承诺支付孩子的抚养费。这些叙述在法庭记录中都是作为事实陈述的:不仅有菲利波塔的指控,还有法庭罚他钱的理由。不过,记录还指出,他说他不知道自己是否是孩子的父亲,同意支付孩子的抚养费只是"为了避免丑闻"。看来,他很可能是希望通过与伴侣达成和解,避免在教会法庭上被起诉。起诉可能源于他们后来的分歧。他因频繁与菲利波塔交往而支付的罚款可能是与法院协商的结果。没有直接证据证明这一点;但在当时的情况下,他很可能因为丑闻和/或实际上是孩子的父亲而被罚款,但他没有。[167]

在18起登记在册的姘居案件中,有14起只对男方处以罚款,1起只对女方处以罚款,3起对双方都处以罚款。与姘妇的身份相比,姘居的行为更成问题。(这一点在平信徒或下层教士身上就不那么明显了:在77起男方不是神父的姘居案件中,31起只对男方处以罚款,25起案件只对女方处以罚款,21起案件对双方都处以罚款。)这种结合时间最长的为20年,最短的为1个月,中位数为1年。据说其中有几起案件还引发了丑闻。乔治〔Georges,名为塔斯特温(Tastevyn)〕和他的情妇皮埃赫特(Pierrette)的案例中,引发丑闻的不仅仅是姘居,还有他们公开争吵的事实:"他们多次争吵之后,她拔出了他的睾丸,或者说拉得它鲜血直流。"[168]

巴黎的记录中"姘妇"一词的使用与同一时期伦敦的教会法庭记录(将在第4章中进一步讨论)形成了鲜明的对比,在伦敦的记录中,没有出现"姘妇"一词,但经常使用"妓女"一词,这也包括了那些并不是职业娼妓的女性。在巴黎诽谤案件的记录中,有很多女性被称为"娼妓"(putaine)的例子,但并不是单纯因为她与神父的关系,也没有女性因为这种关系而被法庭称为妓女的记录。至少在法庭的官方措辞中,她并不比她的男性伴侣恶劣。

至于姘居是否一定意味着双方同居,证据并不明确。双方都被罚款的案例包括理查德·卢卡斯(Richard Lucas)和"与他同居"的安托瓦内特(Antoinette),以及尼古拉·雷巴卡尔(Nicolas Rebacart)和"他的女仆"让娜(Jeanne),据推测也和他住在一起。[169]在一起只有男人被罚款的案件中,女人是他的女仆。其他案件都没有提供双方的住所。神父安托万〔Antoine,名为勒罗伊(Le Roy)〕被指控称他怀孕的姘妇（名字一栏空着）为妻子，这意味着他们之间存在一段严肃的持续关系，除非他们住在一起，否则说不通。他声称，自己已经因此在"巴黎法庭"（大概是主教法庭）被处以罚款，并被勒令不得再与她接触，否则将被监禁。[170]

理查德·卢卡斯（Richard Lucas）的案例确实表明，姘妇可能认为自己享有某些权利，即便不是法律上的权利，至少也是道德上的权利。根据提起诉讼者的说法，安托瓦内特已给卢卡斯做了 18 年的姘妇。然而，他与当地裁缝西蒙（Simon）的妻子让娜在他家马厩中独处时被一些教区居民发现了。接着，安托瓦内特冲进马厩，大喊大叫（这些话在记录中是用法语写的）："嘿，神父，你这个可怜虫，骑你的母驴去吧；难道我配不上你吗？"理查德告诉法庭，安托瓦内特是他的表妹。案件的结果不详。无论安托瓦内特是否是他的姘妇，也无论关于她的反应的信息是否属实，这个案件都表明，姘妇可能对专一性有期待。

巴黎大多数涉及神父的案例都没有提到"姘妇"或"姘居"，而是涉及"肉体关系""频繁交往"或"维持关系"。在关于肉体关系的案件中，对男性使用主动语态——让了解让娜的肉体，对女性使用被动语态——让娜的肉体被让所了解。然而，在这 60 起案件中，只有 2 起案件是女性作为唯一被告的，只有 7 起案件是女性作为共同被告的：法庭主要关注的是规范神父本身的行为。（而在平信徒的案件上，这个数字就没有那么失衡了：在 159 起案件中，有 43 名女性是唯一被告，有 14 名女性是共同被告。）肉体关系的案件似乎很少涉及长期结合：这些案件往往没有说明性交发生的时段，即使有说明，最长的也只有一年。更常见的是，他们只说了几次，或者说"偶尔"或"多次"。只有极少数情况下提供了双方的住所。在 3 起案件中，女方是男方的女仆，因此可能住在男方家里。据称，性交有时是在神父的教区住所（domo presbiterali）发生的，有时，如果神父在教区没有住所，那就发生在他借住的地方，只有极少数情况下是在女方的住所发生的。只有 1 个案例提供了与神父同住的女佣以外的女人的住所。在这个案例中，神父在支付罚款的同时否认了她与他同住。[171] 在 7 起案件中，据说女方已经结婚，但没有使用"通奸"一词。这可能是某种类似辩诉交易的安排，即男方为较轻的罪行支付罚款，而不是供认犯了通奸罪，但没有直接证据证明这一点。有 2 起案件的罚金异常高——分别为 3 金埃居①和 2 金埃居，这 2 起案件涉及已婚妇女，但另一起罚金为 2 埃居的案件则不涉及已婚妇女，在大多数案件中，都没有给出罚金数额。最严厉的惩罚是针对一名神父的，他让一名女子怀孕，而他是这名女子的告解神父，他被处以 3 金埃居的罚款和一次朝圣之旅。[172] 在这种情况下，她可能不是他的家庭伴侣，但有些已婚妇女可能是神职人员的伴侣，她们之前的婚姻已经破裂。

"频繁交往"可以指"看望"，但用 21 世纪初的说法，最好的翻译可能是"一起闲逛"。这可能有性交的嫌疑，但罪行不一定包括性交。提供了时长的频繁交往，往往都超过一年。在一起案件中，一名女子承认频繁与一名神父交往，但否认与神父发生过肉体关系；在另一起案件中，神父让·哈夸尔（Jean Hacquard）声称他经常"真诚地"与村里的一名女子交往，不过有传言说他与她有一腿。他因丑闻和频繁交往而交了罚款。[173] 一位神父交了罚款，因为他从 30 年前到 4 年前都经常与一名妇女来往，在她结婚前，他还与她生了两个孩子，"并称她为自己的

---

① 埃居（ecu），一种法国古货币，最初在法国国王腓力六世统治时铸造。

妹妹"。[174] 然而，尽管有长期的关系，这起案件却没有被定性为维持关系或姘居，也没有提到肉体关系。由于同时提到频繁交往和肉体关系的案件比单独提到频繁交往的案件要多，法庭或抄写员省略肉体关系似乎是有意为之。但是，在27起只涉及"频繁交往"而未提及肉体关系的案件中，有6起起码涉及了所谓的怀孕。要么是法庭或抄写员在确切的罪行上马马虎虎，要么是有些被告可能只供认了较轻的罪行。

在包括肉体关系指控在内的"频繁交往"的案件中，唯一明确指出伴侣同居的案件涉及一名神父和他的仆人。在其中5起案件中，据说性交发生在教区的房子或神父的房子里。在另一起案件中，据说伴侣住在同一所房子里，但这可能只是指从同一个房东那里租了房间。在每起案件中，神父都是被告，43起案件中有11起将女性列为共同被告。为数不多的几笔罚金从4苏①到12苏不等，期限大多为一年或更短。我在这里提到的一个案例实际上并没有使用"肉体关系"一词，而是使用了同义词"做那件事"或"有暧昧关系"（rem habuisse）。神父让·特斯图（Jean Testu）付了一笔罚金，因为他"在四五年的时间里与经常出入他房间的吉耶梅特（Guillemette）做了那件事，这个吉耶梅特多次与他一起睡在他自己的床上，有时还睡在另一张床上，而不是（罚金）支付人的床上，因为这个吉耶梅特在他的房间里有一张属于她的床"。特斯图还因为制造丑闻而被罚款，因为吉耶梅特大声公开称他为娼主，并说他把她留在自己的房间里两年，不让她离开。[175] 这种情况可能是监禁和剥削，但更可能是家庭伴侣关系出了问题。法庭这次关注的又是公众曝光和声誉以及实际行为。

---

① 苏（sou），旧时法国货币，1法郎等于20苏。

一些频繁交往或肉体关系的案件似乎是通过丑闻引起了法庭注意：一些特定的不端行为使这种关系公之于众。一位神父带着一名女子来到他的房间，而另一名女子也出现了，在过去的两年里，他"时不时地"（*per intervalla*）与后者发生关系。两个女人打了起来，引发了丑闻。[176] 另一起案件也引发了丑闻，一名女子辱骂神父并用刀攻击他。[177] 让·舍瓦利埃（Jean Chevalier）因频繁与某个珍妮特（Jeannette）交往并发生肉体关系而被罚款，因此有人张贴了讽刺文章（*libelli famosi*），称她为"舍瓦利埃家的女人"（"La Chevalière"）。[178] 这些讽刺文章旨在宣传和讽刺这种关系，就像有时对已婚妇女及其丈夫的名字所做的那样，使用了神父名字的阴性形式。神父因性交而不是因为丑闻被罚款，但法庭注意到他不检点的结果表明了他们对公众曝光的关注。

在法庭记录中，最长期、最稳定的结合是"维持关系"。（我把使用"tenire"和"intertenire"以及"manutenire"的案例也归入这一组①）。大约一半维持关系的案例也提到了肉体关系，剩下的很多案例也暗示了这一点——例如，因为登记簿中提到了这对伴侣生了孩子。就像频繁交往的案例一样，在某些情况下提到了肉体关系，而在另一些情况下没有提到，这可能取决于实际要证明什么，也可能是在某些情况下被记录下来，而在另一些情况下没被记录，因为这并没有太大的影响。"维持关系"的案例与使用"姘居"一词的案例并没有太大区别。时间范围相似——有的长达十年，最短的只有一个半月。罚金从1苏到1埃居不等。有6起案件中女性是唯一被告，有5起案件中女性是共同被告。一名神父带着一名已婚妇女从勃艮第来到巴黎，与其他几名神父维

---

① 括号中这三个词在法语中都有"维持关系"之意。

持关系的女性也是已婚的，不过在所有"维持关系"的案件中都没有使用"通奸"一词。[179]

"维持关系"可能意味着财政支持，但这一结论是基于其他司法辖区使用该词的方式，而不是来自巴黎记录本身的文本证据。在 2 个案例中，登记簿上写的是女方与男方同住，3 个案例写的是女方是男方的女仆，只有 1 个案例写的是伴侣的住所不同。有 1 个案例引起了丑闻，因为即使神父不在的时候，女方仍然待在神父的住所里——这表明他们至少暂时住在一起，但也可能表明这并不是社群希望发生的。[180] 伊莎贝尔·德斯彭维尔〔Isabelle Desponville，被称为"驻家女"（domicella）或"小姐"（demoiselle），因此很可能出身于名门望族〕是为数不多的因维持关系或被包养而被罚款的女性之一，她"留下来……并一直与"伊桑巴德·法尔瓦特（Ysambard Falvart）大人"一起过夜（stetisse, continue se tenuisse, semper pernoctasse）"，一住就是 18 个月。重复的用词表明，他们特别想强调这对伴侣同居的事实。[181] 在 6 起案件中，有人说神父在家中或房间中养女人。一位神父被指控把一个女人"当作自己的妻子"（tanquam propriam uxorem）养着，引发了丑闻；另一位神父否认与同住的女人发生过肉体关系，也否认称她为自己的妻子，但承认别人可能以为她是自己的妻子。[182] 这些案例表明，一些神职人员的结合看起来很像平信徒期待建立的正式婚姻关系。

一个在自己的神父情人与其他女人有染时醋意大发的女人，让我们看到了"维持关系"对平信徒来说可能意味着什么。住在圣尤斯塔克（St.-Eustache）教堂附近的神父让·佩里耶（Jean Perrier）因为与一位名叫玛丽安（Marianne）的有夫之妇频繁交往而向对方赔礼道歉。他说，从一年前开始，这事偶尔发生，他已经有 40 天没有和她发生肉体关系了。前一个星期，他路过她家时，停下来跟她打招呼，她就开始训斥他，说他不能同时和两个女人在一起，他应该去照顾他和另一个女人生的孩子。她骂他，他就打她的头，打得她倒在地上，鲜血直流。[183] 她的措辞表明，她将"维持关系"理解为一种持续的关系，他不可以同时与两个女人保持这种关系。

"通奸"一词在刑事登记簿中出现的频率很低，这一点令人费解。事实上，如果这个词完全没有出现，倒不会那么令人费解了：通奸案件本应由主教来处理。[184] 然而，这种管辖权的划分并没有得到一贯的遵守。在实际使用"通奸"一词的 5 起案件中，有 4 起（与那些说神父的伴侣是已婚妇女但未使用这个词的案件相反）说的是神父与一名通奸妇女"维持了关系"（*manutenire, intertenire, tenire*）。换句话说，人们没有指控这些神父在丈夫外出时与妻子睡觉，这些女人不再与丈夫生活在一起。据说"维持关系"的时间为一年或两年。其中一起案件是由女人的丈夫提起的，但其他案件没有提到受害方。虽然让·西巴特（Jean Cibart）住在圣保罗教区（但不一定是那里的神父），他因将杰奎琳·拉·普瓦桑"当作妻子一样"留在家中，"饮酒、吃饭、过夜，与她发生肉体关系并犯下通奸罪"而支付了罚款，但不清楚这些案件中的女人是否真的与神父住在一起。[185] "当作妻子一样"和类似的短语虽然比较少见，但却清楚地表明了家庭伴侣关系。

在其中 61 起案件中，神父不是因为性侵犯而被罚款，而是仅仅因为"丑闻"而被罚款。"丑闻"败坏了教会的名声：它引发了流言蜚语，树立了坏榜样，破坏了权威。副主教法庭也会对涉及平信徒的丑闻提起诉讼，最常见的情况是已订婚的伴侣决定不结婚。因为他们交换的承诺是未来时态，如果没有完成，结合就不具有完全的约束力。不过，法庭显然希望人们认真对待这些承诺。未经许可擅自解除婚约的人将被处以罚款，但即使是那些获得许可解除婚约的人也会因"丑闻"而被罚款，因为他们树立了一个坏榜样。

因丑闻而被罚款的神父也是在树立坏榜样，或辱没了教会的公众声誉。[186] 神父尼古拉·勒梅格雷（Nicolas le Maigre）因"老女人"塔辛·拉·克莱尔热塞（Tassine la Clergesse）经常出入他家制造了丑闻而被罚款。他声称自己与她没有肉体关系，但承认确实有丑闻：他不得不坦白她的来访看起来很可疑。[187] 这种神父为丑闻支付罚款但否认实际性行为的模式并不罕见。我们找不到最初的指控，只看到了被告被处以罚款的罪行；当他否认性行为时，我们可以假定他曾因此被指控过。菲利普·切斯纳特（Philippe Chesnart）因丑闻而支付了罚金，当时他承认经常在他所住的房子里与两个名叫玛格丽特（Marguerite）的姐妹来往，但他否认与她们发生过肉体关系。[188] 教区神父让·勒·维兰（Jean le Vilain）因一桩丑闻支付了罚款，在这桩丑闻中，一名未透露姓名的女子"在很长一段时间内多次出入他的住所，尽管他不承认与她维持了关系，而她来找他是因为他年老多病"。[189] 在某些案件中，记录明确指出，对丑闻的罚款是对制造谣言的惩罚。马恩河畔讷伊（Neuilly-sur-Marne）的神父丹尼斯·伯纳德（Denis Bernard）因他与讷伊的埃蒂安（Étienne de Neuilly）的妻子维持关系这一"人尽皆知"的丑闻而支付了罚款。登记簿上并没有说明这一"人尽皆知"的丑闻是否属实。[190] 修士纪尧姆·帕赫特（Guillaume Pahet）因丑闻而被罚款，因为维勒蒙博村（Villemomble）有传言说他和一个名叫艾莉森（Alison）的已婚妇女维持了关系，"不过他没有承认"。（抄写员最初写的是"姘居包养"，后来划掉了"姘居"，写了"通奸"，这表明他在努力维持这种区别。）[191] 有可能神父供认"丑行"是一种较轻的罪行，但罚款数额很少，因此无法辨别其中的规律。在神父没有否认性接触的情况下——"让（Jean）为丑闻做出了补偿，他在两年的时间里经常光顾让娜（Jeanne）那里并与她发生肉体关系"——丑闻的事实似乎使罪行变得更加严重，尤其是在还有许多其他神父仅仅因为性犯罪而被罚款，而与丑闻无关的情况下。[192]

除性交外，神父的其他行为也被视为与丑闻相关的：把女人带入教区住宅（*domo presbiteralis*），与妓女一起吃饭，被人发现与名声不好的女人在一起，诽谤他人和暴力相向，"维持关系"，过夜（不涉及"肉体关系"），与女人独处，在公共广场上被"年轻女孩"脱衣除虱，或将不动产租给水性杨花的女人。[193] 与女人一起吃喝是一个经常出现的问题：这本身并不是性犯罪，但在邻居们看来却很糟糕。皮埃尔·杜·克洛斯（Pierre du Clos）是圣尤斯塔克教区的一名神父，因为与某位奥利弗（Olive）一起吃喝的丑闻而被罚款。[194] 与女人独处，尤其是在卧室里，看起来也非常可疑。在这些丑闻案件中，有些案件的记录并没有提到性关系，但显然暗示了一段长期的关系：在2起案件中，据说女方有男方一处住所的钥匙。[195]

在同一教区的另一副主教辖区布里（Brie），让·莫兰（Jean Morin）和纪尧姆·库桑（Guillaume Cousin）的遗孀罗比纳（Robine）被禁止睡在同一张床上，也不准再"出入可疑场所"，因为他们制造了丑闻：他让她在他家里做情妇，在她烤圣餐面包时，村里人都称她为"神父的妻子"。他说自己是个病人，而她是以每年4法郎的价格被雇来照顾他的。两人都否认与对方有肉体关系。如果法官认为他们确实是姘居关系，那么他们无疑会受到比警告更严重的惩罚，特别是因为她丈夫是否已经去世尚不清楚（她说她不知道，但她已经19年没见过他了）。但是，即使官员并不认为丑闻属实，它也足以构成警告的理由。[196]

我们可以推断，这些丑闻会让社群中的人们蒙羞，副主教法庭关注的不仅是神父在神职人员中的声誉，还有其在平信徒中的声誉，而且平信徒有时确实会主动监督神职人员的行为。埃斯皮埃（Espiais）的教区神父尼古拉·保罗（Nicolas Paoul）因丑闻而被罚款，原因是"一些同伴来到他的神父宅邸，在墙边放了一个梯子，透过窗户，他们看到了一个声名狼藉的女人，这就引发了丑闻，他立即护送她从后门出了房子"。[197] 尼古拉并没有在公开场合行为不端，不过邻居们肯定有所怀疑，才会把梯子搬到他家。一旦他们证实了那个女人的存在，这就成了一桩丑闻，不过这一对显然没被抓个现行，也没有因为肉体关系或频繁交往而被罚款。5年后，尼古拉·保罗再次因丑闻被罚款，因为一个叫凯瑟琳（Catherine）的女人多次来到他的房间，尽管他发誓说自己和她没有肉体关系。[198] 勒普莱西加索（Le Plessis-Gassot）的神父被罚款是因为6年前发生的一桩丑闻，当时他让一个女人怀孕了，而她带着孩子来到他家门口，声称孩子是他的。他没有否认父子关系，但被罚款不是因为父子关系，而是因为这桩丑闻让他的不端行为人尽皆知。[199] 肯定是有人记下来并报告了这件事。

有些丑闻是被迫引起公众注意的，而不是社群因怀疑而发现的。蒙苏（Montsoult）的教区神父热尔维斯·卡耶（Gervaise Cayet）去了石匠皮埃尔·普雷沃斯特（Pierre Prevost）家里。当热尔维斯脱下外衣与皮埃尔的妻子睡觉时，屋里的几个仆人打了他。在这起案件中，热尔维斯不是被传唤出庭，而是主动出庭的，这意味着他可能因被殴打而向普雷沃斯特索赔，因此不得不供认当时的情况。他被罚款8苏，这不是个小数目。²⁰⁰ 一个名叫玛格丽特（Marguerite）的女人来到让·勒·佩勒（Jean le Pelle）神父家门前，拍门喊道（法语）："开门，窝囊废，我要拿回我的罩衣。"他回答道："我不会开门的，把你的罩衣拿走吧。"说完，他把一件罩衣扔出窗外。²⁰¹ 纪尧姆·德拉克鲁瓦（Guillaume de la Croix）也遇到了被人曝光的问题，他把让娜·拉·布尔西埃（Jeanne la Boursiere）带到了他家，"很多人都看到了"。²⁰²

在有些案件中，神父并不是因为丑闻而被罚款，但却提到了这个词，这可能是在一个不那么专业、更笼统的意义上使用的。布里副主教辖区的一名神父因与一名教区居民发生肉体关系而被罚款。她生下了一个孩子，据称是他的，尽管孩子可能是他的，但他还是为其施洗，"以避免在民众中引发丑闻"。²⁰³

然而，法庭没有将许多神职人员的性行为定性为丑闻，或者决定不将其定性为丑闻，其中许多与长期结合有关。人们非常反感神父的性行为，尤其是涉及已婚妇女的性行为。我曾在其他地方提到过，伦敦世俗法庭（实际上对神父没有管辖权）对神父性行为的起诉更多反映的是反教权主义，而不是严格的道德准则。²⁰⁴ 类似的不满情绪也可能导致这种行为被曝光，无论它是否被视为丑闻。但在许多情况下，这种行为持续了很长时间，显然没有被罚。人们肯定知道此事，只是听之任之。如果神父在社群中很受欢迎，也没有在其他问题上发生争执，人们可能不会热衷于因性行为起诉他，如果他是在稳定的伴侣关系中发生关系的，那就更是如此了。另一方面，只要有一个心怀怨恨的教区居民，就会给他带来麻烦。15世纪末的巴黎与中世纪欧洲的其他地方一样，神职人员的性行为有时会被容忍，有时又不会被容忍。²⁰⁵

与这些神父同居的女性又是怎样的呢？在一些案例中，神父们被勒令"把她们赶出去"或不再与她们接触。然而，在大多数案例中，并没有记录此类命令。涉案神父受到的起诉多于他们的女性伴侣，而后者在记录中并没有像她们伦敦的同类那样被称为"妓女"。在中世纪晚期的巴黎，成为神父的伴侣可能并不比成为其他人的未婚伴侣更糟糕。但记录中没有任何证据表明，与其他未婚女性相比，作为神父的伴侣会赋予这些女性更特殊的地位，她们和她们的子女不受任何保护。

第 2 章认为，虽然理论上任何单身男女都可以结婚，但实际上不同社会阶层的人之间的结合并不被视为婚姻。决定性因素可能是身份，而不是宗教仪式、法律契约或财产分配。当然，从可以结婚这重意义上来说，神父从来都不是单身的。在某种程度上，任何女性的社会身份都与神父不同，因为神父是神职人员，属于另一个群体。这种差异不亚于甚至超过贵族与非贵族女性间的差异（但也许没有基督徒与犹太人之间的差异那么大），使女性处于被贬低的地位，不过他们在一起的日常生活是正常的。

来自巴黎的资料证实了来自欧洲各地的资料，即许多人认为神父的长期结合类似于婚姻。但是，使这种结合对妇女来说缺乏安全感的原因不止是法律保护的缺位。无论神父因什么而陷入法律风险，或者他只是厌倦了她，他的伴侣随时都有被抛弃的危险。她可能会得到家人的支持，但也可能得不到。她的邻居对这种伴侣关系可能会相当宽容，只要神父与教区间相安无事，社群可能就会把他们当作一对公认的夫妻。否则，这种结合就会成为另一个用来对付他的工具。巴黎的记录显示，教会并没有把惩罚女性作为维护神职人员声誉的一种方式，但如果法院认定这种结合存在，甚至有关这种结合的传言引发了丑闻，那么这些女性最终可能会成为间接造成伤害的因素。

注释

1 关于我不打算在此讨论的早期教会神职人员的婚姻,参见 Helen Parish, *Clerical Celibacy in the West*, 15–86, 其中提供了很好的总结。
2 当然,也有与其他男性发生关系的神父。然而,据我所知,没有例子表明,他们在长期的家庭伙伴关系中也有性关系。我不怀疑这种结合的存在,但如果没有证据,我不会谈论相关内容。有证据表明,修士和修女间存在关系,但由于群体背景,我不会称其为"准婚姻关系"。
3 关于污染,参见 Dyan Elliott, *Fallen Bodies: Pollution, Sexuality, and Demonology in the Middle Ages* (Philadelphia: University of Pennsylvania Press, 1999), esp. 82ff。
4 Megan McLaughlin, "The Case Against Clerical Wives," 未刊文章。
5 Jo Ann McNamara, "The *Herrenfrage*: The Restructuring of the Gender System, 1050–1150," in *Medieval Masculinities: Regarding Men in the Middle Ages*, ed. Clare A. Lees and Thelma Fenster (Minneapolis: University of Minnesota Press, 1994), 3–30; Jacqueline Murray, "One Flesh, Two Sexes, Three Genders?," in *Gender and Christianity in Medieval Europe: New Perspectives*, ed. Lisa M. Bitel and Felice Lifshitz (Philadelphia: University of Pennsylvania Press, 2008), 52–75.
6 Lyndal Roper, *The Holy Household: Women and Morals in Reformation Augsburg* (Oxford: Clarendon, 1991); Stephen Ozment, *When Fathers Ruled*.
7 关于神职人员婚姻的历史,参见 Parish, *Clerical Celibacy*; Ann Llewellyn Barstow, *Married Priests and the Reforming Papacy*。本章的大部分内容都是在我拿到帕里什(Parish)的书之前写的,所以在我们使用相同资料的许多案例中,我没有依赖她的作品;但我在下面引用了她的作品来说明我的观点。
8 First Lateran Council 7 and 21, Second Lateran Council 6 and 7, in Joseph Alberigo et al., eds., *Conciliorum oecumenicorum decreta*, 2nd ed. (Basel: Herder, 1967), 2:167, 170, 174; 参见 Martin Boelens, "Die Klerikerehe in der kirchlichen Gesetzgebung vom II. Lateranzonzil bis zum Konzil von Basel"。关于神职人员独身制的总体描述,参见 Jean Gaudemet, "Le célibat ecclesiastique: Le droit et la pratique du XIe au XIIIe siècles," *Zeitschrift der Savigny-Stiftung für Rechtsgeschicht: Kanonistische Abteilung* 68 (1982): 1–31; Charles Frazee, "The Origins of Clerical Celibacy in the Western Church," *Church History* 57, supp. (1988): 108–126。亦参见 Brundage, *Law, Sex, and Christian Society*, 220。
9 Gaudemet, "Le célibat ecclesiastique," 3.
10 这些文章见于 Michael Frassetto, ed., *Medieval Purity and Piety*, 其中很好地陈述了这一共识;亦参见 Megan McLaughlin, *Sex, Gender, and Episcopal Authority*, 31–32。
11 Amy Remensnyder, "Pollution, Purity, and Peace: An Aspect of Social Reform Between the Late Tenth Century and 1076," in *The Peace of God: Social Violence and Religious*

Response in France Around the Year 1000, ed. Thomas Head and Richard Landes (Ithaca, N.Y.: Cornell University Press, 1992), 280–307, 此处引用了第 294 页的内容；McLaughlin, *Sex, Gender, and Episcopal Authority*, 32。

12 不过，正如雷门辛德（Remensnyder）所说，神职人员和平信徒的暴力行为都是 11 世纪和平运动关注的问题。

13 H. E. J. Cowdrey, *Pope Gregory VII 1073–1085* (Oxford: Clarendon, 1998), 543–546, 550–554. 关于神职人员的性行为、武器的使用和"污染恐惧情结"中的圣职买卖间的相互联系，参见 Remensnyder, 280–307; 亦参见 McLaughlin, *Sex, Gender, and Episcopal Authority*, 68–77。

14 Conrad Leyser, "Custom, Truth, and Gender in Eleventh-Century Reform," 77; Cowdrey, 545.

15 休·M. 托马斯试着在他的作品《12 世纪文艺复兴时期的英格兰世俗神职人员》(*The English Secular Clergy in the Twelfth-Century Renaissance*) 中探讨了这个问题。

16 参见 Peter Biller, *The Measure of Multitude: Population in Medieval Thought* (Oxford: Oxford University Press, 2000), 19–59, 111–132。

17 James A. Brundage, "Concubinage and Marriage in Medieval Canon Law," *Journal of Medieval History* 1 (1975): 1–17; McLaughlin, *Sex, Gender, and Episcopal Authority*, 34–35; Second Lateran Council 6, in Alberigo, 174.

18 Peter Damian, letter 61, *Die Briefe des Petrus Damiani*, 4 vols., ed. K. Reindel, *MGH: Die Briefe der deutschen Kaiserzeit* 4.1– 4 (Munich, 1983–1993), 2:214–216. 更多关于达米安的信息，参见 Elliott, *Fallen Bodies*, 95–106。

19 Damian, letter 112, ed. Reindel, 3:278–279. 参见 McLaughlin, "The Bishop as Bridegroom: Marital Imagery and Clerical Celibacy in the Eleventh and Early Twelfth Centuries," in Frassetto, 223–224; Elliott, *Fallen Bodies*, 101。

20 Damian, Letter 112, ed. Reindel, 3:270.

21 关于达米安在 11 世纪和 12 世纪的影响，尤其是对洛唐巴克的曼戈尔德（Manegold of Lautenbach）的影响，参见 Barstow, 77–79。

22 Humbert of Silva Candida, "Responsio sive contradictio adversus Nicetai pectorati libellum," 21 and 26, in Cornelius Will, ed., *Acta et scripta quae de controversiis ecclesiae Graecae et Latinae saeculo undecimo composita extant* (Lippe: G. Elmert, 1861), 137, 147. 关于格里高利七世对纯洁性（尽管用了更克制的说辞）的看法，参见 James A. Brundage, "Sexuality, Marriage, and the Reform of Christian Society in the Thought of Gregory VII," *Studi Gregoriani* 15 (1991): 68–73。

23 Parish, *Clerical Celibacy*, 111.

24 我要感谢休·托马斯允许我从他未出版的《英格兰世俗神职人员》(*English Secular*

Clergy）中引用阿格内卢斯的布道。

25 参见 Phyllis Jestice, "Why Celibacy? Odo of Cluny and the Development of a New Sexual Morality," in Frassetto, 81–115 中关于更早的表达，此处引用了第 93 页的内容。

26 R. I. Moore, "Property, Marriage, and the Eleventh-Century Revolution: A Context for Early Medieval Communism," in Frassetto, 179–208, 此处引用了第 190 页的内容；在中世纪，关于性行为中不可分割的一部分——生殖的缺位，亦参见 Moore, *The First European Revolution, c. 970–1215* (Oxford: Blackwell, 2000), 87–88。

27 Mark D. Jordan, *The Invention of Sodomy in Christian Theology* (Chicago: University of Chicago Press, 1998), 29–66.

28 Leyser, 86–87; Maureen Miller, "Masculinity, Reform, and Clerical Culture: Narratives of Episcopal Holiness in the Gregorian Era," *Church History* 72 (2003): 28–52, 此处引用了第 49 页的内容。

29 McLaughlin, "The Case Against Clerical Wives."

30 Erwin Frauenknecht, *Die Verteidigung der Priesterehe in der Reformzeit* (Hannover: Hahn, 1997). 假称乌尔里希之人还提到了其他问题，比如那些反对神父婚姻的人并没有回避其他更严重的性罪恶（Frauenknecht, 96）。其他支持这种婚姻的论点包括，圣礼不受圣事主持者（比如让布卢的西吉贝尔特）道德地位的影响；Barstow, 149 指出教皇还没到提出多纳图派信徒［Donatist, 该派又称为清洁派（Catharism），认为圣礼的有效性在于施礼之人本身是否圣洁。——译者注］观点的程度。参见 Parish, *Clerical Celibacy*, 109。

31 Norman Anonymous, "De Coniugio legitimo et non legitimo atque de sacerdocio (Apologia pro filiis sacerdotum)," J22 and J26, in *Die Texte des normannischen Anonymous*, ed. Karl Pellens (Wiesbaden: Franz Steiner, 1966), 116–125. 亦参见 J25, 204–209, 其中讨论了对神父来说，婚姻是比让欲火燃烧更好的选择；Karl Pellens, *Das Kirchendenken des normannischen Anonymous* (Wiesbaden: Franz Steiner, 1973), 207–214。

32 Barstow, 135–136.

33 Henry Hargreaves, "Sir John Oldcastle and Wycliffite Views on Clerical Marriage," *Medium Aevum* 6 (1973): 141–145. 除了帕里什作品第 136 页的内容（最终没有参考），我一直没能找到胡斯派支持神父结婚的参考资料。神父结婚在 15 世纪成为一个议题并不意味着在此之前这个想法没被讨论过。例如，参见 John W. Baldwin, *Masters, Princes and Merchants*, 1:337–340. Parish, 130–132, 其中提供了进一步的例子。

34 Philip H. Stump, *The Reforms of the Council of Constance* (1414–1418) (Leiden: Brill, 1994), 140–141 and 364–165; Basel decree in Alberigo, 485–487; Johannes Helmroth, *Das Basler Konzil*, 336, and Boelens, 613.

35 关于在 12 世纪就已经使用的来自自然的论点，参见托马斯作品的第七章。
36 Guillaume Saignet, "Lamentacio humane nature adversis nicenam constitucionem," in Nicole Grevy-Pons, *Celibat et nature: Une controverse medievale—à propos d'un traité du début du XVe siècle* (Paris: CNRS, 1975), 146；关于整个讨论，参见哥莱维-彭斯（Grevy-Pons）作品的各处。关于被看作"自然"的性交，亦参见 Hugh White, *Nature, Sex, and Goodness in a Medieval Literary Tradition* (Oxford: Oxford University Press, 2000), 21–32, 56–64，以及零散的各处。
37 Jean Gerson, "Rememoratio agendam durante subtractione," in *Oeuvres complètes*, ed. Palémon Glorieux (Paris: Desclee, 1965), 6:108–114, 此处引用了第 112 页的内容。参见 Brian Patrick McGuire, *Jean Gerson and the Last Medieval Reformation* (University Park: Pennsylvania State University Press, 1975), 193。
38 *Reformation Kaiser Siegmunds*, ed. Heinrich Köller, MGH, Staatsschriften des späteren Mittelalters 6 (Stuttgart: Anton Hiersemann, 1964), 148–152; Lothar Graf zu Dohna, *Reformatio Sigismundi: Beiträge zum Verständnis einer Reformschrift des fünfzehnten Jahrhunderts* (Göttingen: Vandenhoeck and Ruprecht, 1960), 127; Hermann Heimpel, "Reformatio Sigismundi, Priesterehe und Bernhard von Chartres," *Deutsches Archiv für Erforschung des Mittelalters* 17 (1961): 527–537.
39 Heimpel, 528, and Dyan Elliott, "Lollardy and the Integrity of Marriage and the Family," in *The Medieval Marriage Scene: Prudence, Passion, Policy*, ed. Sherry Roush and Cristelle Baskins (Tempe: Arizona State University Press, 2005), 37–54.
40 "Le De Matrimonio de Jean Raulin," ed. in Carole Avignon, "L'église et les infractions au lien matrimonial," 943–1097, sermon 2, 951–952.
41 关于英格兰，参见 Helen L. Parish, *Clerical Marriage and the English Reformation: Precedent Policy and Practice*; Eric J. Carlson, *Marriage and the English Reformation* (Oxford: Blackwell, 1994)。
42 Martin Luther, "De votis monasticis iudicium," in *D. Martin Luthers Werke* (Weimar: Böhlau, 1853), 8:632.
43 William Tyndale, *An Answer to Sir Thomas More's Dialogue*, ed. Henry Walter, 18; Mary Prior, "Reviled and Crucified Marriages: The Position of Tudor Bishops' Wives," in *Women in English Society 1500–1800*, ed. idem (London: Methuen, 1985), 118–148, 这里引用了第 120 页的内容。
44 Luther, "An den christlichen Adel deutscher Nation," in *Luthers Werke*, 6:442.
45 Katharina Schütz Zell, "Entschuldigung Katharina Schützinn für M. Matthes Zellen jren Eegemahel de rein Pfarrher und dyener ist im wort Gottes zů Straßburg: Von wegen grosser lügen uff jn erdiecht," ed. Elsie Anne McKee, *Katharina Schütz Zell*, vol. 2, *The*

Writings: A Critical Edition, 36.

46 其生平细节来自 Elsie Anne McKee, *Katharina Schütz Zell*, vol. 1, *The Life and Thought of a Sixteenth-Century Reformer*。

47 Zell, "Ein Brieff an die gantze Burgerschafft der statt Straßburg von Katherina Zellin ... Betreffend Herr Ludwigen Rabus," in *The Writings*, 171; trans. Elsie McKee, *Church Mother*, 226.

48 Roland Bainton, "Katherine Zell," in *Medievalia et Humanistica*, n.s., 1 (1970): 3–28, 这里引用了第 3—4 页的内容。

49 Martin Bucer to Hector Poemer, 28 November 1523, in *Correspondance de Martin Bucer*, ed. Jean Rott (Leiden: Brill, 1979), 1:211. 他显然是在谈论订婚，因为他提到父母已经同意，婚礼（*nuptiae*）很快就会举行。

50 关于后一点，参见 Thomas Kaufmann, "Pfarrfrau und Publizistin," 181–189。

51 Zell, "Entschuldigung," 22; trans. McKee, *Church Mother*, 63.

52 同上，第 24 页；trans. McKee, *Church Mother*, 64. 麦基把这理解为从理论上讲，一个人应该为自己辩护，因此她更应该为她的丈夫辩护。然而，我认为这段话表明，她明确地想把这本小册子也当作她自己的辩护。

53 同上，第 39—40 页；我进行了转译。

54 McKee, *The Writings*, 39 n. 83; Kaufmann, 181–182 n. 33.

55 Zell, "Entschuldigung," 43; trans. McKee, *Church Mother*, 79.

56 同上，第 40 页；trans McKee, *Church Mother*, 77–78. 参见 letter to Caspar Schwenckfeld, *The Writings*, 124。

57 Zell, "Entschuldigung," 35; trans. McKee, *Church Mother*, 73.

58 Zell, "Erlaubnis," Writings, 35；在这里，我的转译和麦基的一样都算不上逐字直译。

59 McKee, ed., *The Writings*, 35 n. 62.

60 Zell, "Entschuldigung," 36; trans. McKee, *Church Mother*, 75.

61 Zell, "Entschuldigung," 37; trans. McKee, *Church Mother*, 75.

62 Zell, "Entschuldigung," 37；我进行了转译。她说，一些神父的姘妇把自己照顾得很好，过着贵族般的生活，她们这样做无可厚非。

63 关于他在葬礼上的讲话，参见 McKee, ed., *The Writings*, 66。

64 Zell, "Klag red und ermahnung Catharina Zellen zum volk by dem grab m: Matheus Zellen pfarer zum münster zu Straßburg," in McKee, *The Writings*, 73–74; trans. McKee, *Church Mother*, 106.

65 Zell, "Klag," 80; trans. McKee, *Church Mother*, 111.

66 Katharina Schütz Zell to Caspar Schwenckfeld, 19 October 1553, in *The Writings*, ed. McKee, 124; trans. McKee, *Church Mother*, 188, 不过，在这一语境中，我把"wil"

译为了"时间"而不是"意愿"。
67 Tyndale, 158.
68 Ulrich Zwingli. *Suplicatio quorundam apud Helvetios euangelistarum ad R. D. Hugonem episcopum Constantiensem ne se induci patiatur, ut quicquam in preiudicium euangelii promulget neve scortiationis scandalum ultra ferat, sed presbyteris uxores ducere permittat aut saltem ad eorum nuptias conniveat*, in *Huldreich Zwinglis sämtliche Werke*. Corpus Reformatorum, vol. 88 (Berlin, C. A. Schwetschke und Sohn, 1905), 1:206.
69 Johann Eberlin von Günzberg, *Syben frumm aber trostloss pfaffen flagen ire not einer dem anderen und ist niemant der sye troste Gott erbarme sich ire*, in *Flugschriften des frühen 16. Jahrhunderts*, ed. Hans-Joachim Köhler (Zug, Switzerland: Inter Documentation Co., 1978–1987), fiche 17, nr. 71, A4v.
70 同上,A3r。
71 James Sawtry [George Joye], *The defence of the Mariage of Priestes: Agenst Steuen Gardiner bishop of Wynchester, Wylliam Repse bishop of Norwiche, and agenst all the bishops and preistes of that false popissh secte, with a confutacion of their vnaduysed vowes vnadvysedly diffined: whereby they haue so wykedly separated them whom God cowpled in lawfull marriage* (Antwerp: Jan Troost, 1541), STC2 21084, 31.
72 Tyndale, 164. See also Robert Barnes, "That by God's Word it is Lawfull for Priestes that hath not the gift of chastitie, to marry Wives," STC2 19046, 2:312.
73 Martin Luther, "Vom ehelichen Leben," in *Luthers Werke*, 10.2:297.
74 George Joye, *The letters which Iohan Ashwel priour of Newnham Abbey besids Bedforde, sente secretely to the Bishope of Lyncolne in the yeare of our lord M.D.xxvii. Where in the sayde priour accuseth George Ioye that tyme being felawe of Peter college in Cambridge, of fower opinios: with the answer of the sayed George vn to the same opinions* (N.p: n.d., probably Antwerp: M. de Keyser, 1531). 在引文中,我把拼写改为了现代的形式。
75 *Handlung des Bischofs von Merseburg mit den zwei Pfarren von Schönbach und Buch* (1523), reprinted in *Flugschriften aus den ersten Jahren der Reformation*, ed. Otto Clemen (Leipzig: R. Haupt, 1907), 1:87. 梅泽堡(Merseburg)的主教根据他所驳斥的两位路德宗牧师的学说,提出了这种观点。
76 Parish, *Clerical Marriage*, 168.
77 Thomas More, *The Co[n]futacyon of Tyndales answere made by syr Thomas More knyght lorde chau[n]cellour of Englonde*, STC2 18079, 147.
78 *Handlung des Bischofs von Merseburg mit den zwei Pfarren* (1523), 87.

79 Thomas Harding, *A Reioindre to M. Iewels replie against the sacrifice of the Masse. In which the doctrine of the answere to the .xvij. article of his Chalenge is defended, and further proued, and al that his replie conteineth against the sacrifice, is clearly confuted, and disproued* (Louvain: Apud Joannem Foulerum, 1567), 168. 在引文中，我把拼写改为了现代的形式。

80 Hieronymus Emser, *Wider das vnchristenliche buch Martini Luters Augustiners, an den twetschen adel*, in *Luther und Emser: Ihre Streitschriften aus dem Jahre 1521*, ed. Ernst Ludwig Enders (Halle an der Saale: M. Niemeyer, 1890–1892), Neudrucke deutscher Literaturwerke des XVI. und XVII. Jahrhunderts 83–84, 1:85.

81 Johannes Eck, cited in August Franzen, *Zölibat und Priesterehe in der Auseinandersetzung der Reformationszeit und der katholischen Reform des 16. Jahrhunderts* (Münster: Aschendorff, 1969), 70; 其他作者的观点亦参见 77ff。摘自 Ozment, 5 的一篇匿名文章。

82 当托马斯·莫尔提出"为表示对圣礼的崇敬，神父应该过纯洁的生活"时，廷代尔回应说"神父不能用手触摸耶稣的身体"，因此做弥撒之人没有理由比听弥撒之人过更纯洁的生活。许多天主教徒可能会赞同纯洁对每个人都是最好的，但神职人员和平信徒之间的区别应该是那些能保持纯洁之人和那些不能保持纯洁之人的区别。在廷代尔看来，这种区分不仅在神学上是不正确的，还破坏了社会秩序。Tyndale, *Answer*, 162.

83 Barnes, 317.

84 Caroline Bynum, *Holy Feast, Holy Fast: The Religious Significance of Food to Medieval Women* (Berkeley: University of California Press, 1987).

85 在中世纪改革运动时期是这样，而对新教改革者来说更是如此，我在这里引用的论点与《圣经》引用的相比而言显得小巫见大巫，强调重点的差异部分是新教注释风格的结果。

86 关于早期婚姻的象征意义，参见 David d'Avray, *Medieval Marriage: Symbolism and Society* (Oxford: Oxford University Press, 2004)。

87 Clarissa Atkinson, *The Oldest Vocation: Christian Motherhood in the Middle Ages* (Cornell: Cornell University Press, 1991), 144–193.

88 关于中世纪中期英格兰这些尝试的过程，参见托马斯作品的第七章。

89 关于这种措辞，参见 Roisin Cossar, "Clerical 'Concubines' in Northern Italy in the Fourteenth Century," *Journal of Women's History* 23 (2011): 110–131, 此处引用了第 112 页的内容。

90 参见 *Dictionary of Medieval Latin from British Sources*, ed. D. R. Howlett (Oxford: Oxford University Press, 1989), 其中列出了"focarius"：女性形式指"共享房屋和

家庭的女人，姘妇"，从 12 世纪到 16 世纪都有例子；Charles DuFresne Du Cange, *Glossarium mediae et infimae latinitatis*, 10 vols. (Niort: L. Favre, 1883–1887)，其中列出了"focaria"，这个词通常与"姘妇"交替使用，不过不含后者剩余的法律意义。

91 Sara McDougall, pers. comm., 9 August 2011 指出它在中世纪晚期特鲁瓦（Troyes）的教会法庭记录中使用得相当频繁，尽管在巴黎的记录中没有使用。

92 Karras, Common Women, 131–142.

93 Boelens, "Die Klerikerehe in der kirchlichen Gesetzgebung zwischen den Konzilien von Basel und Trient," 62–63.

94 托马斯即将出版的作品的第七章，"De concubinis sacerdotum," "Consultatio sacerdotum," "De convocatione sacerdotum," in *The Latin Poems Commonly Attributed to Walter Mapes*, ed. Thomas Wright, Camden Society vol. 16 (London: Camden Society, 1841), 171–183，引文出自"Consultatio sacerdotum," 178–179。

95 教会法庭关于诽谤的诉讼记录显示了英国和法国的"娼妓"这类带有性意味的词语的使用，当然，没有那么带有诽谤色彩的词语可能也不会引发诉讼。

96 BL, Royal 7.D.1, 132r–135v; H. L. D. Ward and J. A. Herbert, *Catalogue of Romances in the Department of Manuscripts in the British Museum*, 3 vols. (London: British Museum, 1883–1910), 3:501–502.

97 BL, Add 33956, 82v, 方济各会的文集，其中许多故事起源于法国南部。她不仅被称为"姘妇"，也被称为"妓女"；这篇文章还使用了"炉伴"。

98 J. Th. Welter, *La "Tabula exemplorum secundum ordinem alphabeti" : Recueil d' "exempla" compilé en France à la fin du XIIIe siecle*, no. 117 (Paris: E.-H. Guitard, 1926), 45 中用了姘妇和伴侣。亦参见 [Étienne de Besançon], *Alphabet of Tales*, no. 456, 1:310，其中有一个骑士看到一个神父的姘妇被恶魔追逐; Caesarius of Heisterbach, *Dialogus Miraculorum*, 6:35, p. 1:387; 12:20, p. 2:330, 可找到更多关于神父的姘妇永远受到惩罚的故事。

99 Jacques de Vitry, *The Exempla or Illustrative Stories from the Sermones Vulgares of Jacques de Vitry*, 240–242, ed. T. F. Crane (London: Folklore Society, 1890), 100–101. 茅房的故事还出现在另一处文本中，*Tabula exemplorum secundum ordinem alphabeti*，以及一套 13 世纪晚期的法国文集，Welter, La "Tabula exemplorum," no. 191, 52。

100 A. G. Little, ed., *Liber exemplorum ad usum praedicantium*, no. 110 (Aberdeen: Typis Academicis, 1908), 63.

101 Jacques de Vitry, no. 81; Étienne de Bourbon, *Anecdotes historiques*, 406; 亦参见 F. Tubach, *Index Exemplorum: A Handbook of Medieval Religious Tales*, Folklore Fellows Communications, 204 (Helsinki: Suomalainen Tiedeakatemia, 1969), no. 2440; BL, Add MS 33956, fol. 125r。

102 Étienne de Bourbon, nos. 451–452, 390–391.

103 John of Bromyard, *Summa Praedicantium*, s.v. "Luxuria," L.7.14–15 (Venice: Nicolino, 1586), 495r–v ff.

104 Bromyard, L.7.17, 460r. 布罗姆亚德也用了"炉伴"这个词。

105 *Alphabet of Tales*, 689, p. 462; 691, pp. 462–463; 742, pp. 494–495.

106 Joseph Klapper, ed., *Erzählungen des Mittelalters*, 81 (Breslau: M. and H. Marcus, 1914), 299–300.

107 这是相当普遍的；关于布罗姆亚德，参见 Karras, "Gendered Sin and Misogyny in John of Bromyard's Summa predicantium," *Traditio* 47 (1992): 233–257, 此处引用了第250页的内容。

108 *Le livre du chevalier de la Tour Landry*, ed. Anatole de Montaiglon (Paris: Jauret, 1854), 124, p. 255.

109 *Speculum Sacerdotale*, ed. E. H. Weatherly, EETS, original ser., 200 (London: Oxford University Press, 1936), 89.

110 Robert of Brunne, *Handlyng Synne*, ed. Frederick J. Furnivall, EETS, original ser., 119 (London: Kegan Paul, Trench, Trübner, 1901), 244–245.

111 同上，第253页。

112 关于中世纪中期英国教会的遗产继承，参见托马斯作品的第五章。

113 Gratian, *Decretum*, pars. 1, dist. 16, cols. 719–723 引用权威的说法，提出神父的儿子可以成为神父，但他解释说，这些都是神父在被禁止结婚前合法婚姻所生的儿子。

114 Robert of Brunne, 255–256. 这个故事远近闻名，远在冰岛都有所耳闻：Hugo Gering, *Islendzk Æventyri: Isländische Legenden, Novellen und Märchen*, 36 (Halle an der Saale: Buchhandlung des Waisenhauses, 1883–1882), 1:124, 相当平白的翻译来自 AM 624, 4o, fols. 61–64. 关于其他出现过这个故事的文集，参见 Tubach, no. 2461。

115 Laura Wertheimer, "Children of Disorder," 383; 亦参见 Bernhard Schimmelpfennig, "Ex fornicatione nati: Studies on the Position of Priests' Sons from the Twelfth to the Fourteenth Century," *Studies in Medieval and Renaissance History*, n.s., 2 (1979): 1–50, 此处引用了第12—20、29页的内容。

116 Ludwig Schmugge, *Kirche, Kinder, Karrieren*, 33, 183. 然而，韦特海默认为，尽管寻求教皇特许的人中有很大一部分是高级神职人员的儿子，但也有大量未婚父母的儿子，他们可以得到比教皇级别低的权威的特许（406）。

117 Wertheimer; 第394页的引文。

118 Kathryn Ann Taglia, "On Account of Scandal," *Florilegium* 14 (1995–1996): 57–79, 此处引用了第61页的内容。

119 Wertheimer, 404.
120 Schmugge, 192–193.
121 参见 Wertheimer, 385–386, 其中探讨了罗马法背景下关于私生子继承的法律。
122 *Consilia domini Guidonis Pape*, 115, fol. 90r.
123 The definitive canon law treatment is X.4.17, 2:709–717. 亦参见 Hostiensis (Henry of Segusio), *Summa Aurea* (Venice: Bottega d'Erasmo, 1574; reprint, Turin, 1963), cols. 1379–1384; Thomas Kuehn, Illegitimacy in Renaissance Florence, 44。
124 参见 Steven Epstein, *Speaking of Slavery*, 其中探讨了奴隶制在意大利的盛行。爱泼斯坦教授友善地向我证实，在这个时期，这个词在意大利语的语境中很可能是这个意思。Pers. comm., 18 March 2005.
125 G. Letonnellier, "Gui Pape," in *Dictionnaire de droit canonique*, ed. R. Naz (Paris: Letouzey, 1953), 5:1009–1011.
126 Baldus de Ubaldis, *Baldi Ubaldi pervsini ... consiliorvm, sive responsorvm* 267, vol. 1, fol. 79v.
127 例如，参见 Franciscus Curtius, *Consiliorum sive responsorum d. Franchischini Curtii Iunioris ... liber tertius* 328 (Venice: Ioannes and Baptista Somaschi, 1574), fols. 283r–284v, and Philippus Decius, *Consiliorum sive responsorum ... tomus primus* 132, fols. 142v–143。
128 Bartolo de Sassoferrato, *Opera* (Venice: Giuntas, 1580), 3:38v. 参见 Anna T. Sheedy, *Bartolus on Social Conditions in the Fourteenth Century* (New York: Columbia University Press, 1942), 58. Decius, 133, fol. 143v, 其中追随了巴托洛提出的"即使神职人员完全被禁止和人姘居"这一观点。
129 参见 Kuehn, 35。
130 我很感谢詹姆斯·布伦戴奇在这一点上提供的信息。Decius, 132, fols. 142v–143 认为神父不能馈赠他的姘妇。在古典罗马法中，一个男人生前可以馈赠妾，但不能馈赠他的妻子：参见 Judith Evans-Grubbs, "Marrying and Its Documentation in Later Roman Law," 51. 然而，神父的这个问题在这里还没有出现。
131 Cossar, 117–124.
132 *Consilia domini Guidonis Pape*, 115, 90r.
133 Gratian, pars. 2, c. 30, q. 1, c. 1, 1:1095–1096.
134 Benedictus de Benedictis, *Consilia Benedicti Caprae Perusini ac Ludovici Bolognini Bononiensis*, 2, fol. 4r.
135 Paulus de Castro, *Consilia Pauli de Castro* (Frankfurt: S. Feyerabendt, 1582), 19, 3:14–16.
136 Baldus, 248, vol. 1, fols. 71r–71v; 262, fol. 77v; 267:2, fols. 79v–80r.
137 Decius, 132, fol. 143r.

138 Jennifer Thibodeaux, "Man of the Church or Man of the Village? Gender and the Parish Clergy in Medieval Normandy," *Gender & History* 18 (2006): 380–399; "The Sexual Lives of Medieval Norman Clerics: A New Perspective on Sexuality," in *Sexuality in the Middle Ages and in Early Modern Times: New Approaches to a Fundamental Cultural-Historical and Literary-Anthropological Theme*, ed. Albrecht Classen (Berlin: Walter de Gruyter, 2008), 471–483, 此处引用了第477页的内容。

139 Derek G. Neal, *The Masculine Self in Late Medieval England* (Chicago: University of Chicago Press, 2008), 93–96, 106–112.

140 同上, 第108—110页。这与尼尔更宽泛的观点有联系, 即神职人员独身并不像其他学者所认为的那样, 对他们的有无男子气概至关重要, 更重要的是他们的诚实。

141 关于教会法庭是如何对待神职人员的姘妇的, 参见 Oskar Vasella, "Über das Konkubinat des Klerus im Spätmittelalter," in *Mélanges d'histoire et de littérature offerts à monsieur Charles Gilliard* (Lausanne: F. Rouse, 1944), 269–283。

142 E. J. G. Lips, "De Brabantse geestelijkheid en de andere sekse," *Tijdschrift voor Geschiedenis* 102 (1989): 1–29, 此处引用了第11页的内容。

143 Marie A. Kelleher, "'Like Man and Wife': Clerics' Concubines in the Diocese of Barcelona," *Journal of Medieval History* 28 (2002): 349–360, 此处引用了第349—550页的内容。

144 同上, 第355页。

145 Michelle Armstrong-Partida, "Priestly Marriage: The Tradition of Clerical Concubinage in the Spanish Church," *Viator* 40 (2009): 221–253, 此处引用了第221页的内容。

146 同上, 第232、239—242页。

147 Daniel Bornstein, "Parish Priests in Late Medieval Cortona: The Urban and Rural Clergy," in *Preti nel medioevo*, ed. Mauricio Zangarini (Verona: Cierre, 1997), 165–193.

148 同上, 第175页。

149 Cossar, 117.

150 Monique Vleeschouwers–Van Melkebeek, "Mandatory Celibacy and Priestly Ministry in the Diocese of Tournai at the End of the Middle Ages," in *Peasants and Townsmen in Medieval Europe: Studia in Honorem Adriaan Verhulst*, ed. Jean-Marie Duvosquel and Erik Thoen (Ghent: Snoeck-Ducaju and Zoon, 1995), 681–692. Lips, 19 表示在15世纪末16世纪初的布拉班特, 45%—60%的神职人员在其职业生涯的某个阶段会因性犯罪而被罚款。

151 Janelle Werner, "Promiscuous Priests and Vicarage Children: Clerical Sexuality and Masculinity in Late Medieval England," in *Negotiating Clerical Identities: Priests,*

Monks and Masculinity in the Middle Ages, ed. Jennifer D. Thibodeaux (London: Palgrave, 2010), 159–181.

152 Ruth Mazo Karras, "The Latin Vocabulary of Illicit Sex in English Ecclesiastical Court Records," *Journal of Medieval Latin* 2 (1992): 1–17, and Werner, 169.

153 例如，*The Register of John Morton, Archbishop of Canterbury 1486–1500*, Worcester sede vacante, no. 485, ed. Christopher Harper-Bill, Canterbury and York Society 75, 78, 79 (Woodbridge: Boydell, 1987–2000), 2:146；同上，vol. 3, Norwich sede vacante, no. 257, p. 152。如果女方是神父属灵的女儿，这种关系的问题就尤为严重；这可能会被视为一种乱伦。同上，vol. 3, Norwich sede vacante, no. 284, p. 159。

154 Karras, *Common Women*, 138.

155 *Register of John Morton*, Norwich sede vacante, no. 373, p. 175.

156 *Registre criminal du Châtelet de Paris du 6 septembre 1389 au 18 mai 1392*, ed. H. Duplès-Agier (Paris: C. Lahure, 1861), 1:149–152.

157 AN, Z/1o/18, 19, 20, 21.

158 Léon Pommeray, *L'officialité archidiaconale de Paris*, 235–276.

159 同一法院的民事或案件管辖权登记簿都留存在 Paris, AN, Z/1o/6 through Z/1o/9。这些登记簿涵盖了与刑事登记簿相同的一些时期，但并未按完整的顺序排列，参见第 4 章的进一步讨论。这里的"民事"并不是指"非教会的"，它指的是一方当事人提起的教会法庭案件。它被称为"民事"是因为这些登记簿本身使用的标签。

160 Pommeray, 129–130.

161 参见 Donahue, *Law, Marriage, and Society*, 395, 409ff., 425ff., 614，其中探讨了康布雷和布鲁塞尔的不同起诉者之间起诉模式的差异。

162 这些类别不是正式的标题或罪行的名称，而是简单地说明神父支付罚款的原因。在某些案件中，比如"父亲身份"的案件中，我把几种描述混为一谈，没有注明的地方，我没有这样做。通过像这样的表格，在某种程度上，我已经超越了来源资料所做的，将它们具体化了。

163 AN, Z/1o/21, fol. 105v.

164 AN, Z/1o/19, fol. 113r.

165 AN, Z/1o/21, fol. 306r.

166 丑闻将在下面进一步讨论。表中所列的丑闻案件是指仅因丑闻被罚款而不属于性犯罪的案件。

167 AN, Z/1o/27, fol. 34v.

168 AN, Z/1o/21, fol. 319r.

169 AN, Z/1o/20, fol. 173r; Z/1o/18, fol. 192r.

170 AN, Z/1o/18, fol. 14r.

171 AN, Z/1o/20, fol. 85r.

172 AN, Z/1o/19, fol. 118r; Pommeray, 244.

173 AN, Z/1o/20, fol. 51v.

174 AN, Z/1o/21, fol. 116r.

175 AN, Z/1o/21, fol. 58r–58v.

176 AN, Z/1o/19, fol. 15r.

177 AN, Z/1o/20, fol. 186v.

178 AN, Z/1o/21, fol. 150v.

179 AN, Z/1o/21, fol. 102r, 关于前者，亦参见第 4 章。

180 AN, Z/1o/20, fol. 213r.

181 AN, Z/1o/21, fol. 336r.

182 AN, Z/1o/21, fols. 181r and 197v.

183 AN, Z/1o/20, fol. 191r.

184 Pommeray, 206; Anne Lefebvre-Teillard, *Les officialités à la veille du concile de Trente*, 45.

185 AN, Z/1o/19, fol. 282v.

186 关于 16 世纪 30 年代对诺曼神职人员丑闻越来越多的指控，参见 Avignon, 338; on the theology of scandal, 687–711。

187 AN, Z/1o/18, fol. 240v. "拉·克莱尔热塞"（在法语中也可译成"教士的女人"。——译者注）这个名字可能只是意味着她父亲的姓氏是拉·克莱尔热塞，并不意味着她与神父的关系。

188 AN, Z/1o/21, fol. 9v.

189 AN, Z/1o/21, fol. 121r.

190 AN, Z/1o/20, fol. 28v.

191 AN, Z/1o/18, fol. 62r. 参见一起来自巴黎圣母院大教堂分会的案件，其中一名神父被控"姘居与通奸"，引发了丑闻，起诉者被勒令进行进一步调查：AN, Z/1o/27, 71r. 神父否认与她发生了关系，目前尚不清楚进一步的调查是针对这个问题，还是针对她是否已婚的问题，又或者是两者兼有。

192 我把这类案件列为"丑闻"，因为罚款是出于这个原因；这种性交仅仅是一种解释。

193 关于后两者：AN, Z/1o/20, fol. 191r, and Z/1o/27, fol. 82v。

194 AN, Z/1o/19, fol. 266v.

195 AN, Z/1o/21, fol. 109v, and Z/1o/20, 204v.

196 AN, LL/29, 6v. 后来，有人发现让是一个没有住在自己教区的"流浪汉"：AN, LL/29, 12r.

197 AN, Z/1o/19, fol. 237v.

198 AN, Z/1o/20, fol. 168v.
199 AN, Z/1o/18, fol. 226r.
200 AN, Z/1o/20, fol. 74v.
201 AN, Z/1o/19, fol. 135v.
202 AN, Z/1o/18, fol. 161r.
203 AN, LL/29, fol. 101v.
204 Karras, *Common Women*, 17.
205 这种时而容忍、时而不容忍的态度不同于 Anna Clark, *Desire: A History of European Sexuality* (London: Routledge, 2008), 6–7 中的观点, 其中提出的"暮光时刻"（twilight moments）是指在这样的时刻, 人们犯下罪行或感受到欲望, 但又"回归日常生活, 并逃避被污名化的越轨者身份"。神父们的行为是公开的, 大多数时候, 人们都是"勉强接受的", 克拉克（Clark）称之为"容忍"。

第 4 章

边缘化的婚姻

On the Margins of Marriage

　　神父和他们的伴侣不能选择正式结合；奴隶或仆人也不能在雇主的压力或强迫下结合。本章将探讨一些可以自主选择结合类型但选择不正式结婚的伴侣。他们要么面临家庭压力或社会地位差距，认为结婚不划算，倾向于临时结合，要么故意选择含糊其词。我们在这里看到的是一处缩影：15 世纪末 16 世纪初的巴黎。记录中出现的许多案例（尽管不是全部）都是因为双方在伴侣关系的性质上存在分歧。本章试图揭示人们做出这种选择的一些原因，以及他们周围的社会是如何看待他们的结合的。配偶双方是否认为没有结婚的社会或法律需要？一方是否为了日后结婚而选择了不被承认的关系？一方或双方对法律的解释是否让人认为他们实际上已经结婚了？未婚同居的伴侣是否违反了社会标准？人们所理解的结合类型与我们所了解的法律类别之间是如何一一对应的？

在中世纪这一特别的片刻，婚姻不再像前几个世纪那样受到质疑。它在大多数情况下被视为社会秩序的堡垒，而非必要之恶。到了16世纪，正如我们所看到的，改革者甚至对神职人员的婚姻也提出了这样的主张，这反映出这种观念已经渗透到社会的方方面面。教养类文献，尤其是针对资产阶级和下层贵族的教养类文献，都高度重视男女间的婚姻。然而，记录告诉我们，婚姻并不是人们，尤其是做工之人用来建立稳定关系的唯一手段。

最近许多关于婚姻的学术研究都强调婚姻是一个多阶段的过程，当其中一个阶段停滞不前时就会产生问题。根据这种观点，非婚结合一般是通往婚姻的，但从未抵达婚姻的终点。[1] 本章考察的许多案例确实反映了结婚失败的情况。然而，将中世纪的配对结合理解为一系列可供选择的状态，而不是特定伴侣所经历的一系列阶段，也是有帮助的。并不是每个人都会经历相同的阶段，也不是每个人都打算结婚。在巴黎和欧洲其他一些地方，无论是平信徒还是神职人员，姘居在法律上都得到了一定的认可。在它和婚姻之间有一个灰色地带，在法律上可以看作婚姻，也可以不看作婚姻，我认为，在社会中也是如此，这取决于具体情况。[2] 有些人故意选择了这一灰色地带。许多女性认为这是她们能得到的最好的结果，如果有机会，她们会选择结婚；但许多人在明知自己没有可能走上婚姻之路的情况下，还是选择了半永久性的结合。我们对这些人的了解主要来自充满敌意的资料来源，即为惩罚他们而设立的机构的记录。

教会法及其执行

到 15 世纪末,关于结婚的法规已经在教会法中确立 300 年了。教皇亚历山大三世在 12 世纪下半叶制定的规则一直沿用到 16 世纪的特伦特公会议(Council of Trent),在某些方面甚至沿用了更久。对欧洲各地教会法庭记录的研究表明,法庭通常都相当一致地执行亚历山大的法规。欧洲各地的做法不尽相同,反映了根据现在或将来表示同意的话语来结婚的地方习俗。[3] 无论案件是由一方当事人提起(ab instantia,或民事案件)还是由教会官员提起(ex officio,或刑事案件),它们都是根据相同的一般原则进行裁决的,尽管在不同地区,甚至在同一地区的不同教区,将这些原则付诸实践的方式可能会有所不同。[4]

只有双方同意才能结婚的规则不可避免地导致了许多混乱的状况。正如我们在第 1 章中看到的那样,公开在中世纪早期是婚姻的关键,并且仍然是婚姻完全依法进行的必要条件。在 15 世纪末的巴黎,双方通常会在教堂门口许下结婚誓言。无论是否遵循这一习俗,双方都必须连续三个礼拜天在教区教堂里发布结婚预告,这样任何知道这桩婚事有阻碍因素的人都有机会站出来。然后,他们要庄严地举行婚礼,接着是婚礼弥撒。在 15 世纪末,这些做法可能还没有成为惯例。[5] 虽然这些公开的要素是必需的,而且当事人可能会因为没有这么做而受到惩罚,但这么做并不会导致婚姻无效。不过秘密婚姻(至少在法国,这个词通常用于一切未发布结婚预告的婚姻,即使婚姻并不是秘密的)可能很难证明,而且这种婚姻与非婚结合之间的界限可能很模糊。[6]

如今,在北美和欧洲,大多数婚姻诉讼都是关于解除婚姻的,关于异性婚姻存在和有效性的争议相对较少。[7] 相关机构的许可和记录是婚姻缔结的重要组成部分。在中世纪,尽管社会上拥有财产的成员在缔结婚姻的过程中创造了大量的文件,但这些文件通常不是关于婚姻本身的,而是关于当时的财务安排的。直到16世纪或更晚,教区婚姻登记才被广泛采用,即使婚姻是以所有得体的公开形式进行的,也可能没有在文字资料中留下任何痕迹。真正能够告诉我们婚姻成立(或不成立)的资料来自教会法庭的记录。[8]尤其是丰富的英格兰教会法庭记录,被广泛用于撰写(法律角度和人口统计学角度的)婚姻史以及性史。[9]本章与第3章一样,广泛利用了一系列来自巴黎副主教官员法庭的法国记录,重点关注那些非婚或处于婚姻边缘的结合的历史。[10]

巴黎之所以重要,是因为它所提供信息的规模之大、种类之广。作为欧洲最大的城市,巴黎在黑死病肆虐前的人口约为20万,15世纪末可能接近这一数字。从1483年到1505年的22年间,发生了1 600多起案件,即使是在人口较少的副主教辖区内,就非法性行为的数量而言,这也肯定只是冰山一角。尽管如此,我们也只有从被起诉的案件中才能找到日常行为的证据。我们不能把它看作欧洲甚至法国北部对男女性关系的典型规定,也不能看作整个中世纪的典型规定,但它提供了中世纪社会中人们形成正式或非正式结合的方式的点点滴滴。[11]

作为一座大城市,巴黎给人们提供了比乡村更多的隐姓埋名的机会。然而,与所有中世纪城市一样,人们也住在相当局促的空间中。大户人家的仆人和其他居民共用卧室,甚至床铺。小贩和洗衣女工在富裕人家中来来往往。单身者通常与他人合租房间。教区关注其神父的生活。注意到他人行为的机会很多。也许通常情况下,城市居民比乡村居民更宽容、更不爱挑剔,但副主教辖区既包括乡村,也包括城市化程度更高的地区。[12]就性犯罪的人均罚款数额而言,巴黎似乎也比同一时期的伦敦更为宽容。[13]

本章将探讨平信徒所受性犯罪指控的范围，以及有关婚姻的案件，以便审视非婚性行为与长期结合的形成（无论是否结婚）之间的关系。

我们在这里看到的是第 3 章中探讨过的巴黎副主教辖区的刑事登记簿。在涉及平信徒的案件中，刑事记录和民事记录之间的区别并不总是很明显。"民事"和"刑事"两词本身就出现在登记簿的首页上；教会法庭记录对一方当事人提起的案件和官员提起的案件使用了各种术语，而这类术语在这些记录中远远算不上普遍，这里显然没有坚持神学家对宗教中的罪行与法律中的罪行的区分。法院显然在同样的庭审中审理案件。民事登记簿中记录的一些案件是在发起人（负责调查和提起诉讼的法院官员）要求下提起诉讼的，[14] 而刑事登记簿中记录的一些案件是在被起诉活动的共同参与者或受害者告发时提起诉讼的。[15] 在刑事登记簿中，有一起案件是一名妇女因丈夫失踪而要求结婚，案件的旁注是："应放在另一本登记簿中。"[16] 执行婚姻承诺的民事诉讼（结婚的承诺可被视为未来同意）也可能最终被列入刑事登记簿。这些诉讼往往伴随着或导致对双方的起诉，起诉的原因包括：秘密婚姻，在承诺结婚后发生肉体关系（如果得到证实，这相当于假定婚姻有效），男方玷污了女方。这里还以同一时期同一地区的其他法院（布里副主教辖区和巴黎圣母院大教堂分会的豁免辖区）的案件为例，但不包括在统计分析中。这些案件可以说明巴黎副主教法庭的做法在多大程度上具有典型性。

在巴黎记录中出现的大多数性和婚姻案件（1 620 起中有 1 153 起）中，都指出被告缴纳了罚款（*emendavit*）。在一些案件中，被告仅对所受指控的部分罪行做出了赔偿。[17] 还有一些案件中，被告对指控提出异议，并记录了进一步的程序上的内容，包括对被告或证人的询问。但遗憾的是，在这些有争议的案件中，虽然记录了审讯或证词，提供了尽量多的信息，但往往没有记录案件的结果。即使我们看到了结果，也不知道背后的故事：法庭上提供的信息并不能说明全部情况。许多人的生活和关系从未出现在法庭，这个事实让记录与现实之间的联系更加复杂了，毕竟，这些都是刑事起诉的记录。毫无疑问，还有一些案件没有提到，在这些案件中有指控，但初步调查没有提供足够的证据来推进案件。[18] 这些记录还有更多从未引起当局注意的非法行为。绝大多数人始终没上过法庭，这其中的大多数人可能都遵守规定结了婚并且一心一意；但也有一部分人选择了其他道路，虽然数量无法统计，但规模相当可观。

尽管欧洲各地的教会法庭执行着相同的基本规则，但不同地区的诉讼模式和术语各不相同，可能代表，也可能不代表不同的社会实践。查尔斯·多纳休（Charles Donahue）强调了法国法院处理秘密婚姻的执法功能，教会官员将秘密婚姻作为刑事犯罪提起诉讼，这与英国的教会法院形成了鲜明对比，在英国，未在教堂公开的婚姻会引起法院的注意是因为有一方提起诉讼。然而，巴黎刑事登记簿上的许多案件确实是通过私人诉讼引起法院注意的。[19] 例如，皮埃赫特·阿利斯佩尔（Pierrette Alispere）因"允许自己被于戈斯·瓦朗热里耶（Hugues Valengelier）夺去贞操并多次发生肉体关系"而被罚款。罚款并不是因为她被法院传唤而产生的。更确切地说，在民事登记簿记录她承认从于戈斯的兄弟那里收了200金法郎并放弃一切承诺婚姻的要求当天，刑事登记簿上就记录了她自动（sponte）招供。[20] 为了要求结婚，她不得不承认性犯罪，而当她因为和解而放弃这一要求时，她的供词仍然有效。在一个更典型的事实模式①中，让娜·拉法耶（Jeanne la Fayne）出现在刑事登记簿

---

① 事实模式（fact pattern），在法律案例中，指案件中涉及的一系列相关事实。

上，为"秘密结婚"进行了赔偿，因为在婚配之后，她允许皮埃尔·梅斯纳德（Pierre Mesnard）与自己发生肉体关系。在这个法庭上，"婚配"（*sponsalia*）是个有点不寻常的词，在其他司法辖区，它通常指订婚阶段，尽管偶尔也可能指现场承诺的婚姻。[21] 据说让娜是被传唤的，而不是主动站出来的，我们可能会问为什么只有她被传唤，而皮埃尔没有。答案是她在民事立案同一天提起了诉讼，声称她在教堂门口许下婚姻誓言，然后发生了肉体关系（换句话说是在对未来的婚姻许诺后才圆房的），并要求强迫皮埃尔举行婚礼。皮埃尔承认发过誓，但否认发生了肉体关系。[22] 鉴于他没有受到刑事传唤，很明显，她"被传唤"是由于她在民事案件中供认了这一罪行。法院在此并非自行执法，而是对私人诉讼做出反应。[23] 这是秘密结婚的一种可能的模式：夫妇公开许下誓言，但没有提及结婚预告，也没有举行婚礼。这就是教会法学家有时所说的假定婚姻（*matrimonium presumptum*），因为许诺后的性交假定了同意结婚。然而，并不清楚双方是否打算之后正式结婚。

双方可能会因不同的罪行被罚款——例如，女方会因为秘密结婚被罚，即使法庭认为两人并未结婚，男方也会因为肉体关系被罚。为什么法院在没有认定秘密婚姻存在的情况下，要对一方进行罚款呢？这很可能是出于双方的良知——实质上是对他们各自供认的事情进行罚款，尽管法庭在对婚姻状况做出判决时没有接受他们的供词。[24] 不过，即使要求结婚的一方胜诉，法院也并不总是对双方都处以罚款。例如，布里副主教辖区马尔努埃（Malnoue）修道院院长的前女仆玛丽安·杜兰德（Marianne Durande）因与修道院的牧师皮埃尔·里什（Pierre Riche）发生肉体关系并与他秘密结婚而被罚款。牧师没有被罚款。登记簿上没有女方最初的诉讼，但她一定是提出了违反诺言的诉讼。在审问她时，她声称牧师解除婚约是因为他与女修道院院长有染。他否认承诺过与她结婚，但表示如果她能证明她的前夫已经去世，他就准备娶她。她声称亲眼看到他死了，但没有提供其他证据。[25] 在这起案件中，法院判定双方已经结婚。这份登记簿没有皮埃尔和女修道院院长之间性关系的记录，也没有玛丽安诽谤女修道院院长的记录。

并非所有刑事登记簿上的案件都是由于当事人之间的分歧而提交法庭的。理发师吉尔贝·皮切特（Gilbert Pichet）主动或者说自愿来到法庭，供认他和皮埃赫特·布尔盖特（Pierrette Burguete）维持了数年（数字留空）关系。他们育有几个孩子。现在，他说他想娶她。[26] 他可能知道，发布结婚预告会让人明显看出，与他同居并育有子女的女人并不是他的妻子，于是他希望现在站出来澄清事实。在其他许多据说是自愿出庭的案件中，背后都可能隐藏着这样一个故事。吉尔贝显然知道，尽管他与皮埃赫特的结合由来已久，但还是缺了一些东西。他是否知道，如果他们许诺结婚，然后进行性交，那么这种结合就是婚姻，尽管仍然不完全合法？他并没有供认秘密结婚，只是承认和皮埃赫特维持了关系。很难相信，在亚历山大三世之后的三个半世纪，在巴黎这样的城市里，人们还不知道许下诺言然后发生性关系就等于结婚。[27] 当然，传道者们清楚地说明了有效婚姻有什么要求，以及哪些障碍可能会阻碍婚姻。[28] 例如，让·劳林（Jean Raulin）于 15 世纪末在巴黎布道时就抨击了秘密婚姻。[29] 但有些案例相当复杂，其中一些让我们得以一窥人们对婚姻法细节的了解程度。

在使用巴黎副主教辖区的记录来研究结合的形成以及人们认为自己缔结的关系类型时，我们应该考虑到案件是如何进入法院的。然而，除非是其中一方提起了诉讼，否则我们不知道案件是由邻居、传谣者还是与案件密切相关的人提出的。巴黎算是一个成熟的城市共同体，但并非所有事情都能被容许，有些人肯定会告发邻居，这可能是出于道德上的不认同，但也可能是邻居在其他方面冒犯了他们。

尽管巴黎的记录显示，即使法国北部的其他司法辖区，也存在程序和用词上的差异，更不用说其他地方了，但更宏观的社会模式可能并没有什么不同。在远离家乡的年轻人形成的结合中，家庭参与（或不参与）的程度在巴黎和英国城镇的证据上相当一致。[30] 西尔瓦娜·塞德尔·门奇（Silvana Seidel Menchi）和迭戈·夸格里奥尼（Diego Quaglioni）引领了一系列关于意大利教会档案材料的研究，这些材料显示了意大利各地的巨大差异和复杂性。[31] 将巴黎的行为模式视为"中世纪欧洲"，甚至"15世纪晚期欧洲"的典型是错误的，但它们可以为中世纪教会庇护下的婚姻规范提供案例研究。

"不了解法律"：玛丽安·拉·皮埃尔塞，让·勒罗伊的遗孀让娜，以及吉耶梅特·多朗热

那些越过了将性行为限制在婚姻范围内这个界限的妇女可能会以不了解法律为借口，但她们并不一定总是那么无知。一些例子表明，她们有可能驾驭复杂的规则，并操纵它们以达到自己的目的。1505年，已故的让·皮埃尔（Jean Pierre）的女儿玛丽安（Marianne）在巴黎副主教法院对西蒙·德·格莱恩（Simon de Grain）提起民事诉讼，控告他违反婚姻承诺，并以被夺去贞操为由索要嫁妆（*causa matrimonialis et dotis*）。[32] 西蒙因这个案子而受到刑事指控的审讯，记录留存了下来。[33] 有点不寻常的是，西蒙在起诉的许诺和夺去贞操这些事情发生时

已经和别人结婚了。在他20年的婚姻生活中，有十八九年经常与玛丽安·拉·皮埃尔塞（Marianne la Pierresse）来往。一年前，他把她为他生的女儿嫁了出去。正如他在证词中所说的，他的妻子在四个星期前去世了，这可能是促使玛丽安提出要求的原因：她知道，当她的伴侣与另一个女人结婚时，她不能起诉要求执行婚姻承诺。西蒙并没有否认他与玛丽安的关系，这个案例也证明了在没有离婚这一说的文化背景下，可能会出现婚外长期结合。虽然不清楚西蒙是否在整个时期都与妻子生活在一起，但他和玛丽安多年来肯定保持着联系，把他们的女儿嫁出去也证明了这种联系的严肃性。

玛丽安·拉·皮埃尔塞现在提起民事（实例）诉讼，可能是因为她看到了最终获得妻子这一合法身份的机会，也可能是因为她看到了获得现金补偿的机会（她最终得到了这笔钱）。然而，如果她想要的是婚姻，那么她的行动方式就错了。她声称的西蒙在他妻子生前对她许下的诺言，并不适用于因许诺后发生性关系而自动产生的有效且牢不可破的婚姻。事实上，这个承诺不仅无法建立婚姻，反而会阻碍婚姻的建立。通奸者之间的婚姻承诺有犯罪这一阻碍因素，这种阻碍使他们间的任何后续的婚姻都作废了。[34] 如果玛丽安为了编造最有利的故事而操纵法律，她就不得不声称，他们在他妻子死后才交换了誓言。然而，她显然认为这种关系的长期性赋予了它一定的地位。她可能还不够熟悉教规阻碍因素的奥秘。

但也许玛丽安知道，在西蒙第一任妻子生前的承诺会使他们之间可能存在的婚姻无效，她的起诉是因怨恨滋生。丹尼尔·斯梅尔（Daniel Smail）认为，马赛的许多民事（而非教会）诉讼都是这种情况，人们起诉并不是为了达到他们名义上要求的结果，而是出于仇恨或复仇的欲望。³⁵ 玛丽安可能认为自己有权结婚，但对那位妻子去世后，她没能结婚深感失望。她声称在西蒙妻子生前提出了承诺可能是恶意的，而不是天真无知的，目的是让他陷入困境，而不是让他成为丈夫。法院要求西蒙回应她在调查过程中提出的一个说法（记录中没有出现），即他曾前往圣地亚哥-德孔波斯特拉（Santiago de Compostela）朝圣，祈祷他的妻子死掉，这样他就能与情人结婚了。即便犯罪的阻碍因素本来不存在，那么企图让他妻子死亡的行为也会造成犯罪这一阻碍因素。玛丽安不可能认为这种说法会有利于她的辩护，这么做可能是因为西蒙没有娶她而让她感到愤怒。西蒙否认要杀死他的妻子，但没有否认去了德孔波斯特拉。法庭对他处以 5 埃居的罚款，这是巴黎刑事登记簿上 1 600 多起性或婚姻案件中罚款最多的一起，他还向玛丽安支付了一笔数额不详的和解金。我们终究无法知道她提起诉讼是否只是为了报复西蒙。由于她同时还证明了自己也有罪，她很可能认为她可以从中得到一些有价值的东西，她确实得到了。³⁶

罚金的数额可能意味着法庭认为玛丽安的故事有蹊跷，这比对其他在外面养女人的已婚男人的罚金要高得多。（这些案件很少被贴上通奸的标签；正如第 3 章中所讨论的，通奸罪只由主教负责，但也有少数案件在副主教法庭和巴黎圣母院法庭上提起诉讼。）她在法律上声称自己与西蒙结婚显然是错误的。她可能没有律师代理，因为法庭上并非人人都有律师。不过，尽管我们可以猜测她的起诉是出于怨恨，或者是出于道德感而非法律上的权利，但法庭还是认为他罪有应得，对他处以重罚。虽然玛丽安可能不知道通奸者之间的婚姻许诺会成为阻碍因素，但她确实知道，婚姻许诺之后的性交通常会构成可强制执行的婚姻；虽然她没有得到她正式要求的东西，但她确实从这个案件中得到了一些补偿。我们猜测她知道自己在做什么。

与玛丽安不同,让·勒罗伊(Jean le Roy)的遗孀让娜(Jeanne)被法庭贴上了"单纯无知"的标签,但这并不意味着他们认为她无须对自己的错误负责。让娜被指控在与让·勒马松(Jean le Masson)订婚(*affidati*)后离开了他。她当着两位沙特莱公证人的面解除了婚约。沙特莱公证人参与婚姻许诺的订立或解除的情况并不罕见,在这种情况下,这种参与很可能代表了财产协议的废除。根据登记簿,让娜称"她并不认为自己做错了,因为她是在一位神父的建议下这样做的,她说出了这位神父的名字,她哭泣着向主持法官求情,主持法官说他会考虑到她一贫如洗的境况"。神父的名字没有记录在案,这位主持法官说他会考虑她一贫如洗的境况,但不会考虑她的单纯无知,无论如何她还是被罚了款,这表明主持法官不相信她说的不知情。也许她以为她哭哭啼啼、说自己无知会让她逃脱惩罚。与此同时,她曾经的未婚夫显然也认为自己被解除了婚约,因为他因与另一个女人缔结婚约而支付了罚金,尽管事实上,他已经与让娜订过婚,并且在沙特莱被宣布婚姻无效。[37]

已故的罗宾·多朗热(Robin Dorange)之女吉耶梅特也辩称自己不知情。她因同意姐姐的未婚夫吉莱特·苏拉斯(Gilet Soulas)与她发生肉体关系而被罚款。她声称他强奸了她,第二天又答应娶她,而她"在不了解法律"的情况下接受了。他们又发生了几次关系,她因此有了一个孩子。[38] 一个有趣的问题是:她在这里声称自己不了解的法律是哪条法律?如果他和姐姐交换了承诺但没有发生性关系,然后他又和吉耶梅特交换了承诺并发生了关系,那么第二次结合才是有效的(不过他可能会因为打破第一次承诺而被罚款)。第一次结合使第二次结合无效的唯一可能是,在发生关系后才说出将来同意或现在同意的话。吉莱特与吉耶梅特的姐姐订婚时使用的词"desponsare"在资料中通常指"订婚",但卡罗尔·阿维尼翁(Carole Avignon)指出,它也可以用于指现在时态的婚姻协议,还没完婚,但比订婚更有分量,因为现在同意构成了有效婚姻。[39] 当然,如果他之前与吉耶梅特的姐姐发生过关系,无论是否有婚姻承诺,都会对吉耶梅特和吉莱特的婚姻构成血缘上的阻碍因素。本案反映的很可能不是对某一具体法律的错误理解,而是一种更为普遍的一厢情愿的想法;辩称自己不知情是为了博取同情。如果吉莱特强奸了她,而她在事后又与他保持关系是因为她认为别无选择,那么她很可能需要这种同情。或者,强奸的说法可能是她推卸自己责任的又一种尝试;我们无从知晓。

无论是妇女自己说,还是被人说不了解法律,这都可能会成为她们行为的借口,也可能不会。由于对女性的普遍假设,女性可能比男性更容易称自己不知情,但有些男性显然比其他男性更不知情。萨尔塞勒〔Sarcelles,塞纳-瓦兹省(Seine-et-Oise),现为北部郊区〕的一名脱粒工吉勒·雷纳(Gilles Renard),人称"极其单纯无知"(valde simplex),他很轻易地就被当地的神父让·奥贝尔(Jean Auber)摆布了。1493年6月21日,吉勒在当地神父的带领下出庭受审。这是不寻常的措辞,暗示他不可能是自己要求出庭的。他要进行赔偿的事件并没有被列为特定的罪行,而只是被叙述了一遍。让·奥贝尔神父曾劝说吉勒到一户人家去,并在那里给他介绍了一个叫让娜·拉·加维内尔(Jeanne la Gavinelle)的女孩,"说她是个好姑娘"。这是神父参与婚姻的一个例子,尽管订婚不是在教堂门口进行的,也没有结婚预告,神父也参与到了秘密婚姻中。让娜可能就是当月早些时候另一起案件中提到的年轻女孩。1493 年 6 月 9 日，萨尔塞勒的教区神父让·奥比耶（Jean Obier，尽管头衔和拼写不同，但可能与让·奥贝尔神父是同一个人）因几个月前在村子的公共广场上让一个女孩给他脱衣除虱而引发的巨大丑闻做出了赔偿。[40] 除虱，即使是祛除头虱，也是一种非常亲密的行为，家庭成员之间经常这样做。奥贝尔可能是想为这位陷入了丑闻的年轻女子找个丈夫。然而，订婚之后，吉勒看到让娜单独与神父"在适合肉体交合的地方"独处，并发现她给神父生过一个孩子。因此，他告诉神父，他不想与她举行婚礼。然后，神父又把这对伴侣叫到一起，让他们紧握双手，说出"我解除与你的婚约"（*je vous deffiance*）这句话，[41] 拙劣地仿效神父们在正常仪式中的做法。第二天，让娜因允许让·德·弗雷斯内（Jean de Fresnay）夺去自己的贞操而被罚款，她和这个人生了一个孩子，但这里并没有说他是神父。[42] 7 月 15 日，奥贝尔因吉勒已做出赔偿的同一件事被罚了 4 苏（其他罚款金额不详）。[43]

可怜的吉勒上了当，他愚蠢地以为神父的几句话就能解除他的婚约，而这种婚约就等于许诺结婚了。实际上，法院经常会因为类似的原因而根据其中一方的请求解除这种承诺，但吉勒显然没有足够的见识来提出这样的请求。然而，即使是这个单纯无知的人也知道婚姻的各个阶段——先是宣誓，然后是举行婚礼——巴黎地区和法国其他地方通常都是这样做的。这并不奇怪：两个阶段的程序已经相当根深蒂固。在 13 世纪，宗教会议法规担心人们会混淆现在的誓言和将来的誓言之间的区别，可能确实还存在一些混乱的状况，但大多数人已经理解了正常的做法。[44] 可能正如卡洛尔·阿维尼翁所说的那样，在宣誓的早期阶段，神职人员越来越多的参与让人们以为这就是结婚所需的一切，但这种参与肯定也会让神父有机会提醒新人举行婚礼的最后期限。[45]

有人会认为，结婚要说什么话也早已是常识。就像在当代文化中，每个人都知道当你说"我愿意"，然后司仪说"我宣布你们结为夫妻"时，两人就结婚了，中世纪的人们也会知道"我要与你结婚"或"我将与你结婚"是正确的说法。在1487年的一起案件中，塔辛·拉·马丁（Tassine la Martine）声称马修·科奎伦（Mathieu Coquillen）违反了誓言，我们来看看这起案件。[46] 一位邻居做证说，在塔辛拒绝与他发生性关系后，她听到马修说了"我要与你结婚"（je te prends en mariage）。这是一个现在时态的誓言，即使没有性交也会产生具有约束力的婚姻关系。证人报告了这种简单而合法的话语形式，这或许表明她知道法律的要求。然而，人们并不总是使用正确的说法：在另一个案例中，一名女子做证说，许诺与她结婚的男子说："如果我不娶你，魔鬼会带走我的身体和灵魂。"[47] 玛格丽特·拉·马西埃（Marguerite la Massiere）声称［让·勒·佩吉（Jean le Page）也承认了］，除非他许诺娶她，否则她拒绝与他发生关系：她告诉他"除非是诚心诚意地要娶我，否则别来这里"（ne viens pour reans se se nest en tout bien et pour mavoir en mariage），并问他"是否愿意全心全意地承诺娶她为妻"，他说愿意。[48] 在这些情况中，都没有所谓的正式仪式。有些人似乎已经足够了解传统的说法，要么在秘密婚姻中使用它，要么声称自己已经使用过，但其他人甚至没有提出这么说过。不使用传统的说法本身并不会导致婚姻无效，但使用则消除了模棱两可的情况。

有争议的婚姻还是事后起诉？

有时，模棱两可正是一方或双方所希望的。在许多法庭案件中，争议的焦点是某种特定的结合是否属于婚姻，而教会法提供了一套适用的法规来确定这一点。然而，对于那些最终没有（或预计不会）进入法庭的结合来说，界限并不一定划分得很清楚，也没什么机会适用正式的法规。在教会法中，表示同意的措辞是关键。正如我们所看到的，在中世纪欧洲的许多地方，彩礼或其他财务安排有助于决定人们是否将这种结合视为婚姻，即使教会法并不要求这样做。巴黎案例中的参与者和证人的陈述表明，他们认为仪式的其他部分也构成了婚姻，或者至少是婚姻的承诺：一次握手、一个吻、一份礼物、一顿饭。[49] 这些仪式据称可能是在极端非正式的情况下进行的，但起诉者仍然声称这些因素的存在是他们所说的结婚意图的一部分。我们没有从法院的表述中得知这些交换作为证据有多么举足轻重，但它们被如此频繁地提及这一事实表明，它们是公众眼中婚姻的组成部分。

当人们在法庭上解释他们亲眼看见的非正式仪式是怎么回事时，他们是否把这些仪式看作一个过程的一部分，并期望在某个时候会有彩礼或在教堂举行庄严的仪式，这一点并不清楚。他们可能认为婚约是一个瞬间，而不是一个过程，并明白法律上并不要求这些其他要素。也可能是法院对其他要素并不特别感兴趣，而认为言辞、礼物和用餐是表示同意的最佳证据。正如科迪莉亚·贝蒂所说，我们可以认为，经历过这种非正式仪式的人，处于单身的边缘，他们还没有完全结婚，但也不是完全未婚。[50] 然而，婚姻才是显而易见的范畴，是需要采取某种行动的范畴，因此，把未来婚姻的承诺视为婚姻的边缘而非单身的边缘，或将其视为迈向婚姻的范畴，是有道理的。但并不是所有的情侣都想迈向婚姻，他们可能对自己的现状很满意。婚姻的边缘是一个灰色而模糊的区域，这不仅因为人们可能会对自己适合哪种法律范畴这一问题产生混淆，还因为这种混淆可能是故意的。人们可以根据情况来利用它。如果结合的形式不那么正式，那么结束的形式也可以不那么正式，许多情侣可能对此感到满意。我们只看到了由此产生问题的情况。

在巴黎，结婚经历的阶段与教会法所要求的相同，但有一些具体的补充。双方可以私下交换誓言。如果誓言是公开交换的，特别是在教堂门口，正如他们应该做的那样，则被称为宣誓。[51] 有些情侣先私下许诺，然后又公开许诺。许诺之后通常会有戒指或腰带。例如，米歇尔·科斯内尔（Michel Cosnel）在法庭上否认他见过据称是他送给皮埃赫特·法诺斯（Pierrette Fanoise）的戒指。[52] 礼物可以成为婚约存在的有力证据。让·加勒伦（Jean Galeren）的遗孀吉耶梅特为自己和让·雷吉尔（Jean Regier）制造的丑闻进行了赔偿（支付罚款）。他们曾公开订婚，并发布了结婚预告。但事后，法庭允许他们撤销婚约，因为她之前以结婚的名义接受了德尼·布鲁尔（Denis Brule）赠送的银戒指。[53] 如果她先前答应过要嫁给德尼，这确实会成为一个阻碍因素，并使第二次诺言无效；但登记簿上并没有将她与德尼的互动表述为先前的诺言，而是表述为以结婚的名义接受礼物。丹妮丝·瓦莱特（Denise Vallette）和让·福克（Jean Faucq）的案例进一步说明了"以婚姻的名义"的含义。让·福克为没有举行婚礼和"以婚姻的名义"让她生下孩子而做出了赔偿。丹妮丝也进行了赔偿，她"因他以婚姻的名义对她所做的事"而生下孩子，并由他供养，在婚姻承诺之后同意与他发生肉体关系，还因此引发了丑闻。[54] 这里使用的"以婚姻的名义"显然暗指她对婚姻誓言的要求，而"以婚姻的名义"送出的礼物和做出的行为也有同样的意思。接受礼物在功能或证据上等同于交换誓言。[55]

在宣誓之后，本应发布三次结婚预告。但并不总是这样，事情并不是每次都能顺利地推进到举行婚礼的程度，比如纪尧姆·卡雷（Guillaume Carret）就与两个不同的女人订了婚，而且都是在教堂门口。[56] 如果要进行财产分割，则应在举行婚礼前敲定，婚礼应在 40 天内举行。[57] 财产分割通常采取由新娘的父亲承诺一笔款项的形式。这些都会当着沙特莱公证人的面以契约的形式记录下来。教会法庭记录中只是顺带提到了这些财产安排。它们是婚姻的附带条件，但不是婚姻的证据，因与凯瑟琳·维兰特（Catherine Vaillante）秘密结婚而被罚款的鞋匠纪尧姆·帕亚尔（Guillaume Paillard）的例子就说明了这些契约所起的作用。他承认了婚誓，但他说由于女方没有给他带来承诺的嫁妆，所以他们从未举行婚礼，为此在沙特莱打了一场官司。[58] 他并不是说因为没有嫁妆，所以婚姻无效，而是说因为没有支付嫁妆，所以他拒绝进行下一个法律步骤。

没有公开订婚和结婚预告或婚礼这些步骤的婚姻是秘密婚姻。伴侣私下交换现在表示同意的誓言的婚姻也是秘密婚姻，但更常见的是他们交换未来表示同意的承诺或誓言，然后发生性关系的秘密婚姻。通过未来的誓言和性交而建立的秘密婚姻，或称假定婚姻，也可以称为事实婚姻，但正如卡洛尔·阿维尼翁根据鲁昂的证据所指出的那样，这个词似乎是为阻碍因素导致婚姻无效的情况保留的。[59] 实际上，在一起案件中，夏尔·杜莫利（Charles du Molly）和玛格丽特·图桑（Marguerite Toussains）被指控"秘密结婚"，他们在交换誓言后发生了肉体关系，尽管法院之前已经认定她嫁给了别人，但这段婚姻根本不能算婚姻。他们否认有任何性关系，并为彼此频繁交往的丑闻支付了罚款。[60] 在这些事实婚姻中，登记簿上很少明确说明誓词的时态，但如果誓词用的是现在时，如果没有法律上的阻碍因素，这些誓词在没有性交的情况下也是

有约束力的。⁶¹

口供或质询书为我们提供了最详细的证据，说明人们是如何行事的（或他们说自己是如何行事的），最清楚地说明婚姻是在什么情况下缔结的（或其中一方声称婚姻是在什么情况下缔结的），但这些证据只在一小部分案件中留存了下来。它们在奸污案件中尤为常见（1620起案件中有100起）。在这些案件中，男子因夺去女子的贞操而被起诉。其中一些案件源于女子提起的民事诉讼，另一些则不然，还有一些案件，相应时期的民事登记簿并未留存下来，因此我们不得而知。即使没有民事诉讼，女子也会参与案件的起诉，向官员提出申诉，然后官员会起诉男子（有时也会起诉允许自己失贞的女子）。奸污案通常属于婚姻诉讼，即毁约索赔。这类诉讼不仅仅是因为违背了未来的承诺：指控的内容是男方承诺了未来结婚，然后性交将未来的承诺变成了具有约束力的婚姻。但在一些奸污案件中，由于男方是神父或已经结婚，女方无法要求获得婚姻承诺。在这种情况下，她可以提起"因被奸污而索要嫁妆的诉讼"，要求夺去她贞洁的人支付嫁妆，这样她就可以嫁给别人了。这种诉讼通常是在女方怀孕后提出的。在有些案件中，尽管男方是单身，可以自由结婚，但指控的内容只有奸污，而没有要求婚姻承诺。

当有人在法庭上描述婚姻开始时的情况时，我们并不知道她或他说的是否属实。尤其是对女性来说，名誉方面的风险非常大，这使得一些学者认为，女性在很大程度上是在事后才要求结婚的。正如一位著名的教会法学者在1973年所写的那样，未来的承诺再加上性交就构成了具有约束力的婚姻，这一事实"首先为寻找丈夫的女孩带来了意外收获"，而那些"发现协商过程拖泥带水或男孩逃避现实"的家庭会向法院提起诉讼。⁶²认为所有此类案件都是莫须有的说法没有什么依据。在副主教法院的登记簿中，大多数案件都没有说明双方在表示同意时家庭成员在场（见下文）。我们确实看到了常见的各执一词的情况，即一方的证词与另一方的证词矛盾，不知道该相信谁。但我们也看到，在一些场合，人们表现出对誓言的尊重，不愿意做伪证——把自己的手放在福音书上，危及自己的救赎——这表明他们并非纯粹为了追求自己的利益而编造故事。我的工作基于这样的假设，即许多人相信自己说的是他们所看到的真相，而且起诉必定是可信的。遗憾的是，我们无法知道许多案件的结果，所以我们不知道法庭究竟认为这些起诉有多可信。在只有大约20%的案件中，法院判定婚姻确实有效；[63] 在其他案件中，结果根本没留存下来，双方可能已经达成了协议。

一时兴起的非正式协议可能并不是缔结婚姻的主要方式，但似乎已经普遍到足以形成一个看似合理的故事。这些案件通常涉及仆人（见本章后面的表2和表3）。在财产交易不那么重要的社会层面上，家庭在婚姻缔结中的参与程度较低也就不足为奇了。有时没有看似合理的故事，要求结婚的起诉可能是事后才想到的。1488年2月，玛丽安·德·朗伯尔因（Marianne de Rambures）因"屡次"与德尼·勒布莱（Denis le Bref）"在一起"并怀了他的孩子而被罚款。一个月后，她出庭起诉他，称他们已经同居了两个月。她要求他支付她生孩子的费用，并判定她为他的妻子。他否认与她有肉体关系，但在两名证人宣誓做证说他曾告诉他们他与她有这码事后，他承认了这一点。[64] 他被命令支付费用，但记录中没有提到她是他的妻子。显然，他甚至没有被问及婚姻承诺的事。德尼可能确实做出或暗示了某种承诺，但似乎更有可能的是，玛丽安要求结婚的起诉站不住脚，无论是否有正当理由，这可能是某些女人的惯常要求。在有些案件中，虽然一方希望得到承诺，但没有人起诉要求得到承诺。让娜·梅朗德（Jeanne Merande）因允许尼古拉（Nicolas，姓氏留空）与她发生了六七次肉体关系而支付了罚款，"希望他能娶她，尽管他们之间没有婚姻承诺"。[65] 这些关系可能不是长期的家庭伴侣关系，但它们确实表明了一种常见的非婚性行为模式，不过，这是对婚姻有所期待的。

所有的婚姻协议都有一定程度的模糊性，因为没有关于承诺或仪式的书面记录。目击者的证词，即使不是故意捏造，也可能被一厢情愿的想法或衰退的记忆影响。但是，当承诺不公开时——仅在当事人之间或在当时碰巧在场的证人面前做出时——模糊程度就会大大增加。上文提到的塔辛·拉·马丁案就是所谓的非正式结婚的一个很好的例子。法庭问塔辛，她为什么要让马修·科奎伦入狱。（在审判期间监禁被告——实际上也包括原告，这在这类法庭上相当常见）。她回答说，因为他答应了她结婚。她被告知，这一指控并不足以让他监禁候审，于是她声称他在许诺结婚后夺去了她的贞操。也许塔辛在改变说法这件事上很在行，但她本应该在他第一次入狱时就按这套说辞来，而且她要指控的应该不止是得到的许诺，或许官员只是提醒她要讲出故事的原委。塔辛一案的结果并没有记录在登记簿上——我们最后一次看到此案时，马修被保释候审，但又回到了监狱里——但三个半月后，另一名男子因诽谤塔辛说自己与她有肉体关系而支付了罚款。[66] 可能他是马修雇来为奸污的指控辩护的。

塔辛并不是在暗示她和马修曾像家庭伴侣那样住在一起，她声称他晚上到她主人家找她。虽然她的证人声称与结婚相关的言辞用的是现在时，但塔辛是为了承诺而起诉的。法庭，以及这种情况下的女性，倾向于将伴随着性交的承诺描述为不完整或未履行的婚姻。虽然这种结合在法律上已经足够完整，具有约束力，但还没有采取进一步的法律步骤。在伴侣同居之前，婚姻在社会上也是不完整的。也许正如卡罗尔·阿维尼翁所说，这种秘密婚姻中的人，尤其是女性，认为这是一种怀孕保险。交换誓言使女性在怀孕时有法可依。[67]

科林·马亚尔（Colin Maillard）做证说，与他在一起的（未透露姓名的）女人告诉他，她只愿意以婚姻的名义与他发生关系，这提供了另一个非正式结婚的例子。科林说他不会娶她，但他们还是发生了关系。她还声称他送了她结婚礼物；他承认送过她礼物，但不是以结婚的名义。当然，他可能彻头彻尾都在撒谎，但也有可能双方都认为自己说的是实话，或者故意让事情模棱两可。她可能本来真诚地相信或希望，他与她发生关系意味着他已经改变了对她所提出条件的看法，或者他可能相信或希望她已经改变了看法。[68]在中世纪，一方同意以结婚为目的发生的性行为具有今天所缺乏的力量，因为性交让承诺具有了约束力，不过，虽然另一方（通常是男方）不能合法地收回承诺，但他肯定可以否认自己当初做出了承诺，或者含糊其辞。

让·萨拉辛（Jean Sarrasin）和丹妮丝·埃斯佩兰（Denise Esperlant）的案例在某种程度上是双方各执一词的极端案例，再次表明了缔结婚姻的非正式性质。[69]让·萨拉辛是巴黎的政府职员（王室官员）西蒙·德·诺伊维尔（Simon de Neufville）的车夫。[70]丹妮丝·埃斯佩兰也为诺伊维尔工作过，她说萨拉辛第一次和她发生肉体关系是在诺伊维尔府邸的马厩里，萨拉辛就睡在那里。许多此类事件似乎都发生在马厩里，男仆们经常在那里睡觉。[71]有一个男人在为自己辩护时声称，那个女人不是处女，而是一个居无定所的妓女，"从一个马厩跑到另一个马厩"。[72]在丹妮丝的案件中，只有一个马厩牵扯进来。她发誓说，她第一次与萨拉辛发生关系时还是处女。让·萨拉辛在第一次审问中模棱两可:他声称自己与她没有肉体关系,但不记得自己是否吻过她。在这些问题上,他拒绝相信她的誓言,因为她以前曾对他做过伪证,不过当他解释时,他说他的意思是她曾对他们的男主人和女主人谎称他曾与另一名仆人发生过关系,严格来讲,这不算是伪证,因为这不是在宣誓的情况下说出来的。[73] 两人当面对质,她当着他的面重复说,他既吻了她,又夺走了她的贞操,还以结婚的名义给了她一条腰带(她展示了腰带)。他说,他不知道以前是否见过那条腰带,但他并没有给过她。

第二天,让·萨拉辛"在摸着神圣的福音书庄严宣誓后"(这句话很少在审问中出现)接受了审问。他说,他从未单独与丹妮丝待在马厩里,他们单独在一起时也从未吻过她,但当他与家里的几个女仆在一起胡闹(记录中提到了他使用的法语词是"*riblerent*")时可能亲吻过她。当被问及他是否曾把手放在她的乳房或生殖器上时,他说没有。当被问及他是否曾与她单独待在她的房间里时,他说他去过很多次,但从未一个人去过。他们在他去她卧室的日期这类细节上达成了一致,但在他去那里的原因上却没有。他说他不知道她是否怀孕了,"有人说她没有怀孕,她这样做是为了用这种手段骗他自投罗网"(记录到这里又变成了法语)。让·萨拉辛的说法听上去就不可信:他不记得自己是否吻过她,但却肯定自己没有私下吻过她。这听上去是在为自己开脱。他的雇主来信说需要他,于是他被释放候审。一个月后,法官宣布,有太多说法自相矛盾,需要进一步调查。最终,法官命令让·萨拉辛支付生孩子的费用,但丹妮丝必须交纳保证金,如果最终判定他不是孩子的父亲,她将偿还这笔钱。结果可能出现在了已不复存在的这一年的民事登记簿上,但没有留下进一步的记录。

性交发生在同一屋檐下的两个仆人这样如此近距离的情况下，并不奇怪。人们认为在这种情况下自发地交换婚姻承诺是合理的或可能的，这或许有点让人吃惊。即使有承诺，那也是以非常随意的方式做出的。丹妮丝所说的让·萨拉辛送给她的结婚礼物并不是什么特别的东西，可能只是当时他身上系的。如果丹妮丝的故事属实，她可能希望非正式的承诺之后会有正式的婚姻，但肯定不会很快，而且这可能更多的是一种希望，而不是具体的期望。当然，并不是所有的婚姻都这样不正式；许多婚姻确实有家庭的参与。但很多也没有家庭参与，皮埃尔·戈达尔（Pierre Godart）的证词表明，他承认与一位"不知道姓氏，不知道父母是谁，也不知道来自哪个村庄"的女子订了婚。[74] 让·萨拉辛和其他被告都没有将缺乏家庭参与作为使婚姻承诺变得不可信的因素。这种自发的、非正式的婚姻承诺如此普遍表明了，婚姻被许多男女视为一个重要目标，但同时也表明，它与其他类型关系之间的界限并不分明。

塔辛·拉·马丁和马修·科奎伦，科林·马亚尔和他未透露姓名的伴侣，以及丹妮丝·埃斯佩兰和让·萨拉辛这些人的案件，都是先许诺后性交的。在长达22年的时间里，刑事登记簿上共有72起案件的当事人因秘密结婚而被起诉，67起案件的当事人因"承诺后发生肉体关系"而被起诉，这在法律上相当于秘密婚姻，但并不总是被当作秘密婚姻。[75] 有时，这两者被说成是一回事："秘密婚姻，即在他们之间的婚姻承诺之后，他包养她并与她发生肉体关系。"[76] "承诺后发生肉体关系"与14世纪巴黎主教法庭上所谓的"未来婚配后发生肉体关系"是同样的罪行。[77] 在记录为"承诺后发生肉体关系"的案件中，很少有当事人被勒令举行婚礼：在15起案件中，双方都被处以罚款；在15起案件中，男方被处以罚款；在23起案件中，女方被处以罚款；在14起案件中，双方都没有被处以罚款。这些案件中有许多没有被定性为秘密婚姻，这可能不仅仅是因为记录草率。在一起案件中，一对伴侣被处以罚款，而抄写员在"他在结婚承诺后与她发生肉体关系"前加了"秘密婚姻"几个字，这表明登记簿是经过校对的。[78] 双方的违法行为被分别列出，两者的记录中都插入了"秘密婚姻"的字样。在这里插入而不在其他案件中插入，很可能不是偶然的。在一些案件中，法院可能将承诺后发生肉体关系视为较轻的罪行：也许双方同意，如果法院不将其定性为婚姻，他们就不会对案件提出异议。[79]

在民事登记簿尚存的 54 起"承诺后发生肉体关系"的案件中，有 17 起源于民事诉讼，尽管秘密婚姻会受到严厉的惩罚，仍有人提出了这些诉讼。[80] 唯一一在判定结婚后因"承诺后发生肉体关系"而被罚款的案例是格拉西安·特谢尔（Gracian Texier）的女儿让娜（Jeanne）起诉皮埃尔·勒罗厄（Pierre le Rohe）的案件。他们被勒令举行婚礼，并因"承诺后发生肉体关系"而被罚款。[81] 在几起案件中，法院认定双方没有结婚，但仍以承诺后发生肉体关系为由对其中一人处以罚款（在一起案件中，也仅以发生肉体关系为由对另一人处以罚款）。即使指控不成立，提出指控的人也会因为她或他起诉时所承认的行为而被罚款。法院不认为提出控告的人做了伪证，而认为他们凭良心说了实话，并因此对他们处以罚款。[82] 让·阿博克拉特（Jean Aboclart）和皮埃尔·勒·科西（Pierre le Coci）的遗孀玛蒂尔德（Matilde）的婚姻就是一个例子，至少她自己是这么说的：她以违反承诺为由提起诉讼，而让·阿博克拉特承认经常只和她在一起，她则因为允许他在结婚承诺后和她发生关系而被罚款。[83]

这些承诺后发生肉体关系的案例，与那些被归为秘密婚姻的案例不同，只要它们不是虚假的指控，就可能是伴侣双方自己主动提出的结合，而不是家庭安排的订婚。这些伴侣似乎并不打算很快举行婚礼。虽然结婚应在 40 天内宣誓，但这种关系有时会持续数年之久。德尼·佩蒂特（Denis Petit）和让娜·马亚尔德（Jeanne Maillarde）都因秘密婚姻而被罚款，他们在一起 5 年了，并有了一个孩子，但却没有举行婚礼。[84] 在这个案例中，两人都没有提出任何不利于对方的指控，他们可能共同选择了不举行婚礼。像他们这样的行为创造了一个灰色地带，容许人们对双方是否合法结婚有不同的看法。这种伴侣通常不会搬到一起居住（尤其是在一方或双方都在服侍别人的情况下），因此很难将这种结合称为家庭伴侣关系。

在被归为秘密婚姻的案件中，常见的结果是罚款和责令举行婚礼。当这些案件不是由其中一方挑起时，它们是基于谣言（普遍的名声）还是来自第三方的特定指控，我们不得而知。我们也不知道这些伴侣之所以没有举行婚礼，是因为其中一方或双方改变了主意，还是他们计划在未来的某个日期举行婚礼，抑或他们有意保持不那么正式的关系。[85] 这些秘密结合偶尔被称为姘居或同居，这一事实指向了最后一种可能。[86] 那些不是秘密地而是在教堂交换婚约的伴侣没举行婚礼的原因也有这几种可能，但他们后来因为没有举行婚礼而被罚款了。

在布里的一个案例中，一对伴侣认识到正式婚姻和他们的结合之间的区别，但仍然选择了后者。布里地区叙西（Sucy-en-Brie）的纪尧姆·鲍德里（Guillaume Baudry），40 岁，是一名制革工人，他承认自己与 30 岁的塞西莉亚·拉·贝尔纳代特（Cecilia la Bernadete）保持了 10 到 11 年的关系，并描述了这对伴侣曾经生活过的各个地方。她记得两人交往的时间长达 10 到 12 年，并说她还记得先王结婚的日期。[87] 他们都说，在他们生活过的几个地方，他们都互称丈夫和妻子，并承诺过要结婚。他说他们没有孩子，如果有的话，他早就娶她了。法庭让他们各自发誓，他们从未与其他人缔结婚约，他们这样做后，主持法官让他们订婚，并命令他们举行婚礼。因 10 到 12 年的交往关系，他们被罚了 2 埃居。[88] 如果他们的证词可信的话，那么他们就一致认为他们没有正式结婚，并且都对这种情况感到满意，也就是作为长期伴侣生活在一起。

正如我们在塔辛·拉·马丁案中看到的那样，并非所有伴侣都同意这样做。因为在巴黎，结婚通常（尽管严格来讲并不一定）包括几个阶段，先是许诺，然后是举行婚礼，所以现实中会产生误解，可能一方认为已经结婚了，而另一方却不这么认为；这些误解可能是由于一方怀有恶意，也可能是由于确实混淆了法规。人们肯定已经普遍意识到，未来的承诺伴随性交就构成了完整而有效的婚姻——原告通常在法庭上以这一系列事件为由要求结婚——然而，巴黎副主教法院对婚礼仪式的重视可能会让人们认为后者是完成婚姻的必要步骤。[89] 戈蒂埃·格瑞辛（Gautier Gresine）的遗孀奥迪娜（Odine）因与科林·古勒（Colin Gourle）秘密结婚而被罚款，她曾是古勒的女仆。据说他们已经秘密结婚三年了，法庭勒令他们在 40 天内举行婚礼，否则罚款 10 里弗尔。然而，耐人寻味的是，登记簿上最初列出的违法行为是"频繁交往"，后来被划掉，改为"秘密结婚"。[90] 这可能只是一个抄写错误，但也可能预示了一些混乱的情况。登记簿通常只记录案件的简单结果，但如果对主仆的关系是否构成婚姻进行了大量讨论，这就可以解释这一记录错误了。可能奥迪娜和科林以及其他伴侣故意让自己的身份含糊不清，因为他们已心照不宣地同意不把两人的关系看作婚姻。

通常情况下，想要公布结婚消息的是女方。婚姻为女性及其子女提供了经济支持,如果男性伴侣死亡或抛弃她们,她们就无法获得这种支持了。婚姻还能提高她们的社会声誉。同时,婚姻也剥夺了她们脱离结合的自由。男性也有类似的利弊需要权衡,但由于他们往往是收入较高或控制财富的一方,因此权衡的因素有所不同。我们或许可以通过研究寡妇——通常情况下,她们可能比从未结过婚的女性生活得更好——是否试图将她们的结合广而告之使其成为婚姻来了解妇女的动机。如表3所示,总共有178起关于肉体关系、频繁交往和奸淫的案件,由此我们对女性的婚姻状况能够有一定的了解(假定仆人和住在明显没有血缘关系的人家里的女性没有结婚)。其中24人是寡妇。在17起"承诺后发生肉体关系"的案件中(据我们所知,这些案件是由其中一方提起诉讼的),有4起是由寡妇提起的。由于我们不了解更多女性的婚姻状况,这些数据不足以告诉我们寡妇是否比从未结过婚的妇女更满足于保持未婚状态,也不足以告诉我们经济需求在其中起了多大作用,但这些数字确实告诉我们,有些寡妇想要再婚。

有些人可能为了不给神父交祝祷费而没有举行婚礼,不过考虑到他们可能会被罚款,这可能并不是一个明智的财务决定。在巴黎或法国北部的其他地方,几乎没有证据表明,男女双方是为了让父母看到"生米已煮成熟饭"而故意秘密结婚的。[91] 独立于家庭之外的人也会缔结这样的婚姻,但他们这样做似乎并不是为了逃避父母的监视。

独立的子女和父母的参与

像塔辛·拉·马丁或丹妮丝·埃斯佩兰这样的仆人的案例,是家庭参与子女的婚姻选择,或至少是有记录的家庭参与的一种极端情况。父母的参与程度与我们对人们所选结合类型的理解密切相关。我们假定，家庭参与程度越高，子女的性自由就越少，个人进入非正式结合关系的可能性就越小，对于年轻女性来说尤其如此，她们的家庭希望她们成为体面的人。让娜·拉隆古尔（Jeanne la Rongour）和罗伯特·勒比斯（Robert le Bys）处于中间位置，因为男方住在父亲的房子里，而女方则独自生活。她声称罗伯特给了她一份做帽子的工作，并连续两三天来到她的房间与她发生肉体关系。然后，他们互相许诺结婚，并以结婚的名义一起喝酒。他几乎每晚都与她共度良宵，"待她如妻子一般"，他们还交换了柳条（婚姻的另一个常见标志）。[92] 她说，他还把她当作妻子带到他姐姐居住的楠泰尔的圣热纳维耶夫（Ste.-Geneviève de Nanterre），和她一起睡在他姐姐的房子里。他承认与她发生了肉体关系，并把她带到了他姐姐家，但声称他是把她当作妓女在前厅（公共场所）与她上床的，他否认在他们上床时给过她任何东西。她因所起诉的秘密婚姻而被罚款，而他仅仅因与她姘居而被罚款。[93] 她输掉了她自己提起的民事诉讼，法院没有勒令他们举行婚礼，但她仍因为自己承认的行为而被罚款。在这起案件中，与上文讨论的一些案件不同的是，这对伴侣在他们发生性关系的场所上达成了一致，但在他是否将她当作妻子对待上存在分歧。同样，无论哪种说法看上去都是可信的。没有证词记录，只有她的指控和他的回应，因此很难确定她的家人有没有参与其中，但据说没有。案件引出的问题是，他的家人是否承认这种结合是婚姻，而她的家人似乎并未参与这一过程。

有的案件的女方父母没有参与，但这并不意味人们没有频繁地期望这种参与。让·杰鲁兹（Jean Gerouse）的女儿科莱特（Colette）对尼古拉·米歇莱（Nicolas Michelet）提起民事诉讼，要求他履行结婚承诺。这两人还一起被牵扯到一桩刑事诉讼中。尼古拉承认与科莱特发生了肉体关系,但表示他没有向她许诺任何事情,因为她的父亲拒绝给她嫁妆。他表示只要给他 20 法郎,他就愿意娶她。法庭命令他们立即举行婚礼。[94] 这位主持法官显然认为尼古拉许过有条件的承诺,性交后条件就不复存在了。科莱特的指控不是凭空捏造的;虽然尼古拉否认了承诺,但他承认正在协商嫁妆。这个案例反映了父母意愿与子女意愿之间相互作用的方式,以及双方做出选择的方式。贝特朗·帕亚尔(Bertrand Paillard)和让娜·多弗朗雷蒙特(Jeanne Dauffremont)的案例可能更进一步反映了父母发起的婚姻,而不仅仅是父母认可的婚姻。贝特朗从小就认识让娜,也认识她的父母。他说,他们曾谈过结婚的事,也说过结婚时她的父亲要给他们一些财产,但她父亲并没有这样做;然而,在双方父母讨论了这种可能之后,这对情侣以结婚的名义接吻、牵手、共饮。尽管两人曾数次独处,包括在马厩里独处,但贝特朗否认与让娜发生过肉体关系。他们最终都因秘密结婚而被罚款,但记录中并没有说他们被勒令举行婚礼。[95]

很难知道这些模式有多普遍,以及有多少女性行事时不受制于家庭。(男性的家庭则没那么频繁地被提起,因此就更难确定了。这里将重点讨论女性的情况,因为学术界普遍认为,女性的家庭尤其愿意帮她们做出安排。)女性结婚或声称被夺去贞操的平均年龄似乎在十几岁或二十出头,但数据点① 太少,无法确定。[96]

就表 2 列出的所有案件来看,口供中都提供了缔结有争议的婚姻或

---

① 数据点(data point),在统计学和数据分析中,用来表示数据集中的单个数值的点。

非婚结合的女性的家庭状况信息。这些案件大多是奸污、违反承诺或认定父亲身份的案件。至于男方，如果文本中提供了他们的职业，我就给出了他们的职业，并注明他们是否据说与雇主住在一起。我省略了那些除女性姓名外没有其他信息的案件。

表 2　性伴侣的职业与居住状况

女性姓名	出处（都出自 AN, Z/1o）	年龄	女方职业/住所	伴侣状况
让娜·侯赛耶	18/42v	20	与男/女主人同住	杂货商人，住在另一人家中
让娜·拉·鲁赛尔	18/43r	20	刚从诺曼底来此	
让娜·拉·萨吉特	18/194v	18	住在贵族家里	看管人
玛丽安·帕坦	18/199v	17	孤儿，继母给她找了个地方当仆人	商人，已结婚13—14 年
玛特林·拉·佩蒂特	18/213v	25	他说她是个妓女	国王的仆人
塔辛·拉·马丁	18/237v	22	与男/女主人同住	为他父亲卖水果
科莱特·普瓦特万	19/42r	16—17	仆人，与男/女主人同住	商人
帕克特·霍内尔	19/72r	20—21	与父亲同住	与母亲和继父同住
让娜·拉·苏福莱特	19/76r	22	与父亲同住	商人
皮埃赫特·法诺斯	19/113v	19	与继父同住	车夫
让娜·加尼尔	18/7v		与监护人同住	她的监护人，一名教士
皮埃赫特·拉·塞克	18/25r		仆人	她的主人
玛格丽特·拉·布歇	18/39v		仆人（父亲为他出庭）	她的主人
让娜·勒布尔斯	18/40v		住在一个劳工家里	
让娜·福蒂尔	18/45r		仆人	她的主人
［无名氏］	18/53v		仆人	她主人所在教区的居民

续表

女性姓名	出处(都出自 AN, Z/1o)	年龄	女方职业/住所	伴侣状况
皮埃赫特·阿利斯佩尔	18/55v		父亲去世,哥哥替她交了罚款	
阿诺莱特·科泰努	18/144v		仆人,与一名香料商同住	理发师,住在同一栋房子里
艾莉森·福提奈	18/152v		提到了父亲的名字	工人,已婚,她的亲戚
让娜·德·诺斯	18/185v		提到了父亲的名字,与一名抄写员同住	彩绘者,住在同一栋房子里
皮埃赫特·拉·穆瓦西	18/213v		在非亲非故之人家中,在那里生了孩子	住在同一栋房子里
玛格丽特·拉·梅瑞塞	19/7r		在非亲非故之人家中	住在同一栋房子里
让娜·德·塞旺	19/7r		主人的仆人,父亲为她出庭	体力劳动者
艾格尼斯·普瓦雷特	19/36r		毛纺工,制帽者;提到了父亲的名字	制帽商
德尼·休斯之女	19/40v		未给出她本人的名字	车夫,她的亲戚
丹妮丝·埃斯佩兰	19/60v		在巴黎的政府职员家中;提到了父亲的名字	在巴黎的政府职员家中,车夫
让娜·莫雅	19/95v		仆人,与雇主(一名马具商)同住	同一雇主的仆人
吉永·加文	19/99v		仆人,与主人同住	前主人的儿子
卡特琳娜	19/143r		仆人	她的主人
让娜·马丁	19/170r		仆人	她的主人
让娜·德·拉·罗奇	19/205v		仆人	她的主人(已婚男人,工人)

续表

女性姓名	出处（都出自 AN, Z/1o)	年龄	女方职业/住所	伴侣状况
玛格丽特·丹妮特	19/202v		在非亲非故之人家中	在同一栋房子里
玛格丽特·拉·马松南	19/252v		在非亲非故之人家中	与她同住的女人的儿子
科莱特·约萨特	19/274r		与她父亲同住	已婚男人，教士
玛格丽特·曼格埃特	19/275r		在非亲非故之人家中	与她同住的男人的兄弟
让·侯塞尔之女玛丽安	20/37r		与她父亲同住	已婚男人
让娜·拉·库罗纳	20/101r		与他主人同住	神父
让娜·福米尔	21/147r		仆人，父亲为她出庭	她的主人，布商，她教母的丈夫
杰奎琳·劳佩斯	21/341r		在非亲非故之人家中	住在同一栋房子里
玛丽安·拉·拉凡迪尔	18/8v		寡妇	神父
丹妮丝·勒·格朗	18/15v		寡妇；仆人	
玛丽安	18/32r		在一个女人家中，她在这个女人生产时及之后照顾她	她所照顾的女人的丈夫
让娜·拉·瓦尔斯	18/87r		在非亲非故之人家中	渔夫，她所住人家的仆人
吉莱特·拉·布莱比	18/120v		女裁缝，在非亲非故之人家中	住在同一栋房子中的男人
让娜·图麦尔	18/125r		仆人；与主人同住；提到了父亲的名字	她主人邻居的儿子
丹妮丝·拉·多伊奈尔	18/164r		仆人；寡妇	工人，在同一个主人的房子里
玛格丽特·拉·马斯特尔	18/170v		村中的她自己家	

续表

女性姓名	出处（都出自 AN, Z/1o）	年龄	女方职业/住所	伴侣状况
玛丽安·德·罗姆布特	19/44r		在非亲非故之人家中	住在同一栋房子里
[无名氏]	20/11r		与她父母同住	青梅竹马的未婚夫
科莱特	20/42v		仆人	她的主人
玛丽安·塔奈勒	20/52r		在非亲非故之人家中	与她同住的男人的儿子
阿加特·德·翁日	20/66r		在非亲非故之人家中；她继母做证	铁匠
让娜·丹诺	21/29v		与她父母同住	神父
让娜·拉隆古尔	21/35v		织工，自己住	制帽大师
[无名氏]	21/157r		一名布商的仆人	神父
让娜·佩蒂特	21/310v		一名寡妇的仆人	同一家人的车夫
科莱特·格劳斯	21/349r		父亲在进行彩礼协商	
艾莉森·布歇	21/380v		父母参与了她的婚姻	

不算寡妇，这份名单上有 34 名女性离开娘家独立生活，她们或是作为仆人，或是以其他身份住在别人家里，或是自己住。[97] 登记簿上出现了各种表示仆人的词——"ancilla""famula""servitrix"——以及更具体的表示职业的词，但有时登记簿上只说这个女人住在那所房子里，并没有提到她的工作。这些人中有些可能是仆人，有些可能是房客，还有些可能是穷亲戚。[98] 如果户主被称为先生/女士（*magister/magistra*），我就认为这个女人是仆人。除了 34 例未提及家庭成员的案例外，还有 8 名女性未与家人同住，不过案件中提到了亲属（父亲、继母、兄弟）或女人被称为父亲的"女儿"。与这 42 名未与父母同住的女性形成鲜明

对比的是，有 6 名女性据称与父母同住，有 5 名提到了父母的名字但未提及住所。

我们不能说所有不与父母同住的女性都能在自己的性关系和婚姻问题上做出独立的决定。一些做工的女性显然与家人保持着密切联系，因为她们的父母或兄弟出庭或为她们缴纳了罚款，还有一些未提到家人的女性可能也与家人保持着联系。让娜·莫雅（Jeanne Maire）就是一个典型的仆人的例子，她虽然没有与父母住在一起，但仍然与他们保持着密切的联系。她声称，在承诺结婚后，她被同为仆人的塔西诺·约韦勒（Tassino Jovelle）夺去了贞操。塔西诺承认，他确实答应过娶她，但条件是她必须管好自己，而她违反了这一条件，与他们的主人杰弗鲁·热鲁（Geoffroi Geroult）发生了性关系。塔西诺的证词没有明确说明让娜与杰弗鲁的性关系是否发生在承诺以及与塔西诺的性关系之间，如果发生在那之间，那就违反了他在承诺中附加的条件，但如果发生在之后，那条件就无效了，承诺就具有了约束力。法院对塔西诺的奸污行为处以罚款；违反承诺案的结果没有留存下来。与我们的目的相关的是，让娜解释说，她的父母已经与塔西诺达成和解，要求他支付 3 金埃居作为夺走贞操的赔偿，她得到赔偿就会满足了。（法院命令他除了支付给她上述钱款外，还要支付另外的金埃居以作为罚金。）[99] 因此，虽然她在做工期间与家人分开生活，但她的父母显然参与了她的生活决策。

当然，我们所了解的这些女性并不能代表整个巴黎的女性。和与父母同住的女性相比，在别人家里做工的女性，无论是否打着婚姻承诺的幌子，都有更多机会与男人发生关系。在有详细资料留存的案件中，女性可能并不是刑事登记簿中所有案件的典型代表。表 3 列出了 609 起肉体关系（无论有无承诺）、"频繁交往"或奸污案件中被点名的 572 名女性

（有些是被告，有些是男性被告叫得出名字的伴侣）的居住状况信息。[100]

在一半以上的案例中（没有姓名、只有姓名或有姓名和住所），无法确定女性是住在父母家、别人家还是自己家。我们从有证词留存的案例中了解到，并不是每位以父亲的名字认定身份的女性都住在父亲家里，但即使她们都住在父亲家里，撇开寡妇、已婚妇女和修女不谈，我们也可以确定有 56 名女性与家人生活在一起，有 63 名女性生活在其他地方。这些数字的重要性被大量没有证据、只是据推测得出的数字削弱了。也许这些人中的大多数都与她们的父亲住在一起，而这并不值得一提。尽管如此，很明显，女性在婚前生活在父母的直接控制之下远非普遍现象。那些远离父母控制的女性在性选择方面更加自由。

表3 肉体关系、频繁交往和奸污案件中女性的居住/个人状况

被标记为仆人的		修女	1
受到雇主指控	27	住在其他人家中	
受到其他仆人指控	5	受到户主指控	11
受到其他人指控	5	受到其他同住人指控	5
未被标记为仆人的		受到其他人指控	10
已婚	34	有住处，但未提供户主姓名	127
寡妇	24	以父亲的名字认定身份	50
与父母同住	6	只知道名字	267

当然，男性的情况也可能如此，但即使在父母对女儿实行相对严格控制的社会中，情况也往往如此。

少数自主选择伴侣的情侣并非完全独立，而是背着父母的。在有几起案件中，有人"出于对父母的恐惧"而在圣日耳曼莱耶（St.-Germain-en-Laye）的豁免辖区结婚（不需要结婚预告，这样不合法，但不是无效

的)。¹⁰¹ 由于在相应的教区没有结婚预告、不公开，这种婚姻是秘密的，尽管人们努力通过惩罚参与其中的神职人员来打击这种婚姻，但仍然很常见。¹⁰² 有些情侣更愿意秘密地缔结婚姻。纪尧姆·拉齐耶（Guillaume Larchier）的女儿凯瑟琳（Catherine），尽管以她父亲的名字认定了其身份，但显然她并不完全受父亲的控制。她曾与吉约姆·约利沃（Guillaume Joliveau）交换过婚姻承诺，但后来又与让·吉埃诺（Jean Gueneau）交换婚姻承诺并因此被罚款，"她说她不敢告诉她父亲"，估计是不敢提到之前的婚姻承诺。¹⁰³ 没有父母的同意让一些人陷入了婚姻的灰色地带——比如安德烈·维亚特（André Vyart）和皮埃赫特·保利（Pierrette Pauli），他们因为父母不同意，于是没有举行婚礼而被罚款。¹⁰⁴

很多学者认为，父母的参与程度低、婚姻伴侣（尤其是女性）独立性较强与结婚年龄较晚有关，这在英格兰尤为明显。¹⁰⁵ 丹娜·韦塞尔·莱特福特（Dana Wessell Lightfoot）等学者最近对这一观点提出了质疑，她发现15世纪巴伦西亚的女性开始从事家政服务，自己攒嫁妆，自己选择配偶。¹⁰⁶ 即使是最常被引用来说明地中海地区结婚年龄较早的1427年佛罗伦萨大灾难的数据也显示，社会地位较低的女性的结婚年龄要大一些。¹⁰⁷ 在中世纪晚期的意大利城镇，由于嫁妆暴涨，女孩结婚年龄非常小的情况至少可能是例外了，在中世纪更后期，整个欧洲都可以看到独立做出婚姻选择的女性。

同　居

在前几节讨论的许多案例中，情侣中都至少有一方在关系开始时或事后声称自己已经结婚，但也有许多情侣长期生活在一起，根本就没有提出过结婚的要求。我们之所以知道他们，是因为他们被罚款了，或者是因为秘密结婚，或者因为其他性犯罪。与一方宣称结婚或奸污的案件相比，肉体关系、维持关系和频繁交往案件的法庭记录提供的信息要少得多，但仍能让我们了解到一些人是如何以及为何进入这种结合的。第一步是确定人们实际同居的情况。在男方被指控有情妇或女方被指控做别人的情妇的案件中，情况相当清楚。至于说男子包养女子或女子被包养或维持关系的情况，则要复杂得多。[108] 男子被指控包养或供养的时间从数月到数年不等。据说情侣们有时是住在不同的地方，比如住在圣保罗街的让·德·格鲁西（Jean de Grusi）包养了住在让·博西埃街的玛丽安（Marianne），但这并不意味着不涉及经济支持。[109] 人们有时会用"Intertenire"（"互相拥有"）来代替"manutenire"（"包养"），有时简单的"tenire"（"供养"）似乎并不意味着经济上的包养，而是指夫妻"相互供养"或女方和男方"在一起"。[110] 偶尔人们也说男子"像妻子一样"养活女子。[111]

维持关系有时确实意味着同居。让·马斯尼埃（Jean Masnier）大师被指控与某位（未透露姓名的）女子维持了6年或更长时间的关系。据起诉者说，这名女子两年前与他生了一个孩子，现在又怀孕了。让·马斯尼埃为自己辩护说，他已经70岁了，而且患有疝气，这大概是在暗示他不可能是孩子的父亲，然后他承认，这个女人确实和他住在一起，他们偶尔会发生性关系，不过他说他怀疑自己是不是她孩子的父亲。[112] 最初的否认在他这里可能是一个彻头彻尾的谎言，或者她可能是一个与他同住的管家，无论他们是否发生过关系，他都不认为她是他的家庭伴侣。在雅克·杜蒂尔（Jacques du Tiers）和让娜·杜布瓦

（Jeanne du Bois）的案子中，争议的焦点是生活在同一屋檐下的情侣是否是性伴侣和家庭伴侣。当被问及他是否"过去和现在都在供养"让娜时，雅克否认了这一点，并说他"希望她去见所有的魔鬼"。当被问及"与你同居的女人叫什么名字"时，他回答说："让娜·杜布瓦，但她并没有与他在一起，在过去的三年里，是因为钱，他才寄宿在她这里的"。他说，她的"房间"是从尼古拉·弗洛马吉尔（Nicolas Fromagier）那里租来的，他为此付给房东 4 法郎。当被问及既然房东没有租给他房子，他为什么要付给房东钱时，他回答说他们俩都付钱给房东。[113] 在这里，"供养"这个女人似乎是指支付她的房租，但他否认了这一点。让·勒·布尔吉尼翁（Jean le Bourguignon）被指控与他的仆人科莱特（Colette）发生关系，并承认 3 年来他一直"把她当作自己的妻子来养活"。这可能意味着他们住在一起，但当被问及他们是否总是睡在一起时，他说"有时是，有时不是"。他还被指控开了一家妓院，"因为养了四五个声名狼藉的女人"。[114] 据推测，这也发生在她与他同住的那所房子里。

并非所有被控"维持关系"的人都建立了自己的家庭；有些人从事家政服务，与雇主同居。例如，安德烈·哈勒（André Halle）供认，他曾在主人雅克·诺凯（Jacques Norquet）家中和一个叫让娜的女人维持了 4 个月关系。[115] 他们在同一屋檐下生活了 10 到 12 个月，因此，他承认与她维持关系的更短的这段时间可能是他们性生活活跃的时期。他否认自己是女方孩子的父亲，尽管他承认自己起初认为是。艾莉森·拉·布兰杰尔（Alison la Boulangere）在一起清楚表明家庭伴侣关系的案件中接受了审讯，不过开头没有记录下来，因此我们不知道指控的具体内容。当被问及她与车夫奥利维耶·勒格拉斯（Olivier le Gras）

在一起多久时,她回答说"她和他在一起有五六年了,现在他已经6年没有和她交往或者发生肉体关系了,一年前,她在巴黎的法庭进行了赔偿"。她与奥利维耶没有孩子,但显然与他的一个儿子住在一起,这个儿子娶了她与前夫所生的女儿。当被问及奥利维耶是否和她住在一起时,她回答说没有,但他住在一间房里,她住在隔壁的另一间房里。[116] 尚不清楚这种居住安排与他和她"交往"时有何不同。在他们的关系结束多年后,仍然住在同一屋檐下,如果这是真的,这要么证明他们仍然保持了友好的关系,要么证明经济条件太差。

葡萄园工人艾莫里·吉拉德(Aimery Girard)和洛朗丝(Laurence, 未注明姓氏)显然是同居伴侣,但两人似乎都决定不结婚。他们对簿公堂时一起住在蒙马特(Montmartre)。当被问及他与她保持了多长时间的关系时,艾莫里说有8年了:先是在马恩河畔尚皮尼(Champigny-sur-Marne)的村庄住了两个月,然后又住到了德伊拉巴尔(Deuil-la-Barre)。他们有5个孩子,在德伊拉巴尔时,他称洛朗丝为妻子。然而,当法官建议艾莫里娶她为妻时,他却表示不愿意。在再三追问下,艾莫里仍然声称自己没有结婚。洛朗丝没有出庭做证,或者说她的证词没有记录在案,结果也没留存下来。[117] 尽管两人的关系一直持续,而且显然都是单身,因此可以结婚,但洛朗丝似乎并没有要求婚姻承诺,这种结合也不被称为姘居。在这类案件中,法院本可以宣布双方结婚,并命令他们举行婚礼,但在双方都否认曾经交换过誓言的情况下,这样做是不正常的。这个法院没有采用一些英格兰教会法院采用的"以结婚为惩罚的弃绝"程序,在这种程序中,情侣双方必须以将来时态交换婚姻誓言,如果他们将来发生性关系,誓言将具有约束力。[118] 如果一对情侣不愿意结婚,就像艾莫里和洛朗丝那样显然不想结婚,法院尽管可能会禁止他们继续进一步的关系，但不会强迫他们。

然而，与艾莫里和洛朗丝不同的是，一些被指控维持关系的人却迈出了通向结婚的步伐。托马斯·杜·布克（Thomas du Buc）和他的未婚妻凯瑟琳（Catherine）因为维持了七八年关系而支付了罚款。这件事之所以引起了法院的注意，是因为他们为了孩子，在教堂前订了婚。[119]根据教会法，结婚后，婚前的子女也能获得合法身份，这可能是他们结婚的理由。尽管如此，订婚还是让法院注意到他们之间相当持久的关系从未正式确定下来。拉乌尔·鲍蒂埃（Raoul Bautier）因与女仆卡迪娜（Cardine）维持了两年关系而被罚款，在此期间，卡迪娜生下了他的孩子。在他被罚款的时候，他们已经在教堂门口订了婚，并发布了结婚预告。拉乌尔同意举行婚礼，并被处以 43 苏的罚款——"赞成结婚"——大概意思是，因为计划结婚，对他的罚款更少了。[120]在这两个案例中，双方都已经在一起有相当长的时间了，而且都没有声称已经结婚。我们无从得知，对于托马斯和凯瑟琳，或拉乌尔和卡迪娜，在他们采取步骤使结合正式化之前，邻居们是认为他们已经结婚了，还是知道他们没有结婚，又或者多年来只是睁一只眼闭一只眼，没有过问。

当然，并非所有维持关系的案例最终都会结婚或者有结婚的打算。当亨丽埃特·戈恩（Henriette Goyne）和皮埃尔·戈塞（Pierre Gosse）因没有举行婚礼而各自支付罚款时，后者还因与让娜·德·拉萨尔（Jeanne de la Salle）维持了 15 年关系并与她发生肉体关系以及与亨丽埃特发生肉体关系而被罚款。[121]他非但没打算娶与他有长期伴侣关系的让娜，还要与他人结婚。同样，让娜·昆佩尔特（Jeanne Quinperte）与理发师阿兰·亨利（Alain Henry）之间的姘居关系显然是在后者与其他人订婚时才曝光的，前者因此被罚款（后者则因频繁交往和肉体关系被罚款）。在亨利发布结婚预告时，昆佩尔特站了出来，声称有阻碍结婚的因素。然而，亨利获准与另一名女子结婚。[122] 如果没有采取任何措施将以前的结合正式确定为婚姻，那么它并不会妨碍后来的婚姻。

维持关系和姘居之间的区别很难辨别。姘居案共占 93 例，维持关系案占 100 例。[123] 据说人们参与这两种关系的时长也处于同一范围内，都是从一两周到数年不等（"维持关系"的最长时间为 30 年，姘居的最长时间为 14 年）。[124] 在这两种犯罪中，有时会指明他们住在同一所房子里，有时会指明住在不同的住所；但在大多数情况下，都没有说明女方的住所。少数案件将这两种罪行等同起来。有人指控让·勒·佩吉的女儿玛丽安（Marianne）允许让·德拉克鲁瓦（Jean de la Croix）夺去自己的贞操，之后还与他姘居。她否认德拉克鲁瓦夺去了她的贞操，并拒绝说出是谁干的："补充一点，她没有被要求说出是谁夺去了她的贞操，主持法官就此询问了教规专家罗伯特·拉隆格（Robert La Longue）的意见，是否应该强迫她供出让她失贞的人，他的意见是不应该。"不过，她承认让·德拉克鲁瓦和她维持了一个月关系，她也因与他姘居一个月支付了罚款，这两个词在这里似乎可以互换。[125] 在让娜·布尔德塞尔（Jeanne Bourdeselle）和她的雇主雅克·费伦（Jacques Feron）的案件中，维持关系和姘居也是等同的，她和他一起生活了 4 年，并生了 2 个孩子。她因姘居而被罚款，他因和她维持关系而被罚款。[126] 另一对同居的情侣（至少他们的住所是相同的）都被处以罚款，男方因和女方维持关系以及发生肉体关系被罚款，女方则因姘居被罚款。[127] 拉乌尔·勒·梅尔尚（Raoul le Merchaunt）被指控与一个名叫夏洛特（Charlotte）的女人姘居，夏洛特为他生了个孩子；据起诉人说，他之前曾因与她维持关系而被传唤，但他否认了这一点，并继续与她维持关系。[128]

有时,法庭会区分姘居和维持关系。当让·加纳特(Jean Garnet)因把一个名叫芭芭拉(Barbara)的女人"当作自己的配偶"维持关系并经常与她共度良宵(尽管他们的住所不同)而被罚款时,抄写员在"维持关系"后小心翼翼地加上了"姘居"一词。芭芭拉也因姘居而被罚款了。这里和其他两个案例中都必须加上这个词,这表明"在姘居中维持关系"不仅有单纯的"维持关系"的意思,两者之间有一些重叠。[129] 在布里副主教辖区,纪尧姆·诺埃特(Guillaume Noerte)因与让娜·德拉哈耶(Jeanne Delahaye)订婚前姘居四年并育有一子而被处以罚款。在1500年12月记录此案时,他们已经订婚六周。没有迹象表明这位副主教与他们这么着急要结婚有什么关系,尽管他可能催促过他们。抄写员在记录案件后,回头又在"维持关系"后面加上了"姘居"。[130] 不清楚这是否原本就是被罚款的罪行的一部分,只是他忘了写,还是后来添加的信息。无论在哪种情况下,这都是为数不多的情侣在其生活安排被称为姘居后结婚(或至少计划结婚)的案例之一,也是表明姘居和维持关系之间存在区别的案例之一。在大多数情况下,姘居似乎是婚姻的一种替代方式,而不是婚姻的前奏。

未婚情侣同居,无论被称为维持关系还是姘居,最常见的情况中有一种发生在主仆之间。在这些伴侣关系中,涉及婚姻承诺的指控相对较少,这可能是因为如果婚姻承诺的指控出自社会地位较低的女性会不太可信。然而,让娜·马蒂娜声称,她的雇主、丧偶的米勒图斯·约万(Miletus Jovan)夺走了她的贞操,并承诺娶她为妻。他否认做过这样的承诺,但承认在她怀孕期间,他请沙特莱的公证人来到家里,当着他们的面承诺,给她10法郎作为补偿,如果她接受这样,就算和解了。我们不清楚这笔钱是用来支付孩子的抚养费或分娩费用,还是为了避免她提出结婚的要求。当时可能本来就是模棱两可的。[131] 由于奸污罪的指控,对这起案件,我们能了解到比其他许多案件更多的细节,但这可能不算发生在单身男性户主与其仆人间的典型情况。没有找到主仆被判结婚的案例。

巴黎的记录中使用了"姘妇"和"姘居"这两个词,而英格兰等地的记录中却很少使用,这一事实表明人们在一定程度上承认这种结合,不过这是一种消极的承认,承认的目的是惩罚。姘居是不体面的,但它与简单的私通或肉体关系不同。这个词的使用可能表明罗马法的范畴在法国的影响,不是在法学家和评论家的层面上,而是在公众认可的层面上——一种广泛而普遍的影响,也许是语言学上的残余,而不是对某一具体条款的援引。它的使用不太可能源于继承法:巴黎地区的习惯法禁止所有私生子继承遗产,尽管亲生子女可以通过父母后来的婚姻获得合法身份或拿下一笔可观的遗产。[132] 在姘居案件中,只有不到 1/4 的案件提到怀孕或生子(尽管后代,如果有的话,在各种案件中都普遍会被提到),有些案件涉及神父或已婚人士,因此这样的父母无论如何都不可能结婚。[133] 我们仍然想知道,使用这个词是否不仅仅是语言习惯,特别是因为在布鲁塞尔官方的判决书中有大量的秘密婚姻案件,而布鲁塞尔是另一个遵循多纳休所说的"法国—比利时"婚姻模式的司法辖区;但"姘妇"这个词在这里只出现过一次,出现在一个有几个姘妇的神父的案件中。[134]

尽管使用"姘居"一词可能并不是为了授予法律权利,但它确实表示了一种持续而严肃的关系。让·德·布索诺耶(Jean de Bussonoye)被指控五六年前经常与一个名叫玛德琳(Madeleine)的女人姘居,他辩解说她是"公共的",也就是妓女。¹³⁵ 他显然希望,如果这种关系是短暂的,而不是持续的,受到的惩罚会轻一些。使用"姘居"一词,可能是为了区分尽管持续时间长但却仍属临时的情况("维持关系"或反复的肉体关系)和准长期的情况。然而,适用于巴黎副主教法庭的教会法中的"情妇"并不仅仅是指婚姻尚未最终确定的妻子。¹³⁶ 姘居在很大程度上是未婚者的违法行为,这一点从"姘居"一词被划掉而代之以"通奸"的条目中可以看出,但也有已婚者承认姘居的案例。¹³⁷ 皮埃尔·赫丁(Pierre Hedin)和他的妻子安妮特(Annette,登记簿中对她的称呼)被指控姘居,这显然意味着起诉人认为皮埃尔在安妮特的第一任丈夫生前就把她当作情妇养活了。他们声称,他们已经结婚了,而不是姘居,而且她的孩子是与前夫生的——换句话说,没有证据表明在后者生前就有这种结合。¹³⁸ 雅克·佩蒂特(Jacques Petit)和让娜·奥默(Jeanne Aumer)因姘居被罚款,让娜还因之前与马丁·德·法耶(Martin de Faye)姘居被罚款。让娜承认马丁曾说过,如果她能管好自己,他就娶她。由于两人随后发生了关系,法庭认为之前承诺的条件无效,双方的结合就形成了婚姻。¹³⁹ 当然,这种之前结过婚有时是为了避免现在结婚而编造出来的。¹⁴⁰ 然而,让娜并没有因为与合法丈夫马丁分居而被罚款,也没有因为通奸而被罚款,而是因为姘居,这表明即使是已婚妇女也可以成为情妇,而且法院并不认为她与雅克的姘居关系是结婚的前奏,因为她在法律上仍然是马丁的合法妻子。

热拉尔·加尼埃(Gérard Garnier)和让娜·布勒蒂埃(Jeanne Bretier)的案件表明了姘居和秘密结婚之间的微妙界限。¹⁴¹1500 年 5月,让娜声称在承诺后与他发生了肉体关系,他们被勒令举行婚礼。这条登记记录指出,他们在 6 个月前曾因姘居被罚款。然而,1499 年 12

月的登记记录显示,他实际上是因为与她发生肉体关系被罚款,而她则是因为结婚承诺后发生肉体关系被罚款,其中并没有提到姘居,而且他们还被宣布为没有结婚,并获准和别人结婚。[142] 法庭似乎不经意间忽略了承诺后发生肉体关系,将其错误定性为姘居。有人会在特定的场合选择性失忆,这表明当夫妻同居,其中一方声称有婚姻承诺,但未得到支持时,就与姘居并无太大区别了。埃洛伊·马丁(Eloi Martin)和罗宾(Robine)"同居并经常一起过夜"(这里要提示一下,"过夜"是性交的委婉说法,而不仅仅是留宿),他们因姘居而被罚款,但两人都坚称没有做出婚姻承诺。他们显然并不想被彼此束缚,但这种坚持是必要的,这表明不同结合类型之间的界限可能很难找到。[143]

以假定结婚(先许诺后性交)为形式的秘密婚姻的频繁出现所造成的灰色地带为姘居这一范畴提供了空间。尽管许多秘密婚姻的指控是在一方提出民事诉讼时产生的,但刑事登记簿中的大多数秘密婚姻记录在民事登记簿中都没有相应的记录,因为双方都没有提出违反承诺的诉讼,他们只是满足于顺其自然。那些在教堂门口或私下做出承诺后走向完婚的情侣,可能会认为自己还没有完全结婚,或者至少认为这种关系有含糊不清的地方,因此宁愿继续保持这种不上台面的结合。

失败的婚姻

正如已婚者与他人姘居的例子所表明的那样,对于许多长期伴侣来说,结婚是不可能的,因为其中一方已经与他人结婚。在我们所知的没有离婚这一说的时代,失败的婚姻给人们留下了许多远非理想的替代方案。[144] 他们可以提起诉讼要求分居。在巴黎,法院通常会准许夫妻分居,即便有时分居的理由是虐待或麻风病,他们仍然可以保留与对方性交的权利——任何一方都可以要求偿还"婚姻债务"。[145] 他们可以在没有法院批准的情况下协议分居,这有可能使双方都被处以罚款,在刑事登记簿上就有 8 起这样的案件。如果双方没有达成一致,一方可以直接离开另一方,另寻新欢。但在这类案件中,没有一起是允许再婚的。

巴黎地方不小,是本地或外省那些感到不满的配偶们重启新生活的好地方。在一些案件中,受到指控的重婚者在来到巴黎之前曾在其他地方结过婚。萨拉·麦克杜格尔(Sara McDougall)在她关于 15 世纪特鲁瓦(Troyes)重婚问题的作品中指出,法庭上出现的再婚案件数量表明,人们确实非常严肃地对待正式的基督教婚姻。[146] 在其他地方——例如在雷根斯堡(Regensburg),克里斯蒂娜·多伊奇(Christina Deutsch)发现,主教法庭愿意承认同居伴侣的婚姻,即使其中一方曾经结过婚,而且不知道其配偶是否已经死亡。[147] 然而,在法国,并没有这种惯例;在巴黎,许多人脱离了失败的婚姻,但仍然保持着不太正式的结合。[148]

玛格丽特·图桑(Marguerite Toussains)和夏尔·杜莫利(Charles du Molly)就是这样一对情侣,他们明知自己的婚姻无法得到法律承认,却仍以夫妻名义生活,他们受到了秘密结婚的指控。根据指控,法庭之前判定玛格丽特是理发师雅克(Jacques)的妻子,但之后,玛格丽特和夏尔许诺结婚,"后来又缔结了事实上的秘密婚姻,并在同一所房子里共同生活了很长时间,还有了肉体结合"。发起人要求对他们处以罚款,并勒令他们不得再有任何接触。在宣誓后,他们承认"经常"在同一所房子里,但声称他们有单独的房间,并否认发生过性交、做出过承诺,"只是玛格丽特承认曾对夏尔说过,如果可以的话,她很乐意让他成为自己的丈夫"。两人都为频繁交往引发的丑闻支付了罚款,并被勒令"除老实交谈外,不得再有其他交流"。[149] 如果他们住在同一所房子里,并承认希望能够结婚,那么他们似乎不可能没有发生性关系,但他们知道,即使声称自己已经结婚,也无法逃脱惩罚。在女方合法丈夫的鼓动下,也可以提起类似的诉讼。一位在记录中没有留下名字的男子向主持法官控诉,米歇尔·吉尔贝(Michel Guilbert)与他的前妻维持了2年关系,经常把她带到自己(吉尔贝)的家里,一起吃喝玩乐,制造了一桩非常大的丑闻。伊夫·古扬(Yves Goujan)控诉皮埃尔·普利(Pierre Poully)老爷"唆使和引诱"他的妻子米歇尔(Michelle),收留并和她维持了关系。[150]

玛格丽特和夏尔的罪行较轻,但如果一个人正式结过两次婚,他就犯下了严重的罪行,往往需要厘清哪段婚姻(如果有的话)是有效的。[151] 我在这里使用"重婚"这个词有些宽泛,因为如果是两次交换承诺而不是两次正式结婚,资料来源中并不总是使用这个词。[152] 有时,重婚的形式是第一次结婚,第二次许下婚姻承诺,而不是真正与新伴侣同居,例如罗兰·杰弗里(Roland Geoffroy)就被指控与玛丽安·拉·瓦莱特(Marianne la Vallette)交换了承诺,尽管他之前在布列塔尼结过婚,并与妻子在那里生了几个孩子。[153] 同样,让·巴塞特(Jean Basset)也承认与第二任未婚妻只是许下了承诺。他娶了一个叫让娜的女人,在知道妻子还活着的情况下,又与另一位(也叫让娜)结了婚。他承认这样做是"昏了头",因为他的妻子为了一个神父而离开了他,他感到不满。他承认他的第二次结合是无效的:当被问及他的第一任妻子叫什么名字时,他回答说他只有一个妻子,他只是在妻子离开他一年后在教堂与第二任让娜订了婚(宣誓),而不是与她结婚。当第二任让娜发现他已经结婚，而他的妻子还活着时，她也离开了他；他声称自己从未与她发生过肉体关系，不过如果她没有离开他，他就会完成这段婚姻。当被问及他以前是否在"巴黎法庭"（大概是主教法庭）承认过有两个妻子时，他说他承认过，因为他觉得受到了冒犯，于是愤怒地说"是的，见鬼了，我有两三个妻子"，但事实上，除了第一任妻子，他没有娶过任何女人。然而，在第一次讯问的两周后，他又承认在圣日耳曼莱耶与另一个女人（又一个让娜）订了婚。他承认与第三个让娜有过肉体关系，但她之前结过婚。这是登记簿中记录的少数几个有实际判决的案件之一：让·巴塞特被判处在做弥撒时举着标语站在巴黎圣母院前院的绞刑台上，然后接受两年监禁，只能吃面包和喝水。[154] 在第三段婚姻曝光之前，巴塞特一直坚称自己并未与第二个女人结婚，只是许诺过会结婚，但承诺之后并没有发生关系。法庭在判决书中用未来时态的字眼来叙述这次婚姻，而根据教会法，这就是未来的婚姻，巴塞特显然知道，如果没有完婚，就属于轻罪。

布里副主教辖区马恩河畔香榭（Champs-sur-Marne）的卡迪努斯·马尔科（Cardinus Marqueau）因与两名女子订婚或结婚（*desponsare*）而被判处一年监禁，又减刑为罚款 2 金埃居，这一数目异常巨大。他说，在接受审讯时，他大约 30 岁。当被问及与他同住的西蒙娜·康维琳（Simone Conveline）是不是他的妻子时，他说他们从未结过婚，但他和她维持了 7 年关系，并称为维护她的声誉而称她为妻子。他承认，10 年或 12 年前，曾在布里地区普雷勒（Presles-en-Brie）的教堂与另一个名叫杰凯特（Jacquette）的女人订过婚，但他声称这段婚姻始终未完成（至少，我们在此必须断定这就是"desponsare"的意思，因为它曾被用来指宣誓之后的阶段），而且他从未与她发生过肉体关系。[155] 他在宣誓后坚持否认有肉体关系这一点。不清楚法官处罚他是因为根本不相信他的话，还是因为他与一个女人订婚，又与另一个女人同居，此时甚至第一次婚姻都没完婚，或者说第二次结合都没有被称为婚姻。看来这很可能不是卡迪努斯不清楚自己的婚姻状况的问题：他否认第一次结合已经越过了未来同意的阶段，也否认第二次结合是婚姻，这表明他或给他建议的人相当了解教会法。

被指控重婚的人通常声称，他们听说自己的第一任配偶已经去世。例如，玛丽安内特·拉·盖莱（Mariannette la Gelet）供认，她曾允许自己的未婚夫与她发生肉体关系，后来，当她听说他去世了（显然，他们还没有住在一起），她便与皮埃尔·巴比耶（Pierre Barbier）订了婚。[156] 她没说她以前结过婚，只是说订过婚，但法院清楚地认识到，承诺后的性交是有约束力的，于是法院禁止她与巴比耶继续交往。在她对丈夫下落的了解上，她可能说了实话，也可能没说。让娜·拉·波特波瓦兹（Jeanne la Porteboise）因为在不知道丈夫是否去世的情况下与另一个男人订婚而被罚款，尽管她丈夫在她出庭之前就已经去世了。[157] 米歇尔·杜·穆斯蒂埃（Michel du Moustier）的妻子让娜在圣热尔维（St.-Gervais）的教堂与纪尧姆·德拉鲁（Guillaume de la Roux）订婚，她声称自己以为丈夫已经去世。[158] 奥利维尔·拉·托马斯（Olivière la Thomasse）因与让·杜邦（Jean du Pont）结婚而支付了一大笔罚金，她声称，她以为皮埃尔·福雷特（Pierre Furet）在她离开他之后5年内就去世了，而后者是她26年前的丈夫。[159] 尼古拉·格夫罗伊（Nicolas Geffroy）声称，他在布列塔尼结过婚，但已经6年没见到妻子了，当他与另一个女人订婚时，也不知道妻子是否还活着。[160] 乌尔辛·皮雄（Ursin Pichon）的女儿卡迪娜（Cardina）或玛丽安（Marianne，她声称在受坚信礼时改了名,但法庭似乎认为当时的情况存疑),与一个名叫让的男人结婚9年(据让说)或14—15年(据她说)。她声称他在大斋节①前离开了她,她一直等到复活节后才来到巴黎,为让·杜邦工作了7年。她说,她没有丈夫的消息,就嫁给了伊夫·吉戈(Yves Gigot),和他在一起生活了8年,并生了2个女儿。她声称,如果知道让还活着,她绝不会嫁给伊夫。一年前,她听说让还活着,但直到上周四才见到他。为了证明与让的婚姻无效,她还声称让在他们第一次结婚之前就已经与别人订婚了。但她显然败诉了,因为她后来以让的妻子的身份出现,起诉伊夫,索要孩子的抚养费。[161]

　　来自图尔、住在巴黎的织工莫里斯·肖沃(Maurice Chauveau)是一个特别厚颜无耻的重婚者。他先是被控在13年前娶了杰奎琳·塔斯(Jacqueline Tasse),然后又在5年前娶了玛丽安·瓦莱(Marianne Valle)。他声称,他的一些熟人告诉他,他的第一任妻子死在巴黎的教会医院里。当被问及为什么没有去当场确认她是否死在那里时,他说他不知道。莫里斯接着说,大约两年前他曾去那里打听过他的第一任妻子,却被告知她已于前一天去世,然后他又娶了另一位妻子吉莱特·拉·切弗雷特(Gillette la Chevrette)。这三个女人都为他生了孩子。当被问及为什么在第二任妻子还活着的情况下又娶了第三任妻子时,他说一位神父告诉他,第二段婚姻是无效的,因为第一任妻子当时还活着(从教会法的角度来看确实如此)。当身为副主教的主持法官告

---

① 大斋节(Lent),也叫"四旬斋",基督教的斋戒节期。为纪念耶稣在开始传教前在旷野守斋祈祷的40个昼夜而设,封斋期从圣灰星期三(复活节前的第七个星期三,因耶稣是在星期三被出卖的)持续到复活节前的星期六,在此期间进行斋戒和忏悔。

诉他这样做不妥时，他回答说他也这么认为，并乞求上帝的怜悯。他承认在娶了第三任妻子后，他又回到了第一任妻子（可能是指第二任妻子）身边，他没有告诉第二任妻子他娶了第三任妻子，但她起了疑心。他被判4个月监禁，并向第二任妻子支付抚养费。

对于一些重婚者来说，没有记录表明他们认为自己的配偶已经死亡。让·朗格尔斯（Jean Lengles）离开了妻子，他的妻子因为这种境况于后来去世了，他还因与珍妮特·杜·保罗（Jeannette du Paul）姘居以及在结婚承诺后发生肉体关系而被罚款。[162] 让·诺伊雷（Jean Noirey）承认，在艾莉森·雷蒙德（Alison Raymonde）的丈夫让·勒弗雷斯蒂埃（Jean le Forestier）阳痿或残疾（impotens）期间，他一直与她保持关系。他说，在她丈夫生前和死后，她各为他生了一个孩子。在艾莉森的丈夫去世前和去世后，他都曾许诺与艾莉森结婚，并在他去世后在圣索维尔（St.Sauveur）与她订婚。[163] 这种情况可能是婚姻已经如同死灰，对配偶不满的一方在配偶死后仓促行事。[164] 艾莫里·德·博韦（Aimery de Beauvais）承认，他早在14年前就离开了妻子，并在其中的12年里一直与皮尔丽特·弗拉特雷（Pierrette Flatret）维持关系，在此期间，他们生了5个孩子，并且他许诺会娶皮尔丽特。他们显然没有一直住在一起，因为他说"在过去的一年里，他几乎每天晚上都和她在一起过夜"。[165] 皮尔丽特承认艾莫里的证词是事实。显然，她一直对他说粗话，因为有人问她："你为什么说粗话？"她的回答是用法语而非拉丁语记录的，所以尽管是第三人称，但可能接近她的原话："没有男人能主宰她的阴户，她想怎么用它就怎么用它。"

不过，在许多婚姻失败的案例中，重婚并不是一个问题，登记簿上也没有关于第二次婚姻的记载；被遗弃或抛弃的配偶参与了其他形式的结合。罗宾·勒瓦瑟（Robin le Vasseur）试图证明，由于他与吉耶曼（Guillemine）的婚姻是秘密的，既没有结婚预告，也没有举行仪式，因此他不应该与她生活在一起，尽管鲁昂的教会法庭之前已经认定他们是夫妻。在离开那个被判定为他妻子的女人后，他和另一个也叫吉耶曼的女人维持了六七年的关系。[166] 对姘居、秘密结婚以及维持关系的罚款有时反映的是失败的婚姻。这些情侣似乎打算建立永久的家庭伴侣关系，但由于存在阻碍结婚的因素，他们不能冒险发布结婚预告。[167] 让·曼尼兰（Jean Mannillain）因与布兰奇·拉·科辛（Blanche la Cossine）姘居 14 年而被罚款。对他的审讯有一部分内容出现在了登记簿上，这对于一个已做出赔偿的案件来说是不寻常的。[168] 他承认，5 年前他曾因此事被"巴黎法庭"（可能是主教法庭）传讯，他的妻子也因此回到了圣热尔韦（他住在圣保罗，在此地东面约半公里）。他还被问及是否认为他的妻子已经死了，他回答说，有两名目击者告诉他，他的妻子病得很重，死去的可能性比活着更大。此时，他已从副主教那里得到了特许，可以与布兰奇结婚，因为他来自另一个教区。他和布兰奇生了一个孩子，之后他离开了她，回到了妻子身边。在这起案件中，没有人认为他与布兰奇的结合是合法的（当时的民事登记簿已不复存在，因此我们无法确定不存在民事诉讼，但刑事诉讼记录中没有任何内容表明有过民事诉讼）。没有人说过他在获得特许后真的试图与布兰奇结婚。目前还不清楚为什么这个案件提供了这么多关于姘居情况的细节。罚款数额也没有给出，因此我们不知道这是否会被视为一起特别严重的案件。但这一事实模式可以解释许多姘居案件，在这些案件中，情侣双方一直将对方视为永久伴侣，但并没有试图将这种结合正式化。让·达西（Jean Daussey）的妻子吉莱特（Gilette）因与菲利普·沙辛（Philippe

Chassin）发生性关系而被罚款；抄写员先是写了"秘密结婚"，然后大概意识到她已经结婚了，又写了"尽管她已经结婚，但仍在教堂前与菲利普·沙辛订婚，并允许他与自己发生肉体关系"。[169] 如果她是单身的话，这些因素加在一起就构成了有效的婚姻。同样，这个案件也没有给出罚款的数额，所以我们看不出这种行为有多严重。但很明显，第一次婚姻失败是大部分非婚结合形成的原因。

在婚姻失败的一方与他人再次尝试的案例中——要么是第二次婚姻（无效婚姻），要么是不太正式的结合——这些无疑只是冰山一角。登记在册的许多其他秘密结婚、维持关系和姘居的案例也可能是（法院不知道的）不想公开结婚的人，因为他们中的一方已经结婚了。对这些人来说，现代意义上的离婚（允许再婚）是不可能的，但这并不妨碍他们开始新的生活。男人和女人都以这种方式寻找新的机会，而中世纪晚期巴黎婚俗的灰色地带让他们有了这样做的可能性。

到15世纪末，结婚显然是教会法庭意料中的结果。这些法庭几乎没有脱离社区：不同社会地位的人们向法庭提起诉讼，向法庭举报他们的邻居，或出庭做证。婚姻作为法庭模式的中心地位反映了它在社会上的中心地位，即使是没有进入婚姻或选择不进入婚姻的人，有时也会为了面子而假装已婚，或用"像婚姻一样"来描述他们共同生活或对待彼此的方式。然而，尽管法庭记录只为我们提供了所有伴侣中的一小部分样本，但他们的情况向我们表明，远非所有可以结婚的人都结了婚，或者说试图结婚，而且婚姻并不是维持长期关系的唯一方式。怀有敌意的相关机构试图惩罚人们的记录并不能告诉我们关于这些人的私密生活的信息，虽然这是我们想知道的，而且将每段结合都归类到应受惩罚的罪行体系中，可能会扭曲人们实际行事或感受的方式。但它肯定能告诉我们，中世纪晚期的社会，作为一个整体，并不完全认同教会在结合应该是什么样子这个问题上的理念。几乎没有证据表明，这是彻底拒绝从神学角度出发的婚姻圣事的问题。这更有可能是教会没有认真对待婚姻圣事的问题，尤其是因为这一圣事不需要神职人员的参与。[170]

对于许多出现在巴黎登记簿上的情侣，我们没有足够的信息来确定双方社会地位的差异。不过，女仆与主人发生性关系的案例表明，即使在奴隶制不存在、仆人通常不会飘摇无依的情况下，权利差异依然存在。在这种主仆结合的情况中，女方很少指望以后会结婚。在社会地位大致相同的两人的结合中，通常是女方试图使这种结合成为婚姻，但处于这种结合中的许多妇女从未采取法律行动来改变这种状况，许多情侣可能更喜欢这种结合而不是婚姻，或者至少对这种结合感到满意。

注释

1 Philip L. Reynolds and John Witte, Jr., eds., *To Have and to Hold*，通常都持这种观点；参见 Reynolds, "Marrying and Its Documentation in Pre-Modern Europe," 5。

2 科迪莉亚·贝蒂在《"单身生活"》("'Living as a Single Person.'") 中使用了"灰色地带"这个短语。自从我们想出这个词（我在 2007 年 1 月发表的一篇论文中首次公开使用了它）以来，我就一直在使用。我们正在描述一种类似的现象，尽管如下文讨论的，我们的论点并不同。

3 这是小查尔斯·多纳休的《法律、婚姻与社会》(*Law, Marriage, and Society*) 中的主要观点，参见 Carole Avignon, "L'église et les infractions au lien matrimonial," 417。

4 例如，参见阿维尼翁分析的鲁昂和沙特尔的案例。

5 Avignon, 378 暗示了诺曼底在 15 世纪末对婚约的"教会化"。

6 "秘密"一词有时是在更狭义的范围内使用的。例如，在巴伐利亚，这个词用于有阻碍因素的婚姻，而符合规范要求的婚姻，即使是秘密进行的，也不会被打上这样的标签。然而，多伊奇发现，在 15 世纪末的雷根斯堡教区，她找到的 7 起用了"秘密"一次的案件中，没有一起涉及阻碍因素。Christina Deutsch, *Ehegerichtsbarkeit im Bistum Regensburg*, 270–273. 关于法国被禁止的秘密婚姻，参见 *Le synodal de l'ouest*, 65, in *Les statuts synodaux français du XIIIe siècle, precedes de l'historique*

du synode diocésain depuis ses origines, vol. 1, Les statuts de Paris et le synodal de l'ouest (XIIIe siècle), ed. and trans. Odette Pontal, Collection de document inédits sur l'histoire de la France, section de philologie et d'histoire jusqu'a 1610, Série in 8°, 9 (Paris: Bibliothèque Nationale, 1971), 180, and Deutsch, 277–280, 其中讨论了雷根斯堡的情况。在伦敦，麦克舍弗雷（McSheffrey）发现，与教会法规中"秘密"的含义相反，这个词被用来指在教会内不当举行的婚姻，而不是教会外订立的婚姻：Shannon McSheffrey, Marriage, Sex, and Civic Culture, 28–32。

7 现在，美国承认"普通法婚姻"的州比以前少多了。相比之下，涉及其他结合（双方都同意没有结婚）中双方经济义务的诉讼（包括"赡养费"案件）是最近出现的。

8 Charles Donahue, Jr., ed., The Records of the Medieval Ecclesiastical Courts, 2 vols. (Berlin: Duncker and Humblot, 1989) 列出了大部分的存世资料。

9 同上；P. J. P. Goldberg, Women, Work, and Life Cycle in a Medieval Economy; Frederik Pedersen, Marriage Disputes in Medieval England (London: Hambledon, 2000); McSheffrey; Richard M. Wunderli, London Church Courts and Society on the Eve of the Reformation (Cambridge, Mass.: Medieval Academy of America, 1981), 7–23; Richard H. Helmholz, Marriage Litigation in Medieval England, and Ruth Mazo Karras, Common Women。

10 对于中世纪法国教会法庭中婚姻的研究大多比对于英国的研究要晚。最近的两篇论文有 Sara McDougall, "Bigamy in Late Medieval France" (Yale University, 2009), 其中聚焦于特鲁瓦；Avignon, "L'église et les infractions au lien matrimonial," 其中聚焦于鲁昂和沙特尔，是关于这一主题的新一批优秀作品的代表。

11 关于即便在法国北部跨司法辖区的比较也很困难这个问题，参见阿维尼翁作品的第 310 页。

12 从 1499 年到 1505 年，同一教区的另一个副主教辖区布里的一份登记簿留存了下来（AN, LL/29）。然而，由于案件数量少得多（民事和刑事案件每年约 30 页，而巴黎仅刑事案件一年就有近 200 页），而且主要是民事案件，因此无法将性案件的模式与巴黎的登记簿进行比较。布里副主教辖区的案例没有包括在本章的定量分析中，但用作了例子。巴黎圣母院大教堂分会的官方案件也遵循了同样的程序，其中从 1486 年至 1498 年期间的登记簿留存了下来（AN, Z/ 10 /27）。四个依赖于该分会的教区不受副主教辖区的管辖。还有免受管辖的司法辖区，副主教辖区的人有时会去这些免受管辖的辖区结婚，但这是那个时期留存下来的唯一的登记簿。

13 Ruth Mazo Karras, "The Regulation of Sexuality in the Late Middle Ages: Paris and London," Speculum 86 (2011): 1010–1039.

14 Léon Pommeray, L'officialité archidiaconale de Paris aux 15.–16. siècles, 125–138.

15 单独登记的做法始于 15 世纪下半叶中期。AN, Z/1o 1 到 3 是自 15 世纪 60 年代起的混合登记。Z/1o 4 到 10 是 1477—1508 年（之后是一段空白，又从 1513 年开始）的民事登记，时间上有一些空白。1506—1515 年的刑事登记缺失，但 Z/1o/22 涵盖了 1515—1518 年，而 Z/1o/23 涵盖了 1521—1526 年。

16 AN, Z/1o/21, fol. 118v.

17 也就是说，被告可以承认罪行较轻的指控，例如肉体关系，而否认其他指控，例如夺去别人的贞操。AN, Z/1o/21, fol. 229v, 31 January 1502 [1501]. 她提起了民事诉讼，控告他夺去了她的贞操：AN, Z/1o/8, fol. 163r, 26 January 1502 [1501]。

18 巴黎圣母院分会的登记簿在提出指控和进行进一步调查之前需要进行调查的阶段报告案件：AN, Z/1o/27, 46r, 71r, 115r。

19 参见多纳休关于其他法院的起诉人受到另一方当事人"帮助"的讨论（*Law, Marriage, and Society*, 615）。

20 AN, Z/1o/18, fol. 55v; Z/1o/6, fol. 103, 20 March 1484 [1483].

21 Avignon, 271, 321–322.

22 AN, Z/1o/20, fol. 46v; Z/1o7, fol. 206v, 14 April 1494. 他在刑事登记簿上被称为彼得鲁斯·伯纳德（Petrus Bernard）；在民事登记簿上被称为彼得鲁斯·梅斯纳德（Petrus Mesnard）。这起民事案件被延期审理，审理结果未公布。他承认做出过承诺，却否认肉体关系，这是不寻常的；更多的时候，情况正好相反。

23 Donahue, *Law, Marriage, and Society*, 599 写道："在巴黎副主教辖区法庭……除了分居案件外，绝大多数，或者说所有的婚姻案件，都是正式的案件。"大多数人（略多于 2/3）是这样，但绝不是全部。其中一些秘密婚姻案件（或涉及"结婚许诺后发生肉体关系"的案件，在法律上相当于秘密婚姻，但没有被贴上这样的标签）作为实例起诉的结果引起了法院的注意。在 67 起秘密婚姻案件中，共有 54 起来自有民事登记簿留存的年份，54 起中有 17 起来源于此。

24 例如 AN, Z/1o/19, fols. 260r, 264r。

25 AN, LL/29, fols. 43r–46.

26 AN, Z/1o/20, fol. 205r. 在这个条目中，有几个项目——时间和她来自哪里——都是空白的，这表明抄写员没有得到完整的信息。

27 关于挪威人意识到有这项法律的例子，参见阿维尼翁作品的第 633 页。

28 同上，第 630、720—740 页。

29 Jean Raulin, sermon 2, edited in Avignon, 950, trans. into French, 1018.

30 Karras, "The Regulation of Sexuality," 1036–1037.

31 参见 Silvana Seidel Menchi and Diego Quaglioni, eds., *Matrimonio in dubbio: Unioni controverse e nozze clandestine initalia del XIV al XVIII secolo: I processi matrioniali degli archive ecclesiastici italiani* 2 (Bologna: Il Mulino, 2001). *I tribunali del matrimonio* (secoli XV–XVIII) (Bologna: Il Mulino, 2006)。

32 关于夺去贞操的案件，参见 Donahue, *Law, Marriage, and Society*, 351ff。

33 AN, Z/1o/9, fol. 224v; Z/1o/21, fol. 394r-v。

34 Donahue, *Law, Marriage, and Society*, 26. 多纳休还引用了（350页）一个类似的案例，一个女人声称在她的第一任丈夫活着的时候订过婚（sponsalia），而这个男人承认有过性行为，但否认了婚约，他们因为姘居（不是通奸）支付罚款。多纳休认为，这是一种"一击即中的诉讼"，因为这样一来就可以宣布没有承诺，没有阻碍他们后来婚姻的因素了。

35 Daniel Lord Smail, *The Consumption of Justice: Emotions, Publicity, and Legal Culture in Marseille*, 1264–1423 (Ithaca, N.Y.: Cornell University Press, 2003) 第16页以及散见各处。

36 即使民事诉讼以和解告终，刑事诉讼也可以继续进行。关于12世纪、13世纪教会法在这个问题上的看法，参见 Daniel Klerman, "Settlement and the Decline of Private Prosecution in Thirteenth-Century England," *Law and History Review* 19 (2001): 1–65，此处引用了第47—49页的内容。

37 AN, Z/1o/18, fol. 27v. 参见阿维尼翁作品的第631页。

38 AN, Z/1o/18, fol. 31v。

39 Avignon, 31, 90。

40 AN, Z/1o/20, fol. 191r. "奥比耶"和"奥贝尔"之间的拼写差异比起这本登记簿其他地方相同名称的不同翻译之间的拼写差异并不算大的；然而，由于给出的职位也不同——教区神父或神父，他们可能不是同一个人。

41 AN, Z/1o/20, fol. 193r。

42 AN, Z/1o/20, fol. 193v。

43 AN, Z/1o/20, fol. 197v。

44 参见阿维尼翁作品的第260页。

45 同上，第399页。

46 AN, Z/1o/18, fols. 237–39r. 关于本案发生期间的民事登记簿没有留存，刑事登记簿上的记录从对塔辛的审讯开始，并没有说明法庭是如何注意到这个案件的。虽然科奎伦否认了这一说法，但证人证实了婚姻承诺。

47 AN, Z/1o/18, fol. 125r。

48 AN, Z/1o/18, fol. 170v. 她接着说："他们以婚姻的名义紧握彼此的手，说出誓约。"目前尚不清楚这些是不是追加的话，因为她对使用了哪些词这一问题的回答是刚才引用的那句话。

49 关于戒指，参见阿维尼翁作品的第555页。

50 Beattie, 328。

51 参见阿维尼翁作品的第318页和第617页，她指出宣誓书涉及神父，但不一定是在教堂。她说"在教堂门口"的誓言是现在时态,但在巴黎的许多案件中并非如此。

52 AN, Z/1o/19, fol. 114r.

53 AN, Z/1o/18, fol. 70v.

54 AN, Z/1o/21, fol. 352r.

55 关于其他地方结婚礼物的重要性,参见多伊奇作品的第 207 页。

56 AN, Z/1o/21, fol. 212r.

57 Pommeray, 315.

58 AN, Z/1o/21, fol. 112r.

59 AN, Z/1o/20, fol. 8r; Avignon, 346. Carole Avignon, "Marché matrimonial clandestine et officines de clandestinité à la fin du Moyen Âge: L'exemple du diocèse de Rouen," *Revue historique* 302 (2010): 515–549 概述了关于秘密婚姻的教会法和鲁昂地区的具体做法,表明许多秘密婚姻是在神职人员在场的情况下进行的。

60 AN, Z/1o/21, fol. 8r.

61 参见 AN, Z/1o/20, fol. 162r; Z/1o/21, 132r, 其中探讨了特别指出誓约是未来时态的例子。

62 Anne Lefebvre-Teillard, *Les officialités à la veille du concile de Trente*, 174, 149.

63 同上,第 149 页。列斐伏尔-泰拉德(Lefebvre-Teillard)认为,许多这样的案件都是由家庭提出的,并指出即使在财产不是问题的情况下,村庄内团体之间的竞争也使婚姻成为家庭战略的一部分。

64 AN, Z/1o/19, 40r, 44r.

65 AN, Z/1o/21, fol. 104v.

66 AN, Z/1o/19, fol. 11v.

67 Avignon, 684.

68 AN, Z/1o/18, fol. 198bis; Z/1o/19, fol. 285r. 第一个参考是另一份羊皮卷,没有日期,已经装订在簿册中;第二个是相同的、注明日期的条目。这表明了登记簿是如何编制的:每个案例在单独的纸条上注明,然后复制到登记簿中。

69 AN, Z/1o/19, fols. 60v, 61v. 丹妮丝被称为罗兰·埃斯佩兰(Roland Esperlant)的女儿,多纳休(*Law, Marriage, and Society*, 319)认为这应该表示她在父亲的控制下,但她在别人家做工,她声称的婚姻发生的情况没有包括任何家庭。总的来说,在这些记录中,被描述为"女儿"的女性比多纳休利用的记录中要少,这可能反映了一个世纪后不同的记录方式,或者这些案例中更多的女性是独立于父母生活的事实。例如,AN, Z/1o/18, fol. 185v,一个叫乔安娜·菲利亚·乔安尼斯·德诺斯("Johanna filia Johannis de Noes")的女人住在别人家里。另外,18 岁的让娜·拉·萨吉耶特(Jeanne la Sagiete),并没有被给出父姓,她住在别人的房子里,在被释放后由她父亲监护。AN, Z/1o/18, fol. 194v.

70 他还是个低级别的职员,可以结婚。
71 关于秘密婚姻的地点,参见阿维尼翁作品的第 585 页。
72 AN, Z/1o/18, fol. 213v. 另外一个关于马厩的案例,参见 AN, Z/1o/19, fol. 72r (Pacquette Hennelle and Clement de Rennes); Z/1o/19, fol. 100v (Guillone Gavin and Pierre Prevost),这不是夺去贞操的案件,只是接吻,据称发生在马厩里。
73 关于依赖他人宣誓的程序,参见 Ruth Mazo Karras, "Telling the Truth"。
74 AN, Z/1o/19, fol. 104v.
75 Deutsch, 281–282 提出了雷根斯堡的类似案例,涉及未来同意的婚姻和肉体关系,也没有被贴上秘密的标签。
76 AN, Z/1o/21, fol. 349r.
77 Donahue, *Law, Marriage, and Society*, 345–362.
78 AN, Z/1o/21, fol. 257v; similarly, fol. 303r.
79 对于两类案件的罚款数额,并没有经常列出,不足以得出一类比另一类更严重的明显的统计学结论;对允诺后发生性关系的罚款,从 10 苏到 3 金埃居不等,对秘密婚姻的罚款,从 4 苏到 3 金埃居不等,但罚款不仅取决于犯罪的严重程度,也取决于当事人的财富多寡。参见 Avignon, 341–343,在鲁昂的教会法庭记录中,"秘密"一词的使用次数相对较少(尽管越来越多)。
80 Avignon, 401ff. 探讨了在不同司法辖区,秘密婚姻案件是以民事还是刑事方式提出的问题。
81 AN, Z/1o/7, fol. 29r; Z/1o/19, fol. 237v.
82 科莱特·拉·普拉里埃(Colette la Platriere)因许诺后发生肉体关系被罚款,让·克莱雷特(Jean Cleret)只是因为肉体关系被罚款: AN, Z/1o/7, fol. 62r and Z/1o/19, fol. 264r; similarly, Z/1o/8, fol. 29r and Z/1o/21, fol. 142r; Z/1o/9, fol. 36r and Z/1o/21, fol. 311r; Z/1o/9, fol. 180v–181r and Z/1o/21, fol. 380r。在一些案例中,即使这对情侣被判没有结婚,提出索赔的一方也不能和其他人结婚,还要因承诺后发生肉体关系被罚款。AN, Z/1o/8, fol. 203r and Z/1o/21, fol. 250v. 关于 14 世纪只有被告获准在其他地方结婚的例子,参见 Donahue, *Law, Marriage, and Society*, 348。在一个不同寻常的案例中,纪尧姆·勒·格鲁(Guillaume le Gru)的遗孀玛丽安(Marianne)起诉弗朗帕拉索瓦·勒·让德雷(François le Gendre),称他们有婚姻关系;虽然他们被判没有结婚,并且都被允许和其他人结婚,但被告因在承诺后发生性关系而被罚款,原告则没有。AN, Z/1o/8, fols. 140r, 140v, 141r, 142v; Z/1o/21, fol. 214r. 关于 14 世纪被判定为非婚性交行为的罚款,参见 Donahue, 349。
83 AN, Z/1o/18, fol. 45v;民事案件见 Z/1o/6, fols. 89r, 90v。
84 AN, Z/1o/18, fol. 32r.
85 参见阿维尼翁作品的第 388 页。

86 关于姘居，参见 AN, Z/1o/18, fols. 105v, 76r, 91v; Z/1o/19, fol. 223r; Z/1o/20, fol. 26r。关于同居，参见 AN, Z/1o/18, fol. 38r。参见阿维尼翁作品的第 383 页。

87 查理八世于 1489 年与布列塔尼的安妮结婚，比本案早了 12 年。

88 AN, LL/29, fols. 42r–42v.

89 如果一对夫妇在没有经过订婚的情况下以现在时态交换誓言，那么婚姻将是秘密的，但并非无效。

90 AN, Z/1o/18, fol. 234v.

91 Avignon, 624.

92 Jean Raulin, sermon 7, edited in Avignon, 975, trans. into French, 1053.

93 AN, Z/1o/21, fols. 35v–36r.

94 AN, Z/1o/21, fols. 349r, 350r.

95 AN, Z/1o/20, fols. 11r and 13v.

96 关于年龄的数据，参见 Karras, "The Regulation of Sexuality"。关于男性结婚年龄的信息稍微多一些，而且他们似乎年龄更大一些。

97 如果没有说明亲属关系或雇佣关系，我就假定与这名女性生活在一起的人不是亲属。没有一个女人和与其同名的人住在一起的例子，除非这种关系被描述出来。在提到继父母和教父母的地方，我已经注意到了这一点。然而，如果关系没有被命名，户主不是父母、叔叔/阿姨或兄弟姐妹，一个合理的假设就是他（或她）完全有可能是一个更远的亲戚，或者与仆人的家庭有血缘关系以外的密切联系。

98 关于意大利大家族收养有亲属关系或无亲属关系孤儿的习俗的例子，参见 David Herlihy and Christiane Klapisch-Zuber, *Tuscans and Their Families*, 245。

99 AN, Z/1o/19, fols. 95v and 96r.

100 我省略了"维持关系"和姘居的案例，因为这里我们感兴趣的是联结的开始，而不是已经持续了一段时间的伴侣关系。

101 AN, Z/1o/18, fol. 41v.

102 Avignon, 479ff.

103 AN, Z/1o/18, fol. 160v.

104 AN, Z/1o/18, 63v.

105 Maryanne Kowaleski, "Singlewomen in Medieval and Early Modern Europe: The Demographic Perspective," in *Singlewomen in the European Past 1250–1800*, ed. Judith M. Bennett and Amy M. Froide (Philadelphia: University of Pennsylvania Press, 1999), 38–81，其中总结了人口统计学证据。艾伦·麦克法兰（Alan Macfarlane）在《英格兰的婚姻与爱情》(*Marriage and Love in England*) 中对家庭结构和婚姻实践中的英国例外论提出了最直言不讳的理由。在下书中，对这个案例的叙述更详细，"Marriage Processes in the English Past: Some Continuities," in *The World We Have*

Gained: Histories of Population and Social Structure, ed. Lloyd Bonfield, Richard M. Smith, and Keith Wrightson (Oxford: Blackwell, 1986), 43–99。戈德伯格（Goldberg）在《中世纪经济中的女性、工作和生命周期》(Women, Work, and Life Cycle in a Medieval Economy) 中沿用了史密斯的传统，提供了更新、更可靠的数据。

106 Dana Wessell Lightfoot, "The Projects of Marriage."
107 Tovah Bender, "Negotiating Marriage: Artisan Women in Fifteenth-Century Florentine Society" (Ph.D. diss., University of Minnesota, 2009).
108 参见阿维尼翁作品的第 395 页。
109 AN, Z/1o/21, fol. 47v. 大多数时候，没有给出女方的住址，所以不可能知道他们是否住在一起。
110 AN, Z/1o/21, fol. 336r; Z/1o/19, fol. 237v. 有时，"intertenire"和"manutenire"一起使用，暗示它有不同的意思，但这种情况不经常出现；Z/1o/21, fols. 308v, 325r, 393v。这可能是法律重复的一个例子，就像怀孕和妊娠一样 (Z/1o/21, fol. 310r)。
111 AN, Z/1o/19, fol. 63v.
112 AN, Z/1o/21, fol. 101r.
113 AN, Z/1o/19, fol. 131r.
114 AN, Z/1o/20, fol. 42v.
115 AN, Z/1o/18, fol. 42v. 安德烈没有说自己是仆人，说他和雅克住在一起；但后来在他的证词中，他把雅克和他的妻子称为他的主人和情妇，说明许多被简单地描述为住在别人家里的人可能是仆人。
116 AN, Z/1o/20, fol. 158r.
117 同上，fol. 165v。
118 Michael Sheehan, "The Formation and Stability of Marriage in Fourteenth-Century England: Evidence of an Ely Register," Mediaeval Studies 33 (1971): 238–276，此处引用了第 254—255 页的内容。参见阿维尼翁作品的第 455—456 页。
119 AN, Z/1o/19, fol. 218v.
120 AN, Z/1o/21, fol. 170r.
121 同上，fols. 172r, 173v。
122 同上，fols. 326r, 326v。波默雷（Pommeray）作品的第 314 页解释说，关于结婚预告的条目空白处的"虚无"一词表明它不属于这里，而是属于民事登记簿。这可能表明，民事登记簿没有留存的时期的其他案件也有类似的起源。然而，民事登记簿从这一时期（1504 年 7 月）开始留存下来，此案没有出现在登记簿中。
123 一些案件中选择使用"姘居"一词，而其他案件中不使用，似乎与该男子是否为神父无关：27% 的维持关系案件涉及神父，而姘居案件的比例为 15%。关于涉及神父的案件的更多细节，参见第 3 章。

124 AN, Z/1o/21, fols. 182v, 37v.

125 AN, Z/1o/19, fol. 114r. 参见波默雷作品的第 94、572 页。皮埃尔·杜·克洛斯也因为和她维持关系被罚款：Z/1o/19, fol. 113r。

126 AN, Z/1o/20, fols. 11v–12r.

127 AN, Z/1o/21, fol. 175v.

128 AN, Z/1o/18, fol. 28v.

129 AN, Z/1o/21, fol. 206r. 相似的还有 fol. 297v; Z/1o/20, fol. 18v。

130 AN, LL/29, fol. 21v.

131 AN, Z/1o/19, fols. 170r, 170v, 172r. 没有给出结果。

132 François Olivier Martin, *Histoire de la coutume de la prévôté et vicomté de Paris* (Paris: Ernest Leroux, 1930), 2:427; Philippe Godding, *Le droit privé dans les Pays-Bas méridionaux du 12e au 18e siècle*, Académie Royale de Belgique, Mémoires de la Classe des Lettres, 4o, 2nd series, 14 (Brussels: Palais des Académies, 1987), 115–117 指出，习惯法不仅适用于南部低地国家，也适用于法国北部，就遗产而言，习惯法没有区分亲生子女和其他私生子。戈丁（Godding）解释说，罗马法主要是通过教会法进入这些地区的法律体系的。

133 关于做情妇的已婚女性，参见 AN, Z/1o/18, fol. 192v。

134 *Liber Sententciarum van de Officialiteit van Brussel 1448–1459*, ed. Cyriel Vleeschhouwers and Monique Van Melkebeek, 2 vols. (Brussels: Ministerie van Justitie, 1982), no. 1036, 2:668.

135 AN, Z/1o/18, fol. 7r.

136 见本书第 4 章和注释 86。

137 AN, Z/1o/18, fol. 62r（男方是神父，女方是已婚女性）；同上, fol. 67v; Z/1o/20, fol. 210v 探讨了姘居的已婚男性。

138 AN, Z/1o/21, fol. 333v.

139 AN, Z/1o/18, 83v. 一周后，雅克因与让娜过夜而被罚款，并被禁止进一步接触 [她的名字是多姆雷（Daumraye），但可能是同一个人]。

140 参见 Donahue, *Law, Marriage, and Society*, 109, 其中探讨了约克谎报婚史的情况。这是一个实例：一名女子要求结婚，一名男子提出与另一名女子已经提前约定结婚。这种情况也可能出现在多方行动中；Donahue, 128。赫姆霍尔兹（Helmholz）作品的第 65 页和第 162—163 页提出了类似的案例。

141 参见阿维尼翁作品的第 384 页，探讨了本可以成为妻子的女性降格为情妇的情况。

142 AN, Z/1o/21, fols. 128r, 149r; Z/1o/8, fol. 9r.

143 AN, Z/1o/21, fol. 251r.

144 Sara M. Butler, "Runaway Wives: Husband Desertion in Medieval England," *Journal*

ของ *Social History* 40 (2006): 337–359，其中探讨了中世纪晚期的英格兰妻子离开丈夫的动机。

145 关于麻风病，参见 Joseph Petit, ed., *Registre des causes civiles de l'officialité épiscopale de Paris, 1384–1387* (Paris, 1919), 310。在同一登记簿中有很多因为暴力分开的案例，参见 James A. Brundage, "Domestic Violence in Classical Canon Law," in *Violence in Medieval Society*, ed. Richard Kaeuper (Bury St. Edmunds: Boydell, 2000), 183–197。在这个项目使用的民事登记簿中也可以找到类似的涉及暴力或虐待的例子，在 15 世纪中叶的民事 / 刑事混合登记簿中也可以找到，但在这里没有使用（AN, Z/1o/4–6）。

146 Sara McDougall, *Bigamy and Christian Identity in Late Medieval Champagne*.

147 这就是多伊奇所说的容许的（*tolleramus*）案例：Deutsch, 296–298。

148 Philippa C. Maddern, "Moving Households"，其中暗示了中世纪晚期英格兰的同样的情况。

149 AN, Z/1o/21, fol. 8r.

150 AN, Z/1o/18, fols. 42r, 128r.

151 参见 Sara McDougall, "Bigamy: A Male Crime in Medieval Europe?" *Gender & History* 22 (2010): 430–446。

152 参见阿维尼翁作品的第 340、369 页。

153 AN, Z/1o/18, fol. 78v，另一个案例在 Z/1o/18, fol. 80v。

154 AN, Z/1o/18, fols. 243v, 246r, 247r; Z/1o/19, fol. 28v. 判决摘自波默雷作品的第 562 页。McDougall, "Bigamy: A Male Crime" 发现，在特鲁瓦，重婚的惩罚是站在刑台上，这是唯一在巴黎的记录中提到它的地方，但由于这些句子很少被记录下来，它可能在这里也很常见。

155 参见阿维尼翁作品的第 91 页和第 262 页，其中探讨了一直存在的对于这个词的混淆。

156 AN, Z/1o/18, fol. 173v，类似的案例在 Z/1o/18, fol. 177r，一个女人声称她认为她丈夫已经死了。

157 AN, Z/1o/18, fol. 197r.

158 AN, Z/1o/18, fol. 197r.

159 AN, Z/1o/19, fol. 291v.

160 同上，fol. 189r。

161 同上，fols. 151v, 153v, 156r。她丈夫让的名字在三个不同的地方都有不同的写法（而且不太好辨认）。

162 AN, Z/1o/20, fol. 26r.

163 AN, Z/1o/21, fol. 138v.

164 大多数案件中不会使用"重婚"一词。参见 McDougall, "Bigamy: A Male Crime"。

165 AN, Z/1o/19, fol. 213r. 关于另一个男人已婚而女人可能未婚的案例，参见 Z/1o/18,

fol. 73r。
166 AN, Z/1o/21, fol. 108r. 一个男人和几个同名的女人有关系的情况很可能是由于可供选择的女人的名字很少。
167 参见阿维尼翁作品的第612页。
168 AN, Z/1o/21, fol. 37v.
169 AN, Z/1o/20, fol. 15r.
170 作为比较，请看朱迪思·本内特（Judith Bennett）在抨击婚姻为圣礼的陈述中提到的一个英国案例：Kew, National Archives, KB9/435 m. 78。感谢朱迪斯·本内特提醒我注意这一点，并提供了一张数码照片。

结　语

Conclusion

　　本书考察了1000年来西欧各地人们的各种配对结合，试图揭示中世纪人们或者说我们现在视为婚姻的关系的替代选择。然而，这些形形色色的结合都存在于一个婚姻被视为配对结合标准模式的世界中。出于宗教原因而拒绝性行为的人，或者写到拒绝性行为这件事的人，都会用拒绝婚姻来描述这种选择，由此可见婚姻的核心地位。也就是说，大多数古代晚期和中世纪关于婚姻利弊的讨论都暗示，无论是通过拒绝配对结合，还是通过保持无性关系，比较的重点都是守贞。然而，重要的是要记住，这种将守贞视为婚姻的唯一有效替代选择的观点是由一群受过教育的精英推动的，并不一定反映了所有中世纪人的观点。明确支持婚外性结合的埃洛伊兹的例子表明，如果我们能接触到更广泛的观点，我们可能会发现什么。

在中世纪的不同时期，存在着多种婚姻以外的结合方式，因为它们对一方或双方都有一定的好处。尽管教会普遍向人们灌输婚姻的观念，并为其他各种社会和文化制度提供了一套经久不衰的隐喻，[1]但一种制度可以在文化上占主导地位，却仍然不能被普遍接受或实践。我们不能因此就认为那些缔结非正式结合的人不尊重耶稣与教会的结合，也不能因此就认为他们像埃洛伊兹一样故意批判或拒绝婚姻。人们缔结其他关系不仅是为了替代正式的、神圣的婚姻，而是原本就没有把婚姻作为一种模式或一种可能。即使不讨论遗弃、重婚和虐待等问题，我们也很难将中世纪视为婚姻的黄金时代，也不会认为我们应该努力恢复当时的传统。教会确实赋予了婚姻特权，但并不是出于对所有人都有意义或有益的原因。

本书中介绍的女性个体形象让我们看到了不同配对结合体系可能对个人生活产生的影响，同时也让我们看到了我们所知的多么有限。埃洛伊兹、丹麦的英格博格和卡塔琳娜·策尔给我们留下了一些线索，从中可以一窥她们对所加入的结合的感受。埃洛伊兹认为其他形式的结合比婚姻更可取的建议，意在强调她和阿伯拉尔爱情的独特性，以及他们的智识生活不受传统家庭结构的束缚。英格博格希望自己的结合被归为婚姻，这并不是因为她爱她的伴侣，而是因为她为自己的身份感到骄傲，也许还因为她真诚地相信誓言的约束力。卡塔琳娜非常关心给她与马修·策尔的伴侣关系贴上婚姻的标签，这不仅是出于社会原因——这样她就不会被视为"姘妇"了——而且也是为了对神职人员的性质做出神学上的表态。

至于其他妇女如何看待自己与孩子父亲的长期结合，她们几乎没有留下什么线索。阿德奥达图斯的母亲是试图让奥古斯丁拒绝莫妮卡的求婚，还是理所当然地认为他们的关系有一个意料之中的终点？瓦尔德拉达是想通过扮演洛泰尔王后的角色来帮助她的家族，还是说她本来只是想在洛泰尔赐予她的土地上幸福生活并养育自己的孩子们？凯瑟琳·斯温福德是觉得与冈特的约翰在多年的伴侣关系后正式结婚，会让她在社会或情感上证明自己的清白，还是说在很大程度上是为了确保他们子女的权利而采取的务实之举？梅尔廓卡是余生中一直都在怨恨霍斯库尔德（她曾以多年的沉默不语来回应他的性胁迫），还是说他们同床共枕、养育孩子让他们最终和解了？我们可以讲出关于这些女性的各种各样的故事：尽管很难想象，如果一个女人处于她们这种位置上会采取什么态度，人们对此看法不一，但也有各种看似合理的可能性。

我们主要从法律文件中了解女性的情况，但这些情况经常为满足法律要求而被调整，甚至歪曲。我们可能会认为，可以通过阅读了解资料背后的故事来发现事情的真相。安东尼娅最终得到了她可能想要的东西——遗产和对儿子的资助，但为实现这一目的，她与约翰·康贝利乌斯的关系不得不由一位聪明的律师重新定义。贝内温塔也许是为了获得伴侣许诺给她的嫁妆自己动了手，但就我们所知，她不过是个为自己找借口的小偷。玛丽安·拉·皮埃尔塞可能是想把多年的结合变成婚姻，但也可能是想报复她的伴侣。我们可以说，无论是从没有出现在法庭上的案件来看，还是从出现在法庭上的案件中未知的细节来看，法律资料中描述的结合都只是冰山一角。

在我们所看到的不同地区和不同时期的巨大差异中，我们可以概括出一些结论，或者至少提出一些一般性的问题。在结合中，如果一方的地位高于另一方，地位高的一方往往是男性。有可能在一些不对等的结合中，女方地位较高，但却没有被记录在案，因为这样的女性可以传给后代的财产较少，或者因为她们采取了不怀孕的措施。这样的女性可能不愿意结婚，因为结婚会让丈夫控制她的财产（控制的程度有大有小，取决于她住在哪里）。她还不得不面对通奸的女人所遭受的社会谴责，这种谴责总是比处于类似地位的男子所受到的更严厉。不太可能有大量这样的结合在不引人注意的情况下发生。与贫穷的女性相比，拥有财富的女性（至少在守寡之前）更有可能受到家庭成员的监控，而且"资源型一妻多夫制"在各个社会中都不是一种普遍现象。

如果一桩结合被视为婚姻，或者一方试图使其成为婚姻，那么它在法律体系中就有一席之地；反之，它就没有地位。这既解释了缺乏其他结合形式信息的原因，也是我们可以把婚姻看作法律体系的中心的原因。在其他形式的结合中，伴侣无权占有对方的财产或从对方那里获得经济支持；在大多数情况下，他们的子女也没有这种权利，尽管父亲可以给予他们这种权利，在某些情况下，不屈不挠的母亲也可以通过法院获得这种权利。女性可能会从没有建立法定关系这件事中受益，因为丈夫通常对妻子的财产拥有很大的控制权，甚至是完全的控制权。然而，由于男性控制和处置的财富要比女性多得多，因此不受伴侣索取的自由对他们来说也很重要。在任何异性结合中，女性通常在物质财富方面比男性获益更多，而男性则更多的是获得了女性提供的家务劳动。任何一方都可能因被另一方抛弃而遭受物质损失，但在任何特定社会群体中，男性通常比同一群体中的女性有更多的经济选择可以依靠。出于这个原因，教会推动尽可能多的异性结合转化为婚姻的做法可能被视为有利于女性，不过这也使女性和男性的性行为处于监视和管制之下。

对于 21 世纪的北美人和欧洲人来说，脱离结合的自由似乎成了一个巨大的优势，尽管我们中的许多人都痛恨离婚，但我们都知道，对于一些人来说，离婚是摆脱悲惨境遇的唯一办法。在中世纪早期，人们强调婚姻的不可解除性，并且从12世纪开始，人们更加强调这一点，而且即使夫妻双方获准不用再共同生活，也不能再婚，考虑到这些因素，不那么正式的结合似乎看起来不那么沉重。然而，离开的能力也带来了被人甩掉的可能性——原因多种多样，而不仅仅是虐待或受苦。即使如今女性有了更多的经济机会，离婚后通常经济状况更好的也是男性，而女性则会更糟。[2] 男性的收入往往高于女性，离婚后，女性会失去获得这种收入的途径。在中世纪，对婚外结合来说就更是如此。如果双方都有带薪工作，男性的收入可能更高；如果双方都在家庭单位中劳作，男性更可能拥有相关的工具、设备或土地。任何一方都可能因为情感问题想要脱离婚姻，或者找到更合适的人一起生活，但女方更有可能在经济上遭受损失。婚姻以及随之而来的解除婚姻的困难更有可能成为对女方的保护。当然，如果女方是奴隶，她可以按照主人的意愿被卖掉或分配到其他工作。

只有当其中一方希望分居时，这些问题才会出现。正如这里的许多例子所表明的那样，有些情侣多年来一直很满意地生活在一起，尽管布道者们对通奸大加挞伐，但中世纪社会往往还是满足于让他们保持这种状态。在婚姻往往由财产安排或家庭关系决定的时代，其他形式的结合——特别是那些没有多少财产的人，或能够独立于家庭来决定生活伴侣关系的人之间的结合——让人们能够根据自己的选择建立关系。其中一些关系，如不同社会群体和宗教信仰的人之间的关系、脱离不幸婚姻的人之间的关系、神职人员和他们的伴侣之间的关系，在今天很容易成为婚姻，但当时因中世纪的法律体系而不能成为婚姻。

虽然人们普遍认为，中世纪有一些人不能合法结婚却生活在一起，但也有一群人可以合法结婚却没有结婚，人数不详。自20世纪70年代以来，在北美和欧洲，异性情侣不结婚同居的现象越来越普遍。一些人哀叹这是道德和社会结构的衰退，是福利国家通过提供国家支持使人丧失稳定结合动力的结果。另一些人则认为，有了这些选择的余地，再加上离婚变得更容易，就能创造一个更加人道的社会，在这样的社会中，人们不至于陷入受虐和难以忍受的境地。法律上承认财产和子女抚养义务的条款意味着，婚姻不再像以前那样是人们要求某些权利的唯一途径。

但是，有些人将中世纪视为一个拥有更加自然有机的社会的时代，当时的人们以一种对社会负责而非个人主义的方式行事，他们认为无论是过去还是现在，婚姻都是建立永久配对结合的唯一方式，认为婚姻不像我们想象的那样具有普遍性，或能让伴侣和整个社会感到满意。中世纪的婚姻是一种教会认可的法律契约；但对许多人来说，拒绝这种契约而选择另一种结合形式，就意味着拒绝为他们选择的伴侣，并协商他们自己的关系。基督教和犹太教的婚姻礼仪与中世纪的婚姻礼仪相似，也是以中世纪的婚姻礼仪为基础的，但我们不应让礼仪的相似性模糊了中世纪人们的多种选择，也不应该忽略这些选择与今日选择的不同之处。

注释

1 关于中世纪文化中重要的婚姻隐喻，参见 Dyan Elliott, *The Bride of Christ Goes to Hell, and David d'Avray, Medieval Marriage*。
2 在英国，离婚后男性的可支配收入平均会增加1/3，而女性的可支配收入则会减少20%。Amelia Hill, "Men Become Richer after Divorce," *The Observer*, 25 January 2009, http://www.guardian.co.uk/lifeandstyle/2009/jan/25/divorcewomen-research. 美国的情况也类似。

参考文献

Bibliography

这个参考文献旨在帮助读者找出注释中简写的项目。仅出现在一个注释中或连续出现在几个注释中的项目不包含在内,这一类的书目在注释中就可获得完整信息。

手 稿

BL, Add MS 33956.

BL, Royal 7.D.1, 132r–135v.

Civil Registers of the Archdeaconry of Paris, 1483–1505. AN, Z/1o/6 through Z/1o/9.

Criminal Registers of the Archdeaconry of Paris, 1483–1505. AN,

Z/1o/18 through Z/1o/21.

Register of Civil and Criminal Cases of the Archdeaconry of Brie, 1499–1505. AN, LL/29.

Register of the Officiality of the Cathedral of Notre Dame, 1486–1498. AN, Z/1o/27.

已出版的一手资料

Abelard, Peter. *Historia Calamitatum*. Edited by J. Monfrin. Paris: Librairie Philosophique J. Vrin, 1978.

———, and Heloise. *The Letters and Other Writings*. Translated by William Levitan. Indianapolis: Hackett, 2007.

Augustine. *Confessions*. Edited by James J. O'Donnell. Oxford: Clarendon, 1992.

———. *De bono coniugali*. Edited and translated by P. G. Walsh. Oxford: Clarendon, 2001.

Baldus de Ubaldis. *Baldi Ubaldi Perusini … consiliorum, sive responsorum*. 5 vols. Venice: Hieronymus Polus, 1575.

Barnes, Robert. "That by God's Word it is Lawfull for Priestes that hath not the gift of chastitie, to marry Wives." In *The Whole Works of W. Tindall, Iohn Frith, and Doct. Barnes three worthy martyrs, and principall teachers of this Churche of England collected and compiled in one tome together, being before scattered, now in print here exhibited to the Church*. London: John Daye, 1573.

Bartolomeo Cipolla. *Consilia Criminalis Celeberrimi D. Bartholomei Caepollae Veronensis* 26. Venice: n.p., 1555.

Benedictus de Benedictis. *Consilia Benedicti Caprae Perusini ac Ludovici Bolognini Bononiensis*. Venice: Candentis Salamandrae Insigne, 1576.

Benedictus Levita. *Capitularia Spuria*. Edited by Georg Heinrich Pertz. *MGH, Legum 2*. Hannover: Hahn, 1837.

Brennu-Njáls saga. In *Íslendinga sögur*, vol. 1. Edited by Bragi Halldórsson, Jón Torfason, Sverrir Tómasson, and Örnólfur Thorsson. Reykjavík: Svart á Hvítu, 1987.

Caesarius of Heisterbach. *Dialogus Miraculorum*. 2 vols. Edited by Joseph Strange. Cologne: Heberle, 1951.

The Complete Sagas of Icelanders. 5 vols. Translated by Viðar Hreinsson, Robert Cook, Terry Gunnell, Keneva Kunz, and Bernar Scudder. Reykjavík: Leifur Eiríksson, 1997.

Conciliorum oecumenicorum decreta. 2nd ed. Edited by Joseph Alberigo, Perikle P. Joannou, Claudio Leonardi, and Paulo Prodi. Basel: Herder, 1967.

Decius, Philippus. *Consiliorum sive responsorum ... tomus primus*. Venice: Nicolo Antonio Gravati, 1575.

[Étienne de Besançon]. *Alphabet of Tales: An English 15th Century Translation of the Alphabetum Narrationum of Étienne de Besançon, from additional MS. Add. 25719 of the British Museum*. Edited by Mary MacLeod Banks. London: Kegan Paul, Trench, Trübner, 1904.

Étienne de Bourbon. *Anecdotes historiques, légendes et apologues, tirés du recueil inédit d'Étienne de Bourbon dominicain du 13e siècle*. Edited by A. Lecoy de la Marche. Paris: Librairie Renouard, 1877.

Fredegar. *Die vier Bücher der Chroniken des sogennanten Fredegar*. Edited by Herwig Wolfram and Andreas Kusternig. Ausgewählte Quellen zur deutschen Geschichte des Mittelalters. Darmstadt: Wissenschaftliche Buchgesellschaft, 1982.

Friedberg, Emil, ed. *Corpus Juris Canonici*. Graz: Akademische Druck-u. Verlagsanstalt, 1959.

Froissart, Jean. *Oeuvres de Froissart*. Edited by Kervyn de Lettenhove. Brussels: Victor Devaux, 1872.

Gratian. Decretum. In *Corpus Juris Canonici*. Edited by Emil Friedberg. Graz: Akademische Druck-u. Verlagsanstalt, 1959, vol. 1.

Gregory of Tours. *Historiarum Libri Decem*. Edited by Rudolf Buchner. Berlin: Rütten and Loenig, 1967.

Heloise. First letter. In "The Personal Letters Between Abelard and Heloise." Edited by J. T. Muckle. *Mediaeval Studies* 15 (1953): 47–94.

Hincmar of Reims. *De Divortio Lotharii regis et Theutbergae reginae*. Edited by Letha Böhringer. MGH, Concilia 4, supp. 1. Hannover: Hahn, 1992.

Íslendinga sögur. 3 vols. Edited by Bragi Halldórsson, Jón Torfason, Sverrir Tómasson, and Örnólfur Thorsson. Reykjavík: Svart á Hvítu, 1987.

Lex Visigothorum. MGH, Leges Nationum Germanicarum. Hannover: Hahn, 1902.

Lombard, Peter. *Sententiae in IV libris distinctae*. 2 vols. Edited by Ignatius Brady. 3rd ed. Grottaferrata: College of S. Bonaventure, 1981.

More, Thomas. *The Co[n]futacyon of Tyndales answere made by syr Thomas More knyght lorde chau[n]cellour of Englonde*. London: William Rastell, 1532.

Norges gamle love indtil 1387. 5 vols. Edited by R. Keyser and P. A. Munch. Christiania: Chr. Gröndahl, 1846.

Pape, Guido. *Consilia domini Guidonis Pape*. Lyon: Mareschall, 1519.

Petit, Joseph, ed. *Registre des causes civiles de l'officialité épiscopale de Paris, 1384–1387*. Paris: Imprimerie Nationale, 1919.

Powell, James M., trans. *The Deeds of Pope Innocent III by an Anonymous Author*. Washington, D.C.: Catholic University of America Press, 2004.

Rigord. Gesta Philippi Augusti. 2 vols. In *Oeuvres de Rigord et de Guillaume le Breton*. Edited by H. François Delaborde. Paris: Renouard, 1882.

Rotuli parliamentorum; ut et petitiones, et placita in parliament. Edited by John Strachey. Londmon, 1767–1777.

Tyndale, William. *An Answer to Sir Thomas More's Dialogue*. Edited by Henry Walter. Cambridge: Cambridge University Press, 1850.

William of Newburgh. *Historia Rerum Anglicarum*. 2 vols. Edited by Hans Claude Hamilton. London: English Historical Society, 1856.

Zell, Katharina Schütz. *Katharina Schütz Zell*, vol. 2, The Writings: A

Critical Edition. Edited by Elsie Anne McKee. Leiden: Brill, 1999.

———. *Church Mother: The Writings of a Protestant Reformer in Sixteenth-Century Germany*. Translated by Elsie Anne McKee. Chicago: University of Chicago Press, 2006.

二手著作

Avignon, Carole. "L'église et les infractions au lien matrimonial: Mariages clandestins et clandestinité. Théories, pratiques et discours, France du nord-ouest du XIIe siècle au milieu du XVIe siècle." Ph.D. thesis, Université de Paris-Est, 2008.

Baldwin, John W. "The Many Loves of Philip Augustus." In *The Medieval Marriage Scene: Prudence, Passion, Policy*, edited by Sherry Roush and Cristelle L. Baskins, 67–80. Tempe, Ariz.: ACMRS, 2005.

———. *Masters, Princes and Merchants: The Social Views of Peter the Chanter and His Circle*. 2 vols. Princeton, N.J.: Princeton University Press, 1970.

Barstow, Ann Llewellyn. *Married Priests and the Reforming Papacy: The Eleventh-Century Debates*. New York: Edwin Mellen, 1982.

Beattie, Cordelia. "'Living as a Single Person': Marital Status, Performance and the Law in Late Medieval England." *Women's History Review* 17 (2008): 327–340.

———. *Medieval Single Women: The Politics of Social Classification in Late Medieval England*. Oxford: Oxford University Press, 2007.

Bertrand, Louis. *Celle qui fut aimée d'Augustin*. Les Grandes repenties. Paris: Albin Michel, 1935.

Blumenthal, Debra. *Enemies and Familiars: Slavery and Mastery in Fifteenth-Century Valencia*. Ithaca, N.Y.: Cornell University Press, 2009.

Boelens, Martin. "Die Klerikerehe in der kirchlichen Gesetzgebung vom II. Laterankonzil bis zum Konzil von Basel." In *Ius Sacrum*, edited by Audomar Scheuermann and Georg May, 593–614. Munich: Ferdinand Schöningh, 1969.

Bradbury, Jim. *Philip Augustus: King of France 1180–1223*. London: Longman, 1998.

Brundage, James. *Sex, Law, and Marriage in the Middle Ages*. Brookfield, Vt.: Variorum, 1993.

Catlos, Brian. *The Victors and the Vanquished: Christians and Muslims of Catalonia and Aragon, 1050–1300*. Cambridge: Cambridge University Press, 2004.

Clanchy, M. T. Abelard: *A Medieval Life*. Oxford: Blackwell, 1997.

Colish, Marcia. *Peter Lombard*. 2 vols. Leiden: Brill, 1994.

Cossar, Roisin. "Clerical 'Concubines' in Northern Italy in the Fourteenth Century." *Journal of Women's History* 23 (2011): 110–131.

d'Avray, David. *Medieval Marriage: Symbolism and Society*. Oxford: Oxford University Press, 2004.

Deutsch, Christina. *Ehegerichtsbarkeit im Bistum Regensburg (1480–1538)*. Forschungen zur kirchlichen Rechtsgeschichte und zum Kirchenrecht 29. Cologne: Böhlau, 2005.

Donahue, Charles, Jr. *Law, Marriage, and Society in the Later Middle Ages: Arguments about Marriage in Five Courts*. Cambridge: Cambridge University Press, 2007.

Duby, Georges. *The Knight, the Lady, and the Priest: The Making of Modern Marriage in Medieval France*. Translated by Barbara Bray. New York: Pantheon, 1983.

Elliott, Dyan. *The Bride of Christ Goes to Hell: Metaphor and Embodiment in the Lives of Pious Women, 200–1500*. Philadelphia: University of Pennsylvania Press, 2011.

———. *Spiritual Marriage: Sexual Abstinence in Medieval Wedlock*. Princeton, N.J.: Princeton University Press, 1993.

Epstein, Louis. *Marriage Laws in the Bible and Talmud*. Cambridge, Mass.: Harvard University Press, 1942.

Epstein, Steven. *Speaking of Slavery: Color, Ethnicity, and Human Bondage in Italy*. Ithaca, N.Y.: Cornell University Press, 2001.

Esmein, Adhémar. *Le mariage en droit canonique*. 2 vols. Paris: Larose et Forcel, 1891.

Esmyol, Andrea. *Geliebte oder Ehefrau? Konkubinen im frühen Mittelalter*. Cologne: Böhlau, 2002.

Evans-Grubbs, Judith. "'Marriage More Shameful than Adultery': Slave-Mistress Relationships, 'Mixed Marriages,' and Late Roman Law." *Phoenix* 47 (1993): 125–154.

———. "Marrying and Its Documentation in Later Roman Law." In Reynolds and Witte, *To Have and to Hold*, 43–94.

Foreville, Raymonde. *Le Pape Innocent III et la France*. Päpste und Papsttum 26. Stuttgart: Anton Hirsemann, 1992.

Frassetto, Michael, ed. *Medieval Purity and Piety: Essays on Medieval Clerical Celibacy and Religious Reform*. New York: Garland, 1998.

Friedl, Corinna. *Polygynie in Mesopotamien und Israel: Sozialgeschichtliche Analyse polygamer Beziehungen anhand rechtlicher Texte aus dem 2. und 1. Jahrtausend v. Chr.* Alten Orient und Altes Testament 277. Münster: Ugarit, 2000.

Gaudemet, Jean. "Le dossier canonique du mariage de Philippe Auguste et d'Ingeburge de Danemark (1193–1213)." *Revue historique de droit français et étranger* 67 (1984): 15–26.

Goetz, Hans-Werner. "La *dos* en Alémanie (du milieu du VIIIe au début du Xe siècle)." In *Dots et douaires dans le haut moyen âge*, edited by François Bougard, Laurent Feller, and Régine Le Jan, 305–327. Rome: École française de Rome, 2002.

Goldberg, P. J. P. *Women, Work, and Life Cycle in a Medieval Economy: Women in York and Yorkshire c. 1300–1520*. Oxford: Clarendon, 1992.

Goodman, Anthony. *John of Gaunt: The Exercise of Princely Power in Fourteenth-Century Europe*. London: Longman, 1992.

Goody, Jack. *The Development of the Family and Marriage in Europe*. Cambridge: Cambridge University Press, 1983.

Greengus, Samuel. "The Old Babylonian Marriage Contract." *Journal* of the *American Oriental Society* 89 (1969): 505–532.

Grossman, Avraham. "The Historical Background to the Ordinances on Family Affairs Attributed to Rabbenu Gershom Me'or ha-Golah ('The Light of the Exile')." In *Jewish History*, edited by Ada Rapoport-Albert and Steven J. Zipperstein, 3–23. London: P. Halban, 1988.

Halfond, Gregory I. *The Archaeology of Frankish Church Councils, AD 511–768*. Leiden: Brill, 2009.

Heers, Jacques. *Esclaves et domestiques au moyen-âge dans le monde méditerranéen*. Paris: Fayard, 1981.

Heidecker, Karl. *The Divorce of Lothar II: Christian Marriage and Political Power in the Carolingian World*. Translated by Tanis M. Guest. Ithaca, N.Y.: Cornell University Press, 2010.

Helmholz, Richard H. *Marriage Litigation in Medieval England*. Cambridge: Cambridge University Press, 1974.

Helmroth, Johannes. *Das Basler Konzil 1431–1449: Forschungsstand und Probleme*. Cologne: Böhlau, 1987.

Herlihy, David, and Christiane Klapisch-Zuber. *Tuscans and Their Families: A Study of the Florentine Catasto of 1427*. New Haven, Conn.: Yale University Press, 1985.

Hunter, David G. "Marrying and the Tabulae Nuptiales in Roman North Africa." In Reynolds and Witte, *To Have and to Hold*. 95–113.

Karras, Ruth Mazo. *Common Women: Prostitution and Sexuality in Medieval England*. New York: Oxford University Press, 1996.

———. "The History of Marriage and the Myth of *Friedelehe*." *Early*

Medieval Europe 14 (2006): 119–151.

———. *Slavery and Society in Medieval Scandinavia*. New Haven, Conn.: Yale University Press, 1988.

———. "Telling the Truth about Sex in Late Medieval Paris." Forthcoming.

Kaufmann, Thomas. "Pfarrfrau und Publizistin: Das Reformatorische 'Amt' der Katharina Zell." *Zeitschrift für historische Forschung* 23 (1996): 169–218.

Klapisch-Zuber, Christiane. *Women, Family, and Ritual in Renaissance Italy*. Translated by Lydia Cochrane. Chicago: University of Chicago Press, 1985.

Konecny, Silvia. *Die Frauen des karolingischen Königshauses: Die politische Bedeutung der Ehe und die Stellung der Frau in der fränkischen Herrscherfamilie vom 7. bis zum 10. Jahrhundert*. Vienna: Verband der Wissenschaftlichen Gesellschaften Österreichs, 1976.

Kornbluth, Genevra. "The Susanna Crystal of Lothar II: Chastity, the Church, and Royal Justice." *Gesta* 21 (1992): 25–39.

Kuehn, Thomas. *Illegitimacy in Renaissance Florence*. Ann Arbor: University of Michigan Press, 2002.

Lansing, Carol. "Concubines, Lovers, Prostitutes: Infamy and Female Identity in Medieval Bologna." In *Beyond Florence: The Contours of Medieval and Early Modern Italy*, edited by Paula Findlen, Michelle Fontaine, and Duane J. Osheim, 85–100. Stanford, Calif.: Stanford University Press, 2003.

Lefebvre-Teillard, Anne. *Les officialités à la veille du concile de Trente*. Paris: Pichon and Durand-Auzias, 1973.

Le Jan, Régine. *Famille et pouvoir dans le monde franc (viie–xe siècle): Essai d'anthropologie sociale*. Paris: Publications de la Sorbonne, 1995.

Leyser, Conrad. "Custom, Truth, and Gender in Eleventh-Century Reform." In *Gender and Christian Religion*, edited by R. N. Swanson, 75–91. Studies in Church History 34. Woodbridge, U.K.: Boydell, 1998.

Lightfoot, Dana Wessell. "The Projects of Marriage: Spousal Choice, Dowries, and Domestic Service in Early Fifteenth-Century Valencia." *Viator* 40 (2009): 333–353.

Lips, E. J. G. "De Brabantse geestelijkheid en de andere sekse." *Tijdschrift voor Geschiedenis* 102 (1989): 1–30.

Lobrichon, Guy. *Heloïse: L'amour et le savoir*. Paris: Gallimard, 2005.

Lochrie, Karma. *Heterosyncrasies: Female Sexuality When Normal Wasn't*. Minneapolis: University of Minnesota Press, 2005.

Macfarlane, Alan. *Marriage and Love in England: Modes of Reproduction 1300–1840*. Oxford: Blackwell, 1986.

Maddern, Philippa C. "Moving Households: Geographical Mobility and Serial Monogamy in England, 1350–1500." *Parergon* 24 (2007): 69–92.

McDougall, Sara. *Bigamy and Christian Identity in Late Medieval Champagne*. Philadelphia: University of Pennsylvania Press, 2012.

McKee, Elsie Anne. *Katharina Schütz Zell*, vol. 1, *The Life and Thought of a Sixteenth-Century Reformer*. Leiden: Brill, 1999.

McKee, Sally. "Domestic Slavery in Renaissance Italy." *Slavery and Abolition* 29 (2008): 305–326.

———. "Greek Women in Latin Households of Fourteenth-Century Venetian Crete." *Journal of Medieval History* 19 (1993): 229–249.

———. "Households in Fourteenth-Century Venetian Crete." *Speculum* 70 (1995): 26–67.

———. "Inherited Status and Slavery in Late Medieval Italy and Venetian Crete." *Past & Present* 182 (2004): 31–53.

———. "The Implications of Slave Women's Sexual Service in Late Medieval Italy." In *Unfreie Arbeit: Ökonomische und Kulturgeschichtliche Perspektiven*, edited by M. Erdem Kabadayi and Tobias Reichardt, 101–114. Hildesheim: Georg Olms, 2007.

McLaughlin, Megan. *Sex, Gender, and Episcopal Authority in an Age of Reform, 1000–1122*. Cambridge: Cambridge University Press, 2010.

McSheffrey, Shannon. *Marriage, Sex, and Civic Culture in Late Medieval London*. Philadelphia: University of Pennsylvania Press, 2006.

Mews, Constant J. *Abelard and Heloise*. Oxford: Oxford University Press, 2005.

Meyer, Herbert. "Friedelehe und Mutterrecht." *Zeitschrift der Savigny-Stiftung für Rechtsgeschichte: Kanonistische Abteilung* 47 (1927): 198–286.

Meyerson, Mark. "Prostitution of Muslim Women in the Kingdom of Valencia: Religious and Sexual Discrimination in a Medieval Plural Society." In *The Medieval Mediterranean: Cross-Cultural Contacts*, edited by M. J. Chiat and Kathryn L. Reyerson, 87–95. St. Cloud, Minn.: North Star, 1988.

Mikat, Paul. *Dotierte Ehe—Rechte Ehe*. Rheinisch-Westfälische Akademie der Wissenschaften. Opladen: Westdeutscher, 1978.

Nelson, Janet L. *Charles the Bald*. London: Longman, 1992.

Nirenberg, David. *Communities of Violence: Persecution of Minorities in the Middle Ages*. Princeton, N.J.: Princeton University Press, 1996.

Olson, Linda, and Kathryn Kerby-Fulton, eds. *Voices in Dialogue: Reading Women in the Middle Ages*. Notre Dame, Ind.: University of Notre Dame Press, 2005.

Origo, Iris. "The Domestic Enemy: The Eastern Slaves in Tuscany in the Fourteenth and Fifteenth Centuries." *Speculum* 30 (1955): 321–366.

Ozment, Stephen. *When Fathers Ruled: Family Life in Reformation Europe*. Cambridge, Mass.: Harvard University Press, 1983.

Parish, Helen. *Clerical Marriage and the English Reformation: Precedent Policy and Practice*. Aldershot, Hampshire: Ashgate, 2000.

———. *Clerical Celibacy in the West: c. 1100–1700*. Farnham, Surrey: Ashgate, 2010.

Phillips, William D., Jr. *Slavery from Roman Times to the Early Transatlantic Trade*. Minneapolis: University of Minnesota Press, 1985.

Pommeray, Léon. *L'officialité archidiaconale de Paris aux 15.–16. siècles: Sa composition et sa compétence criminelle*. Paris: Sirey, 1933.

Reynolds, Philip Lyndon. *Marriage in the Western Church: The Christianization of Marriage During the Patristic and Early Medieval Periods*. Leiden: Brill, 1994.

———. "Marrying and Its Documentation in Pre-Modern Europe: Consent, Celebration and Property." In Reynolds and Witte, *To Have and to Hold*, 1–42.

———, and John Witte, Jr., eds. *To Have and to Hold: Marrying and Its Documentation in Western Christendom, 400–1600*. Cambridge: Cambridge University Press, 2007.

Richmond, Colin. *The Paston Family in the Fifteenth Century: Endings*. Manchester: Manchester University Press, 2000.

Rolker, Christof. *Canon Law and the Letters of Ivo of Chartres*. Cambridge: Cambridge University Press, 2010.

Romano, Dennis. *Housecraft and Statecraft: Domestic Service in Renaissance Venice, 1400–1600*. Baltimore: Johns Hopkins University Press, 1996.

Romestan, Guy. "Femmes esclaves à Perpignan aux XIVe et XVe siècles." In *La femme dans l'histoire et la société méridionales (IXe–XIXe S.), Actes du 66e CFHMLR*, 187–218. Montpellier: Fédération historique du Languedoc méditerranéen et du Rousillon, 1995.

Saar, Stefan Chr. *Ehe–Scheidung–Wiederheirat: Zur Geschichte des Ehe-und des Ehescheidungsrechts im Frühmittelalter (6.–10. Jahrhundert)*.

Ius Vivens, Abteilung B: Rechtsgeschichtliche Abhandlungen 6. Münster: LIT, 2002.

Satlow, Michael L. *Jewish Marriage in Antiquity*. Princeton, N.J.: Princeton University Press, 2001.

Schmugge, Ludwig. *Kirche, Kinder, Karrieren: Päpstliche Dispense von der unehelichen Geburt im Spätmittelalter*. Zürich: Artemis and Winkler, 1995.

Searle, Eleanor. *Predatory Kinship and the Creation of Norman Power, 840–1066*. Berkeley: University of California Press, 1988.

Shanzer, Danuta. "*Avulsa a latere meo*: Augustine's Spare Rib—Confessions 6.15.25." *Journal of Roman Studies* 92 (2002): 157–176.

Shaw, Brent. "The Family in Late Antiquity: The Experience of Augustine." *Past & Present* 115 (May 1987): 3–51.

Simonsohn, Shlomo. *The Apostolic See and the Jews*. 8 vols. Toronto: PIMS, 1988–1991.

Stuard, Susan Mosher. "To Town to Serve: Urban Domestic Slavery in Medieval Ragusa." In *Women and Work in Preindustrial Europe*, edited by Barbara A. Hanawalt, 39–53. Bloomington: Indiana University Press, 1986.

Tria, Luigi. *La Schiavitù in Liguria (recherchi e documenti)*. Genoa: Società ligure di storia patria, 1947.

Vasella, Oskar. "Das Konkubinat des Klerus im Spätmittelalter." In *Mélanges d'histoire et de littérature offerts à monsieur Charles Gilliard*, 269–283. Lausanne: F. Rouse, 1944.

Verlinden, Charles. *L'esclavage dans l'Europe médiévale*. 2 vols. Bruges: De Tempel, 1955–1977.

Villemain, Pierre. *Confessions de Numida: L'innommée de Saint Augustin*. Paris: Editions de Paris, 1957.

Wallace-Hadrill, J. M. *The Frankish Church*. Oxford: Clarendon, 1983.

Weir, Alison. *Mistress of the Monarchy: The Life of Katherine Swynford, Duchess of Lancaster*. New York: Ballantine, 2009.

Wemple, Suzanne. *Women in Frankish Society*. Philadelphia: University of Pennsylvania Press, 1981.

Wertheimer, Laura. "Children of Disorder: Clerical Parentage, Illegitimacy, and Reform in the Middle Ages." *Journal of the History of Sexuality* 15 (2006): 382–407.

Westbrook, Raymond. "Old Babylonian Period." In *A History of Ancient Near Eastern Law*, edited by Raymond Westbrook, vol. 2, Handbook of Oriental Studies, section one, 72:1, 372–430. Leiden: Brill, 2003.

Winroth, Anders. "Neither Slave nor Free: Theology and Law in Gratian's Thoughts on the Definition of Marriage and Unfree Persons." In *Medieval Law and the Origins of the Western Legal Tradition: A Tribute to Kenneth Pennington*, edited by Wolfgang P. Müller and Mary E. Sommar, 187–218. Washington, D.C.: Catholic University of America Press, 2006.

Zumkeller, Adolar. "Die geplante Eheschließung Augustins und die Entlassung seiner Konkubine." In *Signum Pietatis*, edited by Adolar Zumkeller, 21–35. Würzburg: Augustins, 1989.

致 谢

Acknowledgments

我非常感谢2004—2005年美国哲学学会（American Philosophical Society）的休假研究奖金和2010—2011年美国学术学会理事会（American Council of Learned Societies）的研究奖金对我的研究和写作的支持。这两个项目都得到了明尼苏达大学文学院的补贴。访问还得到了教务长艺术与人文想象基金会（the Provost's Imagine Fund for the Arts and Humanities）和明尼苏达大学历史系的支持。

文学院对研究工作的慷慨支持也让我得以聘用一群优秀的研究助理，他们中的大多数人当时还是明尼苏达大学的学生，但后来都获得了博士学位，有的还出版了自己的著作。托瓦·本德（Tovah Bender）、戴维·佩里（David Perry）、玛丽安·萨马约亚（Marianne Samayoa）和戴维·希奥维茨（David Shyovitz，当时是宾夕法尼亚大学的一名本科生）协助我查阅了我阅读起来有困难的多种语言资料，迈克尔·瑞安（Michael Ryan）也提供了协助，不过他是我的同事而不是助手。埃伦·阿诺德（Ellen Arnold）、托马斯·法默（Thomas Farmer）、乔纳森·古德（Jonathan Good）、菲利普·格雷斯（Philip Grace）、杰夫·哈特曼（Jeff Hartman）和迈克尔·西泽（Michael Sizer）也帮助我开展了本书的研究工作，杰夫·哈特曼还帮助我完成了原稿的最后准备工作。

本书的部分研究工作是在巴黎的法国国家档案馆访问与研究中心（CARAN）进行的，这里非常热情地提供了手稿，并允许拍摄照片以供日后参考。伦敦的大英图书馆总是宾至如归，不仅提供手稿，还提供了无与伦比的出版资料馆藏和舒适的工作空间。宾夕法尼亚大学、普林斯顿大学、圣母大学和联合神学院的珍本图书馆也非常热情。迈克尔·西泽利用美国国会图书馆的珍本藏书为我进行了研究。

我在明尼苏达大学的所有同事都对这个项目给予了大力支持。我要特别感谢历史系的历任系主任 M. J. 梅恩斯（M. J. Maynes）、埃里克·韦茨（Eric Weitz）和加里·科恩（Gary Cohen），是他们让我能够在履行其他职责的同时完成这项工作。凯·雷尔森（Kay Reyerson）、伯纳德·巴赫拉奇（Bernard Bachrach）和约翰·沃特金斯（John Watkins）一直是我的好帮手和书目信息的来源。

本书中一些章节的部分内容来自我以前出版过的作品，不过都不是以本书各章中的形式出现的。在引言和第 1 章中，使用了《中世纪早期的欧洲（第 14 辑）》（*Early Medieval Europe*，2006）第 119—151 页的《婚姻史与和平婚姻神话》（"The History of Marriage and the Myth of *Friedelehe*"），在第 2 和第 3 章中，使用了露丝·马佐·卡拉斯、乔尔·凯耶（Joel Kaye）和 E. 安·马特尔（E. Ann Matter）主编的《欧洲中世纪的法律与非法》（*Law and the Illicit in Medieval Europe*, Philadelphia: University of Pennsylvania Press, 2008）第 117—129 页的《婚姻、情妇和法律》（"Marriage, Concubinage, and the Law"），在第 4 章中，使用了《宝鉴》（*Speculum*，2011）第 1010—1039 页的《中世纪晚期的性管控：英国和法国》（"The Regulation of Sexuality in the Late Middle Ages: England and France"），感谢他们允许我使用。

在写本书的这些年里，我在许多场合介绍了本书的部分内容。我要特别感谢邀请我的会议召集人以及在以下机构对我的演讲发表评论的听众：西北大学梅隆中世纪主体性研讨会、纽约中世纪俱乐部、纽约市立大学婚姻研讨会、特拉华河谷中世纪协会、科罗拉多州立大学历史系弗尼斯讲座、西密歇根大学吟游诗人协会、宾夕法尼亚大学亨利·查尔斯·莱亚讲座、西北大学中世纪研究项目、威斯康星大学麦迪逊分校的中世纪研究项目、诺丁汉大学中世纪研究项目和性别研究项目、南加利福尼亚大学英国和爱尔兰研究中心、约翰·卡罗尔大学人文研究所、福特汉姆大学中世纪研究中心、圣母大学中世纪研究所。

我写本书时参考了许多学者的研究成果，包括一些尚未出版的作品。我要感谢休·托马斯、保拉·塔尔塔科夫和梅根·麦克劳克林（Megan McLaughlin）允许我引用他们尚未发表的作品，感谢米歇尔·阿姆斯特朗-帕尔蒂达、戴安·埃利奥特、萨拉·麦克杜格尔、珍妮弗·蒂博多克斯和詹妮尔·维尔纳（Janelle Werner）让我提前看到他们如今已经发表的作品。

宾夕法尼亚大学出版社的杰里·辛格曼（Jerry Singerman）从一开始就支持这个项目。他的主要贡献之一是说服萨利·麦基和香农·麦克舍弗雷（Shannon McSheffrey）为出版社审阅原稿。她们的建议对书稿的成形有很大的帮助，我很高兴她们亮明了身份，这样我就可以公开感谢她们了。戴安·埃利奥特和克里斯·卡拉斯（Chris Karras）也阅读了整部原稿，并提出了非常有帮助的意见。萨拉·麦克杜格尔、塔莉娅·菲什曼（Talya Fishman）和伊娃·冯·达索（Eva Von Dassow）阅读了其中的一些章节，使我避免了许多错误。朱迪斯·本内特和约翰·范·恩根（John Van Engen）为我提出了许多关键问题，并一直给予我支持。

我希望人们能从这本书中认识到，在历史长河中，婚姻并不是一直都是现在的样子，它和其他形式的结合是由社会和个人决定的。感谢克里斯·卡拉斯在本书写作期间所做的一切：这真是一次漫长而不寻常的旅行啊！我要把这本书献给我家最新的一对结成长期伴侣的夫妻。我期待着有一天，每个人都可以像他们一样选择婚姻，也可以选择其他形式的伴侣关系或单身，而不会受到法律或社会的不利影响。

图书在版编目(CIP)数据

"婚姻":中世纪的男男女女与两性结合 /(美)露丝·马佐·卡拉斯著;孙洁译. -- 上海:上海社会科学院出版社, 2025. -- ISBN 978-7-5520-4625-0

Ⅰ. K895.022

中国国家版本馆 CIP 数据核字第 2025M7A133 号

All rights reserved. Published by arrangement with the University of Pennsylvania Press, Philadelphia, Pennsylvania. None of this book may be reproduced or transmitted in any form or by any means without permission in writing from the University of Pennsylvania Press.

上海市版权局著作权合同登记号:09-2023-0905

"婚姻":中世纪的男男女女与两性结合

著　　者：[美]露丝·马佐·卡拉斯
译　　者：孙　洁
责任编辑：张　晶
封面设计：黄婧昉
出版发行：上海社会科学院出版社
　　　　　上海顺昌路 622 号　邮编 200025
　　　　　电话总机 021 - 63315947　销售热线 021 - 53063735
　　　　　https://cbs.sass.org.cn　E-mail:sassp@sassp.cn
照　　排：南京理工出版信息技术有限公司
印　　刷：上海万卷印刷股份有限公司
开　　本：890 毫米×1240 毫米　1/32
印　　张：11
字　　数：275 千
版　　次：2025 年 5 月第 1 版　2025 年 5 月第 1 次印刷

ISBN 978 - 7 - 5520 - 4625 - 0/K·745　　　　　　　定价:68.00 元

版权所有　翻印必究